Shirley MacLaine · Glückssterne

Shirley MacLaine

GLÜCKSSTERNE

MEIN LEBEN

Aus dem Amerikanischen
von Uschi Gnade

Goldmann Verlag

Die amerikanische Originalausgabe erschien 1995
unter dem Titel »My Lucky Stars. A Hollywood Memoir«
bei Bantam Books, New York.

Der Goldmann Verlag
ist ein Unternehmen der Verlagsgruppe Bertelsmann

1. Auflage
© 1995 Shirley MacLaine
© 1996 der deutschsprachigen Ausgabe
Wilhelm Goldmann Verlag, München
Satz: Uhl + Massopust, Aalen
Printed in Germany · Graphischer Großbetrieb Pößneck
ISBN 3-442-30665-5

Für Sachi
mit Liebe

Und für Peter
zum Dank dafür, daß er da ist

Inhalt

Das große Mysterium besteht nicht etwa darin, daß wir möglicherweise rein zufällig zwischen den Überfluß der Dinge und der Sterne geworfen worden sind; es besteht darin, daß wir ausgerechnet aus unserem Gefängnis heraus, aus unserem eigenen Ich, Bilder schöpfen, die kraftvoll genug sind, um unsere Nichtigkeit zu leugnen.

André Malraux:
La Condition Humaine
(Conditio humana)

Der Sternnebel Hollywoods

Wir leben in einer Welt von Bildern. Vierundzwanzig Stunden lang täglich werden wir damit bombardiert. Wenn nicht in den Zeitungen oder auf unseren Fernsehbildschirmen, dann ganz gewiß in unseren Köpfen. Der Geburtsort vieler dieser Bilder ist Hollywood, wo Künstler die Illusion unbegrenzter Möglichkeiten erschaffen. Hollywood läßt goldene Früchte an Ästen baumeln, die für so viele unerreichbar sind, und doch weckt es zugleich Hoffnung und Optimismus.

Hollywood selbst stellt sich als ein Universum von Stars und Filmsternchen dar, als eine gewaltige und einflußreiche Traumfabrik mit veränderlichen Konstellationen von Erfolg und Mißerfolg, mit einem Gezeitenwechsel zwischen kreativer Erfüllung und Demütigung. Während ich jetzt dasitze und über mich selbst und die Wirklichkeit dessen nachdenke, was sich in meinen Jahren in Hollywood abgespielt hat, möchte ich tiefer gehen und das Bild gründlicher durchleuchten, zu dem ich selbst gehört habe, hinter dem Image hervorkommen, das ich mir selbst zugelegt habe. Die Realität Hollywoods sieht so aus, daß man sich sein eigenes Image erschafft, und dabei kann man sich nur allzu leicht selbst überhöhen oder sich ruinieren, man kann im Lichterglanz schweben, von ihm getragen werden, man kann aber auch an der eigenen Leuchtkraft verbrennen.

Einmal auf die goldenen Gestade des amerikanischen Traums gespült, war Hollywood, ganz gleich, wohin ich auch ging oder was ich auch tat, der Ort, an den ich immer wieder zurückkehrte. Es war der Ort, der mir das Gefühl vermittelte, über Wasser wandeln zu können – vorausgesetzt, ich wußte, wo sich die Sandbänke befanden. Dort, und nur dort, wurden meine Wahrnehmungen geschärft. Es funkelte im Dunkeln wie eine lamettageschmückte Stadt, die so schnell vorbeizog und so viel von meinem Treibstoff aufzehrte, daß ich oft das Gefühl hatte, mühsam einer Zukunft nachzulaufen, die bereits der Vergangenheit angehörte. Es ist alles so schnell gegangen und gleichzeitig doch so langsam – langsam im Ringen um Perfektion und schnell, wenn alles wirklich schieflief . . . doch immer war es eine Erleuchtung . . . und es schien mir vorbestimmt zu sein.

Hollywood war das Land, in dem ich hemmungslos alles das tat, was ich wollte, weil es mir, mehr als jeder andere Ort auf Erden, die Möglichkeit bot, meine eigene Realität zu erschaffen: die Realität des Erfolgs, die Realität des Versagens. Es lehrte mich, daß der Erfolg immer nur etwas Momentanes ist und der Mißerfolg eine Lektion über das eigene Ich. Es lehrte mich, daß Gewinnen und Verlieren im Grunde genommen dasselbe ist und daß das Geheimnis darin besteht, zu beidem dasselbe Maß an Distanz zu wahren. Ich wagte mich in die wahre Welt hinaus und sammelte dort Erfahrungen, Kulturgüter, Kunstschätze und Freunde aus fernen Orten mit seltsam klingenden Namen, und ich kehrte als ein Mensch mit mehr Tiefe nach Hollywood zurück, und manchmal versuchte ich das, was ich gelernt hatte, auf der Leinwand einfließen zu lassen. Hollywood war der Ort, an dem ich alles verwertete, wovon ich glaubte, es sei ein Teil von mir, und an dem ich so viel dessen erforschte, wovon ich fürchtete, es sei nicht Teil von mir.

Hollywood war ein Spielplatz, auf dem ich mit Gefühlen, Menschen und dem Publikum spielte, und meine Spielgefährten waren andere Stars. Ich hatte das Gefühl, mich mit allem, was ich in meinen Rollen auf Zelluloid malen konnte, im Leben identifizieren zu können und umgekehrt.

Als ich jünger war und gerade eine Erfahrung nach der anderen sammelte, erschien mir Hollywood nicht als ein derart kosmisches Wunder. Es war ganz entschieden ein Spiel, aber zugleich war es auch harte Arbeit. Ich lernte ständig Neues dazu. Ich kämpfte darum, nicht unterzugehen und zu verstehen, was mir zustieß. Ich hatte meinen Spaß, und ich hatte meine Depressionen, o ja, aber ich nahm mir nicht die Zeit, mich diesen Gefühlen uneingeschränkt hinzugeben. Ich hatte viel zuviel damit zu tun, mich selbst zu beobachten – die Zukunft im Auge zu behalten und einen Blick über die Schulter auf die Vergangenheit zu werfen –, das Wunder der atemberaubenden Kreativität um mich herum zu begreifen. Wie sehr wünschte ich mir jetzt, im nachhinein, ich hätte den wahren Grund für den Zauber Hollywoods zu würdigen gewußt... die Kreativität. Die außerordentliche Individualität dieser talentierten Menschen, von denen ich dort auf jeder Ebene umgeben war. Einige von ihnen hatte ich von Kindheit an geliebt und bewundert. Ich wünschte, ich hätte die Augenblicke ihres Lachens, ihrer Liebe und ihrer Kämpfe mit sich selbst tiefer ausgekostet. Ich wünschte mir heute so sehr, ich hätte diese Momente damals am Schopf gepackt und sie bis zur Neige ausgeschöpft.

Erst jetzt, beim Schreiben dieser Worte, wird mir klar, wieviel des wahren Sinnes von Begebenheiten mir entgangen ist. Es ist ein Klischee, daß die Jugend an junge Leute vergeudet wird, doch dieses Klischee hat einen hohen Wahrheitsgehalt. Wir denken so viel über uns selbst nach und erkennen dabei nicht, daß die Menschen um uns herum unser wirkliches Spiegelbild sind.

Während ich mich jetzt noch einmal an meine Gefühle erinnere und mit Verspätung einen Teil meiner vierzig Jahre in Hollywood feiere, empfinde ich Neugier und Überraschung angesichts der Menschen, die mir beim Herumschleudern in meinem Gedächtnis begegnen und mich jetzt das Bedürfnis verspüren lassen, mich mit ihnen auseinanderzusetzen, sie zu verstehen und meine Gefühle ihnen gegenüber zu analysieren. Sämtliche Beobachtungen sind gleichzeitig Hinweise auf die eigene Person, und mir wird jetzt klar, wie wichtig es ist, mich bei der Beobachtung anderer ernst zu nehmen. Warum spielen in meiner Erinnerung ausgerechnet diese Menschen die Hauptrollen in meinem Stück? Weil sie meinen Werdegang beeinflußt und mich viele Dinge gelehrt haben. Als ich in Hollywood ein junges Mädchen war, hat mir das Schicksal diese Menschen an die Seite gestellt, damit sie mir den Weg wiesen. Und später dann, als die Jahre vergingen, waren diese Menschen meine Spiegel. Ich schätze mich enorm glücklich, sie gekannt zu haben. Ich möchte mich bei diesen Glückssternen bedanken, die mein Leben bereichert und belastet haben, die Licht in meine Tage und Nächte haben fallen lassen. Ich möchte diesen Menschen danken, die ihren Hoffnungen und Ängsten, ihren Freuden und sogar ihren Neurosen so offen Ausdruck verliehen haben, denn ich erkenne jetzt, daß sie als Spiegelungen einiger meiner eigenen Probleme gedient haben. Ich rühme sie alle, diese Kinder des kreativen Genius, die Licht in die Welt gebracht und sie widergespiegelt haben; diese Menschen, die Kämpfe mit sich selbst ausgefochten haben und standhaft geblieben sind und damit das Verlangen demonstriert haben, das uns allen gemeinsam ist: uns selbst besser kennenzulernen. Diese Menschen waren dafür verantwortlich, mir zu zeigen, wie man liebt und mehr Verständnis für andere aufbringt.

1

Die Frage

Vor nicht allzulanger Zeit habe ich in New York mit einem Freund zu Mittag gegessen, und er stellte mir eine Frage, die mich zum Nachdenken gebracht hat.

»Wie hast du es bloß geschafft«, fragte er, »dir nach so vielen Jahren auf den Minenfeldern von Hollywood die Fähigkeit zu bewahren, deine Gefühle verletzen zu lassen?«

Diese Frage verblüffte mich. Ich konnte sie nicht beantworten.

Mein Freund drang weiter in mich. »Ich will wissen«, sagte er, »warum du nicht zu einer dieser reibungslos funktionierenden Maschinen in Menschenform geworden bist? Eine von denen mit den durchtriebenen, toten Augen, die nicht mehr hinter ihren Gesichtern leben; eine von denen, die zufriedenstellend funktionieren, aber keinen Schmerz mehr empfinden können. Einer von diesen Menschen, die von Hollywood bekommen haben, was sie wollten, die aber nie gewußt haben, was sie von sich selbst wollten. Wie kommt es, daß es dir nicht so ergangen ist?«

Ich saß stumm da. Ich konnte nichts darauf erwidern. Weshalb sollte es gut sein, daß ich immer noch verletzlich war? Es war gräßlich. Es versetzte mich in Wut und ließ mich manchmal mit Härte reagieren. Wenn man mich verletzte, konnte ich es nicht einfach hinnehmen. Und weshalb sollte das lobenswert sein? Ich war verwirrt, verließ das Restaurant und ging in mein Hotel zurück. Lange Zeit saß ich am Fenster und schaute auf den Central Park hinaus. Ich hatte meine Karriere in New York begonnen. Ich kam von der Ostküste, und doch war Hollywood jetzt meine Heimat; in jeder Hinsicht. Und so war es schon seit mehr als vierzig Jahren. Ich hatte meinen ersten Film mit Zwanzig gedreht. Aber hatte mein Freund recht? War ich wirklich nicht abgestumpft und durchtrieben, waren meine Augen wirklich nicht erloschen? Es gab so vieles, was weder er noch sonst irgend jemand wirklich wußte. Ich war naiv bis an den Punkt der Selbstverleugnung gewesen. Kam es daher, daß ich es Hollywood nie wirklich gestattet hatte, mich zu verletzen? Hatte ich mich in einer netten Lichtblase eingeschlossen und die Dunkelheit da draußen geleugnet? Hatte ich mich bewußt entschlossen, nicht wahrzunehmen, welche großen Stücke Hollywood und manche der Menschen, von denen ich umgeben war, aus meinem Herzen herausgerissen hatten – weil meine Begeisterung erloschen wäre, wenn ich mir die Wahrheit eingestanden hätte?

Mir schwirrt der Kopf.

Ein anderer Freund hatte mir einmal erbarmungslosen Optimismus vorgeworfen. Meine Tochter hatte gesagt, ich sei zu vertrauensselig und ignorierte bewußt die Dämonen anderer Menschen, aber auch meine eigenen. Als ich jetzt aus dem Fenster sah, begriff ich, was sie damit gemeint hatte. Ich hatte in meinem Privatleben sehr vieles verleugnet, aber nur das hatte mir erlaubt weiterzumachen. Dennoch war ich mir vollständig darüber im klaren, daß die meisten Menschen in Hollywood von ihren eigenen inneren Dämonen motiviert werden. Die Könige und Königinnen der Macht klammerten sich an diese Dämonen, um in ihnen eine Identifikation zu finden. Oft war die Neurose eine schützende Decke, die den Antrieb für ihren Ehrgeiz lieferte. Sie waren schnell mit der Zurückweisung anderer bei der Hand; so kamen sie einer Ablehnung durch andere zuvor. Nein, ich wußte, daß Hollywood eine Folterkammer der Zurückweisung sein konnte. Sie konnte Menschen in Fetzen reißen, sie verbluten lassen, ihren Geisteszustand ankratzen und sie zerfetzt und zerlumpt am Wegesrand zurücklassen, wie so viele, die es nicht geschafft hatten. Und als ich jetzt über die Frage meines Freundes nachdachte, fiel mir wieder ein, wie oft Leute schon zu mir gesagt hatten: »Wie kommt es, daß du dich immer wieder wie ein Stehaufmännchen hochrappelst?« War mein Durchhaltevermögen ein Resultat der Distanz, die ich Hollywood immer entgegengebracht hatte? Oder hatte ich Schmerzen eingesteckt und sie in etwas anderes verwandelt? Ich hatte mir niemals eine Maske zulegen wollen. Ich fürchtete, mein eigenes Gesicht könnte damit verwachsen.

Eine Maske war ohnehin eine zu große Einengung. Ich wollte frei sein, *mußte* frei sein ... frei von jedem Image, das ich mir zulegen würde. Frei von der Abhängigkeit von diesem Image, frei davon, mich ihm vollständig zu verschreiben, frei davon, mich egal was und egal wem zu verschreiben ... das war es ... ich wollte frei von den unendlichen Seelenqualen sein, die nur daher rühren, daß man sich einem Menschen oder einer Sache rückhaltlos verschreibt. Während der Schnee auf den Park zu fallen begann und meine Gedanken durch die Zeit zurückwirbelten, dachte ich mir daher: Mein Freund hat mit seiner Meinung über mich nur teilweise recht. Ja, Hollywood kann mich immer noch verletzen, aber diese Verletzungen gehen nicht sehr tief, weil ich mich den Anforderungen, die diese Stadt stellt, von Anfang an nie aufrichtig verschrieben habe.

Ich glaube, statt dessen sah ich Hollywood als ein Spiel an; ein Spiel des Ausdrucks, ein Spiel voller Humor, ein Spiel um Liebe, Geld, Macht und Ruhm. Ein Spiel mit selbst erschaffenen Illusionen, in dem der Schmerz selbst eine der Wahlmöglichkeiten war. Für mich war Hollywood ein Ort, an dem man etwas lernen konnte, ein Testgelände für meine Identität, ein neues Land, in dem ich alles erleben und an dem ich wachsen konnte. Aber das Spiel, das ich spielte, verlangte einen hohen persönlichen Einsatz. Von dem Moment an, in dem ich den Boden Hollywoods betrat, wußte ich, daß ich nie mehr aus Richmond, Virginia, kommen würde.

Die Leute in Hollywood sind gewöhnlich raffiniert, wenn es darum geht, durch gewisse Untiefen menschlichen Verhaltens zu waten, in anderen Bereichen dagegen stellen sie sich unbeholfen und taktlos an. Das menschliche Verhalten ist schließlich die Grundlage unseres Geschäfts, unserer Arbeit, unseres Überlebens: Je mehr wir über Schwachstellen wissen, desto besser können wir unsere Rollen spielen. Man könnte es jedoch auch präziser ausdrücken: Je besser wir uns selbst verstehen, desto besser machen wir unsere Arbeit. Das ist keine einfache Aufgabe, weil wir es so oft genießen, andere Menschen zu spielen, um davor wegzulaufen, wer wir wirklich sind. Die meisten von uns haben Therapien gemacht und zumindest in den letzten zehn Jahren begonnen zu verstehen, daß wir nicht nur körperliche und geistige, sondern auch spirituelle Wesen sind. Das hilft. Mit der Zeit werden wir immer besser mit dem »Karma« unseres Verhaltens vertraut. Mit Hilfe unserer zunehmenden spirituellen Bildung wird uns immer klarer, wie unglaublich wichtig es ist, die uneingeschränkte Verantwortung für unsere Worte und Taten zu übernehmen. Nun, vielleicht nicht uneingeschränkt, weil wir außerdem von Unsicherheiten, Neid und Eifersucht geplagt sind; innerhalb unserer eigenen kreativen Gemeinschaft mißtrauen wir einander oft. Daher ist es von allergrößter Bedeutung, sogar unter Freunden die Sicherheit des eigenen Herzens und der eigenen Position zu bewahren. Oft widerstrebt es uns nicht nur, unsere Herzen aufreißen und gründlich studieren zu lassen, sondern es widerstrebt uns ebensosehr, mit anzusehen, wenn andere sich in ebendiese Lage bringen. Wir wissen um die Qualen, die diese intime Form des Sichanvertrauens manchmal mit sich bringt: Man fühlt sich mißbraucht oder hat das Gefühl, andere zu mißbrauchen. Und doch wird einem in diesem Land des Lebens aus Zelluloid eines nur zu schnell unmißverständlich klar: Nur wenn wir die undurchsichtigen Tiefen unserer Mitarbeiter kennen und verstehen lernen, haben wir einen Rückhalt für das eigene Überleben. Die Kenntnis des eigenen Ichs ... *numero uno*. Die Kenntnis anderer folgt kaum eine Länge später auf dem zweiten Platz.

Die Leute im Showgeschäft nennen alle anderen »Zivilisten«. Das kommt daher, daß wir glauben, niemand außerhalb unseres Kreises habe den Durchblick, was die Tiefe der Gefühle in egal welcher Situation betrifft. Wir sind ein unsicheres und doch arrogantes Pack. Wir können nicht glauben, daß irgendein anderes Betätigungsfeld das menschliche Herz, seine schreckliche Angst und seine Dämonen derart auf die Probe stellt, ebensowenig seine Freuden und seine ekstatischen Höhenflüge. Daher neigen wir in Hollywood innerhalb unserer Gemeinschaft – unseres gesellschaftlichen Umgangs, unserer Beziehungen, unserer Probleme mit unseren Kindern, unserer Versuche, Freundschaften aufrechtzuerhalten, sogar darin, wie wir Konferenzen, Drehbuchbesprechungen und Gespräche über die Entwicklung von Rollen führen – dazu, in dem Glauben zu schwelgen, daß wir freier und offener und experimentierfreudiger sind, was uns selbst und unser Verhältnis zu unserem eigenen Produkt (wir selbst) angeht, als, sagen wir, ein Vorstandsmitglied von General Motors oder ein Typ, der Babynahrung oder Reihenhäuser verkauft. Und wir wissen zudem, daß wir trotz all der Erforschungen unserer selbst und der anderen zu Manipulationen neigen, bis wir zu einem Bild gelangen, das unseren individuellen persönlichen Anforderungen entspricht. Manchmal ist es uns noch nicht einmal bewußt, daß wir so agieren, doch wir tun es immer wieder. Manipulation ist oft das, womit wir uns unseren Lebensunterhalt verdienen, es ist die von uns gewählte Technik, mit der wir erreichen möchten, daß man uns bemerkt, uns anerkennt und uns liebt. So wie Oscar Wilde einen Zyniker definiert, kennen auch wir manchmal den Preis von allem und den Wert von nichts.

Seit meinem sechsten Lebensjahr haben Filme für mich eine wichtige Rolle gespielt. Ich bin nicht sicher, warum. Ich habe stundenlang im Kino gesessen und bin in die Rollen der Menschen geschlüpft, die auf der Leinwand erstrahlten. Ich liebte das Gefühl, ganz einzutauchen in die Geschichte, die Beziehungen, die Dramatik.

Vielleicht steckte auch nur der ganz simple Grund dahinter, daß ich das Haus gern verlassen wollte. Aber vielleicht hatte ich auch schon früh das Gefühl, daß, wie Walt Whitman geschrieben hat, »eine Vielzahl von verschiedenen Menschen« in mir steckte, und ich genoß es, mich mit der Vielzahl von Menschen auf der Leinwand zu identifizieren.

Mein Bruder Warren und ich gingen jeden Samstag ins Kino und blieben so lange, wie wir dort sitzen konnten. Und manchmal genügte es nicht, im Kino zu sitzen. Manchmal gingen wir »hinter« das Kino und lauschten dem Dialog von Filmen, die besonders gruselig waren, wie *Frankenstein Meets the Wolf Man* (Frankenstein trifft den Wolfsmann) oder Folterszenen aus *The Purple Heart*. Vielleicht betrachteten wir, symbolisch gesehen, diese Filme von hinten, damit wir alles, was uns Angst einjagte, mit einem Überraschungsangriff überrumpeln konnten. Vielleicht brauchten wir die Möglichkeit, die Wahrheit so umzuformen, wie wir sie uns wünschten.

Die Wahrheit umzuschreiben, eine Realität zu erschaffen, wie wir sie anstrebten, ist natürlich ein Prinzip, das allem zugrunde liegt. Ich glaube, mein Interesse an Hollywood erwachte so früh, weil ich wußte, daß ich an jedem einzelnen Tag meines Lebens genau das tat, was die dort oben auf der Leinwand an jedem einzelnen Tag ihres Lebens taten: »Schauspielern« – wir alle spielten Rollen; nur konnten es die Filmschauspieler besser als alle anderen. Wir spielen Rollen in Beziehungen, wir spielen Rollen in Familien, wir spielen Rollen an unserem Arbeitsplatz. Mir schien, als lebten wir alle unser Leben, indem wir in die Rollen schlüpften, die für uns selbst am vorteilhaftesten waren. Ich weiß, daß ich in einem sehr frühen Alter lernte, in entsprechende Rollen zu schlüpfen, je nachdem, wie weit ich eine Situation unter Kontrolle hatte oder nicht. Wenn ich etwas von meinem Vater wollte, kippte ich meine kleinen Füße x-beinig nach innen, legte den Kopf auf die Seite und lächelte. Ich bekam jedesmal, was ich wollte. Wenn ich einen Jungen zum Freund haben wollte, becircte ich ihn und zog mich dann zurück, oder ich setzte sogar meine Verwundbarkeit ein, um hilflos und bedürftig zu erscheinen, damit er für sich selbst eine Rolle in unserer Beziehung definieren konnte. Sehr oft entsprangen die Rollen, die ich in meinem Leben annahm, dem Bedürfnis, geliebt zu werden – ganz ähnlich wie in Hollywood.

In meiner eigenen Familie wurde uns in sehr jungen Jahren bewußt, daß wir das Schauspielern lernen mußten, wenn wir Aufmerksamkeit auf uns lenken wollten. Schließlich unterrichtete Mutter Dramaturgie, las Gedichte und trat in kleinen Theatern als Schauspielerin auf. Und Dad war Musiker, Lehrer und in seinem eigenen Wohnzimmer ein Schauspieler von höchstem Rang. Sie hatten beide die Persönlichkeit von sehr subtilen Varietékünstlern; daher hatte es sehr früh in unserem Leben einen hohen

Stellenwert herauszufinden, »wie man das anstellt«. Wie sonst hätten wir mit diesen Eltern um Aufmerksamkeit wetteifern können?

Das muß im Grunde genommen auf jedes Kind zutreffen, aber ich glaube, daß die großen Hollywoodstars schon in sehr jungen Jahren beginnen, sich in der Kunst, geliebt zu werden, zu üben. Ich kann nicht behaupten, ich sei als Kind nicht geliebt worden – das ist keineswegs wahr. Ich erinnere mich jedoch daran, daß ich launisch war und ignoriert wurde. Häufig schrie ich und brüllte und biß mir in den Handrücken, bis er blutete, ehe es mir gelang, meine Mutter auf die Palme zu bringen. Sie lebte in ihrer eigenen Welt voller Nachsicht und schien Geduld und Toleranz bis hin zu einem Punkt zu verströmen, der schon an Lähmung grenzte. Sie war Kanadierin und neigte keineswegs zu demonstrativem Gefühlsüberschwang. Wenn ich von Zeit zu Zeit wie ein Vulkan explodierte, um einen heftigen Gefühlsausbruch zu provozieren, konnte ich feststellen, daß ich mich dramaturgisch von Mal zu Mal steigern mußte, um ihr eine Reaktion zu entlocken. Das war frustrierend, um es gelinde auszudrücken. Sie fragte schließlich unauffällig den Kinderarzt um Rat, der ihr schlichtweg empfahl, sie sollte mich mit dem Gartenschlauch abspritzen, damit ich mich wieder beruhigte. Natürlich wollte ich Liebesbeweise erzwingen, aber ich hätte mich auch mit leidenschaftlichen Wutausbrüchen von ihrer Seite oder mit hysterischer Frustration begnügt; selbst sadistische Handlungsweisen hätten diesen herben Wassertröpfchen einen Hauch von emotionaler Spontaneität verliehen. Aber es kam nichts, nur ein heftiger Sprühregen, der manchmal kalt war, aber das war auch schon alles. Sie hatte genau das getan, was ihr der Arzt geraten hatte, wenn auch auf Umwegen.

Mein Dad verinnerlichte die meisten seiner heftigen Gefühlsaufwallungen und unterdrückte sie mit Schnaps. Manchmal kam es jedoch zu einem Drama. Ab und zu kam er betrunken nach Hause, setzte etwas in Brand, ging wieder aus dem Haus, kehrte erst in den frühen Morgenstunden zurück und schlief bis um die Mittagszeit. Aber zumindest war die Bandbreite seiner Gefühle größer. Ich wußte, was er empfand. Er verfluchte die Kommuni-

Selbst damals wußte ich schon, wie ich mich am besten ins Licht zu setzen hatte.

Warren liebte das Parfum unserer Großmutter.

sten und beklagte sich über die »Nigger«, die seinen Rasen ruiniert hatten, und oft sah ich ihn um zwei Uhr morgens in Tränen aufgelöst vor dem Fernseher sitzen, wenn die Nationalhymne gespielt wurde.

Größtenteils war meine Kindheit jedoch beklagenswert geordnet und ereignislos (womit ich sagen will, wahrscheinlich gestört), eine Brutstätte für das emotionale Terrain des Showgeschäfts.

Jeder in Hollywood versteht, daß das Bedürfnis, geliebt zu werden und Beachtung zu finden, ein grundlegender Bestandteil des Lebens ist. Wir haben diese kindlichen Forderungen nicht abgelegt und sind »erwachsen« geworden. Statt dessen betreiben wir unser Geschäft damit. Wir haben es zu einem Geschäftszweig und zu einer Kunstform erhoben – welch eine unmögliche Kombination! Wir haben es uns selbst versagt, jemals normal zu leben. Normale Menschen haben sich eines Tages entschlossen, erwachsen zu werden, oder sie haben einen sicheren Ort gefunden, zum Beispiel eine Firma, in der sie wieder äußere Strukturen vorfanden – eine Mutter und einen Vater – und daher in einem gewissen Maß niemals erwachsen werden mußten. In beiden Fällen sind sie »Zivilisten« geworden. Wir Bilder auf der flimmernden Leinwand gehören zu denen, die ausgeprägte emotionale Bedürfnisse haben. Wir haben uns für alle Zeiten dem Ziel verschrieben, Aufmerksamkeit auf uns zu ziehen und geliebt zu werden, wie und wann wir es uns wünschen. Wir erheben das Vorgespiegelte zur Wahrheit, und so war es schon von Anfang an.

Ich persönlich machte mir vor, ich sei Rita Hayworth. Ich war weiß Gott begeistert von ihrem langen rotgelockten Haar, ihren tänzerischen Fähigkeiten und ihrer verführerischen Art. Ich hatte langes rotgelocktes Haar wie sie. Und Tänzerin war ich auch. So sehr mußte ich meine Phantasie gar nicht bemühen. Ich wollte so verlockend und sensibel sein wie Rita, denn obgleich sie schwierig sein konnte und manchmal geschlagen und mißhandelt wurde, war sie am Ende doch immer diejenige, die geliebt wurde.

Ich bewunderte Eleanor Powell grenzenlos für ihren Steptanz, weil mein Vater sagte, sie sei die Beste auf ihrem Gebiet. Und wenn ich auch lernen konnte, wie man im Kreis herumwirbelte und steppte, dann würde er mich lieben.

Ich liebte Fred Astaire, weil er unglaublich einfallsreich mit Requisiten umging, und ich jonglierte beim Spielen immerzu mit irgendwelchen Gegenständen.

All diese Stars erreichten das, was ich für mich selbst anstrebte. Und irgendwie war mir schon damals klar, daß eine ganze Wissenschaft dahintersteckte, eine antrainierte Selbstverherrlichung – im richtigen Licht zu spielen, wunderbar frisiert zu sein, strahlend weiße Zähne zu haben und Schuhe zu tragen, die auf dem Bürgersteig klapperten –, die Wissenschaft der Perfektion. Die Götter und Göttinnen waren sogar zerzaust und schlampig noch perfekt. Sie waren perfekt in ihren Seelenqualen. Sie waren perfekt in ihren Reaktionen auf ihre persönlichen Traumata. Das war etwas ganz anderes als mein eigenes Leben, das zwar recht erfreulich war und gegen das ich wenig einzuwenden hatte, aber irgendwie wurde es nur gelebt und nicht etwa ins Rampenlicht gerückt und gefeiert.

Als ich, damals noch ein Teenager, nach Hollywood kam und meinem geliebten Clark Gable die Hand drückte, fiel mir auf, daß die Manschetten seines Hemdes ausgefranst waren. Ich drehte mich um, stand meinem Idol Alan Ladd gegenüber und mußte tief nach unten schauen, wenn ich ihm ins Gesicht sehen wollte, weil er zwei Köpfe kleiner war als ich. Ich begegnete meiner Lieblingsschauspielerin Doris Day und sah, daß ihre Augen wirklich zu dicht beieinanderstanden und ihre Sommersprossen noch auffälliger waren als die verhaßten Flecken in meinem eigenen Gesicht. So begann ich zu begreifen, daß die Götter und Göttinnen meiner Illusionen auch nur Leute wie ich waren.

So viele Jahre lang hatten mich diese Menschen hypnotisch in ihren Bann gezogen. Daß sie tatsächlich ganz normale Menschen waren, war ein gewaltiger Schock, der die Grenzen meiner Auffassungsgabe beinahe überschritt.

Da es in meinem eigenen Zuhause, in meiner Familie, an jeglichem spontanen Ausdruck von Gefühlen mangelte, hatte ich meine Idole in meiner Phantasie mit Perfektion ausgestattet und

Mein erster Tanzpartner.
Er hieß Moe.

Ich war achtzehn und träumte
davon, Primaballerina zu werden.

Ist dadurch mein Interesse an Engeln erwacht?

mit Eigenschaften, die sie weit über jeden Durchschnittsmenschen erhoben. Von ihnen wurde nicht erwartet, daß sie normal waren. Von ihnen wurde nicht erwartet, daß sie etwas empfanden, daß sie litten, daß sie weinten – nicht im wahren Leben. Sie waren perfekt. Daher waren die Ansprüche, die ich an sie stellte, unfair. Außerdem erkannte ich mit der Zeit, daß sie unter der in Hollywood am weitesten verbreiteten psychischen Störung litten ... an dem Gefühl, *unverdientermaßen* Ruhm erlangt zu haben und überschätzt zu werden. Wir verwenden unser ganzes Leben und all unsere Energien darauf aufzufallen, und dann leiden wir unter dem Gefühl, die Aufmerksamkeit, die uns zugewandt wird, nicht verdient zu haben, denn wir glauben, nicht wirklich leisten zu können, was von uns erwartet wird.

Ich erinnere mich noch daran, was es mit sich brachte, ein neuer Star in Hollywood zu sein: Ich war voll von Ängsten, unverdientermaßen Aufmerksamkeit auf mich zu ziehen. Ich hatte mein ganzes Leben und all meine Energien darauf ausgerichtet, aufzufallen, und dann mußte ich feststellen, daß ich Angst hatte, ich könnte den Ansprüchen, die an mich gestellt wurden, nicht gerecht werden. Ich wollte nicht, daß die Assistenten mir das Mittagessen brachten oder daß die Garderobenmädchen für mich einkaufen gingen. Mir war nicht wohl dabei, daß mein Befinden derart in den Mittelpunkt gerückt wurde. Ob es daher kam, daß ich aus der Welt des Balletts hervorgegangen war, in der alles nur ein einziger privater institutionalisierter Kampf war, oder ob es eher daher kam, daß ich so lange auf dem Broadway gearbeitet hatte, wo Schweiß und Disziplin in einer direkteren Form belohnt wurden als durch Zuwendung und Verhätschelung, oder ob es gar daher kam, daß ich persönlich partout nicht in ein Gefängnis von Privilegien eingesperrt werden wollte – mir war nicht danach zumute, auserwählt und auf ein Podest gestellt zu werden. Die Höhenluft war zu dünn, um sie zu atmen, und der Sturz, wenn es erst einmal dazu kam, war zu tief. Aber da alles in unserem Leben mit der Konditionierung in unserer Kindheit zu tun hat, glaube ich, daß ich einen Status erlangt hatte, in dem ich endlich Aufmerksamkeit auf mich lenken konnte, und wenn meine Mutter

25

mich mit einem matten und doch fordernden Blick bedachte, stellte ich fest, daß ich fürchtete, ihre Zeit mit meiner trotzigen Beharrlichkeit und meinen Ausbrüchen vergeudet zu haben. Ich hatte Angst, im Grunde genommen hätte ich nichts zu sagen.

Ich erinnere mich noch an die Klassenunterschiede in früheren Zeiten: Bei den Dreharbeiten blieben die Leute, die für das Make-up, die Frisuren und die Kostüme zuständig waren, unter sich und hatten so gut wie keinen privaten Umgang mit den »Stars«. Ich überschritt diese Grenzen ständig, und meistens wurde ich dafür von einem Produktionsleiter oder einem Regieassistenten verwarnt, denen·das aus irgendwelchen Gründen nicht paßte. Dann zog ich mich verwirrt in meinen Wohnwagen zurück. Ich mußte Bewohner der Welt, in der die wahren Menschen zu finden sind, über ihr Leben ausfragen. Die wahren Menschen waren diejenigen, mit denen ich mich identifizierte. Die Stars waren Idole, die Kenntnisse besaßen, was die Geheimnisse der Perfektion anging, von denen ich keine Ahnung hatte.

Und es gefiel mir nicht, daß die wahren Menschen verstummten, sowie ein Produzent nahte. Schon ganz am Anfang fiel mir ein Ausdruck von subtiler Angst in ihren Gesichtern auf, eine Form von verhohlener Besorgnis, die Höhergestellten, die Menschen jenseits der Grenze – der Regisseur, die Drehbuchautoren, die Schauspieler – könnten mit etwas unzufrieden sein. Es war die Form von subtiler Furcht, die ich als Kind verspürt hatte, wenn ich keine Anerkennung fand. Man war besser beraten, wenn man keine eigene Meinung hatte und nicht etwa Meinungsverschiedenheiten riskierte, da Meinungsverschiedenheiten Zeit kosteten und Zeit Geld war, und daher war alles so anstrengend. Solange ein wahrer Mensch also nicht bereit war, den Mund aufzumachen und damit zu riskieren, aus Prinzip gefeuert zu werden, schluckten sie üblicherweise ihre Kritik herunter und »folgten« brav. Das hieß jedoch nicht, daß sie es unterließen, ihren Gefühlen Luft zu machen, wenn sie unter sich waren. Manchmal belauschte ich, wie sie wirklich über mich oder über andere dachten, aber dann mußte ich hinterher mit ihrer Scheinheiligkeit fertig werden. Zu jedem beliebigen Zeitpunkt konnte eine Crew bei den Dreharbeiten ein

Netz aus goldenen Fäden der Täuschung spinnen, so fein, daß
Pinocchio sich darin zu Hause gefühlt hätte. Doch die persönlichen Dienste, die sie einem Star erwiesen, konnten mit den
berühmten französischen Höfen konkurrieren, und ich glaube, die
meiste Zeit über waren diese Gunstbezeugungen ernst gemeint.
Natürlich wurde von diesen Leuten erwartet, daß sie uns hofier-
ten, doch sie schienen uns Herren und Herrinnen der Leinwand
wahrhaft zu lieben und unsere Anwesenheit auszukosten. Es
dauerte nicht lange, bis ich mich zerrissen fühlte, weil ich mich in
einer Konfliktsituation befand: dem Konflikt zwischen dem wahren Leben und der Leinwand.

Die wahren Menschen konnten oft ziemlich beharrlich sein,
wenn es darum ging, wie wir ihrer Meinung nach auszusehen
hatten. Manchmal hatte ich das Gefühl, daß sie mein Gesicht,
mein Haar und meine körperlichen Konturen nur deshalb veränderten, weil sie dringend einen Machttrip brauchten. Wenn ich
einen Vorschlag ablehnte, sagten sie: »Okay«, und sie seufzten
angewidert. Dann wandten sie sich an jemanden von »jenseits der
Grenze« und beschwerten sich, selbstverständlich diskret, darüber, daß ich keine Ahnung hatte, was sich für die Leinwand
schickte.

Das war der Punkt, an dem mein Selbsterhaltungstrieb immer
die Oberhand gewann. Mir war vollkommen gleichgültig, was
die Dummköpfe, egal welcher Partei, von mir hielten. Ich wollte
meinen Kopf durchsetzen. Mir wurde schon früh klar, daß Aufsässigkeit und Verweigerung gute Attribute waren. Andernfalls
wäre ich in den widersprüchlichen Vorstellungen, die sich andere
Leute von mir machten, untergegangen. Die wirre Hierarchie der
Götter und der Göttinnen, der Leute diesseits und jenseits der
Grenze, und die Art, wie hier Dinge ausgeheckt und einem ange-
dichtet wurden, machte mich nervös und unruhig.

Es war eine sehr schwierige Erfahrung, aus der Welt des Balletts
und des Broadways – beides Welten, in denen alles im Staccato ablief und durch einen hohen persönlichen Einsatz geprägt wurde –
in die Welt einer sich ewig hinziehenden Hollywoodproduktion
zu geraten. Man wartet ständig auf etwas, während einem gleich-

27

Ich konnte nur für Edith Head stillstehen. (Archive Photos)

zeitig jedes Bedürfnis – ob emotional, kosmetisch, physisch oder sogar sexuell – bis in alle Einzelheiten erfüllt wird. Man hatte mir beigebracht, vollständig vorbereitet zur Arbeit zu erscheinen. Aufgrund meiner vorherigen Erfahrungen war ich ein disziplinierter Mensch. Meine Zeiten als Tänzerin und beim Ballett hatten mein Wertesystem geprägt.

So hatte ich zum Beispiel am ersten Tag der Dreharbeiten zu meinem ersten Film, *The Trouble with Harry* (Immer Ärger mit Harry), das komplette Drehbuch auswendig gelernt; nicht nur meinen Text, sondern auch den aller anderen. Mir war nicht klar, daß das überflüssig war. Als der Toningenieur mich fragte, wie weit ich die erste Szene abdrehen wollte, sagte ich: »In einem Stück.« Er breitete fünfzehn Drehbuchseiten um seine Anlage herum aus, was natürlich einen Heidenlärm machte.

Hitchcock erschien auf der Bühne und lachte nur. Er war es gewohnt, immer nur ein paar Zeilen am Stück zu filmen. Mich hatte man dazu ausgebildet, auf alles, aber auch alles, vorbereitet zu sein.

Daher kann ich heute soviel klarer erkennen, warum manche junge Stars, die einen schnellen Durchbruch schaffen, ohne vorher zu persönlicher Disziplin erzogen worden zu sein und gelernt zu haben, sich durchzusetzen, mit Jähzorn und Arroganz reagieren. Sie entspringen reiner Selbstverachtung, denn diesen Menschen wird mehr Beachtung gezollt, als sie glauben, verdient zu haben.

Wir glauben, uns sei die Aufgabe zugewiesen, menschliche Empfindungen auszudrücken, über sie zu wachen und mit ihnen zu wetteifern, obwohl wir noch nicht einmal ganz sicher sind, was wir selbst fühlen. Wir versuchen, uns mit Rollen zu identifizieren, mit Charakteren, die wir gerne wären, weil wir nicht sicher sind, wer wir selbst überhaupt sind, oder wir spielen Personen und sind froh darüber, daß es uns erspart geblieben ist, so wie sie zu werden. Am Ende haben wir dann in unserer Unterwürfigkeit vor dem, was Rodgers und Hammerstein den »Großen, Schwarzen Giganten« genannt haben, unser Innerstes nach außen gekehrt. Wir wissen, daß von dieser kollektiven, unsichtbaren Macht, die uns dort draußen in der Dunkelheit beobachtet, über unser Innerstes geurteilt wird. Dieser stumme, dunkle Gigant plagt uns in den Nächten und verfinstert unsere Tage, während wir die harte Prüfung auf uns nehmen, seine Gier zu stillen, seine Bedürfnisse, seine Interessen und sein lüsternes Verlangen.

Dieser große, schwarze Gigant ist unser Herr und Meister, und wir wissen niemals, wie er reagieren wird. Es ist der Elternteil, von dem wir niemals Zuspruch bekommen haben, keinen Beifall erhalten haben. Er ist das Geschworenengericht, vor dem wir für den Rest unseres Lebens unsere Aussagen machen müssen.

Wir lechzen danach, von ihm wahrgenommen zu werden, und wir sehnen uns nach seiner Anerkennung, und doch fühlen wir uns in dem Maß eingeengt und umzingelt, in dem man Notiz von uns nimmt. Je mehr Anerkennung wir erlangen, desto weniger haben wir das Gefühl, sie verdient zu haben. Je mehr man uns liebt, desto schwerer fällt es uns, diese Liebe zu akzeptieren. Je größer das Vertrauen ist, das man uns entgegenbringt, desto mehr mißtrauen wir uns selbst. Dieser Tanz zwischen denjenigen unter uns, die Filme schaffen, und denjenigen, denen wir unbedingt gefallen wollen, wird zu einer Spiegelung. Wir sind sie. Sie sind wir. Sie sehen sich selbst in uns. Wir versuchen, zu dem zu werden, was wir in ihnen sehen, bis die Gefühle, die wir miteinander gemein haben, sich deutlich widerspiegeln. Unsere Geheimnisse werden offenbart, und wir werden eins. Der kollektive Elternteil und das Kind mit seinen ausgeprägten Wünschen setzen den Tanz gemeinsam fort.

Vielleicht liegt es daran, daß ich nicht in dem Leid schwelgen möchte, wenn die Erinnerungen an mein Hollywood mir als eine Folge von schnellen, intensiv ausgeleuchteten Momentaufnahmen durch den Kopf gehen wie ein Braverman-Dokumentarfilm, der die Geschichte von vierzig Jahren innerhalb von zehn Sekunden erzählt. Das DeMille-Tor bei Paramount, die Gebäude im Tudorstil, in denen die Maskenbildner und die Haarstylisten untergebracht waren und in denen frühmorgendliche Geständnisse nicht gelüftet wurden, während wir insgeheim unsere Ängste vor dem Drehbeginn um Punkt neun unterdrückten. Frank Westmore, dieser Schatz, der so viele Jahre lang mein Maskenbildner war, mußte mich immer wieder gewaltsam auf den Stuhl pressen, weil ich aus nervöser Angst heraus einfach nicht stillsitzen konnte. Er sagte mir, er würde schon dafür sorgen, daß ich ganz toll aussähe, weil er alles, was er konnte, beim Schminken eines Affenarschs gelernt hätte. Ich ließ ihm nie mehr als zwanzig Minuten Zeit, um seine Arbeit gut zu machen. Ich konnte einfach nicht stillsitzen. Ich kann es heute noch nicht. Und obwohl ich wußte, daß es wichtig war, bei den Dreharbeiten darauf zu achten, daß ich immer im Schein des Scheinwerfers blieb, legte ich eigentlich keinen besonders großen Wert darauf. Wie herrlich unbesorgt man doch in seiner Jugend ist! Mit dem Älterwerden achtet man darauf, wohin man sich in einem Restaurant setzt.

Frank Westmore sagte mir immer wieder, daß es dazu kommen würde. Dann sagte er: »Sorg einfach nur dafür, daß du ständig in Bewegung bist, Baby, und niemand wird auch nur merken, wie du aussiehst.«

Wenn ich jetzt an Frank denke, werde ich mir niemals verzeihen, daß ich mir nicht mehr Zeit genommen habe, um ihn im Krankenhaus zu besuchen, als er während unserer Dreharbeiten zu *My Geisha* (Meine Geisha) in Japan seinen ersten Herzanfall hatte. Hätte ich fordern sollen, daß man mir Freizeit einräumte, um einer zwischenmenschlichen Verpflichtung nachzukommen, obwohl es die Produktion Tausende von Dollar gekostet hätte, auf mich zu warten? Das ist ein Dilemma, aus dem ich in all meinen Jahren in der Filmbranche keinen Ausweg gefunden habe. Mir wurde beigebracht, auch angesichts von Tragödien – wie immer sie geartet sein mochten –, ein Profi zu bleiben. Selbst damals, als meine Mutter und mein Vater starben, arbeitete ich durch, ganz gleich, was in mir vorging. Mir war die Vorstellung unerträglich, die Produktion aufzuhalten. Das wäre ein undiszipliniertes Verhalten gewesen. Es wäre selbstsüchtig und zu nachsichtig mir selbst gegenüber gewesen ... War es das wirklich, oder hatte ich nicht vielleicht vielmehr das Gefühl, meinen offensichtlichen Kummer nicht zu verdienen? Oder setzte ich die Arbeitsethik etwa dazu ein, dem Kummer, den ich fühlte, auszuweichen?

An dem Tag, an dem mein Vater starb, standen fünfunddreißig Satelliteninterviews für das Fernsehen anläßlich eines neuen Films auf meinem Terminkalender. Ich flog nach Virginia zurück, um bei Mutter zu sein, blieb sechs Stunden dort und flog zurück nach Kalifornien.

Am nächsten Tag erfüllte ich, einem Abkommen gemäß, meine Verpflichtung, ein Seminar über Metaphysik zu halten. Ich kann mich noch erinnern, daß ich mich selbst fragte, ob ich das Richtige tat.

Ich konnte hören, wie mein Dad zu mir sagte: »Natürlich tust du das einzig Richtige, mein Äffchen.« Ich erinnerte mich wieder daran, wie sehr es ihn beeindruckt hatte, daß Mary Martin die Dreharbeiten für *South Pacific* nicht unterbrach, obwohl an jenem Tag ihr Vater gestorben war.

»The show must go on«, sagte er an jenem Tag zu mir. Ich fragte mich, warum er diese Worte wohl gesagt hatte.

Jetzt wurde mir klar, daß mein Erfolg für ihn entscheidend war, weil er selbst ins Showgeschäft hatte gehen wollen, aber nie wirklich den Mut besessen hatte, dieses Ziel zu verfolgen. Er sagte, seine Mutter hätte ihn zu gründlich gelehrt, sich zu fürchten. Er war nicht in der Lage, etwas zu wagen. Es blieb Warren und mir überlassen, seine Träume an seiner Statt zu erfüllen. Diese klare Einsicht gewann ich schon früh in meinem Leben. Es war ein immenser Antrieb für mein gewaltiges Verlangen, mir selbst Ausdruck zu verleihen. Ich tat es für ihn.

Ich weinte dann später, als ich die Zeit dazu fand. Ich kehrte für die Beerdigung nach Virginia zurück und blieb bei Mutter, solange es nur irgend ging. Ich konnte spüren, daß sie sich allmählich an meine Gegenwart gewöhnte, ganz so, als würde ich jetzt, nachdem sie allein war, ihre neue Lebensgefährtin werden. Sie wartete morgens mit dem Frühstück auf mich und stellte mir Fragen, als sei ich ein Schulmädchen und dürfe den Bus nicht verpassen. Nichts sollte meinen Zielen im Leben im Wege stehen.

Sie war mir immer, aber auch immer, eine Stütze und eine Erinnerung daran, daß ich eines Tages »jemand« sein würde. Natürlich sprach sie von sich selbst. Sie wollte »jemand« sein, und

Mein Daddy war ein Gentleman aus dem Süden: konservativ und doch jemand, der zotige Geschichten erzählte, die ans Vulgäre grenzten, und immer wieder neue erfand.

daher eignete ich mir ihre Träume sowie die meines Vaters an. Ich würde die Karriere als Schauspielerin machen, die sie der Rolle als Mutter geopfert hatte.

Als sie starb, drehte ich gerade *Guarding Tess*. Wir drehten in Baltimore. Ich erinnere mich noch daran, wie ich mich in Kalifornien von ihr verabschiedet hatte. Sie hatte dort mit mir zusammen gelebt, war jedoch wegen gewisser Probleme ins Krankenhaus gekommen, und als ich sie allein lassen mußte, war sie noch nicht wieder vollständig gesund. Im Krankenhaus hatte sie vom Sterben gesprochen, und ich bemühte mich dahinterzukommen, ob es diesmal etwas anders war als bei den vielen anderen Malen, wenn sie von ihrem Tod gesprochen hatte. Ein paar Tage lang stand ein engelhafter Ausdruck auf ihrem Gesicht, der Tränen in meine Augen treten ließ. Sie sprach davon, um sich herum ein wunderschönes Licht zu sehen. Sie sagte, sie sähe mein Herz und ihr Herz und die Herzen aller anderen wie ein einziges riesiges Herz gemeinsam schlagen. Sie sagte, inmitten der Erde sei ein Licht, und dort lebten Menschen. Jeder einzelne Mensch müsse begreifen, daß es im Leben liebevoller zugehen sollte.

Sie sah Gott in allem und um alles herum und schilderte Liebe und Licht und Gott in einer ganz ähnlichen Form, wie es mein Dad getan hatte, als er im Krankenhaus im Sterben lag. Daher nahm ich an, für sie sei wohl die Zeit gekommen.

Dann kam sie nach Hause und fing sich wie immer sehr rasch wieder. Wie sehr ihr doch der Schalk im Nacken saß!

Als ich mich an dem Tag meiner Abreise über ihren Stuhl beugte, wollte ich dem Gefühl der inneren Leere mit Humor begegnen und sagte: »Hör mal, glaubst du, du kannst abwarten und nicht sterben, ehe ich meinen Film abgedreht habe und wieder da bin?«

»Deinen Film?« sagte sie und spitzte die Ohren, schaffte es jedoch nicht, ihre Augen auf mich einzustellen. »Wo wirst du deinen Film drehen?« fragte sie.

»In Baltimore«, antwortete ich.

Als wüßte sie etwas, was ich nicht wußte, lächelte sie, zuckte die Achseln und sagte: »In Baltimore? Das soll mir recht sein.«

Das war alles, aber aus diesem »Das soll mir recht sein« hörte ich etwas heraus, was ich nicht verstehen konnte.

An dem Morgen des Tages, an dem sie starb, erwachte ich schlagartig. Dann läutete das Telefon. Es war Mutters Krankenschwester in Kalifornien, die sagte: »Ihre Mutter hat gerade ihren letzten Atemzug getan.« Plötzlich spürte ich Mutter in meinem gemieteten Haus in Baltimore an meiner Seite. Der Fernseher begann plötzlich zu flimmern und Störgeräusche zu produzieren. Ich stand mühsam aus dem Bett auf. Dann hörte ich, wie sie in meinem Kopf mit mir redete. Sie wollte, daß ich zu unserem früheren Haus in Virginia hinausfuhr. Ich zog mich blindlings an, teilte dem Regieassistenten am Telefon mit, daß ich an jenem Tag nicht zu den Aufnahmen erscheinen würde, und stieg in den Wagen. Ein Gedanke jagte den anderen. Mir fiel wieder ihr Gesichtsausdruck ein, als sie Baltimore gesagt hatte. Dann fiel es mir wie Schuppen von den Augen: Mom und Dad hatten einander in Baltimore kennengelernt. Sie hatten in Baltimore geheiratet. Sie hatte am Maryland College Dramaturgie unterrichtet. Dad hatte an der Johns Hopkins University in Baltimore studiert. Er war im Johns Hopkins Hospital in Baltimore gestorben. Und jetzt spürte ich ihre Gegenwart an meiner Seite, als ich aus dieser Stadt herausfuhr, in der so vieles für sie begonnen hatte, und ich erkannte, daß dies die einzige Form war, in der sie zurückkommen und hier sterben konnte. Da ich mich in Baltimore aufhalten würde, hatte sie die Entscheidung getroffen, zu genau dieser Zeit aus dem Leben zu scheiden.

Ich hätte jenen Glanz in ihren Augen erkennen müssen, sagte ich mir. Ich hätte daran denken müssen, daß »Das soll mir recht sein« für sie niemals dasselbe wie ein Ja bedeutet hatte. Und doch hätte ich, wäre ich in Kalifornien bei ihr geblieben, möglicherweise verhindert, daß sich der Kreis ihres Lebens schloß.

Ich stieg in meinen Leihwagen und fuhr zu unserem früheren Haus in Virginia. Es sah noch genauso aus wie damals. Eine Zeitlang blieb ich im Wagen sitzen und spürte, wie Mutter in meinen Gedanken mit mir redete; nicht in Worten, sondern in Gefühlen. Sie drängte mich, in das Haus zu gehen, eine Schublade

in einem alten Aktenschrank zu öffnen und einen Brief herauszuholen. Es handelte sich um eine Schublade, von deren Existenz ich
bisher nichts gewußt hatte. Ich öffnete sie und fand einen Brief,
den sie vor fünfundzwanzig Jahren an mich geschrieben hatte. Ich
konnte nicht mit Sicherheit sagen, ob es ein Brief war, den sie
niemals abgeschickt hatte, oder ob es sich um eine Kopie eines
Briefes handelte, den sie aufgegeben hatte. Voller Beklommenheit
öffnete ich den Umschlag und las den Brief.

Es ging um meine Tochter und um meinen Ehemann. Mutter
warnte mich vor gewissen Dingen. Ich brach zusammen und
weinte. Hätte ich diesen Brief fünfundzwanzig Jahre eher verstanden, dann hätte er den weiteren Verlauf meines Lebens geändert.

Ich war damals achtzehn Jahre alt und arbeitete in der Tanzgruppe eines Broadway-Musicals, als ich Steve Parker kennenlernte, meinen Mann. Dazu kam es eines Abends nach der Show,
als ich mit ein paar Freundinnen im Restaurant auf der anderen
Straßenseite saß, gegenüber vom Bühnenausgang. Kaum war
Steve durch die Tür gekommen und hatte sich gesetzt, da wußte
ich, daß mein Leben in ganz neuen Bahnen verlaufen würde. Ja, er
sah sehr gut aus, er war fast übertrieben charmant, er war intelligent, und er hatte azurblaue Augen von einer Tiefe und einem
Einfühlungsvermögen, von dem ich mich augenblicklich berührt
fühlte. Aber noch entscheidender war, daß unsere Begegnung
vom Schock des Schicksalhaften bestimmt wurde. Ich habe viele
Male auf das zurückgeblickt, was sich zwischen uns abgespielt
hat – die Dinge, vor denen ich in diesem Brief gewarnt wurde –,
und ich komme noch heute zu dem Schluß, daß es uns so bestimmt war. Ich hätte die Erfahrungen, die gemeinsam zu machen
uns bestimmt war, nicht verändern oder verhindern können.

Jetzt weinte ich, als ich durch das Haus lief und in jedem
einzelnen Zimmer Mutter und ihre Weisheit fühlte. Ich spürte,
wie recht sie doch in so vielen Dingen gehabt hatte und was für ein
Irrtum meinerseits es doch gewesen war, daß ich nicht mehr auf
sie gehört hatte. Sie führte mich langsam durch das Haus, als
unternähme sie einen allerletzten Spaziergang mit mir. Das war
der Mensch, der mir das Leben geschenkt hatte, und jetzt zog

dieser Mensch auf eine andere, ganz eigene Ebene weiter. Es war das letzte Mal, daß ich das Haus sehen würde wie damals, als wir darin gelebt hatten, und ich hatte das Gefühl, es gemeinsam mit meiner Mutter zu sehen.

Im Wohnzimmer mit dem weißen Sofa und den roten Kissen blieb ich stehen – sie liebte diese Farbkombination. Ich setzte mich so auf das Sofa, wie sie früher immer dagesessen hatte. Ich schlug die Beine übereinander, wie sie es früher immer getan hatte. Ich kam mir vor, als sei ich meine Mutter. Ich dachte darüber nach, wie sehr sie sich gewünscht hatte, als Schauspielerin Anerkennung zu finden. Wie sehr hatte sie auf dem Umweg über mich gelebt. Ich dachte an ihre zarte, zurückhaltende Stimme, wenn sie mir Gedichte vorgelesen hatte. Warum hatte sie ihren Traum nicht verwirklicht? fragte ich mich. Dann fühlte ich sie sagen: »Weil ich mir noch mehr als all das gewünscht habe, Mutter zu sein.«

Es schien mir alles so einfach, als ich dort auf ihrem Sofa saß und darüber nachdachte, wer sie wirklich war und was sie hätte sein können. Dann spürte ich, wie sie mir sagte, ich solle mich wieder auf den Rückweg machen, die Produktion nicht aufhalten, die Leute nicht warten lassen. Wieder einmal hieß es: The show must go on. Warren und ich mochten zwar geglaubt haben, daß wir nicht aus einer durch das Showbusineß geprägten Familie kamen, aber jetzt, im nachhinein, glaube ich, daß wir beide die unausgelebten Phantasien unserer Eltern umgesetzt haben und dadurch in einem höheren Maß inspiriert und motiviert wurden als die Barrymores oder die Redgraves. Und Mutter und Daddy benahmen sich im wahren Leben ebenso dramatisch. Oft schienen sie ihre Beziehung zueinander regelrecht zu inszenieren, als machten sie unseren Haushalt in Ermangelung eines echten Publikums zur Bühne.

Stundenlang saß ich schluchzend im Wohnzimmer, erinnerte mich an einige der Dramen, die sie aufführten, fühlte sie körperlich und nahm wahr, daß sie sogar die irdische Realität transzendierten! Ich ging in das Schlafzimmer, in dem Daddy Mutter nach ihren Angaben kurze Zeit nach seinem Tod aufgesucht hatte. Sie

37

Warren und ich damals und –
gewissermaßen – heute.
(Unten: Archive Photos)

sagte, sie hätte seine Pfeife gerochen und sein Gesicht ganz deutlich vor sich gesehen. Ihr war nicht ganz behaglich dabei zumute, sagte sie, weil sie sich von ihm freimachen wollte und das Gefühl hatte, sogar noch nach dem Tod von ihm überwacht zu werden. Ich trat vor die Schublade mit seiner Unterwäsche, weil sie behauptete, dort hätte er zwischen seinen Socken ein Valentinstagsgeschenk für sie versteckt. Der Valentinstag war immer ein ganz besonderer Tag für die beiden gewesen, und daher war sie nie wirklich sicher gewesen, ob das Geschenk vor oder nach seinem Tod dort versteckt worden war. Es bereitete ihr nicht die geringsten Schwierigkeiten, diese theatralische Vorstellung, das Geschenk sei nach seinem Tod dorthin gelangt, als einen Beweis dafür zu akzeptieren, daß sie sich nie würde von ihm loslösen können. Als ich mich von der Wäscheschublade entfernte, überlegte ich mir, daß Mutter ihre Theorien über das Leben nach dem Tod hatte und ich meine. Ein letztes Mal lief ich durch alle Zimmer und verließ das Haus. Ich wußte, daß ich nie mehr zurückkehren würde. Ich glaubte auch nicht, daß sie noch einmal herkommen würde. Und das tat sie auch nicht. In einer theatralischen Geste für das Leben nach dem Tod folgte sie mir auf meinem Rückweg nach Baltimore.

Genauso war es.

Als ich an jenem Abend nach Baltimore zurückkehrte, legte ich mich ins Bett und beobachtete den Schwan vor meinem Fenster, weil er mich an sie erinnerte.

Das Haus, das ich gemietet hatte, besaß eine Alarmanlage, aber das wußte ich nicht, und daher hatte ich sie nicht eingeschaltet. Plötzlich ging die Alarmanlage los. Ich wußte nicht, was ich tun sollte. Wie ich sie ausschalten konnte, wußte ich schon gar nicht. Dann hörte ich Mutter wieder in meinem Kopf. »Der Schalter ist in dem Einbauschrank im Gästezimmer«, sagte sie. Ich stand auf, ging ins Gästezimmer, schaltete die Alarmanlage aus und ging wieder ins Bett. Ich schaltete den Fernseher an. Ich konnte keinen einzigen Sender ohne Störungen empfangen. Dann wurde im Wohnzimmer ganz langsam das Licht dunkler und brannte dann wieder mit unverminderter Leuchtkraft. Dort hatte ich den Brief und andere kleine Kostbarkeiten liegenlassen, die ich von Mutters Habe mitgenommen hatte. Als ich das Zimmer betrat, konnte ich Mutter spüren. Noch einmal erlosch das Licht ganz langsam und erstrahlte dann wieder.

Sie hatte schon immer behauptet, ein elektromagnetisches Feld zu haben, das es ihr nicht erlaubte, normale Armbanduhren zu tragen. Sie gingen bei ihr immer vor, sagte sie.

Jetzt hatte ich tatsächlich das Gefühl, daß sie ihr Kraftfeld dafür einsetzte, mit mir zu kommunizieren. Das war ihre Form zu sagen: »Ich bin noch da.«

Jene Nacht war von theatralischen Glocken und Pfeifen angefüllt, von Licht und Störgeräuschen. Sie setzte sämtliche Spezialeffekte ein, nach denen sie sich in ihrem eigenen Leben gesehnt hatte. Am Morgen war ich derart amüsiert über ihre Späße, daß ich beinahe aus dem Haus gegangen wäre und den Gartenschlauch geholt hätte, um sie damit abzuspritzen und den Kreis zu schließen.

Ich habe das Gefühl, in meiner Beziehung zu meiner Mutter zu einer echten Lösung gelangt zu sein. Es hat fast sechzig Jahre gedauert. Sie war meine Bühnenmutter, meine beharrliche Inspiration, der Mensch, für den ich spielte, und schließlich dann diejenige, die mich aus ihren eigenen Träumen entließ. Jetzt würde ich um meiner selbst willen Schauspielerin sein, und sie konnte auf eine andere Verständnisebene weiterziehen.

2

Sich losreißen, um zu fliegen

Zu Beginn meiner Zeit in Hollywood fiel es mir schwer, eine Szene bei den Proben von Anfang bis Ende mit vollem Einsatz durchzuspielen. Ich wollte die Zeit der Crew nicht übermäßig in Anspruch nehmen, und ich war schüchtern und verlegen, wenn die Scheinwerfer nicht auf mich gerichtet waren. Die Lichter erteilten mir in irgendeiner Form die Genehmigung, mich den emotionalen Anforderungen der Szene zu stellen, denn dann waren die Parameter abgesteckt, die Grenzen gezogen. Die Lichter bestätigten mich, verliehen mir meine Selbstberechtigung. Im Licht würde man *mich* beobachten. *Sie*, die anderen, waren die Beobachter. In diesen Augenblicken konnte ich es, aber sonst war ich schüchtern. Diese Arbeitsweise war nicht gut, weil niemand wirklich wußte, was ich tun würde, wenn es an der Zeit war, die jeweilige Szene zu drehen. Die Beleuchter konnten ihre Scheinwerfer nicht auf mich richten, die Kameraleute waren nicht sicher, wie ich mich bewegen würde. Und die anderen Schauspieler wußten nicht, welche Gefühlslage sie zu erwarten hatten – ein Beispiel dafür, wie Schüchternheit und das Gefühl, unverdientermaßen überschätzt zu werden, zu einem unerträglich unprofessionellen Verhalten führen können. Ich erinnere mich noch an den Tag, an dem ich all meine Grenzen durchbrach. Es war bei den Dreharbeiten zu dem Film, bei dem Daniel Mann Regie führte. Er trug den Titel *Hot Spell* (Hitzewelle), und Shirley Booth und Anthony Quinn spielten mit. Es war ein Drama.

Es herrschte Stille, und die Kameras waren so nah, daß man sich unbehaglich fühlte (kein Scheinwerfer war eingeschaltet). Ein oder zwei Mitarbeiter zündeten sich Zigaretten an. Die Kostümbildner tranken Kaffee und tuschelten leise miteinander. Die Maskenbildner und die Haarstylisten lauerten hinter der Kamera und standen in Bereitschaft. Die Decken der Tonstudiobühne waren so hoch und die Wände so weit entfernt wie in einer gigantischen Höhle, daß ich mir unbedeutsam vorkam und mich von der Aufmerksamkeit vergewaltigt fühlte, die auf mich gerichtet war; aber ich wußte, daß jetzt der Zeitpunkt gekommen war, um zu »spielen«. Ich mußte mich gehenlassen. Ich mußte es einfach schaffen.

Im Film hatte mich mein Freund gerade verlassen, und Shirley Booth (meine Mutter) versuchte, mich zu trösten. Shirley betrat das Schlafzimmer, und ich dachte mir: Jetzt ist es soweit. Ich nahm meinen gesamten Mut zusammen und ging aufs Ganze. Schreiend und heulend stürzte ich auf die Bühne. Ich tobte in der Kulisse des Schlafzimmers herum und schluchzte in mein Kissen, das ich kaum sehen konnte, weil es so dunkel und einsam auf der Bühne war. Je weiter die Szene fortschritt, desto mehr erhob ich die Stimme. Es verblüffte mich, daß ich in meine Kindheit zurückzufallen schien. Tränen strömten mir über das Gesicht. Ich konnte kaum atmen. Shirley Booth war ebenso beeindruckt wie alle anderen. Das Team applaudierte, ebenso die Maskenbildner, die Haarstylisten und die Kostümbildner. Danny trat auf die Bühne und kam auf mich zu. Er setzte sich neben mich aufs Bett. »Wie hast du das gemacht?« flüsterte er. »Woran hast du gedacht?« fuhr er fort. »Wie kommt so etwas zustande?«

Ich wischte mir die Tränen aus den Augen und versuchte, ihm zu erklären, daß diese Tränen einem Gefühl von Befreiung entsprangen, dem Gefühl, den Durchbruch geschafft zu haben. Ich versuchte, ihm zu erklären, daß ich mich aufgrund meiner Schüchternheit für selbstsüchtig hielt; sie hatte dazu geführt, daß ich mich zurückhielt und die Szene nicht so spielte, wie ich es beabsichtigt hatte – ich hatte nichts dagegen tun können. Als ich aus dem Gefängnis meiner eigenen Schüchternheit ausbrach, schluchzte ich vor Erleichterung und vergoß eimerweise Tränen. Ich fühlte mich benommen, angeheitert schwebte ich wie auf Wolken. Ich sah, daß die Schauspielerei eine Form war, Gefühle um ihrer selbst willen zu empfinden. Um zu weinen, brauchte ich keinen Grund. Ich hatte einen Teil meiner schüchternen Kindheit hinter mir zurückgelassen.

Danny stellte weitere Fragen zu meinen Gefühlen. Es machte mir Spaß, nach Antworten zu suchen, und ich gab das, worauf ich stieß, gerne preis. Er lobte mich, spendete meinem Talent Anerkennung und sagte, er würde behutsam mit meinen persönlichen Gefühlen umgehen und über sie wachen. Die Tage vergingen. Mir wurde plötzlich bewußt, daß ich alles getan hätte, um ihm zu gefallen; ich ging noch tiefer in mich und versuchte, dort Antworten zu finden, um seine Gunst zu erringen. Ich wollte, daß er stolz auf mich war, und ich wollte versuchen, noch mehr von meiner emotionalen Wahrheit aufs Spiel zu setzen. Schon bald wurde mir klar, daß ich dabei war, mich in meine erste künstlerische, wohlwollende, unverhohlen verletzliche, patriarchalische Vaterfigur zu verlieben. Das Vertrauen, das ich in ihn setzte, ermöglichte es mir, meine Gefühle jederzeit herbeizuzitieren.

Ich war zweiundzwanzig, zerbrechlich und gerade erst dabei, meine Gefühle zu erkunden. Instinktiv wußte ich, daß ich sie gründlicher erforschen mußte, wenn ich eine gute Schauspielerin werden wollte. Aber mehr als alles andere fand ich plötzlich jede Kleinigkeit an meinem Regisseur faszinierend.

Ich sehnte mich danach, bei der Arbeit Kontakt mit ihm zu haben. Ich kostete seine Erfahrung und sein Können im Umgang mit den anderen Schauspielern aus. Ich wußte seine Großzügigkeit unendlich zu würdigen, als er uns die Geheimnisse seines eigenen Lebens offenbarte, um gemeinsam mit uns unsere Rollen wirklich zu erkunden. Danny erzählte mir, daß er in dem Augenblick, in dem sein Vater starb, gebannt die Spucke in den Mundwinkeln seines Vaters betrachtete und nichts anderes wahrnehmen konnte. Er erzählte mir von seiner ersten Liebe. Er äußerte sich offen zu seinen Gefühlen gegenüber seiner Frau und seinen Kindern. Ich klammerte mich an jede kleinste Information und fragte mich, in meiner Verliebtheit subtil berechnend, wie ich es rechtfertigen konnte, eine intimere Beziehung zu ihm aufzunehmen. Schließlich war er damals in New York für meine Probeaufnahmen verantwortlich gewesen. Er hatte von mir nicht das Spie-

43

Hot Spell: Ich weiß nicht, woher die Tränen kamen, aber Shirley Booth sagte, sie sei beeindruckt! (Photofest)

len einer Szene verlangt, sondern hatte es mir schlichtweg gestattet, ich selbst zu sein, während er Fragen stellte und damit kokettierte, meine unausgereifte Persönlichkeit auf der Leinwand darzustellen. Er war gleich zu Beginn für mich dagewesen, dieser Mann, der mit Brando als Darsteller Regie geführt hatte und dem sowohl Anna Magnani als auch Shirley Booth Academy Awards zu verdanken hatten!

All meine leidenschaftlichen Gefühle, die in meinem Beruf und die in meinem Privatleben, prallten plötzlich aufeinander. Plötzlich verstand ich vollkommen, warum Schauspielerinnen sich in ihre Regisseure verliebten. Regisseure waren die Väter, die wir heiraten wollten. Sie bestanden darauf, daß wir unseren Gefühlen freien Lauf ließen, und dann halfen sie uns dabei, ihnen eine Form zu geben. Sie bewunderten unsere Gesichter und unsere Körper, strebten jedoch ständig Verbesserungen an. Sie wachten über uns, hegten und pflegten, behüteten uns. Wir waren ihnen anvertraut. Niemand konnte uns weh tun, niemand konnte uns kritisieren . . . Nur ihnen wurde soviel Vertrauen und Zuversicht entgegengebracht.

Und so wurde die Vater-Tochter-Kombination ausgespielt. Danny war fünfundzwanzig Jahre älter als ich. Aus meiner Sicht war das ein Plus. Kein Plus dagegen war, daß weder er noch ich uns über die grundlegende Einsicht hinwegsetzen konnten, daß das hier nur ein Film war. Wahrscheinlich würde ich dieselben Gefühle mit einem anderen guten Regisseur wieder erleben und er mit einer anderen Schauspielerin, die gerade erst dabei war zu lernen, wer sie überhaupt war.

Am Tag der Abschlußparty fiel alles in mir wie ein Kartenhaus zusammen. Ich verabschiedete mich und fuhr zurück nach Malibu. Die Familie, die viel miteinander erlebt und erfahren und gemeinsam künstlerische Erfahrungen gemacht hatte, brach auseinander. Ich war sicher, daß ich diese verzauberten Momente nie mehr in einer solchen Form erleben würde, und ich war am Boden zerstört.

Auf halbem Wege schaltete ich die Scheibenwischer meines Wagens an. Ich glaubte, es regnete in Strömen, doch das war nicht der Fall. Ich weinte nur einfach so heftig, daß ich kaum noch etwas sehen konnte.

Die Menschen im Showgeschäft kommen sich sehr nahe, und diese Gefühle gehen tief, lodern heftig und können sich im Handumdrehen in Luft auflösen oder eine krasse Kehrtwendung machen. Jetzt weiß ich das, aber damals war das schwierig für mich. Jahre später trafen Danny und ich einander wieder und machten einen Spaziergang am Strand. Wir sprachen darüber, wie alt er sich fühlte, und ich erinnere mich noch, daß er sagte: »Wenn man Gott auf englisch rückwärts buchstabiert, dann kommt Hund dabei raus.« Es klang so tiefgründig, als ich ihn diese Worte zum ersten Male sagen hörte. Fünfunddreißig Jahre später erkannte ich, daß er sich immer noch auf Einfälle von früher verließ.

Während wir spazierengingen, blieb er mit den Füßen in den Wellen stehen und sagte: »Erinnerst du dich noch an unsere Beziehung bei *Hot Spell*?« Ich nickte. »Tja«, sagte er, »du warst damals wie ein freiliegender Nerv. Es gab nichts, was du nicht empfunden hättest. Ich erinnere mich noch, daß ich mir damals gedacht habe: Das kann gefährlich werden.«

Kurz darauf starb Danny. Seine Familie zeigte mir ein Bild, das ich ihm nach unserer gemeinsamen Arbeit geschenkt und signiert hatte. Auf die Rückseite hatte ich geschrieben: Danny, Darling, du hast mich das Fliegen gelehrt.

So empfinde ich es noch heute.

Wenn eine Schauspielerin zu dem Entschluß gelangt, »sich gehenzulassen«, dann ist das aus vielerlei Gründen ein gewaltiger Entschluß. Man öffnet sich und ist somit enorm verletzbar. Man legt verschüttete Charakterzüge frei, von deren Existenz man nie gewußt hat, und das kann abwechselnd erschreckend und die reinste Offenbarung sein. Man wird, wie Danny sagte, zu einem freiliegenden Nerv, der nicht nur für die Launen anderer anfällig ist, sondern auch für einen selbst.

Wenn man sein inneres Universum ausgräbt, kann das schockierend sein. Ich beispielsweise stellte fest, daß Wut eines der Gefühle war, die ich besonders mühelos spielen konnte. Ich war mir der Wut nicht bewußt gewesen, die ich tief in mir selbst verschlossen hatte. Wer weiß, worin diese Wut ihren Ursprung hatte. Aus meiner Sicht ist sie nicht nur in meiner Kindheit verwurzelt. Ich hatte schon immer das Gefühl, zornig geboren worden zu sein. Ich glaube, daß ich mich entschlossen habe, dieses Leben zu leben, um mich mit dem Thema unterdrückter Wut auseinanderzusetzen. Wenn ich mich an meine Wutausbrüche als Kind erinnere, dann fällt mir auch wieder ein, daß ich mehr als nur irdische Gründe dafür hatte, außer mich zu geraten. Es ist schon wahr, daß meine Mutter phlegmatisch genug war, um einen damit um den Verstand zu bringen, aber es steckte noch mehr dahinter, und ich glaube, daß dieses »Mehr« von einem Zorn spricht, der schon vor meiner Geburt existent war.

Ich glaube, daß ich in früheren Leben so ganz und gar keine Lösung für den Umgang mit Wut gefunden habe und ich mich daher jetzt unbedingt damit arrangieren mußte. Ich glaube auch, daß ich mir meine Mutter *buchstäblich* ausgesucht habe, weil sie mich provozieren würde, eine Lösung für mich zu finden. Mit dem Kopf kann ich nicht erklären, wie dieser Grundkurs für die Seele abläuft, aber ich *fühle*, daß wir Menschen nicht nur Produkte der emotionalen Konditionierung sind, die in unserer Kindheit betrieben wird – ob durch Eltern oder von anderer Seite. Wir sind auch Produkte der genetischen Erinnerung, die noch in der Grundstruktur unserer Seelenerfahrung eingebettet ist. Die Hindus nennen das Samsara.

Ich glaube fest daran, daß nicht nur die unausgelebten Träume meiner Eltern mich zur Schauspielerei hingezogen haben, sondern auch der Umstand, daß ich mich so mit Umwegen auf das Gebiet dramatisch übersteigerter Wutausbrüche vorwagen konnte, ohne meine persönliche Existenz zu gefährden. Von Anbeginn meines Lebens an – dieses Lebens – habe ich mich unwiderstehlich angezogen gefühlt von der Kunst, Emotionen Ausdruck zu verleihen, und von dem Wunsch, sie auszuleben. Und das rührt nicht nur von der unerklärlichen Wut her, die ich als junges Mädchen in mir selbst wahrgenommen habe.

Viele Schauspieler und Schauspielerinnen im Hollywood von

heute sind weitaus vertrauter mit der Möglichkeit, daß sie dieses Leben mit ungelösten Fragen angetreten haben, denen wir in unserer Branche nachgehen und die wir dort erkunden können. Wir haben das Gefühl, nicht nur einen Vorwand dafür zu haben, in die Unermeßlichkeit unserer selbst einzutauchen und das, was wir dort finden, in unsere Projekte und Rollen einfließen zu lassen, sondern wir glauben, daß dieser Blick in unser Innerstes sogar unser Recht und unsere Pflicht ist.

Diese Suche nach unserem eigenen Innern kann für jeden anderen, der das nicht versteht, verheerend sein. Manchmal wissen wir noch nicht einmal, ob wir es eigentlich für die Rollen tun, die wir spielen, oder doch eher für uns selbst.

Die Grenze zwischen beruflich motivierter Emotion und den wahren persönlichen Gefühlen kann derart verschwommen sein, daß man blind für die Unterschiede wird. Das ist der Grund dafür, daß jeder Film aufs neue Ehen gefährdet, sogar Ehen zwischen Partnern aus unserer Branche. Da Steve, mein Ehemann, in New York Schauspieler gewesen war, verstand er, was erforderlich war, um sich mit einer Rolle gründlich auseinanderzusetzen – er half mir sogar dabei. Wenn ein Schauspieler mit einem »Zivilisten« verheiratet ist, ist das im allgemeinen eine unhaltbare Situation. Ein Zivilist muß sich seiner selbst ganz enorm sicher sein, wenn er verstehen will, was wir uns selbst und anderen auf der Suche nach wahrheitsgetreuer Darstellung antun. Wir können bis zu dem Punkt, an dem jedes andere menschliche Wesen ausgeschlossen ist, selbstsüchtig sein und nur noch an uns selbst und niemand anderen mehr denken. Aber andererseits wissen wir tief in unserem Innersten, daß die Rolle, die wir spielen, uns buchstäblich zum Verschwinden bringen kann, wenn wir nicht ganz und gar in uns selbst ruhen. Wenn wir uns selbst nicht von Nutzen sind, wie können wir dann der Rolle und dem Projekt von Nutzen sein? Unsere Taten und unsere Empfindungen scheinen oft jeglicher Grundlage zu entbehren. Manchmal schlagen wir wild um uns. Wir werden in einem unvorstellbaren Maß narzißtisch und fürchten uns trotzdem noch davor, uns selbst im Spiegel anzusehen.

Um unsere Parameter und die aller anderen um uns herum

vollständig auszuschöpfen, geben wir uns manchmal den krassesten Formen von Exhibitionismus hin. Die persönliche Perfektion kann derart zur Besessenheit werden, daß man tatsächlich glaubt, die Landung auf dem Mond oder die Invasion in Bosnien drehe sich um einen selbst.

Ja, zu einer Rolle zu »werden« und die Suche danach, das kann einen Menschen wahrhaft in Verwirrung stürzen. Oft hat es mir widerstrebt, meine Identität von einer Rolle verschlingen zu lassen, denn es war kein schönes Gefühl. Mir gefiel die Abdankung des eigenen Ichs nicht, obwohl ich mir genau das auf meiner Suche nach der Rolle erhofft hatte. Ich fürchtete, nie mehr zurückzukommen. Wahrscheinlicher ist jedoch, so vermute ich, daß ich Angst davor hatte, was die Leute über mich denken würden.

Ich erinnere mich an ein Stück eines kleinen Theaters, in dem meine Mutter mitspielte, als ich noch ein Kind war. Es hieß *Children of the Moon*, und mein Vater fand, sie hätte sich in ihre Rolle verwandelt – ein keifendes Weibsstück, das Familie, Heim und Herd vernachlässigte. Ich erinnere mich noch daran, mit angehört zu haben, wie sie sich darüber stritten, wieviel Zeit sie außer Haus verbrachte, um im Theater zu einer anderen Person zu werden. Dad war wirklich außer sich. Er fand, sie hätte unsere Familie grob vernachlässigt, und außerdem sei das Haus total verdreckt. Er wollte, daß sie das Stück hinwarf und wieder nach Hause zurückkam, dahin, wo sie hingehörte. Ich sah Mutters Frustration und schließlich die beharrliche Bekundung ihrer Unabhängigkeit, als sie beschloß, das Stück nicht aufzugeben. Es wurde aufgeführt, und Warren und ich spielten die Rollen von kleinen Kindern. Ich glaube, es war ein Erfolg, doch die Erinnerung an den Preis, den unsere Familie dafür zahlte, prägte sich für alle Zeiten tief in mein Gedächtnis.

Viele Jahre lang hielt ich an dem Entschluß fest, meine disziplinierte Technik auf die Schauspielerei zu übertragen. Ich entwikkelte mich zu einer raffinierten Beobachterin und praktizierte die Kunst, das, was ich sah, eher zu *imitieren* als zu *fühlen*.

So stellte ich beispielsweise, wenn ich ein Opfer spielte, das dar, wovon ich *glaubte*, daß ein Opfer es empfand. Ich wurde nie wirklich selbst zum Opfer. Ich habe mir oft Gedanken darüber gemacht, ob meine Darstellung hochwertiger gewesen wäre, wenn ich mich zum Opfer hätte *werden* lassen, und ich bin mir immer noch nicht sicher. Manchmal ist ein Gefühl von kontrollierter Distanz wirksamer, wenn man einen sentimentalen Menschen spielt. Ein wahres Opfer, das sich nicht als ein solches begreift, ist unendlich viel ergreifender als ein Opfer, das ständig jammert. Mit den Jahren kam mir langsam die Erkenntnis, daß Rollen, die Widersprüche in sich tragen, mit Sicherheit die spannendsten sind.

Im wahren Leben war ich weniger nachsichtig. Widersprüche in Menschen, die ich kannte und mit denen ich arbeitete, waren mir ein Greuel. Mir entging daher enorm viel, weil ich sie wegen ihrer Unbeständigkeit verurteilte.

Bis zum heutigen Tage habe ich Schwierigkeiten mit Unvereinbarkeiten im Charakter eines Menschen. Gewöhnlich sehe ich solche Widersprüchlichkeit als eine Form von Lüge an – ein viel zu hartes Urteil.

Die Schauspielerei hat mir jedoch gezeigt, daß gerade in den Widersprüchlichkeiten die Würze liegt, die Menschen und das Leben interessant macht. Genau diese Rollen fesseln das Interesse des Publikums. Jetzt kann ich erkennen, daß dasselbe auch auf das wirkliche Leben zutrifft. Ein Mensch, der immer berechenbar ist, wird langweilig. Unberechenbare Widersprüche machen Spaß.

Tatsächlich trägt Widersprüchlichkeit eine Form von konfuser Perfektion in sich, und es liegt an uns Menschen, sie zutage zu fördern.

Die Leinwand zu füllen und das Terrain von Rollen abzustecken, die ich spiele, hat mir mein Leben lang das Vergnügen erlaubt, Harmonie im Chaos zu finden. Das ist es, was mich an Aurora Greenway in *Terms of Endearment* (Zeit der Zärtlichkeit) am meisten begeistert hat. Sie war eine unglaublich schwierige Frau, aber letztendlich hat sie meist recht behalten. Sie war im Grunde genommen eine Heldin, deren Weg zu einem harmonischen Schlußakkord mit Verstümmelten und Verwundeten gepflastert war, die jedoch bereitwillig alles noch einmal über sich ergehen lassen würden, weil sie Spaß an ihr hatten.

Aurora hat mein Privatleben aufgrund der Unberechenbarkeit ihrer Widersprüche beeinflußt. Menschen wie sie sind heute für mich ein Abenteuer und eine Erforschung wert. Ich habe gelernt, daß jenseits des Chaos eine Form von Harmonie besteht. Das Ziel besteht darin, sie ausfindig zu machen. Dann ist man auf der Leinwand und im Leben auf eine Persönlichkeit gestoßen.

Ich bin nicht sicher, ob ich das verstünde, wenn ich nicht im Showgeschäft wäre. Tatsächlich ist das Showgeschäft mir in hohem Maß dabei behilflich gewesen, ein tieferes Verständnis des *wahren* Lebens zu erlangen. Aber wie kommt es, daß ich mich beim Rückblick auf die entscheidenden Lektionen meiner Hollywoodjahre zuerst an seltsame, zusammenhanglose und voneinander losgelöste Einzelheiten erinnere, an Bilder, die, für sich allein genommen, unbedeutend zu sein scheinen: der helle Sonnenschein, als ich die Tür einer dunklen Tonstudiobühne öffnete, und einen Moment lang hatte ich Kopfschmerzen, als ich in einen glühend weißen, kalifornischen Tag hinaustrat; smaragdgrünes Gras und Rasensprenger, die das ganze Jahr über angestellt werden, riesige überdachte Swimmingpools und prachtvolle Früchte ohne jeglichen Eigengeschmack; Besuche um halb sechs morgens, um sich miteinander auszusöhnen und miteinander zu schlafen; Gegenbesuche um halb sechs nachmittags, um sich eben dafür zu bedanken . . . beide Male im Abendkleid; dickes Make-up, das in den Poren meines Gesichts versinkt und mich von der wahren Welt abgrenzt; Unzufriedenheit und ruhelose Langeweile, die in mir aufflackern, während ich noch eine Stunde länger darauf warte, daß die Beleuchtung auf der Bühne endlich stimmt. Schon zu Beginn meiner Karriere zog ich die Möglichkeit in Betracht, daß es mir im Grunde genommen keinen Spaß machte, Filme zu drehen. Ich äußerte diesen Verdacht niemandem gegenüber – aus Angst, es könnte als Undankbarkeit ausgelegt werden. Ich war gerne Schauspielerin, aber es machte mir keinen Spaß, Filme zu drehen. Für meine Veranlagung – eine gehörige Portion Ungeduld – brachte das zu viele Wartezeiten mit sich. Mir gefiel es, wenn sich alles überstürzte, sogar auf die Gefahr hin, daß geschlampt wurde. Ich kann mich gut erinnern, wie oft ich das Gefühl hatte, etwas einfach hinter mich bringen zu wollen, um es abzuschließen, und nicht, um meine Sache gut zu machen.

Was meine Arbeitsmoral angeht, so ist dies mein Leben lang eine echte Schwäche gewesen. Ich weiß nicht, woher diese Ungeduld rührt; ich bin mit ihr geboren worden. Es scheint, als wäre ich von Anfang an intolerant gewesen, sobald getrödelt und gezaudert wurde. Vielleicht ist das eine weitere kosmische Frage, die ich in dieses Leben mitgebracht habe, und vielleicht habe ich mich entschlossen, Filme zu machen, um dort dieser Frage nachzugehen und eine Lösung zu finden, weil man gerade dort so oft und lange warten muß. Es ist mir manchmal unerträglich, die emotionale Haltung der Rolle, die ich gerade spiele, aufrechtzuerhalten, während Kameraleute durch die Gegend flitzen. Das löst erst Ängste und schließlich Wut aus, ganz zu schweigen von der Ermattung bis in die Knochen. Aber das gehört nun einmal dazu, und daher muß man es als eine Lektion in Sachen Selbstvertrauen und Disziplin sehen. In Hollywood hat Zeit einen anderen Stellenwert. Sie ist ein fester Bestandteil des Budgets. Wenn sie doch ohnehin bezahlt wird, warum soll man sie sich nicht nehmen? Ich empfinde diesen Ansatz als unrentabel, als unaufrichtig und als nachlässig, und gewöhnlich bringe ich das auch zur Sprache, was jedoch auch nicht von großem Nutzen ist.

Nein, ich bin von Anfang an wahrlich keine glücklich gewählte Kandidatin fürs Filmemachen gewesen. Wahrscheinlich gibt es viele Gründe – wobei ich bisher noch nicht in meiner Psyche danach geschürft habe – für das Gefühl nagender Unzufriedenheit und für das Unbehagen, das in mir erwacht, wenn ich im Mittelpunkt stehe und verwöhnt werde. Ich war jedoch nicht die einzige, die so empfand. Im Laufe der Jahre erkannte ich, daß viele von uns inmitten dessen, was andere als ein vollkommenes Leben definierten, eine unausgesprochene Unzufriedenheit verspürten. Wir hatten das Gefühl, von einer Art emotionalem Virus befallen zu sein, der uns zu schaffen machte und nie gänzlich ausheilte. Zeitweilig ließ er sich durch massive Dosen von Kassenschlagern behandeln oder, was durchaus auch vorkommt, durch eine Reihe von »verdienten Mißerfolgen«. Sie ließen uns wieder mehr von uns selbst fühlen.

Aber wirklich wohl war uns nie zumute, und heilen ließen sich diese Beschwerden nicht. Wir alle hatten mit einer solchen Intensität darum gekämpft, unsere Ziele zu erreichen, daß wir selbst uns durch den »Kampf« identifizierten. Ohne dieses Ringen verloren wir den Kontakt zu uns selbst. Erfolge und Errungenschaften bedeuteten, zu jemand anderem zu werden. Da wir in keiner Weise darauf vorbereitet waren, ohne die Vertrautheit von Konfliktsituationen zu leben, erschufen wir sie oft selbst. Ich fange jetzt erst an zu verstehen, daß die Sterne am Filmhimmel in meinem kleinen Kosmos so wichtig für mich waren, weil sie in einer Beziehung zu meiner Haltung zum Ringen um Erfolg in einer Stadt standen, die so künstlich und so tief wie Hollywood ist; ihr Talent, ihr Leben, ihr Auftreten und ihr Glanz halfen mir dabei, mein eigenes Licht zu sehen.

Zwei dieser Stars hatten mich schon von meiner frühen Kindheit an begleitet – und beide übten in meinen ersten Jahren in Hollywood einen besonders starken Einfluß auf mich aus. Sie benahmen sich wie niemand sonst, dem ich je begegnet war.

3

Kollaps in der Traumfabrik
Dean und Jerry

Dean Martin und Jerry Lewis waren meine Lieblingsschauspieler, als ich etwa zwölf Jahre alt war. Ich hätte mir nie träumen lassen, daß ich acht Jahre später einen Film mit ihnen drehen würde. Warren und ich sahen uns früher jeden ihrer Filme an. Wir waren so begeistert von den beiden, daß wir einmal schreiend durch das Haus rannten und riesige unsichtbare Grapefruits so in den Händen hielten, wie wir es bei Dean und Jerry in *At War with the Army* (Krach mit der Kompanie) gesehen hatten. Unsere Eltern brachten wir damit fast um den Verstand.

Mir war damals auch schon bewußt, daß Hal B. Wallis bei Paramount Produzent sämtlicher Filme von Martin und Lewis war.

Ich wäre nach dem Gespräch in der Garderobe niemals mit Hal B. Wallis essen gegangen – ich war in *Pyjama Game* (Picknick in Pyjama) für Carol Haney eingesprungen –, wenn Martin und Lewis nicht gewesen wären. Unser Schicksal schien miteinander verwoben zu sein. Oder zumindest erweckt es bei mir jetzt diesen Anschein.

Steve erwartete mich am Bühnenausgang, um mich zum Abendessen abzuholen. Wir waren damals noch nicht verheiratet, aber als Wallis sich vorstellte und ihm klarwurde, daß es einen wichtigen Mann in meinem Leben gab, sah ich einen Ausdruck von Enttäuschung über sein Gesicht huschen. Freunde und Ehemänner bedeuteten im Falle von weiblichen Stars für gewöhnlich Ärger, denn sie sahen ihre Rolle darin, ihre Frauen vor den gierigen Raubtieren Hollywoods zu beschützen. Das traf im Grunde genommen auch auf Steve zu. Er war dreizehn Jahre älter als ich, besaß mehr Lebenserfahrung und konnte auf eine Meile

Hitchcock war mein erster Regisseur. Ich hatte das gesamte Drehbuch
auswendig gelernt. (Archive Photos)

Entfernung wittern, ob eine bestimmte Situation von Vorteil sein würde oder nicht. Erst wesentlich später erkannte ich, worauf sich seine spezielle Begabung begründete, eine Begabung, die ihn zu mir hingezogen hatte.

Jedenfalls aßen Steve, Wallis und ich zusammen zu Abend. Wallis wollte, daß ich Probeaufnahmen machte, und falls ihm das Ergebnis gefiel, wollte er mich unter Vertrag nehmen.

Ich machte die Probeaufnahmen (mit Danny Mann), Wallis gefielen sie, und Steve fand, ich sollte den Vertrag unterschreiben. Also tat ich es.

Ich trat weiterhin in der Tanzgruppe auf. Dann kam Hitchcock, um sich an dem einzigen anderen Abend, an dem Haney ausfiel, *The Pyjama Game* anzusehen – wieder eine schicksalhafte Fügung? Er drehte gerade einen Film, der *The Trouble with Harry* (Immer Ärger mit Harry) hieß, und er suchte eine aus dem Rahmen fallende »verrückte« Schauspielerin für die Hauptrolle. Er forderte mich auf, in *The Trouble with Harry* mitzuspielen, ehe ich etwas für Wallis tat. Das hieß, daß ich zu Dreharbeiten nach Vermont sofort nach Hollywood aufbrechen mußte. Ich wußte, daß ich im Hinblick auf Steve eine Entscheidung treffen mußte, denn er bestand darauf, daß wir heirateten. Andernfalls würde er nicht mit mir nach Kalifornien gehen. Da ich ihn nicht verlieren wollte, heiratete ich ihn und wurde während der Trauung nahezu ohnmächtig, weil ich tief in meinem Innern wußte, daß ich etwas tat, wozu ich noch nicht reif war.

Trotzdem war Steve mir ein Beschützer und eine Stütze. Er schien bereit zu sein, alles zu tun, um mir eine erfolgreiche Karriere zu ermöglichen.

Nachdem ich *The Trouble with Harry* abgeschlossen hatte (Hitchcock konnte Ehemänner auch nicht leiden und untersagte Steve, zu den Dreharbeiten zu kommen), saß ich mit Steve in der Geborgenheit einer kleinen Wohnung in Malibu, Kalifornien, und trat von dort aus mein zweites Engagement an, eine Rolle in *Artists and Models* (Maler und Mädchen/Der Agentenschreck) mit Dean und Jerry. Ich konnte kaum glauben, wie mir geschah. Ich war ganze zwanzig Jahre alt.

Ich war an »ordentliches« protestantisches Benehmen gewohnt. Das war meine erste Erfahrung mit dem Humor anderer ethnischer Gruppen (Juden und Italiener). Ich sah, wie Touristen und Passanten in Deans Golfcart geworfen wurden, gewöhnlich von Jerry, der ihn gestohlen hatte. Jerry lechzte so unverfroren nach Aufmerksamkeit, daß er alles getan hätte, um sie zu bekommen. Er war so hemmungslos und so unverhohlen fordernd mit seinen verrückten Späßen, seinen spastischen Grimassen und seinem unkontrollierbaren Einbeziehen aller Menschen, die ihm über den Weg liefen, daß ich ihn attraktiv fand. Ich war von meinem Wesen her absolut unfähig, mich so zu benehmen, und ich ahnte auch, daß hinter dieser hinterlistigen Verrücktheit ein wirklich einsamer Mann steckte.

Mit Dean war es etwas ganz anderes. Er war gewandt, freundlich, geistreich, sah gut aus und schien unendlich viel komplizierter zu sein als Jerry. Mir war nicht klar, daß ihre Beziehung zueinander gerade am Auseinanderbrechen war, als ich auftauchte. Ich wußte nur, daß sie die Idole meiner Kindheit waren und immer noch das heißeste und komischste Team in allen Bereichen des Showgeschäfts – Nummer eins bei Live-Auftritten, in Filmen, im Fernsehen und im Radio. Die Kombination dieser beiden Talente begeisterte und faszinierte mich. Sie verkörperten alles, was ich anbetete.

Zu meinem Erstaunen war in meinen Augen Dean der Komische und nicht etwa Jerry. Sein Humor war subtil und spontan – er entsprang dem Augenblick. Jerrys Humor war brillant, aber im allgemeinen gut überlegt. Ich beobachtete die beiden aufmerksam, verfolgte gebannt jede komödiantische Posse, versuchte zu ergründen, warum ihre clownesken Einfälle manchmal ein Erfolg waren und manchmal schiefgingen. Ich spürte die tiefe Spannung zwischen den beiden, aber ich war an ein Verhalten gewöhnt, das eher etwas unterdrückt als etwas ausdrückt.

Am ersten Tag, an dem ich mit Jerry zusammenarbeitete, sollte ich eine Nummer auf den Treppenstufen mit ihm aufnehmen, die sogenannte »Inamorata«-Szene. Es war ein Liebeslied, und ich trug einen knappen gelben Strandanzug. Meine Aufgabe bestand darin, die Stufen rauf- und runterzuspringen und provozierende komische Posen einzunehmen, um Jerry in mich verliebt zu machen. Da ich Tänzerin war, war ich es gewohnt, Anweisungen des Choreographen anzunehmen, in diesem Fall Charlie Curran (mit Patti Page verheiratet), und mir von seinem Assistenten die genauen Einzelheiten schildern zu lassen. Bei dem Assistenten handelte es sich jedoch um einen alternden jugendlichen Liebhaber, einen ehemaligen Tänzer, den die Zeit eingeholt hatte. Er war weder attraktiv noch besonders komisch.

Wenn man nicht selbst erlebt hat, wie einem jemand bestimmte Szenen in einer Form demonstriert, die alles verkrampft und überhaupt nicht komisch erscheinen läßt, dann kann man sich nicht vorstellen, wie peinlich das ist. Man kann die Szenen von vornherein nicht leiden und weiß doch gleichzeitig, daß man ihnen gar nicht erst eine echte Chance gegeben hat. Man weiß, daß der Assistent diesen Szenen unmöglich gerecht werden kann, denn sonst wäre er jetzt da, wo man selber steht. Andererseits ist die Furcht davor, sich lächerlich zu machen, so ausgeprägt, daß man jegliche Vernunft über Bord wirft. Nur allzu häufig läßt diese Furcht einen grausam werden, und genau das passierte an jenem ersten Tag mit Jerry.

In jenen Zeiten wurden musikalische Einlagen grundsätzlich vor allen anderen Einzelheiten abgedreht. Ich kannte Jerry nicht und wußte auch nicht, was ich von ihm zu erwarten hatte. Ich hätte ihm gern gesagt, daß mein Bruder und ich uns für seine Szene mit der Grapefruit begeistert hatten. Ich hätte ihm gern davon erzählt, wie er Leute zum Lachen gebracht hatte – es war im Sommer in New York, als ich an der American School of Ballet studierte und er und Dean ein paar Häuser weiter im Copacabana spielten. Die Lachsalven waren noch auf der Straße zu hören. Doch dazu bot sich mir nie eine Gelegenheit. Jerry kam auf einem Fahrrad auf die Bühne gefahren, schwang ein Bein über die Stange und stolzierte auf Charlie Curran zu. Ich fand seinen Gang ziemlich sexy, und eigentlich drückten sich Selbstvertrauen und eine Form von unausgesprochener intelligenter Arroganz darin aus. Er nickte mir zu, wir schüttelten einander die Hand, und dann bedeu-

Artists and Models: Das war die Szene, die Jerry bei den Dreharbeiten haßte. (Photofest)

tete er Charlie und seinem Assistenten, ihm die Nummer zu zeigen. Ich spielte mich selbst, denn ich war eine disziplinierte Tänzerin mit Broadway-Erfahrung, immer vorbereitet und begierig, wenn immer es nötig erschien, den richtigen Leuten zu gefallen. Ich trug sogar meinen gelben Strandanzug anstelle der Probenkleidung und hatte eine dicke Schicht Körperschminke auf den Beinen, damit meine Sommersprossen nicht meine schottisch-irische lilienweiße Haut verrieten.

Ich fand meinen Auftritt ziemlich gut, aber, wie ich schon sagte, der Assistent war gräßlich.

Als wir fertig waren, sagte Jerry kein Wort und verließ die Bühne. Ich warf Charlie einen Blick zu und fragte mich, was ich wohl falsch gemacht hatte. Er zuckte die Achseln und ging in Jerrys Garderobe, ein schuhkartonartiges Fertighaus auf Rädern, das mit einem Schminktisch ausgestattet war, einer Liege, ein paar Stühlen und einem Telefon. Ich schaute zu den beiden rüber und versuchte das Gespräch zu verstehen. Die Tür stand offen, und ich sah Jerry am Telefon. Ich hörte ihn sagen, daß er die Szene nicht spielen wollte.

Ich glaubte natürlich, er könnte mich entweder nicht leiden oder er sähe eine Rivalin in mir. Der Assistent verdrehte die Augen. Ich setzte mich hin und wartete ab. Wenige Minuten später erschien Hal B. Wallis, der Produzent, im Studio. Er ging in Jerrys Garderobe und schloß die Tür hinter sich. Nach einer Weile tauchten sie alle wieder auf, und ihnen war deutlich anzusehen, daß Wallis seinen Kopf durchgesetzt hatte.

Als Wallis an mir vorbeikam, sagte er: »Dieser junge Mann wird sich noch zugrunde richten. Er ist ein großartiger Komiker, aber er möchte bei allem mitreden. Er hält sich für einen Produzenten, einen Regisseur und Gott weiß was noch. Er sollte sich damit begnügen, komisch zu sein. Damit wäre uns allen gedient.«

Was Wallis mißverstand, war Jerrys Angst, er könnte nicht komisch wirken. Darin lag der Grund dafür, daß er seine Nase in alles steckte.

Jerry und ich machten mit den Proben weiter. Er war alles andere als glücklich, aber er machte seine Sache professionell. Ich bekam meine Lektion darüber erteilt, wie destruktiv es sein kann, wenn man mit der Erwartung an etwas herangeht, man könnte lächerlich gemacht und an die Wand gespielt werden. Die Nummer war so aufgebaut, daß das Mädchen (ich) darin im Mittelpunkt stand. Jerrys Rolle bestand darin, auf ihre Possen zu reagieren. Er war es jedoch gewohnt, selbst der Komische zu sein. Er war es gewohnt, daß andere auf ihn reagierten. Er war wirklich sehr komisch, aber wie alle großen Komiker fürchtete er, es nicht zu sein.

Die Proben für diese und andere Nummern dauerten nicht lang. Jerry war halbwegs nett zu mir, aber mir war nicht klar, daß er das Gefühl hatte, für ihn ginge es um Leben oder Tod. Die Beziehung zwischen ihm und Dean ging gerade in die Brüche. Er glaubte, in jeder einzelnen Sekunde komisch sein und auf jeden Aspekt des Films Einfluß nehmen zu müssen, ob die Dinge nun in seinen Verantwortungsbereich fielen oder nicht. Er war eindeutig ein Genie. Das lag auf der Hand. Aber sein Genie löste in allen, von denen er umgeben war, eine Form von ehrfürchtiger Einschüchterung aus.

Ich empfand etwas anderes. Ich spürte, daß die Tyrannei seiner Unsicherheit mich lähmen konnte. Ich verstand seine Wutausbrüche und sein rücksichtsloses Umsichschlagen. So hatte ich früher selbst reagiert. Leider ließen seine Anhänger ihn immer mehr gewähren. Sie lachten über seine Späße und scharwenzelten um ihn herum. Niemand sagte ihm je wirklich die Wahrheit. Niemand sagte ihm, daß er sich keine Sorgen über Martins Ausstieg machen mußte. Niemand war bereit zuzugeben, daß die beiden Probleme miteinander hatten. Wallis hatte recht, doch seine Gründe waren die falschen. Jerry war im Unrecht, doch seine Gründe waren die richtigen.

In dieser Situation begann Jerry, sich durch Zerstreuungen abzulenken – technische Spielereien. Seine Garderobe war mit einer fortschrittlichen Stereoanlage ausgestattet, und er besaß den ersten Kassettenrecorder, der jemals hergestellt worden war. Er lud mich in sein Allerheiligstes ein, in diesen Raum voller High-Tech-Geräte. Dort demonstrierte er mir, wie brillant er mit dieser

Technologie umzugehen verstand: Er stöpselte Kabel ein und aus und drückte alle möglichen Knöpfe, die seiner Al Jolson ähnlichen Stimme eine tiefere Resonanz verliehen. Jerry sang mir vor. Ich wußte nicht, wie ich darauf reagieren sollte. Seine Stimme hatte ein durchdringendes Vibrato, und ich hätte am liebsten darüber gelacht. Ich wußte jedoch, daß es ihm ernst damit war. Daher unterdrückte ich mein Lachen und fragte mich, ob ich ihm damit nicht einen sehr schlechten Dienst erwies. Ich mochte Jerry.

Nachdem er mich besser kennengelernt hatte, erzählte er mir von seiner Kindheit. Er sagte, ihn hätte ständig die Angst gequält, im Stich gelassen zu werden, da seine Eltern, die beide im Showgeschäft arbeiteten, so häufig unterwegs waren. Er gestand mir, wie sehr er sich noch heute davor fürchtete, allein zu sein. Deshalb mußte er sich ständig mit anderen Menschen umgeben. Er erklärte, er wollte nur deshalb die Kontrolle über alles an sich reißen, weil er nur dann jedem die Erlaubnis verweigern konnte, einfach fortzugehen. Er sprach von sich selbst in der dritten Person. Er sagte niemals: »Ich habe dies oder jenes getan.« Er sagte: »Jerry hat es getan.«

Er erzählte mir, er schnitte diese irrsinnigen Grimassen und setze seinen Körper in einer so komischen und bizarren Form ein, weil er sich davor fürchte, von anderen gehört zu werden, wenn er sich in seiner hohen quiekenden Stimme äußere. Er habe Angst davor, mit anderen zu reden, den Leuten zu sagen, wie ihm zumute war. Seine Komik entspränge diesen Gefühlen, dem Bewußtsein, daß er sich wie ein Freak fühlte. Diese Gefühle seien wirklich das, was er empfinde, sagte er. Deshalb lachten die Leute darüber. Ich konnte einfach nicht glauben, daß Jerry Lewis, dieser großartige geniale Komiker, mich an einer derart intimen Analyse seiner eigenen Person teilhaben ließ. Und doch konnte ich mich in so vieler Hinsicht mit ihm identifizieren.

Er zeigte mir, daß es in Ordnung war, Gefühle zur eigenen Person selbst dann zu äußern, wenn diese vollständig verrückt klangen. Ganz gleich, was er während des Aufwachsens psychisch auch durchgemacht haben mußte – dagegen nahm sich meine Kindheit wie das reinste Zuckerlecken aus. Ich fing sogar tatsächlich an, mich zu fragen, ob tiefe Entbehrungen notwendig waren, damit man seine Arbeit gut machen konnte.

Dean kennenzulernen, das war etwas ganz anderes. Die Worte, die mir spontan in den Sinn kommen, sind die, mit denen man einen Menschen beschreibt, der von Gefühlen abgeschnitten ist, ja, dies sogar vorsätzlich tut. Vielleicht wirkte er gerade deshalb so leichtfertig und so lässig, so cool. Später erfuhr ich dann, daß die Italiener ein passenderes Wort dafür haben, *Menefreghista*, was soviel bedeutet wie »einer, dem alles scheißegal ist«. Dean Martin war im Grunde genommen genau das, ein *Menefreghista*.

Er war so witzig, weil er die Welt mit ganz anderen Augen sah. Wenn er seine Nummer über den Präsidenten bei der Ankündigung eines Atomangriffs hinlegte, dann stand im Mittelpunkt seines Humors die Krawatte, die der Präsident trug, oder wie er, Dean, seine Kühlschranktür nicht öffnen konnte, während er sich eine so epochale Rede anhörte. Ich erinnere mich, daß er mich einmal aus irgendeinem Grund anrief, und dann drehte sich das gesamte Telefongespräch darum, daß er das Telefonkabel unter dem Sofa nicht finden konnte. Ich lachte Tränen. Er riß Witze über Begebenheiten, in denen niemand sonst Stoff für Komik gesehen hätte.

Dino Crocetti – Dean Martin – war in eine Umgebung hineingeboren worden, in der es von Mafiosi nur so wimmelte. In Steubenville, Ohio, kam er früh mit kleinen Gaunern in Berührung, und er schloß begeistert auf alles Wetten ab, was sich auch nur irgendwie bewegte. Nach dem Unterricht trieb er sich in Billardsälen, Zigarrengeschäften und Spielhöllen herum. Seine lässig hingeworfenen Geschichten über die alten Zeiten fesselten mich.

Ich fragte ihn nach Vegas und nach Bugsy Siegel, der es gewagt hatte, das Flamingo Hotel zu bauen und es zum ersten großen Casino zu machen – ehe alle anderen dort hinkamen.

Dean lächelte. »Rate mal, wer am Abend der Eröffnung in der vordersten Reihe gestanden und beim Blackjack die Karten ausgegeben hat.«

»Wer denn?«

»Ich!«

Artists and Models:
In meinen Augen waren beide sexy,
Dean und Jerry. (Photofest)

Jerry sprach mit mir über Comedy.
(Photograph by Bob Willoughby)

Er erzählte mir einiges über die berühmten Mafiabosse, und seine Geschichten machten deutlich, daß hier keineswegs von Gentlemen die Rede war. Aber er achtete sorgsam darauf, daß ich nicht zuviel über solche Leute erfuhr.

Im Lauf der Jahre sah ich, daß Dean sich von der Mafia nicht beeindrucken ließ. Er war unter diesen Menschen aufgewachsen, und daher hatte er vieles mit ihnen gemein: Die Gedanken und Gefühle des einzelnen waren heilig, und niemand hätte gewagt, sie zu verletzen; von der Welt und allem, was damit zu tun hatte, war man emotional losgelöst; und es herrschte ein unausgesprochener Glaube an einen katholischen Gott, der durch die Beichte selbst das abscheulichste Verbrechen vergab. Aber in seiner tiefsten Seele wollte Dean nichts mit der Mafia zu tun haben. Ich hatte immer das Gefühl, daß er Mafiosi noch nicht einmal mochte. Er erschien nicht, wenn sie ihn zu sich zitierten, sondern spielte statt dessen Rommé, trank, führte Kartentricks vor oder probierte an jedem, der zufällig gerade in seiner Nähe war, Material für seinen nächsten Auftritt aus.

Für den Mob und für alle anderen war Dean ein *Menefreghista*, einer, dem schlichtweg alles scheißegal ist.

Ich wußte nichts von alledem, als ich Dean zum ersten Mal begegnete. Mein erster Eindruck war der eines Mannes, der im Grunde genommen seine Ruhe haben wollte. Er war nett zu allen, nur wollte er einfach nicht zu lange »nett« sein müssen. Oft wurden Parties in seinem Haus am Mountain Drive veranstaltet, in dem Jeanne und er mit ihren sieben Kindern lebten. Drei der Kinder waren von Jeanne, vier von Betty – Deans erster Frau. Dean wollte nicht wirklich in die Erziehung der Kinder einbezogen werden. Er sagte mir, er fühle sich dem nicht gewachsen, und seine eigenen emotionalen Blockaden verhinderten ohnehin jede Kommunikation. Jedesmal wenn Jeanne ihn aufforderte, eines der Kinder ins Gebet zu nehmen, nahm Dean das Kind mit in sein Arbeitszimmer und sagte: »Ich habe dir nichts zu sagen, aber berichte deiner Mutter bitte, ich hätte dich ganz schrecklich angebrüllt, okay?« Die Kinder hielten sich an diese Abmachung und bekamen eine Weile später ein neues Auto.

Dean bestand darauf, jeden Abend zum Essen mit seinen Kindern zu Hause zu sein. Das war ein Ritual europäischen Ursprungs, das ihm das Gefühl gab, das Familienoberhaupt zu sein und auf die Zukunft seiner Kinder Einfluß zu nehmen.

Viele seiner komischen Nummern auf der Bühne drehten sich um Dinge, die sich mit seinen Kindern abspielten, in dem Haus, das er das »große Hotel« nannte. So erzählte er beispielsweise, er versuche sie zu zählen, aber so weit könne er nicht zählen. Er sagte, er hätte im Stehen essen müssen, weil man ihm bei Tisch seinen Stuhl »abgeschwätzt« hätte. Sein Humor in bezug auf seine Familie vermittelte den Eindruck, er hätte eine launische, muntere, turbulente, emotional miteinander verbundene italienische Familie. So mag es zwar gewesen sein, aber Dean war nicht Teil dieser Familie.

Selbst dann, wenn Jeanne Essenseinladungen veranstaltete, zu denen die interessantesten Leute aus der ganzen Stadt erschienen, verschwand Dean normalerweise einfach in sein Zimmer und sah fern. Mehr als einmal zog er sich in seine »Höhle« zurück, rief die Bullen an und beschwerte sich, daß in seinem Haus eine Party stattfände, bei der es entschieden zu laut zuginge. Einmal verlor ich auf einer dieser Essenseinladungen meine Perlen. Ich lief auf der Suche nach ihnen durchs Haus und landete schließlich in Deans Zimmer. Er saß vor dem Fernseher, während seine Gäste zu Abend aßen. Er erzählte mir, wie peinlich ihm seine mangelnde Bildung sei. Er schämte sich seines begrenzten Wortschatzes und seines mangelnden politischen und soziologischen Wissens. »Ich kann nicht verstehen, worüber zum Teufel die da unten sich unterhalten«, sagte er. »Und ich will nicht, daß sie wissen, wie blöd ich mir vorkomme.« Dann ging er unvermittelt dazu über, mir neue Szenen aus seinem Programm im Club vorzuführen. Er war so komisch, daß ich lachte, bis ich glaubte, ich hätte mir einen Bruch zugezogen! Dean graute vor der Vertrautheit, die für ein Gespräch erforderlich war, und daher wich er zwangsläufig auf die Komik aus.

Dieser Aspekt faszinierte mich am meisten an Dean. Wenn ein Mann sich vor Nähe und Vertrautheit fürchtet, erwacht mein

Interesse. Dann versuche ich, ihn zu knacken. Dazu kam es nicht, als wir an *Artists and Models* arbeiteten, sondern erst viel später. In diesem Film mit Dean stand ich seinen und Jerrys Possen ehrfürchtig gegenüber. Obwohl immer eine unterschwellige Spannung herrschte, schienen beide das unwiderstehliche Verlangen zu verspüren, etwas zu erschaffen und es vor einem Publikum aufzuführen. Vielleicht wurde dieses Verlangen durch die Spannung noch genährt, aber vielleicht waren sie auch beide schlichtweg Schauspieler bis ins Mark, und ihre Welt wurde unausweichlich zur Bühne.

In ihren motorisierten Golfcarts tollten sie auf dem Paramount-Gelände herum, ließen die Glöckchen klingen, drückten unablässig auf die Hupe und ließen ein schönes junges Starlet die Straße überqueren. Dabei zogen sie das Mädchen auf, bis es vor Verlegenheit bis unter die Haarwurzeln errötete und sie von einer Menschenmenge umgeben waren, die sie mit ihren Späßen angelockt hatten.

Wenn sie ein Interview mit einem Zeitungsreporter hatten, konnte es gut sein, daß sie dem Mann die Krawatte abschnitten und sie vielleicht sogar in Brand setzten, aber es konnte auch passieren, daß einer von ihnen sich auf dem Schoß einer weiblichen Reporterin zusammenrollte wie ein Baby und ihren Daumen lutschte. Sie schreckten vor nichts zurück. Sie ließen sich in Wagen plumpsen, die von Fremden gefahren wurden, und dann schrien sie wie am Spieß, man hätte sie gekidnappt. Dean zündete sich oft eine Zigarette mit seinem massivgoldenen Feuerzeug an, blies die Flamme aus und warf das Feuerzeug aus dem Fenster, als sei es ein benutztes Streichholz. Mir fiel auf, daß sich immer jemand fand, der es ihm zurückbrachte.

Sie schleuderten einander Sahnetorten ins Gesicht, warfen Butterbrote an die Decke, schleuderten Golfschläger und Golfbälle wie Kinderspielzeug durch die Gegend. Jerrys Garderobe war ein jüdisches Imbißrestaurant, in Deans Garderobe gab es Antipasti. Es kamen Musiker mit den Noten zu neuen Songs und mit neuen Ideen zu Besuch, Autoren von Komödien und Leute, die für Komiker schrieben und erkannt hatten, daß Martin und Lewis

Geniestreiche hervorbrachten, die festgehalten werden mußten. Dann gab es da noch die unvermeidlichen Produzenten, Regisseure und Agenten, die sich der Bedürfnisse des begabten Teams annahmen, wie man in Amerika kein zweites mehr zu sehen bekommen sollte. Herman Citron und Mort Viner, die Agenten, waren gleichzeitig auch meine Agenten bei MCA, und daher fühlte ich mich in vieler Hinsicht als Teil einer neuen Familie... einer Familie, die sämtliche Werte verspottete, mit denen ich aufgewachsen war. In meinem Leben war es sehr bürgerlich und protestantisch zugegangen, und wir waren stolz auf unsere englische Abstammung. In der Welt des Balletts hatte man mich dann natürlich dazu erzogen, Autorität zu respektieren. Es überstieg meinen Verstand, wie Dean und Jerry so unverfroren sein konnten, einem der Studiobosse üble Streiche zu spielen. Noch erstaunter war ich darüber, daß man es ihnen durchgehen ließ. Y. Frank Freeman war ein Gentleman aus den Südstaaten mit weißem Haar und freundlichem Auftreten. Als Dean und Jerry ihn während einer Mittagspause in der Kantine spontan zur Zielscheibe ihres Spottes machten, blieb mir der Mund offenstehen.

Da er der Generaldirektor von Paramount war, lud er zum Mittagessen oft große, arrivierte Stars ein – darunter Gloria Swanson, Audrey Hepburn und Marlon Brando. Ich glaube, er war stolz darauf, in Begleitung von Marlene Dietrich, Anna Magnani und ihresgleichen gesehen zu werden, wenn er zwischen den Tischen hindurchlief, um sie in das Chef-Casino zu führen.

Jedesmal, wenn Dean und Jerry Zeugen eines solchen Ereignisses wurden, konnten sie es sich nicht entgehen lassen, ihren bissigen Humor über ihnen auszuschütten.

Ihre Lieblingsnummer bestand darin, Freeman und seine »Starbesucher« mitten in dem großen Saal aufzuhalten und so zu tun, als seien sie Häftlinge in einem Gefängnis. »Diesen Saufraß brauchen wir nicht zu essen«, schrien sie Y. Frank an, und dabei beschmierten sie seinen ganzen Anzug mit Butter. (Butter war bei ihren Nummern immer wieder eine beliebte Requisite.) Dann griffen sie mit beiden Händen in ihr Essen (Lammkoteletts, Thunfischsalat – das spielte überhaupt keine Rolle), ließen es durch die

Finger quatschen und warfen es auf den Tisch. Freeman wartete dann mit der entrüsteten Haltung eines schockierten feinen Herrn ab, was sie wohl als nächstes tun würden. Marlene oder die Magnani wichen diskret einen Schritt zurück und achteten sorgsam darauf, die beiden bloß nicht zu provozieren und damit in das Geschehen einbezogen zu werden, und somit blieb Y. Frank direkt in der Schußlinie zurück. Das war der Moment, in dem Dean und Jerry es ihm wirklich gaben. Ihre liebste Nummer sah folgendermaßen aus:

»Okay«, sagten sie zu ihm. »Sie haben uns alle hierherbestellt. Jetzt sagen Sie den Leuten schon, warum.«

Freeman hatte inzwischen den Mund weit aufgesperrt, was Sprachlosigkeit nach sich zog. Die Essensgäste waren im selben Maß verblüfft. Schockiert beobachteten sie das Geschehen.

»Warum?« schrien Dean und Jerry dann.

»Weil«, sagten Dean und Jerry im Chor, »weil ihr alle gefeuert seid.«

Daraufhin lachten alle, Y. Frank inbegriffen, denn damit gestanden sie insgeheim seine Macht ein.

Dann stopfte sich Jerry Pommes frites in die Nase oder warf Dean Spinat ins Gesicht und warf ihm vor, er hätte sich am Morgen nicht gewaschen. Dean steckte sich Wurst in den Mund und bewegte die Scheiben wie eine riesige heraushängende Zunge nach allen Richtungen. Marlene und die Magnani sehnten sich zweifellos nach Europa mit seiner Etikette zurück, während sie voller Grauen lächelten und sich fragten, wann und wie sie wohl dieser Wahnsinn packen würde.

Dann packte Dean Freeman gönnerhaft und herablassend am Arm, führte ihn aus der Kantine und sagte: »Wir hier im Studio können Ihre Umgangsformen einfach nicht ausstehen – Sie sind gefeuert.« Jerry bildete die Nachhut, und gemeinsam schmissen sie Freeman zur Tür hinaus. »Waschen Sie sich und holen Sie sich Ihren Lohn ab – um die Mädchen kümmern wir uns schon«, schrien sie.

Marlene und die Magnani waren zwar im Showgeschäft zu Hause, aber so etwas hatten sie noch nie erlebt.

Inzwischen hatte sich die Kantine angesichts dieser Albernheiten in ein Tollhaus verwandelt. Zwei hochgeschätzte, international anerkannte Idole waren inmitten dieses Speisesaals gestrandet, während der Boß des Studios von unverfrorenen amerikanischen Emporkömmlingen mit Tritten vor die Tür befördert worden war. Wie sollte dieser Spaß bloß enden?

»Und noch etwas«, schrie Dean hinter Freeman her. »Dieses Studio ist verdreckt. Überall liegen Zigarettenstummel herum.« (Daraufhin zündete er sich mit seinem goldenen Feuerzeug eine Zigarette an, nahm einen Zug, warf die Zigarette auf den Boden, trat sie aus und warf das Feuerzeug wieder einmal achtlos weg.) »Wohin ich auch sehe, überall Zigarettenstummel!« Jerry kam wie ein spastischer Affe von hinten auf ihn zu. »Und lassen Sie augenblicklich unsere Wagen waschen«, kreischte er. »Und zwar all unsere Wagen.«

In der Kantine wurde applaudiert. Dean und Jerry wußten, daß der Moment für ihren Abgang gekommen war. Galant bahnten sie sich einen Weg zu den Göttinnen der Leinwand, breiteten die Arme aus und führten die inzwischen amüsiert dreinschauenden Schönheiten in den Speisesaal für die Prominenz.

Allein schon die Dreistigkeit all dessen verschlug mir die Sprache. Ich hatte nie zuvor erlebt, daß Leute sich dergestalt benahmen. In meiner Welt hatte es eine eingebaute Zensur gegeben, eine Alarmanlage, die augenblicklich Warntöne von sich gab. Ich hätte niemals tun können, was ich gerade mit eigenen Augen gesehen hatte, hätte niemals wie Dean und Jerry handeln können, in meinem ganzen Leben nicht. Dieser Mangel an Ehrfurcht – diese Respektlosigkeit –, diese empörende Mißachtung gesellschaftlicher Umgangsformen . . . Wo hatte ich bloß mein bisheriges Leben zugebracht? Das war ja einfach großartig! Damit handelte man sich Lacher ein und ließ die Leute locker werden; sie nahmen ihre gefährdeten Jobs nicht mehr so ernst – wie hätten sie das auch tun können? Ich war noch nicht vielen Italienern und Juden begegnet. Wenn Y. Frank sich wand, dann war das auf die so unterschiedlichen Lebensgrundsätze zurückzuführen, die sich in Deans und Jerrys Komik offenbarten. Er stammte aus der Welt, aus der ich stammte. Ihn konnte ich verstehen. Aber er war nicht komisch.

Später bot Freeman Dean und Jerry Geld dafür an, daß sie während der einstündigen Mittagspause Ruhe gaben. Sie schlugen sein Angebot aus, und Freeman opferte sich bereitwillig ein weiteres Mal auf dem Altar ihrer verrückten Einfälle.

Ich vermute, das war der springende Punkt. Wenn man weit genug ging, war man erfolgreich. Wenn man auf halber Strecke den Schwanz einzog, hatte man es verschissen.

Dean und Jerry gaben mir meine Katzenjammer-Grundausbildung. Diese spontanen Streiche dienten dazu, Dampf abzulassen, Magengeschwüre zu vermeiden und die Muse grotesken Wahnsinns wachzurütteln, die in uns allen blubbert.

Ich beobachtete jedoch auch, welch einen verheerenden Schaden Dean anrichtete, indem er manchmal komischer als sein Partner war. Dean erschien zur Arbeit und murmelte beiläufig komische Sprüche vor sich hin, die man kaum hören konnte. Wenn jemand »Was?« sagte, dann wiederholte er sie. Daraufhin bekam er einen Lacher, den er mit einem neuen Spruch überbot, und dann kam noch ein Lacher, den er wieder überbot, bis er so richtig in Fahrt kam. Schon bald ließ sich das ganze Team von dem anspruchsvolleren, spitzfindigeren und nüchterneren Humor mitreißen, der Deans Welt ausmachte. Dann zeigte sich auch, welchen Einfluß er auf jede gegebene Situation hatte. Sein Humor war nicht so handgreiflich wie der von Jerry, doch er konnte auch körperliche Formen annehmen – vor allem durch den Einsatz seiner Hände. Deans Hände hatten die Größe von Schweinshaxen, und seine Finger waren nach innen gebogen. Er hatte sich beim Boxen etliche Finger gebrochen, und seine Arbeit in den Stahlwerken hatte seine Hände noch kräftiger werden lassen. Seine Pranken waren so enorm, daß es ihm ein leichtes war, als Geber vom Blackjack Karten verschwinden zu lassen. Er konnte die Karten ausgeben, die er ausgeben wollte, ohne jemals dabei ertappt zu werden, ganz gleich, ob er sie mitten aus dem Packen, von unten oder von wo auch immer zog. Zwischen den Aufnahmen unterhielt er mich mit Taschenspielertricks. Zwischen den Kartentricks sprudelte er komische Sprüche heraus, als probiere er neues Material aus. Dann drängten sich die Leute dichter zusammen, damit ihnen bloß keine Feinheiten entgingen.

Wenn Jerry sah, wie Dean ein kleines Publikum fesselte und um sich scharte, krümmte er sich oft vor Schmerzen und rannte in seine Garderobe zurück. Daraufhin wandte sich die Aufmerksamkeit natürlich Jerry zu, und Deans spontan inszenierte Aufführung fand ein abruptes Ende.

Dann kam der Arzt und erklärte, Jerry fehle weiter nichts, er sei nur leicht erschöpft. Er verschrieb Jerry eine lange Nacht und riet dazu, die Dreharbeiten ohne ihn fortzusetzen. So kam es dann auch. Dean sagte kein Wort, aber ich merkte ihm an, daß er verletzt war. Am nächsten Tag wiederholte Jerry in Anwesenheit von neuen Leuten das, was er Dean hatte sagen hören, und er benutzte die Ideen seines Freundes, um Lacher zu bekommen. Dean sah, was geschah, doch er sagte nicht viel dazu. Er drosch einfach nur weiterhin auf Golfbälle ein und wirkte ab und zu ungläubig ob dieser offenkundigen Manipulation. In der Schule hatte man ihm auch tatsächlich den Spitznamen Punchy [dt. schlagkräftig, Anm. d. Übers.] gegeben. Da er J & B trank und Witze darüber riß, schien Punchy ganz passend für ihn zu sein. Jedesmal, wenn ich diesen betroffenen Ausdruck sah, wußte ich, daß er sich eines inneren Schmerzes bewußt wurde, an dem er nicht rühren wollte. Zwischen Dean und Jerry spielte sich ständig ein Spielchen ab – mal offenkundig, mal im verborgenen.

Da Dean im allgemeinen der stillere von beiden war, war es für andere möglich, ihn vollständig zu überrollen. Da er so cool und reserviert war und anscheinend nicht nach Aufmerksamkeit hungerte, entging vielen Menschen, wie groß der Beitrag war, den er in Wirklichkeit bei dem Gespann Martin und Lewis leistete. Das begann ihn mit der Zeit ernstlich zu verletzen. Trotz seiner Verärgerung war er sich darüber im klaren, daß Jerry den größten Teil der Arbeit machte – er kümmerte sich um die Drehbücher, die Produktion, die Engagements, die Planung. Er wußte, daß es das phänomenale Team Martin und Lewis ohne Jerrys Arbeit und ohne Jerrys Talent niemals gegeben hätte.

Und doch widerstrebte es Dean allmählich immer mehr, seine Arbeit mit Jerry fortzusetzen. Er fühlte sich unbedeutend und unterschätzt, aber da er so viele seiner Gefühle in sich verschloß, konnte er niemanden daraufhin ansprechen – Jerry nicht und auch nicht den Regisseur Hal Wallis oder Jeanne –, er konnte sich noch nicht einmal mit sich selbst darüber auseinandersetzen. Während ich beobachtete, was geschah, stellte ich fest, daß ich Dean von Tag zu Tag besser verstand. Er war ein Gefangener seiner eigenen Wut und der Selbstbeherrschung, die man ihn gelehrt hatte. »Zeig niemals einem anderen, was in dir vorgeht«, hatte seine Mutter zu ihm gesagt. Diese Worte hätten aus dem Mund meiner eigenen Mutter stammen können, wenn auch aus ganz anderen Gründen. Die Gefühlskarten verdeckt zu halten, das war für Mrs. Crocetti eine Strategie, um in einer Umgebung zu überleben, die von der Mafia beherrscht wurde. Meine Mutter riet lediglich zu einem solchen Benehmen, weil es höflicher war.

In der Zwischenzeit bestimmte Jerry weiterhin über die Dreharbeiten, plante die Szenen, schrieb am Drehbuch und heimste Bombenkritiken damit ein. Er schien immer mehr von der Vorstellung besessen zu sein, daß alles nach seinem Kopf zu gehen hatte. Obwohl Dean der Sänger war, entschied Jerry, wem die musikalische Leitung zufiel. Dann drückte jemand Jerry eine Kamera in die Hand, und plötzlich sah er sich als den neuen Charlie Chaplin. Er verbrachte nun einen großen Teil seiner Freizeit mit dem Drehen von Amateurfilmen, und er bestand darauf, daß Dean in diesen Filmen mitspielte und sang. Dean und seine Frau waren mit Patty und Jerry nicht freundschaftlich verbunden. Beide Ehefrauen waren der Meinung, so sei es besser, und das fanden auch Dean und Jerry. Im Grunde genommen hatte Dean kaum mit überhaupt irgend jemandem gesellschaftlichen Umgang, außer vielleicht, um Poker zu spielen. Trotzdem fühlte Dean sich gezwungen, in Jerrys privaten filmischen Sammelalben mitzuspielen.

Da Dean nicht zu einer Auseinandersetzung mit Jerry bereit war, ließ sich das Problem nicht lösen, und Jerry wurde in seinem Drang, bei allem seinen Kopf durchzusetzen, immer autoritärer. Eines Morgens hörte ich die beiden miteinander streiten.

»Wenn du Schluß machen willst, brauchst du es mir nur zu sagen«, sagte Dean.

»Aber, Dean«, entgegnete Jerry, »was täte ich denn ohne dich?« Teilweise war das sogar ernst gemeint.

»Als allererstes kannst du mich mal«, sagte Dean.

»Aber wir haben doch eine ganz besondere Beziehung zueinander«, sagte Jerry mit einem Kichern. Psychologische Witze wurden zusehends zum neuen Kommunikationsmittel, doch diesmal klang es so, als meinte er es so. »Wir lieben uns doch, oder etwa nicht?«

»Rede von mir aus über Liebe, soviel du willst«, sagte Dean, »für mich bist du nichts weiter als ein verdammtes Dollarzeichen.«

Dean hatte diese Worte seitdem viele Male selbst zitiert, denn er ist stolz auf sie. Ich war sprachlos.

Jerry wurde noch größenwahnsinniger als je zuvor. Das Leben, wie er es in den letzten zehn Jahren gekannt hatte, war gefährdet. Wie die meisten Komiker mußte er fest daran glauben, daß er besser als jeder andere wußte, was komisch war und was nicht – nicht nur auf seine eigene Person bezogen, sondern auch in Zusammenhang mit Dean. Dieses Bedürfnis, über andere zu bestimmen, entsprang seiner Furcht. Ich konnte spüren, daß Jerry fühlte, wie Dean sich von ihm löste. Er ahnte, daß Dean lieber ihren Ruhm sowie ihr Vermögen riskieren würde, als sich seinen Problemen offen zu stellen.

Zu dem Bruch zwischen Martin und Lewis kam es zu einem Zeitpunkt, als ich mich so verletzlich fühlte wie niemals zuvor in meinem ganzen Leben. Steve hatte beschlossen, nach Japan zurückzukehren, wo er, wie er mir erzählt hatte, einen großen Teil seiner Kindheit mit seinem Vater, einem Diplomaten, verbracht hatte. Steve wollte eine Art Impresario für asiatische Talente werden. Damit kannte er sich aus, und außerdem wollte er sich eine eigene Identität aufbauen. Er wollte nicht in Hollywood Mr. MacLaine sein. Er hatte das Gefühl, ich käme mit meiner Arbeit in Hollywood durchaus allein zurecht. Aber nach seiner Abreise fühlte ich mich so einsam, daß das Filmemachen zum Mittelpunkt

meines Lebens wurde. Die Menschen, mit denen ich zusammenarbeitete, waren plötzlich meine Familie.

Die Idole meiner Kindheit, Dean und Jerry, wurden immer
mehr zu uneinsichtigen Kindern, und in gewisser Weise schien
mir meine eigene Welt gefährdet. Jerrys Sorgen und Ängste
führten immer wieder zu Unterbrechungen bei den Dreharbeiten
zu *Artists and Models*. Schließlich holte ihn Frank Tashlin, unser
Regisseur, eines Tages von der Bühne. Jerry zuckte nur die Achseln, stolzierte wie ein Hahn herum und kicherte. »Nein«, sagte
Tashlin, »du gehst jetzt nach Hause.«

Jerry ging schluchzend nach Hause. Das, was hier passierte, tat
mir so unendlich leid. Inzwischen haßte Jerry Dean, hatte jedoch
Angst, ohne ihn weiterzumachen. Dean wurde einfach nicht mit
seinen verletzten Gefühlen fertig und wollte aussteigen. Wenn
dieses Duo es nicht schaffte, wer dann? Ich begann zu begreifen,
welch wichtige Rolle Gefühle in einer beruflichen Beziehung spielen. Mir hatte man beigebracht weiterzumachen, ganz gleich, was
geschah. Nichts würde sich mir in den Weg stellen, nicht nur
wenn es darum ging, meinem eigenen Ehrgeiz gerecht zu werden,
sondern auch dann, wenn es darum ging, was von mir erwartet
wurde. Es spielte keine Rolle, ob ich mir das Genick brach, aber
einen Vertrag durfte ich deshalb noch lange nicht brechen. An
Dean und Jerry konnte ich jedoch beobachten, wie sehr sie von
ihren Gefühlen und ihrer gegenseitigen Ablehnung beherrscht
wurden. Sie schienen bereit zu sein, alles in die Brüche gehen zu
lassen, weil sie nicht miteinander auskamen. Auf eine seltsame
Art bewunderte ich sie dafür.

Ich bemühte mich, so gut wie möglich damit fertig zu werden,
während wir die Dreharbeiten zu *Artists and Models* abschlossen,
und dabei wurde mir klar, daß ich an dem tragischen Ende dieser
Beziehung teilhatte. Die Arbeit mit Dean und Jerry in diesen
allerletzten Tagen zeigte mir, wie wichtig es war, die giftigen
Bemerkungen anderer nicht persönlich zu nehmen. Es gab Zeiten,
in denen ich ins Sperrfeuer der Wut geriet und unabsichtlich
verwundet wurde. Meine erste Reaktion bestand darin, daß ich
beschloß, beide nicht mehr zu mögen, insbesondere Jerry, da er

derjenige war, der eher in der Lage war, seinen Gefühlen Ausdruck zu verleihen. Alle Mitwirkenden hatten eine Porträtsitzung für die Standfotos... wir alle gemeinsam. Dean, Jerry, Dorothy Malone, Anita Ekberg und Eva Gabor. Ich werde es niemals vergessen. Jerry behandelte uns ganz besonders schrecklich, als er uns herumkommandierte und verzweifelt versuchte, eine beängstigende Situation in den Griff zu bekommen. Ich bemühte mich, mit stoischer Gelassenheit an die ganze Geschichte heranzugehen, aber ich war verletzt. Die anderen Mädchen grinsten einfach nur und ließen es über sich ergehen, aber ich wußte irgendwie, daß Dean und Jerry mir mehr als nur das bedeuteten. Vielleicht begann ich, in mich zu gehen, als ich beobachtete, wie sie wild nach allen Seiten um sich schlugen, ohne sich wirklich der Motive für ihr Handeln bewußt zu sein. Die beiden ließen es zu, daß ihnen die Katastrophe widerfuhr, ja sie hatten diese Situation selbst heraufbeschworen, weil sie keine Verbindung zu den Dingen mehr hatten, die ihnen solch schreckliche Angst machten.

Sie waren beide in der Vorstellung gefangen, daß das Team Lewis/Martin ein Gefängnis war, aber auch gleichzeitig Überlebensgarantie darstellte. Die Frage war, wie sie in Zukunft ihre Partnerschaft gestalten würden. Ihr Leben war lange mit meinem verknüpft gewesen, schon lange, bevor ich sie kennenlernte. Ich wollte nicht, daß dies alles jetzt zu Ende ging. Ich redete mit beiden und bemühte mich, den Vermittler zu spielen, aber ich war nichts weiter als ein junges Ding, das hoffte, seine erwachsenen Idole würden nicht auseinandergehen.

Sie hatten vertraglich noch fünf weitere Filme mit Wallis und Paramount vereinbart, und es standen Millionen von Dollar auf dem Spiel, nicht nur was ihre Filmkarriere anging, sondern auch in Form von persönlichen Auftritten und Fernsehshows. Ich konnte nicht verstehen, wie sie derart schwer verdientes Geld aufs Spiel setzen konnten. Sie waren nach wie vor die heißeste Nummer im ganzen Showgeschäft. Trotz der Feindseligkeiten auf beiden Seiten wollten die beiden gemeinsam in einem Club in Minneapolis auftreten, da der Termin schon lange im voraus vereinbart worden war. Aber auch das klappte nicht. Dean sagte irgendwann auf der Bühne einmal »verdammt noch mal«.

Jerry erstarrte, fiel aus der Rolle und sagte: »In meiner Show wird nicht geflucht.«

»In deiner Show?« fragte Dean.

»Genau«, antwortete Jerry.

»Dann wollen wir doch mal sehen, wie du deine Show alleine abziehst«, warf Dean ihm an den Kopf. Er verließ die Bühne, machte sich auf den Weg zum Flughafen und kehrte nach L. A. zurück.

Dann geschah etwas, was jeden anderen vernünftigen Menschen dazu gebracht hätte, die Fehde zu begraben.

Das Finanzamt machte Steuernachzahlungen in Höhe von 650 000 Dollar geltend. Das Geld hatten sie nicht. Keiner der beiden hatte auch nur eine müde Mark beiseite gelegt. Auch das war mir unverständlich. Es war einfach unglaublich, aber sie hatten beide alles ausgegeben, was sie je verdient hatten. Alles in ihrem Leben war ihnen aus den Händen geglitten.

Das war mir viel zu hoch. Ich besaß immer noch den ersten Dollar, den ich je verdient hatte, und ich hörte immer auf Ratschläge (vielleicht sogar zu oft), wenn es um meine Finanzen ging.

Agenten, Manager, die Bosse von Paramount und NBC, Nachtclubbesitzer und Freunde versuchten, Dean und Jerry zur Räson zu bringen. Sie wollten, daß die beiden ihre Differenzen beilegten, damit sie ihre Schulden bezahlen, wieder Geld verdienen und ein glückliches Leben führen konnten.

Dean schluckte seine Wut und seine Abscheu herunter. Sie drehten einen Film mit dem Titel *Pardners* (Wo Männer noch Männer sind) und 1956 dann ihren letzten Film, *Hollywood or Bust* (Alles um Anita/Jerry der Glückspilz). Er sollte sich als ganz enormer Flop erweisen. Wieder schritten die Agenten, die Manager, Paramount, NBC, Nachtclubbesitzer und Freunde vermittelnd ein, um die Wogen zu glätten. Ein neues Drehbuch wurde geschrieben, mit sämtlichen Regieanweisungen und ohne jeden Spielraum, natürlich von Jerry. Als es zur Vorlage fertig war, bestellte Jerry Dean in sein Büro. Er umriß Dean den Grundgedanken. Dean hörte ihm zu, aber innerlich kochte er. Die Szene, die daraufhin folgte, ist als der letzte Sargnagel in der Beziehung zwischen Lewis und Martin in die Geschichte von Hollywood eingegangen. Eine ganze Reihe von Leuten war anwesend. Sie alle erzählten fast genau dasselbe, darunter auch unser gemeinsamer Agent.

Dean stand auf. »Willst du damit etwa sagen«, fragte er, »daß ich in diesem Ding einen Bullen spiele?«

»Klar«, antwortete Jerry.

»In einer Uniform?«

»Klar. In einer Uniform.«

»Nein«, sagte Dean. »Ich bin mein ganzes Leben lang vor Bullen weggelaufen, die diese gottverdammten Uniformen getragen haben. Ich werde keinen Bullen in einer Uniform spielen. Das ist unter meinem Niveau.«

»In meinem Film wirst du eine Uniform tragen müssen«, sagte Jerry. »Ein Bulle muß eine Uniform tragen.«

»In deinem Film?« fragte Dean.

»Genau«, antwortete Jerry.

»Dann trag du doch die Uniform!« Mit diesen Worten ging er. Damit war alles gelaufen. Zum Schluß hatten eine Polizeiuniform und ein »Tu's doch selbst« den Ausschlag gegeben.

Sie drehten nie mehr gemeinsam einen Film, und abgesehen von einem einzigen, schon vor ewigen Zeiten vereinbarten Termin in einem Club arbeiteten und redeten sie fast zwanzig Jahre lang nie mehr miteinander. Ich konnte es einfach nicht glauben. Ich versuchte zu begreifen, wie sich dieser vollständige Bruch hätte verhindern lassen. Aber kein Klebstoff auf Erden hätte diese Scherben jemals wieder kitten können.

Die Idole meiner Kindheit waren für alle Zeiten auseinandergegangen, und mir erschien es, als hätten meine Eltern miteinander gebrochen. Mit welchem von beiden würde ich eine Beziehung anknüpfen können? Was würde aus all dieser irrsinnigen Spontaneität werden, aus diesem kindlichen Unfug und diesen derben Späßen, von denen es ohnehin schon nicht genug auf Erden gab? Was würde aus den zwei Menschen werden, die als ein Symbol für die hohe Kunst der Komödie gestanden hatten? Das Ableben dieses Duos flößte mir Angst ein. Wenn eine derart legendäre Partnerschaft auseinanderbrechen konnte, dann schien es keine Garantien zu geben.

Der Bruch zwischen Martin und Lewis hat vielleicht für mich und für viele Menschen ein gewisses Gefühl von Sicherheit zerbröckeln lassen, aber selbst mit anzusehen, was damals geschah, hat mich eines gelehrt: Eine Beziehung kann keinen Bestand haben, wenn Menschen vollständig voneinander abhängig sind. Jedes einzelne Individuum auf Erden muß lernen, auf eigenen Füßen zu stehen und den Boden unter den Füßen für sich selbst zu beanspruchen. Für jede lebensfähige Beziehung ist gegenseitiger Respekt vor der individuellen Identität eine Notwendigkeit. Und was noch wichtiger ist: Es ist von grundlegender Bedeutung, daß man sich selbst kennt. Es war für uns alle an der Zeit, erwachsen zu werden. Ich arrangierte mich mit dem Bruch zwischen den beiden und begann ernsthaft, mich auf die Suche nach mir selbst zu machen, denn das war die einzige Garantie gegen die Einsamkeit in Hollywood.

Die Beziehung zwischen Steve und mir gewann auf beiden Seiten an Unabhängigkeit. Ich verließ mich auf seine Freundschaft und Unterstützung, aber uns war beiden klar, daß wir phasenweise getrennt sein würden, ich in Hollywood und er in Japan. Jeder von uns beiden ging dem nach, was er im Leben tun wollte. Ich dachte nie daran, zu hinterfragen, warum Steve diesen Drang hatte, seinen Traum in Japan auszuleben. Es war in vieler Hinsicht schmerzlich für mich, aber für ihn schien es ganz natürlich zu sein, und ich konnte mich immer auf seine Unterstützung verlassen – und sei es nur am Telefon.

Es stand von vornherein fest, daß Jerry Lewis blendend ohne Dean auskommen würde, und alle wußten das. Er würde weiterhin für Paramount Filme machen, in denen er nicht nur der Star war, sondern die er außerdem noch produzierte, deren Drehbücher er schrieb, bei denen er Regie führte und die Inszenierung der musikalischen Einlagen übernahm. Seine Bühnenkarriere war ebenfalls gesichert. Er wurde als der Talentiertere von den beiden angesehen, der Komische, die treibende Kraft im Team. Alle waren überzeugt, daß Jerry im Gegensatz zu Dean überleben würde, und daher schlugen sich die meisten Drehbuchautoren, Musiker und sogar der Dirigent auf Jerrys Seite und arbeiteten mit ihm weiter. Dean stand draußen in der Kälte, und er hatte sich die Tür selbst vor der Nase zugeschlagen.

Jerry machte sich sogar Sorgen um Deans Zukunft und sein persönliches Wohlergehen. Er wandte sich an den Assistenten von Hal Wallis und nahm ihm das Versprechen ab, Wallis würde alles für Dean tun, was in seiner Macht stand, denn Jerry wußte, daß Dean allein nicht zurechtkam. Es hätte durchaus eine ironische und hohle Bitte sein können, aber ich hatte immer das Gefühl, daß dieser Bruch Jerry persönlich stärker getroffen hat als Dean. Dean wollte einfach nur aussteigen – ein kalter, sauberer Schnitt. Jerry war arrogant und manisch, aber er machte sich große Sorgen und war unglücklich darüber, daß er es nicht fertigbrachte, die Dinge wieder zurechtzubiegen.

Niemand wußte, was man mit Dean anfangen sollte – weder Paramount noch Wallis und noch nicht einmal Dean selbst. Er und alle anderen sahen in ihm einen singenden Partner und Stichwortgeber, den man mitgeliefert bekam, wenn man Martin und Lewis pauschal buchte. Die wenigsten waren sich Deans Talent als Komiker bewußt, und Dean schien zu schüchtern zu sein, um damit zu protzen. Außerdem wollte er nicht das Risiko eingehen, sich den Zorn seines Rivalen Jerry zuzuziehen. Nur diejenigen unter uns, die seine halblaut gemurmelten Bemerkungen kannten, wußten um sein Talent. Dean kam gewaltig ins Schleudern. Er hatte keine Ahnung, wie es weitergehen sollte.

Ich hing häufig bei MCA herum, da ich mir Sorgen machte, wie es mit meiner eigenen Karriere weitergehen sollte, und ich hörte die Agenten miteinander reden. Lew Wasserman, Chef von MCA, war der Überzeugung, daß Dean auch ohne Jerry erfolgreich sein würde. Vielleicht bestand Lewis' wahres Genie schon immer darin, daß er eine unerträgliche Situation in einen Triumph verkehren konnte. Jedenfalls brachte er Dean in einem Film bei Metro mit Anna Maria Alberghetti unter, der den Titel *Ten Thousand Bed-*

rooms (10 000 Schlafzimmer) trug. Wahrscheinlich ging er davon aus, daß der Titel Deans schwelender Sexualität gerecht würde. Vielleicht gefiel ihm aber auch die Vorstellung, daß zwei Italiener miteinander arbeiteten. Jedenfalls war ich bei Metro, als der Film gedreht wurde. Dean kam in die Kantine geschlendert, gab mir einen freundschaftlichen Kuß auf die Wange und verdrehte dann die Augen, wenn er sich verabschiedete, um wieder zu den Aufnahmen zu gehen und auf der Leinwand Anna Maria Alberghetti zu lieben. Anna Maria Alberghetti? Selbst die Singstimmen der beiden waren unvereinbar miteinander. Und ihr Image auf der Leinwand war viel zu sehr das eines braven Mädchens. Dean brauchte die Gefahr, an der seine zurückhaltende Natur einen Widerstand fand und sich reiben konnte.

Trotz all seiner Probleme war Dean immer noch reizend und aufmerksam, wobei er mich weiterhin wie ein kleines Kind behandelte. Er fragte mich, wie es mir denn so ging, wollte wissen, ob ich immer noch meinen roten Wagen mit dem Klappverdeck fuhr, einen gebrauchten Plymouth. Wo immer er sich befand, er schwang überall einen Golfschläger, und es schien ihm im großen und ganzen keine Sorgen zu machen, daß seine Karriere an einem Tiefpunkt angelangt war.

Wie tief der Sturz war, zeigte der absolute Mißerfolg von *Ten Thousand Bedrooms*. Die Kritiker beschrieben Dean als uninspirierten, nichtssagenden Stichwortgeber, ganz gewiß aber sei er kein Schauspieler.

Kaum hatte Deans Filmkarriere als männlicher Hauptdarsteller ohne männlichen Partner begonnen, da war sie auch schon wieder vorbei. Einen Plattenhit konnte er auch nicht landen, und niemand wollte ihn in seinem Nachtclub haben. Die Agenten von MCA waren ratlos.

Jerry dagegen trat mit seinen verrückten Nummern in Clubs in ganz Amerika auf und machte Platten. Er bekam eine eigene Fernsehsendung und unterschrieb einen neuen Vertrag bei Paramount. Er hatte eine luxuriöse Bürosuite im Studio, hübsche Sekretärinnen, die modernste Tonanlage, einen neuen Golfkarren mit seinem Namen in neonfarbenen Lichtern, einen großen

Schreibtisch, einen Drehstuhl, der sich so schnell bewegte wie sein Verstand, eine umfangreiche Garderobe, mit der er seine »Smokingschränke« füllen konnte, Fotos von sich selbst, die die Standfotografen aufgezogen und gerahmt hatten, einen Vorführraum, in dem er zu jedem beliebigen Zeitpunkt alles auf der Leinwand sehen konnte, was er wollte, Rechtsberater, Leute für Recherchen, Kaugummi, Zigaretten, M & Ms, die neueste Videoausrüstung, frische Blumen und etwa zwanzig Handlanger, die dazu da waren, über seine Witze zu lachen.

Er unterhielt alle Unterstützung – moralischer und materieller Art –, die er brauchte, um ein echter Filmmogul zu werden. Man würde ihn nie mehr im Stich lassen. Es spielte keine Rolle, daß Dean fortgegangen war. Jetzt würde die Filmgesellschaft fair mit ihm umgehen. So stand es in seinem Vertrag.

Manchmal stattete ich dem Paramount-Gelände einen Besuch ab, da es durch meinen Vertrag mit Wallis im Grunde genommen meine Anlaufstelle war. Jerrys Auftreten zeigte, daß Hal Wallis' größte Furcht sich bewahrheitet hatte. Es schien ganz so, als sei Jerry in seiner eigenen Vorstellung ein Mogul und nicht ein Komiker. Er schien sich zu einem intellektuellen Technokraten zu entwickeln, der sich weit mehr für sein elektronisches Spielzeug interessierte und für die Macht, die es ihm verlieh, als dafür, Leute zum Lachen zu bringen. Sein Gang war jetzt großspuriger, und er streckte das Kinn vor und ließ als Ausdruck seiner Macht die Muskeln im Kiefer spielen. Jerry bediente Schalter und kommandierte Leute herum, und er sprach von sich selbst in der dritten Person. Er gackerte zwischendurch in der altbekannten Manier und simulierte ein paar spastische Sprünge, aber es war nicht mehr dasselbe. Ich dachte an die Grapefruits und an den Spaß, den es Warren und mir bereitet hatte, ihn nachzumachen. Er war das unverschämte Kind gewesen, das wir beide so gern selbst gewesen wären. Jetzt war er der Clownkönig.

Eines Tages schloß er die Tür, schickte alle raus und bot mir auf eine Art und Weise Pralinen an, daß mir plötzlich ganz anders wurde. Sein Annäherungsversuch war zwar nicht drastisch, aber doch unmißverständlich. Ich hatte von Jerrys Ruf bei den Frauen gehört, und daher verließ ich höflich sein Büro und ging zu meinem Wagen, dem offenen roten Plymouth.

Ich fuhr blind zum Tor des Studios. War das Machtmißbrauch? Eines der Idole meiner Kindheit hatte mich, glaubte ich, gerade eben angemacht. Mein anderes Idol konnte keine Arbeit finden. Ich konnte nicht fassen, wie sich das Bild, das ich von diesen Menschen hatte, plötzlich in sein Gegenteil verkehrte. Jerry war schließlich ein Mann, den einfach nur der Hafer stach, und Dean war derjenige gewesen, der aus dem Team ausgestiegen war. Ich wurde dadurch erwachsen, daß ich das Glück und die Mißgeschicke anderer beobachtete. Ich fragte mich, wann ich wohl an der Reihe sein würde.

Was als nächstes kam, lehrte mich, in der Gegenwart und nicht in der Zukunft zu leben.

Hal B. Wallis, mein Boß und der Mann, der mich entdeckt hatte, aber auch der einzige Produzent, dessen Name mir je etwas bedeutet hatte, trat aus dem Gebäude heraus und lief vor meinen Wagen. Dort blieb er stehen und lächelte ganz seltsam. Dann kam er auf mich zu, während ich hinter dem Steuer saß, beugte sich über mein Gesicht, packte mich an den Schultern, preßte sein Gesicht auf meines und rammte mir seine Zunge in den Hals.

Er war kräftig, und ich konnte mich nicht von ihm losreißen. Es war ein böser Traum. Ich hätte mit Jerry, seinen Pralinen und seinem technischen Spielzeug in diesem Zimmer bleiben sollen. Ich hätte mich am liebsten in Wallis' Gesicht übergeben – ich konnte nicht verstehen, warum er das tat.

Dieser vergewaltigungsartige Kuß schien sich tagelang dahinzuziehen. Niemand kam an meinem Wagen vorbei. Die Straße war menschenleer. Ich fühlte mich machtlos.

Ich würde diesen Vorfall nicht als Übung in »Fick mich, oder du kriegst die Rolle nicht« einordnen, denn ich hatte den Vertrag ja bereits in der Tasche. Es war eine Geste der Macht, die Sex als ein Mittel zum Zweck einsetzte. Als ich ihn endlich weggestoßen hatte und losfuhr, gelobte ich mir, es ihm eines Tages heimzuzahlen.

Und das tat ich auch ... Ich verklagte ihn dafür, daß er meinen Vertrag als weiße Sklavin über die vom Staat Kalifornien festgelegte Frist hinaus verlängerte. Wallis war wütend. Ich war das kleine Mädchen, das er entdeckt und unter Vertrag genommen hatte, und jetzt erwies ich mich als die Undankbare.

Meiner Meinung nach erwiesen sich tatsächlich viele Jugendliche, die er unter Vertrag nahm, als undankbar – Dean, Jerry und ich, Kirk Douglas und Burt Lancaster.

Wallis verkaufte mich für siebenhundertfünfzigtausend Dollar weiter und zahlte mir das, was in meinem Vertrag vereinbart war, nämlich zwölftausend Dollar.

Meine Weihnachtsgratifikation bestand aus einer Obstschale aus geschliffenem Bleiglas und einem Silberbesteck, bei dem die Suppenlöffel fehlten, denn alles andere hätte seinen Etat überschritten. Er war ein Pfennigfuchser und ein Tyrann, und ich haßte es, für ihn zu arbeiten. Ich war froh, als unsere vertraglichen Abmachungen rechtskräftig geregelt worden waren und ich ihn für alle Zeiten in die Wüste schicken konnte.

Meine Erfahrungen als vertraglich gebundene Schauspielerin erwiesen sich jedoch als wertvoll. Sie lehrten mich, daß es mit Talenten in Hollywood auf und ab ging und daß sie eingekauft und wieder weiterverkauft wurden, aber solange man seine Seele verweigerte und sie aus den Geschäften heraushielt, konnte einem nicht allzuviel passieren. Man mußte jedoch sorgsam über seine Seele wachen. Deshalb ist Hollywood gut für die Seele. Man lernt dort mehr als irgendwo anders auf Erden, sie zu würdigen und sie zu schützen.

Nach dem Flop von *Ten Thousand Bedrooms* hatte Dean derartige Schwierigkeiten, wieder Arbeit zu finden, daß einige Leute wetteten, er würde spätestens in einem Jahr bei Larry Potter arbeiten, einem kleinen Nachtclub in San Fernando Valley. Sie lagen nicht allzuweit daneben. Er trat in kleinen Clubs im ganzen Land auf, weil ihn niemand von Rang und Namen buchen wollte. Er war pleite und fand keinen Anklang. Er hatte nicht die richtige Einstellung. Es war ihm nicht möglich, sich in seiner eigenen Haut wohl zu fühlen, denn er wußte nicht, wer er war. Er hatte sich selbst zu viele Jahre lang als einen unbedeutsamen Handlanger angesehen, und er war zu stolz, um Hilfe zu suchen. Er bekam jedoch einen Anruf von Ed Simmons, einem Komödienautor, der genauso deprimiert war wie Dean, weil er sich von seinem Koautor Norman Lear getrennt hatte. Ed bot seine Hilfe an. Er hatte gehört, daß Dean einen Job im The Sands in Las Vegas bekommen hatte, und Ed wollte ihm zum Erfolg verhelfen. Dean lehnte jede Hilfe ab. »Ich werde einfach nur singen«, sagte er zu Ed, ohne einzugestehen, daß das bei weitem nicht genügte. Ed ließ nicht locker. »Du mußt eine eigene Bühnenrolle für dich finden, das ist dir doch klar.«

Das war die nackte Wahrheit. Auf der Bühne Fuß zu fassen und in eine eigene Bühnenpersönlichkeit zu schlüpfen, das gehört zu den schwierigsten Dingen in unserer Branche. Wer ist man, wenn man dasteht und tut, was man tut? Es genügt nicht, einfach nur zu singen, zu tanzen oder Witze zu erzählen. Hinter dem, was man tut, muß eine klar umrissene Persönlichkeit stehen, damit man selbst und das Publikum sich wohl fühlt. Jack Benny beispielsweise war der Geizhals; Gracie Allen die Bescheuerte für George Burns' liebevollen Stichwortgeber; Perry Como die aalglatte Zurückhaltung in Person.

Dean erkannte, daß er nie eine eigene Bühnenpersönlichkeit hatte herausbilden können, solange er der Stichwortgeber für Jerry war. Dean hatte immer ein Gespür dafür gehabt, was das Beste für ihn war. Dean folgte einer glänzenden Eingebung, als er beschloß, er könnte bereit sein, Ed Simmons etwas schreiben zu lassen, in dem er einen Betrunkenen mimte. Dean war ein Fan von Joe E. Lewis. Er hatte oft den liebenswerten Betrunkenen gespielt und war kürzlich gestorben.

Simmons willigte ein, und die beiden erschufen gemeinsam »Dean den Trunkenbold«.

Deans Eröffnungsvorstellung im The Sands war ein ganz besonderes Erlebnis. Sie wurde von vielen Bühnenberühmtheiten besucht, weil wir für ihn dasein wollten. Wir waren nervös, weil jeder einzelne von uns in Deans schwieriger Lage hätte sein können. Was würde er als Einmannshow auf der Bühne anfangen? Viele glaubten bereits, mit ihm sei es aus und vorbei.

Mack Gray, Deans langjähriger Assistent und Verehrer, war an jenem Abend bei ihm. Sie hatten sich durch George Raft bei einem Boxkampf kennengelernt. Mack hatte früher als Manager für Berufsboxer gearbeitet. Da Dean selbst Boxer war, vertrugen sich die beiden blendend miteinander. Dean nannte ihn »Killer«, aber in Wirklichkeit leitete sich dieser Spitzname von »Killa« her, einem Wort, das auf jiddisch Leistenbruch bedeutet. Mack hatte offensichtlich einen Leistenbruch. Mack war genauso komisch wie Dean, und er hatte lange Zeit eine Affäre mit Lucille Ball. Ich hatte ihm immer wieder mit Fragen nach seiner Beziehung mit Lucy zugesetzt, weil ich sie so sehr bewunderte. Sein einziger Kommentar lautete: »Ihr rotes Haar ist echt.« Ich zog ihn damit auf, daß er seine Chance verpatzt hatte. Er hätte die eine Hälfte von »Mackilu« sein können.

Mack konnte Jerry Lewis nicht leiden, weil er Dean so schlecht behandelt hatte. Er hätte alles getan, um Dean zum Erfolg und damit einem Triumph über Jerry zu verhelfen. Mack stellte sich ins Foyer vom Sands und bezahlte Leute aus der eigenen Tasche dafür, daß sie reinkamen und sich Dean ansahen. Als Deans Show begann, war er pleite.

Dean saß in seiner Garderobe und war mit einer weiteren Entscheidung konfrontiert, die seine persönliche Identität betraf. Sy Devore, der sämtliche Smokings für Dean und Jerry anfertigte, hatte für Dean einen speziellen hellgrauen Smoking entworfen, den er mit einer perlgrauen Krawatte tragen sollte. Im letzten Moment riß Dean sich den Anzug vom Leib und schlüpfte in seinen vertrauten, alten, schwarzen Copacabana-Smoking. Dean ist ein Gewohnheitsmensch und tut sich mit dem Ausprobieren von Neuem schwer. Dieser schwarze Smoking mit rotem Satinfutter und einer schwarzen Fliege war ihm vertraut, und er fühlte sich wohl darin. Das war auch der Moment, in dem Dean beschloß, dieselben Socken niemals zweimal zu tragen, ganz gleich, wie sauber und wie frisch gewaschen sie auch sein mochten.

Bewaffnet mit einem Glas J&B in der einen Hand und einer Zigarette in der anderen Hand, betrat Dean die Bühne und wurde »Dean der Trunkenbold«. Anfangs wußte das Publikum nicht, was es zu erwarten hatte. Die Leute waren es nicht gewohnt, ihn allein auf der Bühne zu sehen. Er schaute ins Publikum und wartete auf seine unglaublich gekonnte Art auf eine Reaktion. Dann trat er etwa einen Meter zur Seite, begab sich auf die Seite der Bühne, auf der er früher immer gestanden hatte, wenn Jerry das Monopol über das Mikrofon an sich gerissen hatte. »Ich stell mich einfach hierhin und nicht in die Mitte«, sagte er und trank einen großen Schluck J & B, wobei er eine Grimasse schnitt. Er war cool und hatte die Situation unter Kontrolle.

Das Publikum begann zu lachen. Die Leute hatten das Gefühl, sie bräuchten kein Mitleid mit Dean zu haben, und das wußten sie zu schätzen.

Er trank noch einen Schluck J & B und sagte: »Trinkt schon. Je betrunkener ihr seid, desto besser wirke ich auf euch.« (Dieser Satz ist seitdem Bestandteil von allen seinen Auftritten.)

Mit einem J & B-Schwanken setzte er zu einem Potpourri an, ohne je einen Text zu beenden. Statt »It happened in Monterey ...« sang er: »It happened in Martha Ray a long time ago«. Statt »My darling if I hurt you, forgive me ...« sang er »My darling if I marry you forgive me«. So ging es bis zum Schluß weiter, und als er am Ende angelangt war, sagte er: »Ich trinke nicht mehr.« Pause. »Ich trinke aber auch nicht weniger.« Dann setzte er zu einer weiteren Reihe von Songs an, die er mit den Worten einführte, sie stammten aus seinem neuen Album *Ballads for B-Girls*. Und so ging es weiter. Dean hatte seinen Platz auf der Bühne gefunden, seine Persönlichkeit ohne Jerry. Er ließ seinen früheren Ansatz vollständig sausen, gab sich so, als sei ihm das alles vollkommen gleichgültig. Er wurde zu einer übertriebenen Version seiner selbst, übersteigerte die eigenen Persönlichkeitsmerkmale, spielte einen extremen *Menefreghista*. »Einen, dem alles scheißegal ist.« Diesen Satz aus seinem Auftritt in The Sands benutzt er seither.

Das Publikum war begeistert, insbesondere seine Kollegen aus dem Showgeschäft. Wir waren uns klar darüber, was für einen Durchbruch er erzielt hatte. Er hatte herausgefunden, in welcher Rolle er sich wohl fühlte, daraus entsprang die besondere Komik.

Mit Dean ging es bergauf. Ich war stolz darauf, ihn zu kennen, und er stand erst am Anfang seiner neuen Identität. Twentieth-Century Fox besetzte *The Young Lions* (Die jungen Löwen) mit Brando und ihm. Er war, was das Filmen angeht, wieder im Geschäft.

Ein paar Jahre später drehten Dean und ich gemeinsam *Some Came Running* (Verdammt sind sie alle). Wir schrieben das Jahr 1958, und ich war vierundzwanzig.

4

Maskottchen des Clans

Der Clan und *Some Came Running* (Verdammt sind sie alle) war der Beginn einer Beziehung zwischen Dean, Frank Sinatra und mir, die bis zum heutigen Tag Bestand hat. Dean und Frank hatten einander seit Jahren als »Italo-Sänger« gekannt, aber ich glaube nicht, daß Frank vor *Some Came Running* wirklich wußte, wie brillant Dean war.

Menschen, die in Filmen auftreten, bringen den Kollegen, die ebenfalls auf der Bühne stehen, eine unausgesprochene Bewunderung entgegen. Wir wissen, was für einen enormen Kraftaufwand es bedeutet, sich auf die Bühne zu stellen und über diese grellen Lichter hinaus etwas zu übermitteln. Dean hatte einmal gesagt: »Diese Scheinwerfer sehen aus wie drei verdammte Züge, die direkt auf einen zukommen.«

Weil wir alle zugegebenermaßen unter Lampenfieber leiden, wird so ziemlich jeder Moment im wirklichen Leben dazu benutzt, »Spaß« und Unterhaltung zu produzieren und zu proben. Die Tage dienen weitgehend der sorgsamen Vorbereitung der Abende. Alle, die auf der Bühne stehen, sind Nachtmenschen. Wir erwachen zum Leben, wenn der Mond aufgeht. Dean hat einmal gesagt: »Ich höre erst um die Mittagszeit auf, mich zu übergeben.«

Während der Dreharbeiten zu *Some Came Running* fiel mir auf, daß auch Deans und Franks »Freunde« aus Chicago nachts anscheinend besser denken konnten. Wir waren zu Außenaufnahmen in Madison, Indiana, als »The Boys« aus Chicago Frank besuchten. Ich wußte nicht, wer sie waren. Ich wußte nur, daß sich das Nachtleben, bestehend aus Pokerspielen, Witzen, Pasta und Trinkgelagen, bis fünf Uhr morgens hinzog. Um sechs Uhr morgens hatten wir unsere ersten Termine.

Dean und Frank hatten sich gemeinsam ein Haus gleich neben dem Hotel gemietet, in dem ich und alle anderen untergebracht waren. Franks »Freunde« – Sam Ciancana, der der Boß zu sein schien, erschien gemeinsam mit diversen Thronfolgern und Konsorten – waren, wie sie selbst erklärten, aus Chicago »verduftet«, um ihren guten Freund Francis Albert zu besuchen. Jimmy Van Heusen (richtiger Name: Chester Babcock; er war der Mann, der Frank insgeheim gern gewesen wäre) war da, um Franks kreative Bedürfnisse zu erfüllen, indem er Klavier spielte und allen als Hofnarr diente. Chester war Pilot und Draufgänger, glatzköpfig und reichlich rundlich, und gemeinsam mit Sammy Cahn schrieb er einige der besten amerikanischen Evergreens und Franks Spitzensongs. Chester behauptete, in mich verliebt zu sein, und er versuchte mich zu überreden, ich sollte mich von meinem Mann scheiden lassen und ihn heiraten. Um mich davon zu überzeugen, schrieb er – und das ist eine große Ehre – »The Second Time Around«. Aber ich bin sicher, daß ich nicht die einzige Frau bin, der dieser Song gewidmet wurde.

Ich fühlte mich wohl in dieser Gruppe von Männern, die freundschaftlich mit mir umgingen, da ich von den meisten von ihnen als Maskottchen angesehen wurde. Ich war die einzige Frau, die Zutritt zu ihrem Haus hatte, aber das kam nur daher, daß sie sozusagen gemeinsam zu dem Entschluß gelangt waren, ich sei in Wirklichkeit gar keine Frau – ich sei ein Kumpel, vielleicht sogar einer von ihnen.

Es versetzte mir einen Schock (wenngleich auch einen vorhersehbaren), als mich später sowohl Dean als auch Frank unabhängig voneinander in meinem Hotelzimmer besuchten, als gerade niemand hinsah. Ich würde keinen dieser Annäherungsversuche als eine Form von Anmache abstempeln, und ich fühlte mich auch in keiner Form verletzt. Tatsächlich halfen mir ihre Besuche dabei, das Bild zu berichtigen, das ich von mir selbst als einer nicht allzu sinnlichen Frau hatte. Abgesehen von dem Zwischenfall mit Wallis hat niemand in ganz Hollywood jemals auch nur ansatzweise versucht, mich auf die Besetzungscouch zu kriegen. Ein Produzent hatte mich gemeinsam mit meinem Agenten zu sich bestellt, weil er sehen wollte, ob ich hübsch genug war, um mit Glenn Ford in *The Sheepman* (In Colorado ist der Teufel los/Colorado City) zu spielen. Ich bestand die Musterung, aber sogar Glenn sah mich mit der Zeit als einen Kumpel an.

Einmal wurde ich jedoch von einem Regisseur angebrüllt und beleidigt, dem ich keinen Grund dazu gegeben hatte. Ich verließ einfach die Dreharbeiten. Wir waren gerade bei Außenaufnahmen, und noch dazu war es Sonntag – alle Bedingungen, für die die Gewerkschaften die besten Tarife ausgehandelt hatten, waren somit gegeben, doch das störte mich nicht im geringsten. Die Dreharbeiten mußten abgebrochen werden. Er kam in mein Haus, das ich gemietet hatte, und dort gestand er mir, sein Benehmen sei von dem Verlangen verursacht worden, mich zu »ficken« (wie er mir gnädig auseinandersetzte), aber er hätte nicht gewußt, wie er es mir hätte sagen sollen. Ich erklärte ihm, daß ich nichts mit ihm zu tun haben wollte, weil es jemand anderen gab. Das verstand er, und somit war alles klar. Er fragte nicht, wer dieser andere war.

Ich war verheiratet, doch für die meisten Menschen war das nicht nachvollziehbar. Inzwischen lebte und arbeitete Steve einen so großen Teil der Zeit in Japan, daß niemand mich als verheiratete Frau wahrnahm, als Teil eines Paares. Die Leute wußten, daß ich eine Tochter mit dem Namen Sachi hatte, die zwei Jahre alt war, und daß ihr Vater sich irgendwo im Fernen Osten aufhielt. Viele Weihnachtsfeste oder andere Feiertage verbrachten Sachi und ich mit Freunden oder mit den Kollegen, mit denen ich gerade zusammenarbeitete, und meine intimen Beziehungen zu anderen Männern waren, obgleich ich diskret vorging, in Hollywood allgemein bekannt. Sie wurden jedoch als die natürliche Folge einer Ehe akzeptiert, die über eine große Entfernung hinweg besteht.

Vor unserer Heirat war der Sex mit Steve großartig gewesen, danach überhaupt nicht mehr. Vielleicht führte die geographische Distanz zu einer sexuellen Distanz. Vielleicht fürchtete ich mich auch davor, eine körperliche Intimität mit jemandem aufrechtzuerhalten, von dem ich wußte, daß er schon bald wieder fort sein würde. Irgendwo und irgendwie und aus irgendwelchen Gründen hatte ich Angst davor, mich restlos an Steve zu binden. Er war mein Freund, und er war mir eine große Hilfe gewesen, doch das Wechselspiel der Leidenschaft fehlte bei uns. Und doch war er ganz eindeutig der Mensch, aus dem ich mir am meisten machte, meine wichtigste Beziehung und der Mann, auf den ich warten würde, bis er seine eigene Identität auf Erden gefunden und angenommen hätte. Ich dachte, daß wir unsere Probleme dann lösen könnten, indem wir uns auf die Intimität verließen. Bis dahin stand es mir frei, in den Hügeln und Tälern von Hollywood und der Umgebung zu treiben, was ich wollte, und ihm stand es frei, dasselbe in Japan oder wo auch immer zu tun.

Eine Scheidung kam niemals in Frage, was viele meiner Freunde und insbesondere die Männer, mit denen ich Beziehungen hatte, in Verwirrung stürzte. Steve war erst der zweite Mann, mit dem ich jemals zusammengewesen war, und daher brachte ich nicht viel Erfahrung auf den Spielplatz von Hollywood mit. Ich lernte schnell, daß ich Liebe für jemanden empfinden mußte, um mit ihm zu schlafen. Daher bildete ich mir ein, die Männer zu lieben, um einen Vorwand für den Sex zu haben. Das war ganz einfach, da die reiche Phantasiewelt – inspiriert durch Drehbücher, Liebesgeschichten und schöne Menschen – garantierte, daß ich mich sehr oft verlieben und dann wieder entlieben würde. Ich nahm es für bare Münze, wenn es passierte, und häufig war ich am Boden zerstört, wenn es endete. Und gewöhnlich endete es dann, wenn der Regisseur nach einem Schnitt rief...

Trotzdem benahmen sich die Männer aus dem Umfeld von Frank und Dean mir gegenüber eher wie pubertäre Knaben und nicht wie gewandte Verführer. In dieser Hinsicht hatten sie keinerlei Interesse an mir. Sie hatten jede Menge anderer Frauen zur Auswahl.

Eines Abends bei Nachtaufnahmen, als wir in Franks Haus herumsaßen und darauf warteten, daß Regisseur Vincente Minnelli und sein Kamerateam uns zum Dreh riefen, waren Schreie zu vernehmen, und eine Tür wurde aufgerissen. Eine der unzähligen Frauen, die das Haus vierundzwanzig Stunden am Tag umlagerten, hatte die Sicherheitskontrolle durchbrochen und war ins Haus eingedrungen. Auf der Suche nach Frank raste sie durch den

Kurz vor Steves Aufbruch nach Japan. (Photofest)

Korridor und walzte ins Wohnzimmer. »Frankie, ich liebe dich!«
stieß sie hervor, als sie ihn entdeckte, während er mir gerade
Rommé beibrachte. Sie fiel über ihn her, küßte ihn ab und riß ihm
das Hemd herunter. Er stürzte nach hinten und hob schockiert die
Arme. Ich erinnere mich noch daran, wie hilflos und verloren er in
dieser Situation wirkte. Er erweckte den Eindruck eines Strich-
männchens, das am Boden lag und überhaupt nicht mit jemandem
fertig wurde, der die Kontrolle über die Lage an sich gerissen
hatte. Er versuchte, sich ihre Küsse vom Gesicht zu wischen. Ein
Wachmann kam und zerrte die Frau von ihm. Frank rappelte sich
mühsam hoch. Er sah sich im Raum um, als hinge in jedem
Winkel ein übler Geruch. Er klopfte sich die Hose ab und bemühte
sich, die Bügelfalte wieder zu glätten. Dann warf er das zerrissene
Hemd unter den Couchtisch und strich sich das Haar zurück. »Ich
fühle mich dreckig«, sagte er. »Ich stelle mich jetzt unter die
Dusche.«

Es hatte etwas Chauvinistisches an sich, wie er sagte, er fühle
sich schmutzig... als beschmutzten Frauen die Existenz eines
Mannes. Ich weiß noch, daß ich mich gefragt habe, warum er sich
nicht zumindest ein Lächeln abrang oder sich ein wenig geschmeichelt fühlte, weil jemand derart verrückt nach ihm war.

Reinlichkeit war für Dean und Martin von allergrößter Wich-
tigkeit. Jedesmal, wenn sie mich zu einem kleinen Ausflug oder in
ein Spielcasino in der Nähe von Cincinnati mitnahmen, saß ich in
ihrer Hotelsuite und beobachtete fasziniert das Schauspiel, wie die
beiden sich für den Abend herausputzten. Es störte sie nicht, wenn
ich ihnen dabei zusah, denn sie sahen in mir eher ein anhängliches
Haustier. Sie sprühten sich mit Eau de Cologne ein – jeder nebelte
sich regelrecht mit seiner Lieblingsmarke ein (Woodhue von Fa-
bergé war Deans Favorit). Ihre weißen Hemden waren steif und
neu, die Krawatten sorgfältig ausgewählt, die Anzüge kostspielig
und makellos geschnitten. Was mich wirklich schaffte, waren
jedoch ihre Hüte. Sie trugen breitkrempige Hüte, ganz so wie in
der Rennbahn-Szene in *Guys and dolls* (Schwere Jungen, leichte
Mädchen). Dann schritten sie die Treppe unseres Hotels hinab
und geleiteten mich stilvoll zur Limousine. Sie bewegten sich mit

selbstsicherem Stolz und bedachten die Pagen beiläufig mit Witzen und Hundertdollarscheinen. Sie rückten ihre Jacketts zurecht und strichen ihre Krawatten glatt. Ihre Schuhe waren auf Hochglanz poliert, und ich war sicher, daß ihre Socken nicht stanken. Ich spürte, daß unter alledem ihre Unterwäsche so weiß und frisch wie weicher, frisch gefallener Schnee war. Ich wußte aber auch, daß ich ihre Unterwäsche niemals zu sehen bekommen würde. So war es auch besser. Wie kam es, daß sie, die Umgang mit Gangstertypen pflegten und hart daran arbeiteten, um Leute zu unterhalten, darauf bestanden, als derart makellos rein zu erscheinen? Vielleicht kam Reinlichkeit bei ihnen gleich nach Gottesfurcht, und diese Kerle hielten sich für Götter. Vielleicht spürten sie aber auch die Notwendigkeit, sich von etwas zu säubern. Ich war damals ja so naiv . . . mit Gewißheit eine gute Beobachterin, aber ich war nicht sicher, was ich in Wirklichkeit zu sehen bekam.

Sie nahmen mich mit, wohin sie auch gingen, mit diesen Freunden im Schlepptau, die wie Gangster aussahen. Die »Freunde« liebten es, sich in Franks und Deans Ruhm zu sonnen, einen Ruhm, den sie rechtmäßig erworben hatten. Giancana wurde manchmal erkannt, an anderen Orten blieb er unbemerkt. Doch wenn man ihn erkannte, dann spiegelte sich Furcht in den Gesichtern.

Sam Giancana war im allgemeinen ziemlich nett zu mir, doch einmal bekam ich einen Einblick, wozu er fähig war. Dazu kam es in Mexiko, als ich mit Clint Eastwood *Two Mules for Sister Sara* (Ein Fressen für die Geier) drehte. Ich hatte einen Tag frei, und ich war nach Mexico City gereist, um Sammy Davis junior zu sehen, der dort in einem Club auftrat. Ich begab mich in seine Garderobe, um ihm zu gratulieren, und Giancana war da. Er war wieder mal auf der Flucht, und diesmal war er in einer regelrechten Festung untergeschlüpft, in einem Haus mit kugelsicheren Scheiben, Leibwächtern und allem Drum und Dran. Er begrüßte mich (Sam Giancana war weiß Gott kein übermäßig warmherziger Mensch), und ich drückte ihm die Hand. Sein Händedruck war fest. Durch gesenkte Lider sah er mich finster an. Er ließ seine Schultern noch mehr hängen als sonst.

»Pasta?« fragte er.

»Nein danke, Sam«, antwortete ich. »Ich habe schon zu Abend gegessen.«

»Sie ist wirklich gut«, fuhr er fort. Ich witterte augenblicklichen Ärger, vielleicht deshalb, weil er meine Hand nicht losgelassen hatte. »Ich will, daß du sie probierst.«

Wie meistens, wenn jemand versucht, mir etwas aufzuzwingen, schaltete ich auf stur.

»Ach ja?« fragte ich herausfordernd. »Tja, ich will sie aber nicht probieren.«

Mein Gott, war ich grün hinter den Ohren! Ich hatte noch keine Ahnung von der Kunst, angesichts bevorstehender Schwierigkeiten weibliche Diplomatie und Kompromißbereitschaft an den Tag zu legen. Kein Wunder, daß die Typen in mir keine Frau sahen. Nun, Sam sah mich auch nicht als Frau an. Er packte meinen Arm und bog ihn mir auf den Rücken. Es tat wirklich weh.

»He«, schrie ich, »laß das sein. Ich bin sicher, daß deine Pasta große Klasse ist, aber ich bin schon abgefüllt.«

Er drückte mir den Arm noch fester nach oben.

In diesem Moment kam Sammy aus seiner Garderobe; Goldkettchen klirrten, und er war für den Rest des Abends groß herausgeputzt. Er bemerkte meinen gequälten Gesichtsausdruck und meinen »fehlenden« Arm.

»Was zum Teufel tust du da?« frage Sammy Giancana.

Ich zuckte die Achseln. »Er will, daß ich seine Pasta esse«, erklärte ich, und kaum hatte ich es gesagt, da merkte ich selbst, wie albern das klang. Sammy unterdrückte ein Kichern und warf einen Blick auf die Pasta. Er ging auf Sam zu.

»Komm schon, Sam«, schalt er ihn aus. »Laß die Kleine los.« (Alle in unserer Gruppe nannten mich immer noch die Kleine.) »Sie will keine haben«, fuhr er fort. »Wahrscheinlich ist sie gerade wieder auf Diät oder so was. Du weißt doch, wie Schauspielerinnen sein können.«

Sam lächelte sein verschlagenes Lächeln und preßte den Arm noch weiter nach oben. Ich stöhnte.

Sammy legte seine Hand auf Giancanas Arm. »Komm schon, Sam. Laß sie los.«

Daraufhin ließ Sam meinen Arm los und rammte Sammy eine Faust in den Magen.

»Okay«, sagte er lachend, »dann bekommst du eben auch keine Pasta.« Sammy krümmte sich. Er hatte in derselben Nacht noch einen Auftritt vor sich. Ich wich entsetzt zurück. Giancana ging in die Bar und schenkte sich einen Drink ein. Sammy richtete sich auf, holte tief Atem und riet mir: »Warum kommst du nicht später wieder?« Ich nickte und ging. Ich hätte mich gern mit einer denkwürdigen Gemeinheit verabschiedet, aber dazu war ich nicht fähig. Ich war verwirrt. Sammy hatte Schmerzen. Mein Arm tat mir weh. Dieser Mann schien ein Monster zu sein. Hier hatte ich es mit einem Gefühlsbereich zu tun, in den ich mich bisher noch nie vorgewagt hatte.

Jahre später sah ich Giancana dann mit einer Frau zusammen, die er liebte. Verblüfft beobachtete ich, wie sie mit einem solchen Mann umging. »Domina« wäre ein zu milder Ausdruck für sie gewesen. In seiner Anwesenheit redete sie über ihn als einen »schwanzlutschenden Schleimer, der sich derart in die Hose macht, daß er es liebt, wenn man ihn auspeitscht«. Er schluckte es. Aus irgendwelchen Gründen leuchtete mir diese Umkehrung ein. Diejenigen, die andere dominieren, müssen es lieben, von anderen dominiert zu werden. Jetzt verstand ich ihn ein bißchen besser.

Vielleicht war Giancana von Anfang an auf der Hut vor mir, weil ich – in absoluter Unschuld – etwas Dummes getan hatte, als wir die Außenaufnahmen zu *Some Came Running* machten. Wir saßen in Franks Haus am Küchenfenster und spielten Rommé. Ich trug eine Sonnenbrille gegen den grellen Sonnenschein und um meine Reaktion beim Kartengeben zu verbergen. Ich wußte jedoch nicht, daß sich in den Gläsern meiner Sonnenbrille die Karten spiegelten. Ich verlor immer wieder, ich konnte einfach nicht verstehen, warum. Dann läutete es an der Tür. Da ich offiziell den Butlerposten innehatte, ging ich an die Tür und nahm eine Lieferung Cannoli aus Chicago in Empfang. Ich brachte sie in die Küche zurück, legte sie in den Kühlschrank und bemerkte dabei, daß einer der Jungs dort ein Spielzeug deponiert hatte, eine Wasserpistole. Ich zog die Pistole heraus und richtete sie auf Sam.

»Haben wir uns nicht irgendwo schon mal gesehen?« fragte ich ihn und dachte an die Fahndungsfotos in den amerikanischen Postämtern.

Sam sprang auf und zog eine Achtunddreißiger, eine echte, aus einem Halfter im Futter seines Jacketts. In dem Moment kamen Frank und Dean rein, weil sie auf der Suche nach etwas Eßbarem waren. Sie sahen Sam und mich, wie wir die Waffen aufeinander gerichtet hielten, und beide krümmten sich vor Lachen.

Wie ich schon sagte: Ich hatte nicht begriffen, wer Giancana wirklich war. Sein Gesicht hatte die Struktur von Teig, und seine dunklen Augen waren unter Lidern verborgen, die wie schützende Wälle wirkten. Ich wußte, daß er eine Art Gangster war, aber zu jenem Zeitpunkt empfand ich das alles als theatralisch gefährlich und amüsant. Ich hatte nicht denselben Hintergrund wie Dean und Frank, die auf der Straße aufgewachsen waren. Ich spielte. Sie wußten Bescheid.

Über diesen Zwischenfall wurde noch jahrelang gescherzt. Doch als ich im Laufe der Zeit mehr von diesen Dingen verstand, begriff ich voller Entsetzen, wieviel Glanz und Glamour unsere Kultur der Mafia verliehen hatte. Ich spürte das sogar am eigenen Leib. Ich sah, daß die Augen meines Publikums glänzten, weil es ihnen einen genüßlichen Schauer über den Rücken laufen ließ, Schauspieler zu sehen, die sich mit Gangstern herumtrieben – Leute, die Killern die Hand gedrückt hatten! Was war mit uns los, wenn wir Personen verklärten, die derart gestört waren, daß sie keinerlei Gewissen besaßen? Was besagte das über uns als Gesellschaft und insbesondere über mich? Auch ich trieb mich mit diesen Typen rum, und es bereitete mir großes Vergnügen. Anfangs war ich ein Unschuldslamm, aber als die Unschuld von mir abfiel und ich langsam aufhörte, die Augen vor der Welt dieser Menschen zu verschließen – einer Welt, die ich bis heute noch nicht wirklich verstehe –, war ich innerlich zerrissen.

Was Frank anging, so war er nett zu mir, andere aber schubste er rücksichtslos herum. Er war reizend und aufmerksam, wenn wir zusammen waren, aber im Umgang mit anderen war er oft grob und unbarmherzig.

Some Came Running: Der Beginn der Beziehungen zum Clan.
(Archive Photos)

Als er eines Tages zu mir sagte: »Du brauchst mir nur Bescheid zu sagen, wenn dir jemand Ärger macht. Ich kümmere mich dann schon darum«, durchfuhr es mich wie ein elektrischer Schlag. Was mich erschauern ließ, war der Konflikt. Einerseits sonnte ich mich in seinem Schutz, andererseits mußte ich mich fragen, was er wohl jemandem antun würde, der mir »Ärger machte«. Wie meinte er das? Und war nicht gerade dieses gefährliche Geheimnis das eigentlich Anziehende?

Jahre später, als ich in einem Hotel in Florida auftrat, wurde dort gestreikt. Meine Show gehörte zu den Auftritten, die gezielt sabotiert wurden. Ich rief Frank an und berichtete ihm, wie elend ich mich fühlte: Inmitten meiner Auftritte wurden Mikrofone ausgestöpselt, die Scheinwerfer wurden im unpassendsten Augenblick ausgeschaltet, das Monitorsystem flimmerte und so weiter.

»Darum kümmere ich mich schon, Baby«, versicherte er mir. »Ruf mich an, wenn du sonst noch etwas brauchst.«

Das war nicht nötig. Ich weiß nicht, was er damals tat, aber ich bekam keinen Ärger mehr.

Wenn wir zusammen telefonierten, nachdem wir lange Zeit nicht miteinander geredet hatten, begrüßte er mich oft nicht mit: »Hallo, Baby, wie geht es dir?« Statt dessen sagte er: »Hallo, Baby, ist alles in Ordnung bei dir?« Irgendwie schwang immer ein Unterton mit, der implizierte, es müßte etwas passiert sein, was er wieder ins Lot bringen konnte.

Es war auf Frank und seine Verbindungen zurückzuführen, daß ich zu verstehen begann, welche fundamentalen Fragen ich mir selbst über die Freundschaft zwischen Menschen stellen mußte, über Macht und Moral. Mir wurden die Augen für andere Wertvorstellungen und für andere Vorgehensweisen geöffnet. In den Moralvorstellungen meiner Kindheit und meiner christlichen Erziehung spiegelte sich nicht unbedingt wider, nach welchen Prinzipien das Land funktionierte, in dem ich lebte.

Ich wuchs im zwanzigsten Jahrhundert auf, und zufällig tat ich das mit den Augen und den Moralvorstellungen Hollywoods.

Ich begann, genauer über das nachzudenken, was ich empfand,

und mehr in mich hineinzuhorchen, wie ich mich bei bestimmten Dingen fühlte. Ich hoffte nur, ich könnte beides mit dem ins Gleichgewicht bringen, was ich um mich herum wahrnahm.

Krieg Ehre unter Dieben überhaupt noch Ehre?

War jede Form von Loyalität besser als überhaupt keine Loyalität?

Und wo kam die Furcht ins Spiel? Konnten sich Menschen nicht in einem hohen Ausmaß dadurch definieren, wovor sie sich fürchteten?

Ich kannte einmal einen gewalttätigen Revolutionär, der durch Psychotherapie herausfand, daß er unter einer seelischen Störung litt, die als Furcht vor der Furcht definiert wurde. Als ich die Biographie von Sam Giancana las, begriff ich, wie fürchterlich ihn sein eigener Vater gefoltert hatte – an einen Baum gekettet, hatte er Sam zu blutigem Brei geschlagen, und eine Woche lang hatte sein Leben an einem so dünnen Faden gehangen, daß jeder Herzschlag sein letzter hätte sein können. Kein Wunder, daß Sam Dominanz und Gewalttätigkeit als erotisch empfand. Kein Wunder, daß er sich keine Furcht gestatten konnte.

Dean und Frank schienen ebenfalls furchtlos gegenüber der Furcht zu sein. Sie schienen nie die Konsequenzen ihres Handelns abzuwägen, und sie schauten nie zurück. Als Dean Jerry wegen der Bullenuniform stehenließ, war dieses Kapitel für ihn erledigt. Wenn Frank sich aus einer Beziehung löste, dann gab es kein Zurück. Und man wußte nie, wann er zuschlagen würde. Als er seine Verlobung mit Juliet Prowse löste, rief sie mich an. »Ich habe lediglich gesagt, daß ich ihn meiner Familie in Südafrika vorstellen möchte«, sagte sie. »Und das hat er als eine Kränkung aufgefaßt. Jetzt redet er nicht mehr mit mir.«

Als Frank anrief, berichtete er: »Sie will mich in Wirklichkeit gar nicht heiraten, Kleines. Ich habe es nicht nötig, vor anderen zur Musterung anzutreten.«

Wir gingen zusammen essen, um darüber zu reden. Er sagte, daß er Juliet nicht nur liebte, sondern sie zudem auch noch mochte. Und doch gab es kein Zurück. Er hatte die Tür zu dieser Beziehung zugeschlagen, und sein italienischer Stolz würde es niemals erlauben, sie noch einmal zu öffnen. Und doch hatte ich das Gefühl, daß Frank andere Menschen respektierte, wenn sie wußten, was sie wollten, und keinen Zentimeter zurückwichen, selbst dann nicht, wenn sie sich gegen Frank stellten. Wenn er Schwäche witterte, versetzte er den Todesstoß. Ich habe den Verdacht, daß er Schwäche an sich selbst haßte und daher auch niemand anderem Schwäche zubilligte. Dean war genauso, doch bei ihm war es weniger offenkundig. Frank drückte seine Meinungen und seine Launen offen aus. Dean war subtiler und verschloß seine Gefühle in sich.

Es gibt eine Geschichte über Dean, die mir verständlich macht, warum die Mafia ihm nie wirklich zugesetzt hat. Mit Zusetzen meine ich, daß man Druck auf ihn ausgeübt hätte, damit er in von der Mafia kontrollierten Lokalen auftritt.

Dean arbeitete im Riobamba Club in der siebenundfünfzigsten Straße in New York City. Das Riobamba gehörte Louie Lepke, einem Gangster, der im Todestrakt eines Gefängnisses wegen Mordes auf seine Hinrichtung wartete. Man geht heute davon aus, daß Louie Lepke der Auftragskiller der Mafia war.

Dean freundete sich mit Louies Frau an, als er erfuhr, daß Louie in Schwierigkeiten steckte. Sie führte das Riobamba in Louies Abwesenheit. Lepkes Moralvorstellungen spielten für Dean keine Rolle, denn Lepke hatte ihn engagiert und ihm eine Chance gegeben. Dean wollte sich durch die Freundschaft mit Lepkes Frau revanchieren. Als sich schon niemand mehr mit dem Rest von Lepkes Familie einließ, war Dean für sie da. Er stand der Familie bei, als Louie hingerichtet wurde – und auch danach half er, wo er konnte. Es sprach sich herum, daß Dean ein guter Kerl war.

Dean tat das nicht etwa, um die Mafiabosse zu beeindrucken. Tatsächlich ignorierte er die Mafiabosse. Diese ließen ihrerseits Dean in Ruhe. In all der Zeit, in der Dean und Jerry in Mafia-Lokalen auftraten, aber auch später, als Dean allein dort auftrat, setzte ihn niemand unter Druck. Niemand belästigte ihn mit Anrufen mitten in der Nacht. Niemand erwartete seine Dienste bei Beerdigungen, Geburtstagen von Töchtern, die in die Gesellschaft eingeführt wurden, oder Hochzeiten. Wenn Dean Frank begleitete (der diese Anrufe bekam), dann war das eine ganz andere Geschichte.

Ich beobachtete, wie Dean sich gewissenhaft von den »Boys« distanzierte. Er rannte nicht vor ihnen fort, er war nur einfach nicht für sie zu haben. Natürlich war er für viele Leute nicht zu haben. Er machte Mafia-Witze und deutete an, er sei mit Leuten von der Mafia befreundet, aber all das mit einer Distanz, die ich bewunderte. Ich fragte mich, ob Mut dazu gehörte. Ich fragte mich, was passieren würde, wenn sie ihm wirklich Druck machten.

Es gab jedoch einen Mann, der Druck auf Dean ausübte. Dieser Mann war Ed Torres, der das Riviera in Vegas führte. Ich erinnere mich daran, gehört zu haben, daß Liza Minnelli ihn Onkel Eddie nannte, weil ihre Mutter für ihn gearbeitet hatte. Das hatte ihn umgänglich und freundlich erscheinen lassen. Himmel! Ich habe für Torres gearbeitet. Er war brutal, und er hatte die Angewohnheit, Dean bewußt zu ärgern. Er wollte Deans Boß sein, und das war bereits sein erster Fehler.

Zehn Prozent des Riviera gehörten Dean, und infolgedessen hatte er dort ständig eine Suite, in der er die Garderobe aufbewahrte, die er für seine Auftritte brauchte. Eines Abends traf Dean mit Mort Viner (seinem Agenten, der zugleich auch mein Agent ist) einen Tag früher als geplant dort ein. Mort stellte fest, daß Eddie Deans Zimmer an jemand anderen vermietet hatte, samt Kleidung und allem Drum und Dran. Er ging der Sache nach und stellte fest, daß Eddie das schon immer so gehalten hatte.

Mort und Dean sagten kein Wort. Dean trat wie vereinbart auf, aber am letzten Abend brachte Mort die harte Tour. Er bezahlte einen Pagen dafür, daß er Eddie Torres' Kleider zusammentrug und sie mitten auf dem Fußboden von Deans Suite auf einen Haufen warf. Kurz bevor Dean das Hotel verließ, zündete Mort Eddies Kleider an und verständigte dann telefonisch die Feuerwehr; er behauptete, in dieser Etage Rauch gerochen zu haben. Eddie nahm Abstand von seinem Verlangen, über Dean zu bestimmen.

Auch Frank konnte nicht über Dean bestimmen. Im Laufe der Jahre nahm Dean Franks Anrufe oft nicht entgegen, und daher rief

Frank dann bei Mort an, um herauszufinden, wo Dean steckte. Frank wollte ausgehen und die Stadt auf den Kopf stellen. Dean war noch nie gerne abends ausgegangen. Ihm machte es mehr Spaß, allein zu sein und fernzusehen. Viele Male hörte ich Dean sagen: »Ich kann heute abend nicht ausgehen. Ich habe ein Mädchen bei mir.« Natürlich wartete dort kein Mensch auf ihn, sondern nur einer seiner geliebten Western oder die Wiederholung einer Kojak-Folge.

Ich fand, daß Dean in *Some Came Running* seine beste schauspielerische Leistung gezeigt hatte. Er hatte große Ähnlichkeit mit Bama [seiner Rolle im Film, Anm. d. Übers.], einem Einzelgänger mit eigenen Moralvorstellungen, der niemals einen Kompromiß einging. Vielleicht spielte Dean in Wirklichkeit gar keine Rolle. Weder er noch Frank konnten Vincente Minnelli leiden. Sie fanden ihn zu affektiert, und für ihren Geschmack schürzte er zu oft die Lippen. Die beiden konnten Leute aufgrund von Kleinigkeiten ablehnen, an denen sie persönlich Anstoß nahmen. Sie konnten sich nicht über ihre Vorurteile hinwegsetzen, was die Zähne, das Haar oder den Geruch eines Menschen anging. Darüber machten sie sich im Flüsterton lustig. Sie konnten jemanden aus ihrem Leben verbannen, weil man das Suspensorium unter seinen Shorts sehen konnte. Sie waren wie primitive Kinder, und ihre Reaktionen waren pubertär. Sie legten einander Knallbonbons ins Bett und kippten Spaghetti über neue Smokings. Sie brachten es fertig, einen Eiswürfel aus einem Drink zu fischen, ihn einem in Abendkleidung herausgeputzten Fan in die Hand zu drücken und ihn aufzufordern, darauf Schlittschuh zu laufen.

Eines Abends sagte Frank aus schlechter Laune und Gereiztheit heraus eigenmächtig einen Drehtermin ab. Niemand konnte etwas dagegen unternehmen. An einem anderen Abend brauchte Minnelli enorm viel Zeit für eine künstlerische Aufnahme. Dazu gehörte auch das Filmen eines Riesenrads in einer Szene am Schluß des Filmes. Nachdem er mit geschürzten Lippen und gestikulierend ein paarmal um die Kamera herumgelaufen war, reckte Minnelli schließlich den Kopf in die Luft und schloß die Augen. Ich spürte, wie ich mich verkrampfte. Dean, Frank und ich standen da und warteten darauf, die Szene zu spielen. Ich ahnte, was jetzt passieren würde. Um uns herum kreischten die Fans. Ich warf einen Blick auf Dean und Frank. Es war kurz vor Anbruch der Dämmerung. Die beiden regten sich derart über Minnellis übertrieben künstlerischen Anspruch auf, daß sie fast explodierten. Vincente erwachte aus seinen Träumereien, und statt zu sagen: »Verschiebt die Kamera«, befahl er: »Verschiebt das Riesenrad.« Frank rannte zu seiner Limousine, sprang mit einem Satz hinein und erteilte dem Fahrer die Anweisung, ihn zum Flughafen zu bringen. Er flog zurück nach Los Angeles, und Dean kam mit ihm. Ich blieb. Die Produktion wurde eingestellt. Vincente störte sich überhaupt nicht daran. Nach ein paar Tagen überredete Sol Siegel, der Produktionschef bei Metro, Frank, zu den Außenaufnahmen zurückzukehren. Er versprach ihm, daß nächstes Mal die Kamera verschoben würde und nicht die zu filmende Kulisse.

Mit Drehbüchern konnte Frank ebenso schonungslos umspringen. Während eines nachmittäglichen Drehs lud er mich auf einen Drink in seinen Wohnwagen ein. Der Regieassistent kam in den Wohnwagen, um uns zu den Aufnahmen zu rufen.

»Wir genehmigen uns einen Drink«, sagte Frank, »weil das genau der richtige Zeitpunkt für einen Martini ist.«

»Aber Mr. Sinatra«, protestierte der Regieassistent, »wir sind im Verzug und müssen die verlorene Zeit wieder reinholen.«

»Wie weit liegen wir hinter dem Terminplan zurück?« fragte Frank.

»Zwei Wochen«, antwortete der Regieassistent.

»Sagen Sie mal, haben Sie zufällig ein Drehbuch zur Hand?« fragte Frank.

Ich wußte, was jetzt kommen würde.

Der Regieassistent reichte ihm sein Drehbuch. Frank zählte etwa zwanzig Seiten ab und riß sie heraus.

»So, mein Junge«, sagte er. »Jetzt sind wir zeitlich nicht mehr im Rückstand.«

Der Regieassistent floh, um zu verhindern, daß wir plötzlich unserem Terminplan vorauseilen würden.

Die Seiten wurden nie mehr eingefügt. Das war typisch Frank.

Wenn er verfügte, daß etwas vorbei war, dann war es aus und vorbei. Die Autoren mußten die Geschichte irgendwie wieder zusammenstückeln. Später erkannte Frank, daß er eine meiner großen Szenen herausgeschnitten hatte, und überließ mir das Ende des Films.

»Laß die Kleine in die Schußlinie laufen«, sagte er zu Sol Siegel. »Dann hat das Publikum Mitleid mit ihr, weil sie versucht hat, mir das Leben zu retten. Das könnte ihr eine Nominierung einbringen.«

Er hatte recht. Für *Some Came Running* wurde ich erstmals für einen Academy Award nominiert. Ich fragte mich, was wohl passiert wäre, wenn er an jenem Abend zwei oder drei Martinis hätte trinken wollen.

In dem Maß, in dem Frank auf Martini abfuhr, liebte ich Kaugummi. Ich kaute immer bis kurz vor der Aufnahme darauf herum. Frank lachte und amüsierte sich darüber, daß ich nie wußte, wo ich ihn während der Drehs lassen sollte. Eines Tages rief uns der Regisseur zu, es ginge los, und ich nahm meinen Kaugummi aus dem Mund und steckte ihn hinter Franks Ohr. Er klebte sein Ohr daran fest, damit der Kaugummi nicht herunterfallen konnte. Dieses Spielchen behielten wir seitdem bei, und niemand konnte sich erklären, warum Frank vor einer Aufnahme die Hand auf sein Ohr zu pressen pflegte.

Für mich war Vincente Minnelli ein ausgezeichneter Regisseur, und zwar ganz einfach deswegen, weil er kaum Regieanweisungen erteilte. Er ließ uns Schauspieler unsere eigenen Rollen und unsere eigenen Ausdrucksformen finden. Dean nutzte die Freiheit, die Vincente ihm ließ – ein Grund dafür, daß seine Verkörperung des Bama die beste Rolle seiner Karriere war. Frank dagegen fühlte sich von dieser Arbeitsweise bedroht, da er sich durch die Entscheidungsfreiheit in einem zu hohen Maße bloßgestellt fühlte. Wenn es um die Schauspielerei ging, sehnte er sich nach der Sicherheit, die ihm eine autokratische und diktatorische Persönlichkeit vermittelte, solange er das Talent dieser Personen respektieren konnte. Die beste Arbeit leistete er für Fred Zinnemann (*From Here to Eternity* – Verdammt in alle Ewigkeit), einen Mann,

Frank »beschützt« mich. (Archive Photos)

der dafür bekannt ist, daß er ohne Rücksicht auf Härten die gewünschte Aufnahme in den Kasten bringt, John Frankenheimer (*Manchurian Candidate* – Botschafter der Angst), der darauf beharrt, in die psychische Stabilität seiner Darsteller einzudringen, und Otto Preminger (*The Man with the Golden Arm* – Der Mann mit dem goldenen Arm), der emotional ein echter Nazi ist.

Ich komme auch mit solchen Regisseuren klar, weil es mir Spaß macht, sie zufriedenzustellen. Aber ich glaube, lieber ist mir ein Regisseur, der mich im großen und ganzen in Ruhe läßt – es sei denn, er oder sie macht mir einen Vorschlag, bei dem es sich in Wirklichkeit nicht nur um das eigene Ego dreht.

Minnelli besaß eine nervenaufreibende Gelassenheit, die ihm garantierte, daß er immer bekam, was er wollte. Das Kamerateam, die Abteilung für künstlerische Gestaltung, die Kostümbildner, die Maske, die Haarstylisten und die Leute, die für die Spezialeffekte zuständig waren, kannten alle seinen Geschmack und waren sich über seine Art der Kontrolle im klaren. Sie liebten ihn und hatten keinerlei Probleme damit, sich seinem Kommando zu beugen. Mir ging es ganz genauso.

Ich glaube, man könnte tatsächlich sagen, daß ein wirklich guter Regisseur nicht viel mehr tun muß, als ausgezeichnete Darsteller zu engagieren und, während sie ihre Arbeit leisten, als eine Art Resonanzboden zu agieren.

Der Mythos des Clans nahm 1958 mit *Some Came Running* seinen Anfang. Wir alle genossen es so sehr, miteinander zu arbeiten, daß wir, angestachelt von Frank, nicht aufhören konnten. 1960 drehte ich mit Frank *Can-Can* (Can-Can) und 1961 mit Dean *All in a Night's Work* (Alles in einer Nacht). Wenn ich mit den beiden zusammenarbeitete, spielte ich im allgemeinen eine kleine Nebenrolle in einem dämlichen Las-Vegas-Film über die Mafia, und anstelle eines Gehalts schenkten sie mir einen Wagen oder etwas Ähnliches. Mir war das recht. Es machte Spaß und war vollständig abgedreht.

Wenn wir zusammenkamen und zur gleichen Zeit filmten, zu der der Clan in Las Vegas auftrat, dann entstand eine unglaubliche Energie.

Zwei Auftritte am Abend, und das sieben Tage in der Woche, drei Monate lang... Gleichzeitig drehten wir auch noch einen Film. Keiner von uns fand mehr Zeit für Schlaf. Zugegeben, diese Filme gewannen keine Preise – *Robin and the Seven Hoods* (Sieben gegen Chicago), *Ocean's Eleven* (Frankie und seine Spießgesellen) etc. –, aber der spontane Humor auf der Bühne und bei den Dreharbeiten war einmalig und ist seitdem nie überboten worden. Der Regisseur wußte nie, was passieren würde oder wie eine Szene am jeweiligen Tag gespielt werden würde. Aber das war egal.

Und abends kam dann alle Welt nach Vegas, um Dean, Frank, Sammy, Joey Bishop, Peter Lawford und – immer dann, wenn sie mich auf die Bühne locken konnten – mich zu sehen. Milton Berle mischte sich liebend gerne störend ein, denn das war seine Masche. Natürlich wußte Sammy, daß Milton einen unermeßlich großen Bestand an Witzen parat hatte, und nach jeder Show löcherte er ihn, um Sachen aus ihm herauszuholen, die bisher noch nicht aufgeführt worden waren. Aber Milton fiel es schon schwer genug, bei den unberechenbaren Possen auf der Bühne mitzuhalten.

Eines Abends rollte Dean einen Tisch mit einer Unmenge von Drinks heraus. Das Publikum brüllte, und dann legte er los. Er entblößte seine Muskeln und sagte: »Weißt du, woher ich diese Muskeln habe?«

»Nein«, sagte Frank. »Woher denn?«

»Weil ich Jerry in all diesen Jahren mit mir rumgetragen habe«, antwortete Dean.

Frank spielte den Stichwortgeber für Dean. Darüber waren sich beide im klaren. Aber manchmal hatte Frank es satt, daß er selbst nie einen Lacher bekam.

»Wie kommt es, daß du immer die Lacher kriegst und ich keine?« beklagte er sich eines Abends bei Dean.

»Du bist nicht komisch«, antwortete Dean.

»Dann laß es mich doch mal versuchen«, schlug Frank vor.

»Okay, mein Freund«, stimmte Dean zu.

Sie gingen auf die Bühne und kehrten alles um. Dean spielte den Stichwortgeber, und Frank hatte die Gags. Niemand lachte über

Die Kulisse von Can-Can: An Frank hatte sogar Chruschtschow seinen Spaß.

All in a Night's Work: Ich war in Dean verknallt, und sowohl Elvis als auch Hal Wallis ließen mich völlig kalt. (Archive Photos)

Frank. Um ehrlich zu sein: Die Leute lachten sogar über Deans Fragen und Stichworte. Frank begann, auf einer instinktiven Ebene zu verstehen, wie geschickt Deans Timing war. Daran konnte sich niemand messen, und es kam alles nur daher, daß Dean seine Identität als Dean der Trunkenbold gefunden hatte. Mit einem Drink in der Hand wußte er, wer er war. Übrigens sah man ihn niemals ohne ein Glas in der Hand. Ich habe Dean auf dem Golfplatz einen »Drink« durch die Gegend tragen sehen. Er spielte die Rolle des komischen Trinkers, doch bei dem Getränk handelte es sich um Apfelsaft.

Jerry, der manchmal gleichzeitig mit Dean in Las Vegas auftrat, konnte den Saal nicht füllen. Er sprach von sich selbst immer noch in der dritten Person. Dean hatte beschlossen, nicht derart auf Distanz zu sich selbst zu gehen. Ganz im Gegenteil: Er blühte ohne Jerry auf. Er hatte sich selbst gefunden, und ich begann, ihn wirklich attraktiv zu finden – wie eine richtige Frau! Er brachte mich mit seinem Witz zum Lachen, und manchmal waren seine Freundlichkeit und seine liebevolle Art einfach rührend. Wir drehten noch fünf weitere Filme miteinander. Nach einer Weile war ich froh, daß er und Jerry auseinandergegangen waren. So war jetzt Platz für mich da.

Während wir *All in a Night's Work* drehten, verliebte ich mich wirklich in Dean. Inzwischen war ich auch für ihn endlich eine Frau geworden. Ich wußte nicht, wie ich damit umgehen sollte, und deshalb suchte ich ihn eines Abends nach der Arbeit zu Hause auf, um mit ihm zu reden. Ich wußte nicht, was ich sagen sollte. Jeanne machte mir die Tür auf und führte mich in das Wohnzimmer, in dem sieben Kinder spielten, die gerade zu Abend gegessen hatten. Es herrschte ein unbeschreiblicher Trubel, und man spürte förmlich, wie eng diese Familie miteinander verknüpft war. Ich wartete auf dem Sofa, während Jeanne Dean rief. Die Kinder wurden ruhiger.

Er kam nach unten, sah mich, kam auf mich zu und umarmte mich.

»Hallo, Süße«, sagte er. »Irre. Du besuchst mich. He, Kinder, seht mal, wen wir hier haben.« Sie nahmen meine Gegenwart zur

Ich war immer noch in Dean verliebt. In einer Liebesszene zerrissen wir diesen silbernen Zuchtnerz.

Kenntnis und spielten dann weiter. Wir setzten uns. Ich wußte nicht, was ich sagen sollte.

»Also, was ist, meine Süße?« sagte er. »Womit kann ich dir dienen?«

Jeanne rief aus dem anderen Zimmer, am Telefon sei jemand, der Dean sprechen wollte. Er sah mir in die Augen. Konnte er meine Gefühle erraten? Ich konnte es ihm nicht sagen. Wahrscheinlich war er es gewohnt, daß junge Damen sich in ihn verknallten.

Schließlich machte ich den Mund auf. »Ich wollte nur, daß du weißt, wie sehr ich die Arbeit mit dir genossen habe. Ich finde, du bist einfach brillant.«

Dean nahm meine Hand und lächelte.

»Mir geht es mit dir genauso, meine Süße. Du bist die Beste.«

Das war einer jener Augenblicke, in denen man klar erkennt, daß jedes weitere Wort fehl am Platz ist. Wir sahen einander an. Ich stand auf und küßte ihn auf die Wange. Die Kinder waren gegangen; wir waren allein im Zimmer.

»Wir sehen uns morgen, Schätzchen«, sagte Dean. »Und paß bloß gut auf dich auf, meine Süße.«

O Mann! Ich verabschiedete mich so würdevoll wie möglich und ging. Ich kam mir blöd vor. Bis zum heutigen Tage weiß ich nicht, ob ihm klar war, was mir durch den Kopf ging. Aber selbst wenn er es gewußt hätte, hätte sich dadurch etwas geändert? Ich glaube nicht. Er hätte viel lieber in Ruhe ferngesehen.

Im Laufe der Jahre, in denen ich mit Dean und Frank zusammenarbeitete, beobachtete ich, wie die beiden sich in diverse Frauen verliebten und sich dann wieder entliebten. Ich fragte mich, wie sie sich in diesen Beziehungen wirklich benahmen. War es ihnen auch nur im geringsten ernst damit? Frank verlobte sich hier und da, und Dean war mit Jeanne verheiratet. Frank sprach von Jeanne als der U-Boot-Kommandantin, denn er hielt sie für einen Nazi, der über Dean herrschte. Betrachteten Frank und Dean Frauen als echte menschliche Wesen mit eigenen Bedürfnissen und Intelligenz? Kommunizierten sie mit Frauen jemals auf einer befriedigenden Ebene? Insgeheim war ich dankbar dafür, daß ich die beiden nicht wirklich als potentielle Liebhaber ansah. Wäre etwas Derartiges entstanden, dann hätte ich in echten Schwierigkeiten gesteckt. Aber es kam mir so vor, als beschützten sie mich in erster Linie.

Warum hatte ich Jerry Lewis, Dean Martin und Frank Sinatra in die Entwicklungsjahre hineingezogen, in denen ich meine ersten Erfahrungen in Hollywood machte? Warum ausgerechnet sie? Diese Männer waren meine Freunde und meine Lehrer. Warum fühlte ich mich in der Gegenwart von Dean und Frank so wohl? Ihre Herkunft war doch der meinen diametral entgegengesetzt! Manchmal war ich nicht nur platt über das, was ich miterlebte, sondern auch meine eigenen Reaktionen erstaunten mich. Wenn Dean und Frank mit mir gemeinsam etwas unternahmen und unsere Hotelzimmer uns nicht gefielen, schlug Frank einfach ein Loch in die Wand. Ich könnte nicht behaupten, daß mich das entsetzte. Es war, als sei ich in einen brutalen Comicstrip geraten. Ich beobachtete die Reaktionen anderer Leute. Manchmal waren sie entsetzt, manchmal taten sie so, als sei das Ganze ein Scherz, in den sie hineingezogen worden waren. Das war immer ein Fehler, denn Frank bezog niemanden mit ein, solange man es nicht verdient hatte.

Einmal bekam Frank plötzlich Hunger, während er, Dean und ich miteinander fernsahen. Er rief den Hotelmanager an und verlangte, daß jemand geweckt wurde und uns etwas Eßbares zubereitete. Ich konnte das gereizte Murren des Hoteldirektors hören, aber insgeheim muß ihm die Vorstellung gefallen haben, Dean und Frank um zwei Uhr morgens zu sehen. Mit geröteten Augen, aber über das ganze Gesicht grinsend, erschien der Manager mit Sandwiches und Bier in unserem Wohnzimmer, in dem aus dem Fernseher eine Wiederholung dröhnte. Der Manager streckte die Brust heraus wie der Trainer eines Preisboxers und beschwerte sich bei Frank wegen der nachtschlafenden Zeit und des Lärms. Frank teilte dem Manager beiläufig mit, er könne ihn am Arsch lecken, er solle die Klappe halten und sich zum Teufel scheren. Der Manager ließ das Tablett fallen und bezeichnete

Frank als einen dürren Itaker. Frank holte zu einem Schwinger aus und traf. Der Typ verpaßte ihm daraufhin ebenfalls einen Hieb. Dean blickte auf. »Wenn ihr euch schlagen wollt«, sagte er unwillig, »dann tut das doch am anderen Ende des Zimmers.«

Dean drehte den Fernseher lauter, öffnete eine Dose Bier und aß ein Sandwich. »Zuviel Mayonnaise«, bemerkte er trocken. Der Hotelmanager rieb sich den Unterkiefer, nuschelte vor sich hin, wie verrückt wir doch seien, und ging.

Mir drehte sich der Magen um. Das war doch wirklich verrückt, oder etwa nicht? Ich meine, ich war mir nicht sicher. Ich konnte mich nicht entscheiden, was ich von dem Benehmen der beiden hielt. Diese Typen stammten aus einem Umfeld, das alle meine Vorstellungen bei weitem übertraf, und daher leugnete ich, daß ihr Benehmen wirklich ziemlich übel war. Natürlich hatte meine eigene anständige Erziehung in Virginia dazu geführt, daß ich mich zu ungebärdigem, ungehörigem und aufsässigem Benehmen hingezogen fühlte, weil ich dieselbe unterdrückte Aufsässigkeit, die unter der Oberfläche brodelte, an meinen eigenen Eltern wahrgenommen hatte. Sie hatten ihren wahren Gefühlen niemals Ausdruck verliehen. Diese Typen taten es. In gewisser Weise war das befreiend, denn ihre Gefühle waren echt und intensiv. Sie lebten nach ihren eigenen Regeln. Ich glaube, da ich noch so jung war, akzeptierte ich ihr Auftreten schlichtweg als eine andere mögliche Form von Benehmen, das anderen Regeln folgte und nicht etwa soziopathisch war. Ich vermute, daß ich damals auch noch glaubte, sie benähmen sich nur untereinander so. Ich kam nie auch nur auf den Gedanken, Frank oder seine »Freunde« würden jemanden tatsächlich verletzen.

Ich wußte, daß Frank in Hoboken natürlich schon unter den »Boys« aufgewachsen war. In seinen Augen mußten sie Macht und Einfluß repräsentiert haben. Aber gleichzeitig war er auch jemand, der, wie er mir erzählte, Sphärenmusik in seinem Kopf hörte. Die Musik sang ihm etwas vor, sagte er, und sie führte ihn seiner Bestimmung zu.

Als Einzelgänger, der unter dem Einfluß einer willensstarken Mutter stand, mußte er sich zu der Form von kollektiver Freundschaft hingezogen gefühlt haben, die die »Boys« ihm boten. Alle für einen – einer für alle.

Ich wünschte mir so oft, es hätte etwas Derartiges in meinem Leben gegeben. In meiner Welt wurde die Intimsphäre höher bewertet als alles andere. »Kümmere dich um deine eigenen Angelegenheiten«, lautete das Motto in unserer Familie. Ich sehnte mich danach, fern von zu Hause empörende Dinge zu tun. Diese Menschen waren immer füreinander da, ungeachtet aller moralischen Grundsätze. Daher kann ich gut verstehen, warum mich manches, was dort vorging, nicht entsetzte.

Trotzdem faszinierten mich die Unberechenbarkeit von Franks Verhalten und die Auslöser für sein unmögliches Benehmen.

Ich glaube nicht, daß ich Franks Mutter Dolly je begegnet bin. Wann immer Menschen laienhaft versuchen, Franks bizarre Brutalität psychologisch zu analysieren, bringen sie Dolly zur Sprache. Seine engsten Freunde beschreiben sie als dogmatisch, emotional schwer lenkbar, instabil, unflätig, anmaßend und in hohem Maße unberechenbar. Ihr Sohn könnte niemandem Unrecht zufügen, sagte sie immer wieder, und er würde einer der »Großen« werden, ganz gleich, was auch geschehen mochte. Frank sagte mir, daß er seine Mutter fürchtete und ihr gleichzeitig nacheiferte. Er sprach oft mit mir über sie. »Sie war hundsgemein«, sagte er, »aber ich hatte höllische Angst vor ihr. Ich konnte nie wissen, wofür sie mich hassen würde.«

Als ich beobachtete, wie besessen er von Ava Gardners unberechenbarem Verhalten war, konnte ich die Ähnlichkeiten deutlich erkennen. War es für ihn zu einer Sucht geworden, aus dem Gleichgewicht geworfen zu werden? War es für ihn eine echte Notwendigkeit, von seiner Partnerin schikaniert zu werden, weil Dolly dasselbe mit ihm getan hatte? Die Auseinandersetzungen und Streitigkeiten zwischen Frank und Ava waren legendär. Sie konnten weder miteinander noch ohne einander leben. Ava haßte Franks Gangsterfreunde und dachte gar nicht daran, diese Männer, die Furcht und Schrecken verbreiteten und dafür in den Himmel gehoben wurden, mit »Respekt« zu behandeln, so wie es die anderen Leute aus Franks Umgebung taten – sie lebte mit

Frank zusammen. Franks Freunde dagegen fanden, sie sei nicht ganz dicht und benähme sich nicht so, wie man es von einer echten Ehefrau erwarten konnte.

Da Frank die Gesellschaft der »Boys« einem geregelten häuslichen Leben eindeutig vorzog, bestand keine echte Rivalität zwischen ihnen und Ava. Ava befriedigte jedoch Franks unersättliches Bedürfnis, von einer strengen Mutterfigur drangsaliert zu werden. Ava ließ ihn zu Kreuze kriechen. Ava demütigte ihn. Ava trat ihn, wenn er schon ganz unten war. Ava war unerreichbar, sie war unbeschreiblich schön, und mit ihrer honigsüßen Stimme brachte sie Worte hervor, die einen Hafenarbeiter zum Winseln gebracht hätten. Ava war die perfekte Kombination. Und wenn sie unerreichbar war, wie konnte sie dann jemals langweilig werden?

Natürlich war Ava sich selbst ein ebenso großes Geheimnis wie Frank. Daher stand er bis zu ihrem Tod in einer Form von Abhängigkeit von ihr, selbst dann noch, als sie schon gewaltig trank und sich vollständig zurückzog.

Ein Abendessen mit Ava in ihrer Wohnung in London erklärte vieles. Ihr phantastischer Körper war üppiger geworden, ihr erlesenes Gesicht um die Augen herum von Falten der Erbitterung durchzogen, doch sie war immer noch forsch. Ihre Sätze kamen zusammenhanglos und abgehackt heraus, als sie von ihrer Liebe zu Spanien sprach und betonte, daß ihr das Filmen nicht fehlte. Ihre beiden Welsh Corgis hatten Avas Persönlichkeit angenommen. Sie war ihr geliebtes Frauchen, und sie waren zornige, unterdrückte kleine Hunde, hochgradig nervös und aufgewühlt. Sie knurrten sie ständig an und verlangten unablässige Aufmerksamkeit. Sie waren derart verrückt, daß ich mich schon am frühen Abend von Ava verabschiedete.

Frank dagegen begeisterte sich für all diesen Aufruhr, die zornigen Forderungen. Wenn man bedenkt, daß er eine so ungestüme Mutter und einen derart passiven Vater gehabt hat (Marty Sinatra war Feuerwehrmann und überließ Dolly die Herrschaft), dann ist es vielleicht verständlich, daß Frank seine Mutter bewunderte und ihr nacheiferte, um ihre Gunst zu erringen. Auf seinen Vater war er hingegen ein Leben lang wütend, weil dieser ein solches Ungleichgewicht zugelassen hatte.

Frank konnte niemals sagen: »Es tut mir leid«, und er konnte auch nicht eingestehen, daß er im Unrecht war. Es war, als könnte er den Anspruch auf Perfektion nicht aufgeben, und eine Entschuldigung hätte ihn gezwungen, einen gewissen Grad von Unvollkommenheit bei sich selbst zuzugeben. Und die Angst, die er in anderen wachrief, war manchmal absurd. Die Leute erschauerten buchstäblich, bis sie unfreiwillig in Gelächter ausbrachen, wenn er in Wut geriet. Aus irgendeinem Grund fürchtete ich mich nie vor ihm. Ich weiß nicht, warum, aber vielleicht hatte ich Angst davor, mich zu fürchten. Vielleicht war ich zu naiv, und da ich mich nie vor ihm fürchtete, vertraute er mir.

Er forderte uneingeschränkte Loyalität, und doch liebte er gleichzeitig Menschen, die ihm die Wahrheit sagten. Eine Ansicht, die seiner widersprach, war in Ordnung, solange sie gründlich durchdacht war. Aber man wußte nie, wann man sich seinen Zorn zuziehen würde. Er konnte seine eigene Meinung zu gesellschaftlichen oder politischen Themen mit besorgniserregender Geschwindigkeit ändern.

So haßte er beispielsweise Richard Nixon aus tiefster Seele, und schließlich unterstützte er seinen Wahlkampf. (Manche Leute behaupten, es käme daher, daß Nixon Frank persönlich zu seiner Meinung in einer bestimmten Sache gratuliert hatte.)

Er sagte mir, er hielte Ronald Reagan für »einen dummen Langweiler, der keine Filmrollen mehr bekommen hat und deshalb in die Politik gegangen ist«. Er drohte, aus Kalifornien auszuwandern, falls Reagan jemals in ein öffentliches Amt gewählt werden sollte. Er fand, Nancy sei »ein blödes Weibsstück mit dicken Knöcheln, die nicht schauspielern kann«. Ich hörte, wie er den Fernseher anschrie und verfluchte, wenn die beiden auf dem Bildschirm erschienen. Frank brachte den Reagans einen tiefen persönlichen Haß entgegen.

Als sich jedoch Jesse Unruh, der Sprecher der kalifornischen Abgeordneten und ein Anhänger von Bobby Kennedy, als Gegenkandidat zu Reagan aufstellen ließ und sich für das Amt des

Gouverneurs bewarb, beschloß Frank, Reagan zu unterstützen. Warum? Weil Bobby dafür verantwortlich gewesen war, daß Jack Kennedy, sein Bruder, nicht in Sinatras Haus in Palm Springs geblieben war. Und warum das? Aufgrund von Sinatras Verbindungen zur Mafia. Daraufhin unterstützte Frank Reagan, um Bobby eins auszuwischen.

Seine Verhaltensweisen und Wertvorstellungen wurden oft durch das hervorgerufen, was er als Verrat oder Treulosigkeit definierte. Ich fragte mich, warum er derart mißtrauisch geworden war. Kam es vielleicht sogar daher, daß er gerade aufgrund der unerschütterlichen Loyalität und Unterstützung von seiten seiner Mutter dieselbe bedingungslose Ergebenheit erwartete? Frank zweifelte nie an seiner Fähigkeit, alles zu erreichen, was er wollte. Dafür sorgte seine Mutter schon. Manchmal waren seine Methoden regelrecht gewissenlos. Auch dafür hatte seine Mutter gesorgt. Niemand zweifelte jemals an seinem Recht auf Erfolg, ganz gleich, was er sich auch vornahm. Es würde nach seinem Kopf gehen. So war es ihm von Anfang an bestimmt gewesen, weil seine Mutter dafür gesorgt hatte, und so würde es auch immer bleiben.

Dennoch war Frank unsicher, wenn er mit Menschen zu tun hatte, die er für gesellschaftlich überlegen hielt. Er fühlte sich ihnen nicht gewachsen, und er reagierte, indem er sich noch mieser als sonst benahm – es sei denn, sie ließen sich Zeit, um ihm seine Befangenheit zu nehmen, so wie Jackie Kennedy oder Fürstin Gracia Patricia. Diesen Frauen gegenüber konnte er sich als ein Mann mit Sex-Appeal verhalten; das war der gemeinsame Nenner.

Frank bedankte sich niemals für ein Geschenk.

Einmal brachte ich ihm ein Feuerzeug aus Japan mit. Er war ganz vernarrt in dieses Ding. Es war sehr schmal und paßte mühelos in seine Tasche. Aber er bedankte sich nie bei mir dafür. Statt dessen machte er mir ein größeres und wertvolleres Geschenk.

So war es nun einmal mit Frank. Wenn man ihm mehr Hilfe zuteil werden ließ, als er im Gegenzug selber leisten konnte, dann war die Freundschaft zum Untergang verdammt, denn die Waag-schalen waren aus dem Gleichgewicht geraten. Und wenn man für Frank arbeitete und versuchte, ihn vor sich selbst zu schützen, dann beging man damit das abscheulichste aller Verbrechen. Er war Pate, und das hatte niemand in Frage zu stellen. Er wußte nicht nur, was für ihn selbst das Beste war, sondern auch, was für alle anderen das Beste war. Und in dieser Hinsicht konnte er ein äußerst ungewöhnlicher Freund sein. Es machte ihn glücklich, wenn er mir beistehen konnte. »Oh, ich wünschte wirklich, je-mand würde versuchen, dir weh zu tun, damit ich ihn für dich umlegen kann«, sagte er, wenn er versuchte, seinen freundschaft-lichen Gefühlen Ausdruck zu verleihen.

Dieser Standpunkt, dieses Wertsystem und diese Form der Selbsteinschätzung fanden ihr Pendant in der Macht, die er auf der Bühne für sich forderte.

Wenn die Scheinwerfer auf ihn gerichtet waren und er in seinen schicken Lacklederschuhen über die Bühne lief, das Mikrofon herumwirbelte und sich immer wieder aufs neue in den Klang seiner eigenen Stimme verliebte, wenn er nicht nur den Rhyth-mus, sondern auch die Lautstärke eines Vierzigmannorchesters bestimmte und die Gefühle des gebannt lauschenden Publikums wie Wachs formte, dann war er der Herrscher über musikalische Tiefen, den Kummer seiner Zuschauer, ihre einsamen Nächte, ihre armseligen Wünsche und Leidenschaften. In dieser kompri-mierten Zeitspanne und auf diesem engen Raum – zwei Stunden in einem Club oder in einem Theater – war nichts und niemand auf Erden wichtiger als diese verdichtete Erfahrung. Nichts konnte der genialen Perfektion etwas anhaben, die er für sein Publikum erschuf. Er war ein musikalischer Diktator, weil er sich am besten auskannte – nicht nur mit sich selbst, sondern auch mit seinen Zuschauern. Er wußte, womit er in seinem Publikum Gefühle wachrufen konnte. Und er war ein gütiger Diktator, denn er wußte, daß er letztendlich den anderen diente. Das ließ auch tatsächlich die einzige Angst in ihm aufkommen, die er kannte. Würde er in der Lage sein, den Leuten das zu geben, was sie von ihm erwarteten? Würde er in der Lage sein, sein eigenes Ego in die Ecke zu stellen, um die Anerkennung von Mutter Publikum zu finden, die kam, weil sie ihn liebte und stolz auf ihn sein wollte? Würde er damit die an ihn gestellten Erwartungen erfüllen?

Unter diesen Voraussetzungen herrschte Frieden in Franks Welt der inneren Konflikte.

Er sorgte dafür, daß die Musik von mathematischer Perfektion war. Die Harmonien hatten ihren Ursprung im Himmel, und doch gab er nur die Klänge wieder, die er in seinem eigenen Kopf gehört hatte, seit er alt genug war, um sich ihrer bewußt zu werden. Seine Musiker waren nichts weiter als bloße Sterbliche, die zweifellos seine unirdischen Befehle befolgen würden, da sie in ihrem musikalischen Vater ein Geschenk Gottes sahen. Jede einzelne seiner Gesten und Bewegungen wurde entsprechend bewundert, gewürdigt und respektiert, da das Scheinwerferlicht ausschließlich auf ihn gerichtet war. Es bestand keinerlei Notwendigkeit für ihn, die Aufmerksamkeit auf sich zu lenken, da die Menge niemanden außer ihm sehen konnte. Die emotionale Loyalität, die für ihn eine so entscheidende Rolle spielte, wurde niemals in Zweifel gezogen. Sein Publikum gehörte uneingeschränkt und vorbehaltlos ihm. Er ließ es niemals zu, daß sich die Aufmerksamkeit seiner Zuschauer auf etwas anderes richtete. Sie hatten ununterbrochen genau zu folgen. All diese Aspekte machten das Publikum nicht nur zu seiner Mutter, sondern zudem noch zu seinem folgsamen Kind. Er wußte, was das Beste für seine Zuschauer war. Und er hatte recht. Er hatte es in die Sphären geführt, die er als göttlich ansah. In die Sphären himmlischer Musik. Nur in diesem Reich fand er Frieden. Ohne diese Musik wäre er gestorben. Und doch hing für ihn, als ein Kind der Musik, das Überleben von seiner Mutter, dem Publikum, ab. Er mußte unbedingt ihre Liebe gewinnen, ihre Wertschätzung, ihre Anerkennung, und niemals durfte sie sein Vertrauen in sie verraten. Daher schmeichelte er ihr, manipulierte sie, liebkoste sie, ermahnte sie, schalt sie aus und liebte sie bedingungslos, bis kein Unterschied mehr zwischen ihm und ihr bestand. Er und sie waren eins miteinander geworden. Er wurde zur Mutter, die sich in dem Bild sonnte, das sie ihm von Anfang an zugedacht hatte. Und darin fand er Frieden und eine Form von Vollkommenheit.

Für mich, die ich Sinatra so gut kannte und so genau wußte, wie er sein konnte, waren die Worte, mit denen er von der Bühne abtrat, immer sehr ergreifend. Er meinte es ernst, wenn er sagte: »Ich bedanke mich dafür, daß ich für Sie singen durfte.«

Ohne diese Erlaubnis hätte er keinen Grund gehabt weiterzuleben. Ein wirrer Widerspruch für einen Mann, der niemanden je um Erlaubnis bat.

In späteren Jahren, als ich selbst in den Clubs Karriere machte, kam Frank manchmal auf die Bühne spaziert und alberte herum. Im allgemeinen brachte er Dean mit. Früher war ich das Maskottchen gewesen, jetzt verlangte das Maskottchen ihnen Respekt ab. Ich schaute die beiden an, wenn sie in meinem Scheinwerferlicht standen, und ich glaubte nicht, mich mit ihrer Bühnenkunst messen zu können. Wenn der Scheinwerfer in ihre Augen schien, spiegelte sich in ihren Gesichtern wieder dieses prachtvolle Selbstvertrauen und die Bereitschaft, jeden Unfug mitzumachen. Dann erinnerte ich mich an die alten Zeiten, in denen ich gewünscht hatte, ich könnte mit ihnen dort oben auf der Bühne stehen. Wie sehr sich das doch vom Film unterschied. Wie sorglos, chaotisch und spontan sie hier auftreten konnten. Ich wünschte, ich hätte so sein können wie die beiden. Wenn sie mich dann aus dem Saal zu sich riefen und mir vor versammeltem Publikum Tricks beibrachten oder mir zeigten, wie man eine Pose beibehielt, damit länger darüber gelacht wurde, dann war ich im siebten Himmel. Sie konnten über jede Kleinigkeit einen Witz machen. Einmal ließ eines der Mädchen, die in der Show auftraten, eine Sandale im Klavier zurück. Dean fand sie, hielt sie hoch und sagte: »Oh, wie ich sehe, war Victor Mature hier.« Als ich beschloß, live aufzutreten, nahm Frank mich zur Seite. »Denk immer daran, Baby«, sagte er. »Allein schon durch dein Erscheinen auf der Bühne verwandelst du den ganzen Raum.« Sammy sagte: »Zieh sämtliche Register.« Und Dean sagte: »Wozu brauchst du das denn?«

Diese Zeiten sind jetzt vorüber, und das Showgeschäft hat einen enormen Verlust erlitten. Die »Boys« hatten damals Las Vegas unter Kontrolle, und sie verstanden etwas von ihrem Handwerk.

Ihnen ging es nicht darum, daß sich die Bühnenveranstaltungen ihrer Hotels finanziell selbst trugen. Ihre oberste Priorität war das Glücksspiel, und es war ihnen wichtig, daß die Leute ihren Spaß hatten. Die Bühne und die Unterhalter sollten die Leute in die richtige Stimmung versetzen, ihr Geld auf die grün bespannten Spieltische zu werfen. Wenn sie dumm genug waren, um darauf reinzufallen, dann verdienten die Hotelbesitzer daran. Las Vegas war eine der wenigen Städte auf Erden, die die Wahrheit über sich selbst sagte. Es war in keiner Form selbstgerecht. Sein einziger Zweck war es, die Menschen dazu zu verführen, ihr Geld in den habgierigen Topf zu werfen. Alles war darauf angelegt, einem so viel Vergnügen zu bereiten, daß man selbst die Geldverluste noch auskostete – und zudem war man schließlich vorgewarnt worden.

Heute ist Vegas ein Familienausflugsziel mit Karussellen, Rummelplätzen und Zuckerwatte. Der Glanz der Macht und ihrer Hierarchie ist verschwunden. Es existiert nicht mehr aus denselben Gründen wie früher. Man begibt sich nicht in Gefahr, und daher fällt auch das »Ersatzvergnügen« flach. Vegas braucht keine »Stars« mehr. Es kann sich keine »Stars« mehr leisten. Und daher kommt es dort auch nicht mehr zu einem vertraulichen und spontanen Schlagabtausch wie früher. Frank tritt allein auf, Dean arbeitet nicht mehr. Es wird nicht mehr viel herumgealbert. Jetzt muß jede Show sich selbst tragen, denn die Kinder und ihre Wünsche stehen jetzt im Mittelpunkt. Heute gibt es in Vegas Fließbandproduktionen, feuerspeiende Vulkane, Pyramiden, Ungeheuer aus *Treasure Island* und Kindertagesstätten. Es ist kein Ort verborgener Geheimnisse mehr, kein Untergrund, in den man abtaucht. Alle Karten liegen auf dem Tisch, und es ist langweilig.

Daher schaue ich mit einem gewissen Gefühl von Verlust zurück, wenn ich ohne die alte Bande dort bin. Sammy ist nicht mehr da, und alle anderen sind sehr alt geworden. Die »Boys« haben sich weitgehend aus dem Blickfeld der Öffentlichkeit zurückgezogen und stellen jetzt ihre brutalen Forderungen an Regierungen und Rauschgifthändler. Drogen gehörten in jenen Zeiten nicht zu unserer Welt; selbst das Verbrechen war noch sauberer.

Die Zeiten sind vorbei, als zwanzig große Stars mit allem Pomp

Ich war gerade aus Indien zurückgekommen, und Dean und Frank verstanden nicht im entferntesten, wovon ich eigentlich redete. (Archive Photos)

mit der Eisenbahn unterwegs waren und Rommé um hundert Dollar pro Punkt spielten. Vorbei die Diners im »Dunes«, die zu den Klängen von dreißig Violinen um einen türkis schimmernden Wasserfall herum eingenommen wurden und zu denen sämtliche Hollywoodstars erschienen. Die Tage, in denen Don Rickles, Louis Prima und Keely Smith, Ernie Kovacs oder Vic Damone um vier Uhr morgens im Foyer aufgetreten sind und Hunderte von Menschen sich um sie geschart haben, sind vorbei.

Liberace und Danny Kaye, Mitzi Gaynor und Danny Thomas, Bob Hop und Bing Crosby, Marlene Dietrich und Nat King Cole, Elvis Presley und die Jackson Five standen früher in Vegas auf der Bühne. Ich flog hin und schaute mir drei Tage lang jeden Abend drei Shows hintereinander an.

Es war ein unglaubliches Aufgebot von Talenten, Gourmetrestaurants, modischen Boutiquen, in denen man ungewöhnliche Modelle erstehen konnte, absurden Schmuckstücken, die man zum Dank dafür bekam, daß man jemandem Glück gebracht hatte.

Wagen und Pelze wurden mit Pokerchips gekauft; zum Frühstück Ramos Gin Fizz und den ganzen Tag über alles, was man wollte.

Man sieht nicht mehr die Stumpenraucher mit dem zehnkarätigen Ring am kleinen Finger auf den besten Plätzen sitzen. Wer heute noch um hohe Summen spielt, kommt aus Hongkong, Japan und Europa. Sie gewinnen und verlieren in Fremdsprachen.

Hier herrscht jetzt die sehr irdische Welt der Familie.

Mit der Mafia ist auch alles Geheimnisvolle aus dieser Stadt verschwunden.

Natürlich haben sich auch die Filme geändert. Heute kann sich niemand mehr Späße leisten. Heute sind die Regisseure Autoren oder gequälte Verkehrspolizisten, die sich nichts weiter wünschen, als ihr Tagwerk zu beenden. Es dreht sich alles nur noch um das Budget des fertiggestellten Produktes und nicht mehr um den Spaß, den man bei der Entstehung hat.

Der Clan versuchte ein letztes Mal, den Spaß vergangener Jahre aufleben zu lassen, als 1983 nicht weit von Vegas *Cannonball Run II* (Auf dem Highway ist wieder die Hölle los) produziert wurde.

Wir waren alle immer noch da – und hatten es bisher überlebt. Nun,
vielleicht waren einige von uns mehr tot als lebendig. Von links nach
rechts: Steve Lawrence, Frank, Eydie Gorme, Liza Minnelli und Dean.
(Long Photography, Inc.)

Natürlich war das Ganze eine Blamage. Frank arbeitete nur halbtags, und das war ihm immer noch zu lang. Er drehte eine Szene ab und ging. Es sah so aus, als sei er überhaupt nie da.

Mit Dean war es bergab gegangen. Ich hatte ihn seit Jahren nicht mehr gesehen, und er wirkte gealtert, abgespannt, und sein Gesicht war grau. Mir fiel auf, daß er in jede Tasse Kaffee fünf Löffel Zucker rührte. Da ich gerade ein neues Gesundheitsbewußtsein entwickelt hatte, schimpfte ich mit ihm und riet ihm, das zu lassen. Am nächsten Tag leerte er ein Fünfpfundpaket Zucker in meinem Wohnwagen aus. Sammy bemühte sich, komisch zu sein, was völlig überflüssig war. Er brauchte bloß sein Kostüm anzuziehen, und schon war er zum Schreien komisch (er spielte einen Geistlichen). Ich spielte eine Nonne, und Marilu Henner gab zu, daß sie mich respektvoller behandelt hätte, wenn sie gewußt hätte, daß ich schon bald nach dem Abschluß der Dreharbeiten einen Oscar gewinnen würde. Wie sich herausstellen sollte, war *Cannonball II* für mich ein ganz wesentlicher Folgefilm nach *Terms of Endearment* (Zeit der Zärtlichkeit). Soviel zu den raffinierten und berechnenden Schachzügen in meiner Karriere. Dieser Film brachte mich wieder mit meinen Kumpels von früher zusammen.

Dean ist derjenige, der mir am meisten das Herz zerreißt. Er geht heute überhaupt nicht mehr aus. Er lebt allein und will anscheinend nicht mehr auftreten, obwohl er in Vegas immer noch einen Saal füllen könnte. Ab und zu sehe ich ihn in seinem Lieblingsitaliener in Los Angeles essen. Allabendlich fährt der Sicherheitsbeamte ihn dort hin. Im Restaurant ist ihm gegenüber ein Gedeck aufgelegt. Er begrüßt Leute, die ihn bei ihrem Eintreten erkennen, aber sie setzen sich nie, weil er angibt, er erwarte noch jemanden. Er verbringt den größten Teil des Tages zu Hause, sieht fern und tut, was er schon immer tun wollte – nichts.

1988 zogen Dean, Frank und Sammy mit der Tournee Together Again noch einmal gemeinsam los. Mort Viner hatte diese Show für sie zusammengestellt, und sie glaubten alle, sie könnten die alten Zeiten noch einmal aufleben lassen: Schnaps, Weiber, Banden und übles Benehmen. Aber es hatte sich einiges geändert.

Dean war inzwischen einundsiebzig und noch dazu extrem alt für seine einundsiebzig Jahre. Frank war schon immer in jeder Hinsicht aktiver gewesen, älter an Jahren, aber geistig jünger.

Kaum hatte die Tournee begonnen, da stellte sich heraus, daß die unterschiedliche Energie, die Dean und Frank mitbrachten, ein Problem war. Ich hörte die Geschichten von Mort.

In Oakland, dem Ort ihres ersten Auftritts, wollte Frank nach der Show ausgehen und seinen Spaß haben. Dean war müde und wünschte sich nichts anderes, als in Ruhe dazusitzen und fernzusehen. Frank warf Deans Stuhl um. Dean machte eine Bauchlandung, die Frank zum Lachen brachte, aber Dean war erbost.

Anschließend spielten sie in Vancouver und Seattle, und Frank beharrte immer mehr darauf, die alten Zeiten wieder aufleben zu lassen. Dean konnte das jedoch nicht. Er war langsam und nicht mehr sehr reaktionsschnell. Frank konnte Deans fortschreitendes Alter nicht akzeptieren. Wahrscheinlich wurde er sich seiner eigenen Sterblichkeit bewußt. Er begann auf der Bühne grausame Witze zu machen und Dean erbarmungslos zuzusetzen. Dean konnte seinen alten Spruch »In meinem Zimmer wartet ein Mädchen auf mich« nicht mehr anbringen, wenn Frank abends mit ihm ausgehen wollte. Er sagte Frank schlichtweg die Wahrheit.

»Ich will nicht ausgehen, Itaker«, sagte er. »Ich will einfach nur in mein Zimmer gehen, fernsehen und einschlafen.«

Das konnte Frank nicht akzeptieren.

»Wozu soll denn das gut sein?« schrie er ihn an. »Komm schon, krieg deinen Arsch durch diese Tür.«

Dean rührte sich nicht von der Stelle. Er konnte es noch nie leiden, herumkommandiert zu werden. Er sagte kein Wort mehr. Das machte Frank wütend. Er nahm Deans Teller mit Spaghetti und leerte ihn über seinem Kopf aus.

Dean spielte Buster Keaton und blieb stocksteif sitzen. Das brachte Frank zum Lachen. Frank glaubte, Dean wollte komisch sein, aber das war nicht der Fall. Dean faßte den Entschluß auszusteigen ... wieder einmal.

Als sie Chicago erreichten, war Frank sicher, Dean würde in die

Pubertät zurückkehren und die Stadt mit ihm auf den Kopf stellen. Das hier war schließlich Franks Stadt.

Es waren Zimmer im selben Hotel für Frank, Dean und Sammy gebucht worden. Die Zimmer befanden sich jedoch nicht alle auf derselben Etage. Für Frank war das Anlaß genug, enorme Unruhe zu stiften. Es spielte keine Rolle, daß sie um halb drei Uhr morgens mit einem Privatflugzeug eingetroffen waren. Es spielte keine Rolle, daß das Hotel keine drei großen Suiten auf einer Etage hatte. Es spielte keine Rolle, daß der größte Teil des Hotelpersonals und tatsächlich der größte Teil der Stadt schlief – Frank bestand darauf, daß man sie alle auf derselben Etage unterbrachte, und damit basta. Er begann, Telefongespräche zu führen. Er wollte sich mit Dean und Sammy im Foyer treffen, um die Dinge zu vereinfachen. Sammy stand kurz davor, sich seinen Wünschen zu fügen, aber Dean tauschte einfach nur die Zimmer mit Mort Viner. So wurde Viner in den nächsten Stunden mit den unaufhörlichen Anrufen bombardiert.

Als Frank seine Nachfragen bei anderen Hotels beendet hatte und Dean nicht mehr erreichen konnte, gestattete er es sich, selbst müde zu werden und endlich einzuschlafen.

In Chicago hatten sie drei Auftritte hintereinander, und Dean war bereit, sich an diese Termine zu halten. Für den letzten Abend organisierte Mort jedoch ein Privatflugzeug, das Dean nach Kalifornien zurückbrachte, und dort ließ er Dean, damit es einen guten Eindruck machte, in ein Krankenhaus einweisen. Dean konnte ohnehin eine Zeitlang Ruhe gebrauchen.

Dean und Frank waren am Ende ihres gemeinsamen Weges angelangt, genauso wie Dean und Jerry damals. Frank rief an, um sich nach Deans Befinden zu erkundigen, aber Dean nahm die Anrufe nie entgegen.

Dean schied in fast derselben Form aus der Unterhaltungsindustrie aus, wie er ursprünglich dort aufgetaucht war: still, stoisch, wild entschlossen, von allen in Ruhe gelassen zu werden, und im Grunde genommen von den Leidenschaften des Lebens und der Arbeit unbeleckt. Er war ein wahrer *Menefreghista*. Er war froh, wenn ihm wirklich alles scheißegal war. Ich vermisse ihn mehr, als

129

ich mit Worten sagen kann, und jedesmal, wenn ich in New York am Copacabana vorbeikomme, erinnere ich mich wieder an das Lachen, das ich als Kind gehört habe und das mich zu der Frage veranlaßte, wer wohl dort auftrat.

Frank war außer sich über Deans Verfall. Deans müde Absage an den Ehrgeiz und die Freuden des Lebens machte ihm Sorgen, setzte ihm zu und ärgerte ihn. Franks eiserner Wille gab ihm Antrieb, und er wollte sich durchsetzen. Gegen Deans Passivität war er machtlos. Es war Frank unerträglich, Deans Verfall mitanzusehen. Doch je mehr er Dean zusetzte, desto mehr zog sich Dean zurück. Dean wußte, was er im Leben wollte und was nicht, und nichts von alledem deckte sich mit Franks Wünschen.

Frank schlug den entgegengesetzten Weg ein. In tiefster Seele wußte er, daß er tot umfallen würde, wenn er sich auch nur einen Moment lang gehenließ. Er brauchte immer noch den Beifall, die Bewunderung und die Anerkennung.

5

Sinatra:
jetzt ... und für immer?

1992, als Frank siebenundsiebzig war, rief er mich an und forderte mich auf, mit ihm auf Tournee zu gehen. Wir würden in Stadien auftreten. Ich sagte: »Na prima, dann nennen wir uns ›Das Team der Alten‹.« Zusammengerechnet waren wir hundertfünfunddreißig Jahre alt. Er lachte darüber, Gott sei Dank.

Wir probten nie. Es war genauso wie in alten Zeiten. Wir trafen uns, schwelgten in alten Erinnerungen, tranken und machten Witze, aber wir probten nie das, was wir gemeinsam aufführen würden. Unser Potpourri war geschrieben und aufgezeichnet worden, denn so konnten wir es von einem Kassettenrecorder lernen. Aber darum ging es nicht. Was bei dieser Tournee zählte, war nicht die gute professionelle Arbeit. Es ging darum, die alten Zeiten noch einmal einzufangen. »Wir werden die Bude auf den Kopf stellen, Baby«, sagte Frank zu mir, als er mich um die geschwungene, ein paar Stufen tiefer gelegene Bar in seinem Haus in Malibu herumführte. »Bleib cool. In den großen Arenen geht es genauso zu wie in Vegas und nicht anders. Da werden wir mal so richtig die Sau rauslassen.« Ich wurde ganz blaß, denn so etwas hatte ich seit zwanzig Jahren nicht mehr gehört. Das macht nichts, dachte ich mir. Es ist allein schon ein Abenteuer, zusehen zu dürfen und ein Teil der alten Zeit zu sein, von der er nicht lassen kann.

Zu unserer Premiere in Worcester, Massachusetts, schickte er mir Blumen, und plötzlich stand ich in einem gewaltigen Stadion draußen auf einer Bühne, die Briefmarkengröße hatte. Ich war nie zuvor vor fünfzehntausend Menschen live aufgetreten. Mir graute. Als ich auf die Bühne trat, sah ich mich um und merkte, daß ich augenblicklich den gesamten Raum um mich herum ausfüllen wollte. Der Lärm, den das Publikum veranstaltete, war ohrenbetäubend. Das Orchester konnte ich kaum hören, denn der Orchestergraben war sehr weit von mir entfernt. Ich war es gewohnt, mit einer unabhängigen Band von acht Musikern zu arbeiten. Jetzt hatte ich es mit vierzig Mann zu tun. Ich brachte meinen Titelsong, und die Leute drehten durch. »Warum führen die sich bloß so auf?« fragte ich mich. Ich erzählte einen Witz, um herauszufinden, ob man meine Worte überhaupt deutlich verstehen konnte. Die Leute verstanden mich. Sie lachten. Himmel, dachte ich, so schlimm ist das ja gar nicht. Ich hatte nur eine Stunde Zeit (die halbe Länge meiner Soloshow), und daher änderte ich mein gewohntes Timing ein wenig ab. Dann versuchte ich mich an etwas Metaphysischem. Ich spürte, wie meine Energie sich ausbreitete, bis ich das ganze Stadion ausfüllte. Es schien zu klappen, und den Leuten gefiel es offensichtlich. Als ich am Ende meiner Show angelangt war, wurde ich mit Ovationen überhäuft. Es war eine der spannendsten Nächte in meinem ganzen Leben – sie steht ganz oben auf der Liste zusammen mit meiner Eröffnungsvorstellung im London Palladium.

Ich verbeugte mich mehrfach und rannte zu Franks Garderobe, die irgendwo in der Nähe der Duschkabinen für die Sportler untergebracht war.

»Prima, Baby!« sagte er. »Hat es dir Spaß gemacht?«

»O ja«, brachte ich atemlos hervor.

»Siehst du, es ist dasselbe wie in einem kleinen Saal. Du hast die Leute mitgerissen. Wir beide sind einfach ein ganz tolles Gespann. Wenn wir erst einmal da sind, werden wir New York auf den Kopf stellen.«

Und so kam es dann auch. Die Leute liebten mich, weil ich mit Frank zusammen war. Allein schon seine Anwesenheit verlieh ihnen eine Form von Zuversicht, daß die Vergangenheit nicht nur nicht tot war, sondern vielleicht in die Zukunft hineinreichen konnte. Irgendwie bewirkte er, daß die jungen Leute, die zu Tausenden erschienen, ihre Eltern besser verstanden. Er überbrückte die Kluft zwischen den Jahrzehnten.

Wir tourten ein paar Monate lang mit Franks Privatflugzeug

durch Amerika und traten in einem riesigen überdachten Stadion nach dem anderen auf. Frank konnte aus dem Flugzeug aussteigen und sich von dort aus ohne Umwege auf die Bühne begeben. Ich mußte mich immer ein wenig aufwärmen. Und wenn ich nach unserem Auftritt nicht in der Limousine saß, dann fuhr er eben ohne mich ab. Frank liebte es, gleich nach seinem Auftritt die Stadt zu verlassen, genau wie ein römischer Kriegsherr.

Er bestand auf einer Polizeieskorte (sogar auf leergefegten Straßen um vier Uhr morgens) mit Blinklichtern und Polizisten auf Motorrädern, die vorausfuhren. Wir sahen aus wie ein Wirklichkeit gewordenes, sich bewegendes Nintendo-Spiel. Heulende Sirenen, lautes Hupen und Blinklichter weckten die Landbevölkerung, und falls ein vereinzelter Fahrer zufällig auf dem Freeway von der Nachtschicht nach Hause fuhr, dann nahm die Polizei ihn sozusagen in Gewahrsam, bis Frank die Stadt verlassen hatte. Die Rechnung für eine derart extravagante Verschwendungssucht ließ mein schottisch-irisches Gehirn rotieren, ganz zu schweigen von den Kosten für die zusätzlichen Limousinen, die lediglich für den Fall bereitstanden, daß wir auf Freunde stießen, die nach der Show »mangiare gehen wollten«.

Das Essen selbst war wie in einem alten Coppola-Film. Fast immer italienisch, und gewöhnlich in einem Lokal außerhalb der Stadt, praktisch gelegen für diejenigen, die vor der Ordnungsmacht davonliefen. Von außen schien diesen Restaurants jegliche Identität zu fehlen. Kaum hatten wir die Schwelle überschritten, wurden wir jedoch von einer ganzen Reihe von Rausschmeißern mit Blumenkohlohren und großen Köpfen begrüßt. Sie geleiteten uns an einen langen Tisch, der sich unter köstlichen Antipasti aller Art und Wein für fünfzehnhundert Dollar die Flasche bog. Im allgemeinen wurden wir von einem Gangster oder von einem früheren Mafiaboß erwartet, der mit uns essen wollte. Er erhob sich, Frank stellte uns vor, ich wurde schnell von Kopf bis Fuß gemustert, und dann wurden wir eingeladen, uns hinzusetzen und uns zu bedienen.

Das waren die Nächte, in denen ich wünschte, ich hätte die Kühnheit besessen, einen Kassettenrecorder mitzunehmen. Nicht nur wegen der Freizügigkeit, mit der sich Frank zu seiner Vergangenheit äußerte, sondern auch wegen der subtilen Machtspiele, die wie in einem Pingpongspiel zwischen ihm und den Gangstern ausgetragen wurden. Im Grunde genommen hätte ich eine Videokamera mit einem wirklich guten Objektiv für Nahaufnahmen gebraucht. Es war ehrfurchtgebietend, was hier auf die subtilste Art und Weise ablief.

Giancana war natürlich schon lange nicht mehr da, doch die anderen Bosse hatten in ihren angestammten Gebieten ihre Posten noch inne. Ich hatte keine Bedenken, sie amüsiert zu beobachten. Warum so viele von ihnen Schlupflider hatten, ist eine Frage, die die Spezialisten auf dem Gebiet der Physiognomie beantworten müssen. Wie unter Verfolgungswahn leidende Überlebende einer Katastrophe schauten sie unter diesen Lidern auf das Leben hinaus. Nichts entging ihnen, keine Bewegung, kein unangebrachtes Lachen, kein halbleerer Teller und keine Geste des Unbehagens. Sie waren Meister in der Wahrnehmung ihrer Umgebung.

Wenn wir uns zum Essen hinsetzten, behandelte Frank die »Boys« im allgemeinen mit großem Respekt. Das Gleichgewicht der Kräfte wurde anscheinend erkannt, und das Essen hatte Priorität. Aber im Laufe des Abends, wenn Frank seinen zweiten Martini getrunken hatte und sich daranmachte, einen der kostbaren Weine zu öffnen, schlug die Stimmung um. Er hielt die Flasche hoch, warf einen Blick auf die Jahrgangsangabe auf dem Etikett, schaute sich in der Runde um und sagte etwas wie: »Was, verdammt noch mal, ist das hier?«

Die »Boys« blinzelten, erstarrten, und dann gaben sie ihm Antwort. Das war der Augenblick, in dem Frank wußte, daß er sie in der Hand hatte, denn *sie* verantworteten sich vor *ihm*. Er hatte sein Publikum schon so oft zum Ausflippen gebracht, daß ihm die potentiell mißbilligenden Blicke von ein paar Gangstern keinen Schrecken einjagen konnten. Er mußte beweisen, wer hier in Wirklichkeit der Boß war.

Was zählte, war nicht die Antwort auf seine Frage. Entscheidend war der Umstand, daß sie ihn nicht wegen seiner Unhöflichkeit zurechtwiesen. Und sowie er diese Hürde genommen hatte, machte Frank die »Boys« den Rest des Abends systematisch fertig. Während er an ihrem Tisch aß und ihren Wein schlechtmachte, beleidigte Frank die Mafiosi nach allen Regeln der Kunst: Er äußerte sich verletzend über ihre Arbeit, ihre Kleidung, ihre großen Nasen, ihre mangelnde Bildung und warf ihnen schließlich sogar vor, daß sie ihm »zuviel von diesem verdammten Essen« vorsetzten. »Laßt das verfluchte Zeug schleunigst vom Tisch verschwinden, verdammt noch mal.« Und dann: »Bringen Sie mir einen Sambucca mit drei Kaffeebohnen.« Das Essen wurde daraufhin in Windeseile abserviert, und Frank zündete sich eine filterlose Camel an. Dazu bediente er sich eines Feuerzeugs, das ich nach all den Jahren noch erkannte. Es war flach und paßte in seine Tasche, ohne sie auszubeulen. Es war das Feuerzeug, das ich ihm damals geschenkt hatte. Er erinnerte sich nicht mehr daran.

Kellner, Oberkellner und die »Boys« lauerten ängstlich und besorgt auf Franks nächsten Wunsch. Und er wünschte sich nie zweimal dasselbe. Manchmal aß er einen Nachtisch, und manchmal bestellte er nur noch Getränke. Einmal warf er ein Lachssoufflé auf den Fußboden. Am stärksten bekam jedoch Eliot Weisman, sein Manager, den Druck zu spüren, denn er wußte, daß schließlich noch der Rest der Nacht herumgebracht werden mußte. Wohin wir nach dem Abendessen auch gingen, ein Klavierspieler und eine Bar gehörten einfach dazu. Eliots Problem bestand darin herauszufinden, wo so etwas zu finden war. Wohin würde der Alte Mann (so nannten ihn alle liebevoll) wohl gehen wollen? Würde er in der Stadt ausgehen wollen, in der wir gerade waren, oder würde er sich in sein Flugzeug setzen und in der nächsten Stadt eine Pianobar ausfindig machen? Frank kannte Pianobars, die außer ihm niemand kannte. Eliot war sich über die Konsequenzen im klaren, die es nach sich zog, wenn man nicht vorbereitet war. Klavierspieler und vergnügungssüchtige Barkeeper wurden überall dort aufgespürt, wohin Franks Route möglicherweise führen würde, denn eins stand fest: Der Alte Mann würde vor fünf Uhr morgens nicht ins Bett gehen, ganz gleich, in welcher Stadt er sich auch aufhielt. Deshalb reisten wir im allge-

135

meinen am Abend nach dem Auftritt weiter: Wenn wir bis zum nächsten Tag gewartet hätten, hätte es durchaus passieren können, daß er nicht rechtzeitig zum Abflug seines Jets aufstand.

Franks Gemütsverfassung, was er aß, wie lange er schlief, mit wem er redete, wieviel er trank und ob er gutgelaunt war oder nicht, das war für alle, die in irgendeiner Form mit ihm arbeiteten, Gesprächsstoff und Grund zur Sorge.

Die Leute seiner Crew hatten sich mit seinen Dämonen ausgesöhnt, und sein musikalisches Genie verlangte ihnen Respekt ab. Für mich, die ich wußte, welchen Mißbrauch er mit sich selbst getrieben hatte, war es erstaunlich, daß er überhaupt noch auftreten konnte. Für Shows am Abend zog er immer noch seinen altmodischen Smoking vor (zu Matineen trug er seinen »Konfirmationsanzug«). Er stolzierte in seinen schwarzen Lacklederschuhen mit hohen Absätzen umher, und nach jedem Auftritt war er patschnaß geschwitzt. Vine, die Schwarze, die schon seit vielen Jahren seine Garderobiere war, rieb ihn entweder in der Limousine oder im Flugzeug trocken und zog ihn um. Vine war der einzige Mensch, auf den Frank hörte. Sie war der erste Mensch, den er nach dem Aufstehen, und der letzte Mensch, den er vor dem Schlafengehen sah. Sie sagte es ihm, wenn er ihrer Meinung nach nicht in Form war, und im übrigen verschmolz sie unsichtbar mit dem jeweiligen Hintergrund. Vine wurde zu jedem Abendessen mitgenommen, und Frank war ihr Lebensinhalt. Sie kümmerte sich um seine Mahlzeiten, seine Eitelkeit, seine Kleidung und seinen Schlaf. Sie war informiert, wenn er schlecht geträumt hatte, und sie wußte, wenn er sich einsam fühlte. Sie sorgte für ihn, als seine langjährige Freundin Jilly Rizzo starb, und sie pflegte ihn, wenn er unter einer Halsentzündung oder an den altersbedingten Krankheiten litt. In all den Jahren, seit ich ihn kannte, ist sie an seiner Seite gewesen, und sie wird ihm bis zum Ende beistehen.

Dieses Ende scheint jedoch Lichtjahre entfernt zu sein. Was Energie angeht, überflügelte Frank uns alle bei weitem, mich inbegriffen. Ich konnte verstehen, daß es seine Bestimmung war, eine Legende zu werden, die weit über seine Zeit hinaus Bestand haben würde. Der Quell seiner Energie war mir jedoch unergründlich. Ich glaube nicht, daß sie lediglich einem inneren Antrieb entspringt, dem Ehrgeiz oder der panischen Angst, zurückgelassen zu werden. Es ist auch nicht nur das Verlangen, anerkannt und bewundert zu werden. Alles eben Genannte ist sicher richtig, aber vergleichsweise unbedeutend. Es hat mehr damit zu tun, ewig das Kind zu bleiben, das Mutter Publikum etwas vorspielt und ihr gefallen will.

Als wir in New Orleans waren, hatte ich Geburtstag. Frank war davon in Kenntnis gesetzt worden und organisierte ein Abendessen. Meine Tochter Sachi, ihr Mann, Frank, Bobby Harling (der *Steel Magnolias* (Magnolien aus Stahl – Die Stärke der Frauen) und das Drehbuch für *Evening Star*, die Fortsetzung von *Terms of Endearment* (Zeit der Zärtlichkeit), geschrieben hatte), Mort und einige andere kamen zu Besuch.

Wir trafen uns alle in der Hotelbar. Jack French, mein Dirigent, kam auch mit. Frank hatte vor vielen Jahren mit ihm zusammengearbeitet. Die beiden standen an der Bar, nippten an ihren Drinks und redeten über Musik – zwei Künstler, die sich in Halbsätzen miteinander über ein Thema unterhielten, das überhaupt keiner Worte bedarf.

Zu Beginn des Abends überreichte mir Frank ein Geschenk. Es war eine wunderschöne goldene Uhr. Er bedankte sich bei mir für all die Jahre unserer Freundschaft und auch dafür, daß ich ihm immer die Wahrheit gesagt hatte – so, wie ich sie sah.

Wir setzten uns an den Tisch, und er zeichnete einen Clown auf meine Serviette. Dieser Clown erinnerte ihn an mich, erklärte er. Dann sang er »Happy Birthday« für mich. Allein schon, Sinatra »Happy Birthday« singen zu hören, war es wert, ein Jahr älter zu werden. Er bedeutete den Kellnern, die Weinflaschen zu öffnen. Jemand beugte sich vor und bemerkte, daß jede dieser Flaschen fünfzehnhundert Dollar kostete. Wenn die Mafia soviel Geld für Wein ausgab, um Frank damit zu beeindrucken, dann konnte ich das wesentlich einfacher hinnehmen als jetzt, wenn Frank dasselbe für mich tat.

Ich wußte, daß er es sich leisten konnte, soviel stand fest. Aber darum ging es gar nicht. Die Frage war, ob ich das verdient hatte. Franks Art, das Geld mit vollen Händen rauszuwerfen, aber auch seine Großzügigkeit, hatten mich im Lauf der Jahre dazu gebracht, mein Verhältnis zum Geld zu analysieren: Er gab es unbefangen aus, aber das widerstrebte mir vollkommen. Instinktiv traf ich Vorsorge für schlechte Zeiten, die eines Tages bestimmt eintreten würden. So war ich erzogen worden. Nie hätten meine Eltern Geld für sich selbst ausgegeben. Immer wenn ich ihnen zu Weihnachten Geld schenkte und sie ausdrücklich darum bat, sich etwas Wunderbares dafür zu gönnen, brachten sie es auf die Bank. Einmal fragte ich meine Mutter nach dem Grund. Sie sagte, sie würde es im Alter brauchen – damals war sie dreiundachtzig.

Franks Verhältnis zu Geld erschien mir dagegen derart unerhört, daß ich das Gefühl hatte, das monetäre Wertsystem eines anderen Sterns zu beobachten. Wieder einmal schien ich einen Menschen in mein Leben hineingezogen zu haben, der in leuchtenden Grundfarben Lektionen für mich malte. Ich hielt mich an Pastelltöne, oder ich skizzierte vielleicht sogar nur mit grauen Bleistiftstrichen. Er führte mich ein in die Kunst, Geld auszugeben.

Er diente nicht nur als Beispiel für die Freiheit, hemmungslos Geschenke zu machen und ohne Skrupel Geld auszugeben, sondern außerdem für die Freiheit des Nehmens und »Abstaubens«. Eines Abends nach unserem Auftritt in New Orleans drehte er ein Ding, das besser war als alles, was ich in dieser Art je erlebt habe.

Wir wurden mit unserem gesamten Gefolge von der üblichen Menge an Blinklichtern und Polizisten auf Motorrädern zu Emeril's eskortiert und vor dem Restaurant (fünf Sterne und ein Muß in New Orleans) abgesetzt. Durch die riesigen Glasfenster an allen vier Seiten konnte ich sehen, wie den Gästen der Bissen im Halse steckenblieb. Sie mußten glauben, der Papst persönlich sei gekommen. Damit lagen sie noch nicht einmal so falsch. Langsam wurde unsere Gruppe von etwa zwanzig Leuten hineingeführt, und man plazierte uns mit allem Pomp an einem langen Tisch, der im Blickpunkt aller Gäste stand. Es sollte eine großer Abend im Stil von New Orleans werden – mit der entsprechenden Küche.

Frank setzte sich neben mich, mit dem Rücken zur Wand. Ein erster Gang erwartete ihn bereits, und was war das wohl? Eine wunderbar garnierte Vorspeise – Spaghetti auf französische Art. O Gott, dachte ich. Wie konnte bloß alles derart schiefgehen? Frank wartete, bis sich alle hingesetzt hatten, dann schaute er auf die äußerst französisch wirkenden Spaghetti herunter, als hätte ihm jemand einen Einsatz gegeben. Behutsam schob er den Teller fort. Der Kellner, der hinter ihm bereitstand, sprang rettend ein und räumte das unerwünschte Essen ab. Das hieß, daß der alte Mann bereit war für den zweiten Gang, und natürlich hatte niemand von uns auch nur mit dem ersten Gang begonnen.

Das Klappern von Gabeln und Löffeln beschleunigte sich merklich. Ein oder zwei Leute lehnten es ebenfalls ab, ihre Spaghetti zu essen, und beschlossen, auf den nächsten Gang zu warten. Ich warf einen Blick auf Frank. Er hatte etwas in die Tasche gesteckt.

Der Kellner servierte den zweiten Gang. Ein Fischgericht mit einer würzigen Sauce. Frank hob den Teller hoch und roch daran. »Das ist mir zu deftig!« sagte er, steckte aber einen Bissen in den Mund, ganz so, als wollte er höflich sein. Wenigstens probierte er das Essen. Die Kellner waren nun mit dem Abräumen und Servieren entschieden aus dem Takt geraten. Sollten sie sich nach Frank oder nach allen anderen Gästen richten, denen es offensichtlich schmeckte? Die sorgfältig geplante Inszenierung geriet durcheinander. Einige von ihnen bedienten Frank, die anderen kümmerten sich um den Rest von uns.

Frank ließ wieder etwas in seiner Tasche verschwinden. Ich warf einen Blick auf Mort. Er verdrehte die Augen. Inzwischen war das Gespräch in vollem Gang. Franks Gäste interessierten sich jetzt, wie es im allgemeinen der Fall war, mehr für ihr eigenes Wohlergehen und fingen an, Franks autokratisch exzentrische Eßgewohnheiten zu ignorieren. Es redete sogar kein Mensch mit ihm. Frank bestellte einen Drink. Ein Kellner nahm sich der Sache sofort an, und der Drink stand vor Frank, ehe er die Bestellung auch nur wiederholen konnte. Die eigens für uns kreierten Delikatessen wurden uns präsentiert, ein Gang nach dem anderen. Frank stocherte darin herum. Es war offensichtlich, daß er lieber in einem Mafia-Lokal Pasta und Antipasti gegessen hätte. Dennoch wahrte er die Höflichkeit. Mir fiel auf, daß seine Taschen sich immer mehr ausbeulten. Ein Kellner beugte sich zu ihm hinunter und gestand: »Mr. Sinatra, ich wollte Ihnen nur sagen, daß Sie in meinem Leben schon immer eine sehr große Rolle gespielt haben.« Frank lächelte und wartete auf die übliche Bitte um ein Autogramm. Sie kam nicht. Frank wandte sich zu mir um und sagte: »Ein netter Junge. Das ist das erste Mal, daß niemand etwas von mir will.«

Frank bat um Erlaubnis, rauchen zu dürfen. Sie wurde ihm bereitwillig gewährt, da andere ebenfalls rauchen wollten. Der Hauptgang kam. Emeril hatte sich selbst überboten und Gerichte zubereitet, die eines Königshauses würdig gewesen wären. Der Wein floß in Strömen, und selbst Eliot und Mort waren entspannt, da Frank ganz und gar darin aufging, mir eine Geschichte zu erzählen, die ich schon fünfzehnmal gehört hatte. Dasselbe hatte ich vor gar nicht allzulanger Zeit mit meinen Eltern durchgemacht. Man öffnete sich ganz einfach der Realität des Alterns, und Wiederholungen beginnen plötzlich Spaß zu machen. Frank hob ganz langsam eine Gabel mit einem Happen, musterte ihn gründlich, drehte und wendete ihn vor seinen Augen und traf endlich die Entscheidung, das Wagnis zu unternehmen und diesen Bissen zu kosten. Eliot und Mort wußten, daß sie so lange aus dem Schneider waren, wie er brauchte, um diesen Bissen zu kauen und zu schlucken.

Die Leute verspeisten inzwischen genüßlich die berühmten Desserts von Emeril's. Jeder hatte fünf vielversprechende, zuckersüße Kalorienbomben auf dem Teller. Plötzlich schob Frank seinen Stuhl zurück. Eliot ließ seinen Löffel fallen und zog sein Handy heraus. Er rief im Windsor Court Hotel an, in dem wir untergebracht waren, und dort sprach er mit seinem Assistenten, der Anweisungen für Franks nächsten Schritt erwartete.

»Ist der Typ von der Pianobar da?« fragte Eliot. »Ich glaube, der Alte Mann ist bereit zum Aufbruch. Der Typ muß sich in Bereitschaft halten. Und die Bedienung, die aussieht wie eine Bibliothekarin. Treib sie auf. Er kann sie gut leiden.« Eliot legte auf.

Die übrigen Gäste erstarrten. Sollten sie etwa auch schon aufbrechen? Was sah das Protokoll vor? Frank erkannte das Dilemma. Er stand auf und verkündete, er sei müde und müßte dringend ein wenig Musik hören. Wir könnten später in der Hotelbar wieder zu ihm stoßen. Als er sich umdrehte, sah ich, daß er sein Jackett aufknöpfte, damit die Taschen sich nicht ganz so sehr ausbeulten. Sein Kellner trat ganz nah an ihn heran und flüsterte freundlich in einem verschwörerischen Ton: »Wenn Sie einen kompletten Satz wollen, kann ich Ihnen den beschaffen.« Frank zwinkerte ihm zu und drückte ihm einen Hundertdollarschein in die Hand. Ich fragte mich, was hier wohl vorging. Eliot und Frank brachen auf.

Wir beendeten unser Essen, und etwa eine Stunde später kehrten wir in die Hotelbar zurück, um uns bei Frank zu bedanken. Er hielt dort mit zwei vertreterähnlichen Typen hof. Als wir eintrafen, veranstaltete er eine weitere Party. Es war inzwischen etwa halb drei Uhr nachts. Etwa um drei wurden die Gespräche schleppend, und Frank erkannte, daß der perfekte Zeitpunkt gekommen war. Er stand auf, griff in seine Taschen und kehrte sie von innen nach außen. Etwa ein halbes Dutzend Teile eines silbernen Bestecks fielen klappernd zu Boden. Wir starrten ihn alle an.

»Ich gehe nie irgendwohin«, sagte er, »ohne dort etwas mitgehen zu lassen.«

Frank hielt bis um fünf Uhr morgens hof. Schließlich baten die meisten von uns, sich verabschieden zu dürfen, und wir gingen ins Bett. Er fand ein paar Leute an der Bar. Es interessierte ihn nicht weiter, wer sie waren. Er wußte, daß sie mit ihm aufbleiben würden, weil er war, wer er war. Sie wußten, daß er unter Einsamkeit litt.

Vielleicht ist Einsamkeit das falsche Wort. Alte Leute haben eine ganz besondere Art, die Zeit stillstehen zu lassen, und so machte Frank es sich auch mit seinen Camel und seinem Jack Daniels bequem. Er entspannte sich und quatschte ewig mit irgendwelchen Leuten. Die Männer, die für ihn arbeiteten, saßen abwechselnd ihre Zeit ab. Das war Vertragsbestandteil. Diejenigen, die die Nachtschicht schoben, hatten am nächsten Tag Gutes und Schlechtes zu vermelden. Die schlechte Nachricht war, daß sie vor Erschöpfung auf dem Zahnfleisch gingen. Die gute Nachricht war, daß sie Geschichten erzählt bekommen hatten, an die sich Frank bis dahin entweder nicht erinnert hatte oder die er nie zuvor jemandem hatte berichten wollen.

Die Geschichten gingen im Dunstschleier der Drinks und der Fremden unter. Nur die Erinnerung derer, die sie gehört hatten, würde Franks Stories am Leben erhalten. Aber ich konnte sehen, daß selbst bei den Zuhörern Gleichgültigkeit einzusetzen begann. Die Sehnsucht nach den guten alten Zeiten war kurzlebig und anscheinend nicht von hohem Wert in einer Zeit, in der der Ehrgeiz alle gepackt hatte. Die nächtlichen Fremden drehten sich um und führten ihr eigenes Leben weiter, und Frank blieb, obwohl er der Größte war, wie die meisten älteren Menschen mit einem Gefühl von Dankbarkeit dafür zurück, daß jemand die ganze Nacht aufgeblieben war und mit ihm geredet hatte.

Am nächsten Tag war Frank um die Mittagszeit herum auf, und wir flogen in die nächste Stadt, die auf unserem Tourneeplan stand – Jacksonville, Florida. Wir landeten zwanzig Minuten vor dem Auftritt. Ihm war das recht, ich jedoch war das reinste Nervenbündel. An jenem Abend war er ganz besonders gut, blendend aufgelegt, locker und witzig im Umgang mit dem Publikum, und daher beschloß ich, ihn auf das Potpourri anzusprechen, das wir gemeinsam singen sollten.

Frank ist es enorm wichtig, unter gar keinen Umständen andere Künstler durch sein Verschulden auf der Bühne in Verlegenheit zu bringen. Es macht ihm nichts aus, grausam und unsensibel zu sein, wenn er alles unter Kontrolle hat. Aber wenn er das Gefühl hat, nicht in Topform zu sein, fällt es ihm schwer zu akzeptieren, daß sich Kollegen nicht weiter daran stören.

Ich wußte, daß er sich den Text nicht merken konnte und daher die Monitore absolut notwendig waren. Mir machte das nichts aus. Das Potpourri bestand aus Songs, die er kannte und jahrelang gesungen hatte, aber ich wußte trotzdem, daß ich wahrscheinlich würde einspringen müssen, einfach nur, damit alles reibungslos ablief. Frank machte sich Sorgen um mich. Er wußte nicht, wie ich mit seinem Gedächtnisverlust umgehen würde. Bisher hatte er sich geweigert, unser Potpourri vor der Eröffnungsvorstellung in New York zu proben. Ich sagte also während des Soundchecks: »Gefällt dir mein neues Kleid?«

»Klar, Baby«, antwortete er. »Willst du dir fünfunddreißig Cent verdienen?«

Ich ließ es ihm durchgehen.

»Sieh mal, Frank«, sagte ich, »es kostet mich eine Menge Zeit und Energie, mich in dieses Kleid zu zwängen. Trotzdem werde ich es anziehen. Wenn du ›My Way‹ gesungen hast, komme ich auf die Bühne, und dann bringen wir beide unser Potpourri.«

Er sah mich ganz seltsam an. »Im Ernst?« fragte er.

»Klar«, antwortete ich. »Also, halte dich bereit.«

Er zuckte die Achseln auf diese italienische Art, die sowohl »okay« bedeuten konnte als auch »Du hast gerade dein Leben verspielt«. Frank konnte sich nicht daran erinnern, daß wir nie gemeinsam geprobt hatten.

Ich schloß meinen Teil der Show ab. Er trat auf. Ich zog mein Kleid mit dem Korsett an, das sehr sexy war, und als er »My Way« gesungen hatte, schlenderte ich auf die Bühne. Frank hatte unser Gespräch natürlich längst vergessen, hörte jedoch, daß das Publikum außer Rand und Band geriet, als die Leute uns beide gemeinsam auf der Bühne sahen. Er konnte sich nicht an meinen Nachnamen erinnern, und daher war es zwecklos, mich vorzustellen. Ich deutete auf die Monitore, und Frank junior, der das Orchester leitete, gab den Einsatz für den ersten Song.

Auf den Monitoren war ausgedruckt, wer von uns beiden welche Textzeilen zu singen hatte, doch Frank konnte den Bildschirmtext nicht lesen. Er würde einen Blindflug wagen müssen. Und genau das tat er auch. Alle großen Bühnenkünstler müssen sich immer wieder der Herausforderung stellen, mit unvorhergesehenen Situationen fertig zu werden, und in der Regel gelingt ihnen das auch. Dieser Abend stellte keine Ausnahme dar. Im Lauf der Jahre hatte ich genug von Frank und Dean gelernt, um zu wissen, daß ich zu meiner eigenen Rolle finden mußte, wenn ich mit Frank zusammen auf der Bühne stehen wollte. Dean war der

Trinker, der ihm die Einsätze gab, Sammy war sein talentierter Freund, den er als Botenjungen losschicken konnte, Steve Lawrence und Eydie Gorme waren seine singenden Kumpane gewesen, die sich bei ihm einhängten, während sie ihre Späße miteinander trieben, Liza Minnelli hatte ihn zu Onkel Frank gemacht, und jetzt war ich an der Reihe.

Bisher hatte er auf der Bühne seine sinnlichen Energien auf einen seiner Partner gerichtet. Vielleicht konnte ich da ansetzen. Wahrscheinlich glaubten die Leute ohnehin, daß wir etwas miteinander hatten. Trotzdem mußte ich immer noch eine Rolle für mich finden. Gleich beim ersten Song klappte es. Als er mit dem Song »You make me feel so young« begann, starrte ich ihn einfach nur an. Und als er sang: »And even when I'm old and gray«, sagte ich: »Du bist bereits alt und grau.« Das Publikum war begeistert, weil ich das aussprach, was die Leute dachten. Frank lachte, Gott sei Dank. Ich hatte meine Rolle gefunden. Als ich sah, daß er darüber lachen konnte, wenn ich mich über ihn lustig machte, wußte ich, daß ich einen Freibrief hatte. Aufgrund meiner langen Jahre in der Branche hatte ich mir das Recht erworben, ihm aus einer weiblichen Sicht heraus das zurückzugeben, was er in all den Jahren ausgeteilt hatte. Und er ging großartig damit um. Es machte ihm tatsächlich großen Spaß. Ich näherte mich ihm anzüglich, und er warnte, das würde er Barbara erzählen. Ich gab zurück, daß sie das früher doch auch nie gestört hätte. Er sagte: »Ja, aber jetzt täte ich es wahrscheinlich und würde gleich wieder vergessen, daß ich es getan habe.« Wir beendeten kaum einen Song, da das, was als Beiwerk gedacht war, nun zum Gegenstand unseres kleinen gemeinsamen Auftritts wurde. Er sah, daß es keinerlei Grund zur Sorge gab, und von dem Moment an sangen wir unser Potpourri gemeinsam, ohne auch nur zu wissen, was im nächsten Moment geschehen würde.

Ich stellte mich jetzt absichtlich vor seine Monitore, damit er seinen Text nicht lesen konnte. Er lachte einfach nur darüber und schimpfte mir mir. Ich erzählte Witze, während er sang, und das brachte ihn durcheinander. Einmal begann Frank junior mit einer Nummer, und Frank senior beschloß, er sei noch nicht soweit. Er weigerte sich einzusetzen. Frank junior spielte einfach weiter.

Mit Frank auf der Bühne: Ein Traum wurde Wirklichkeit.

Frank senior sagte: »Warte mal einen Moment, wer hat dir, verdammt noch mal, eigentlich gesagt, daß du anfangen sollst?« (Eigentlich empfinden es alle als geschmacklos, auf der Bühne mit solchen Ausdrücken um sich zu werfen, doch Frank nahm keine Rücksicht auf Normen.) Frank junior spielte einfach weiter. Ich schaute auf die Monitore. Der Techniker, der für den Monitor zuständig war, wußte nicht, an wen er sich halten sollte, an das Orchester oder an den alten Mann. Frank sang einfach nicht. Er drehte sich zu mir um und fragte: »Warum spielt er eigentlich immer weiter?« Ich antwortete: »Ich weiß nicht, warum. Er ist dein Sohn.«

Frank ließ das Orchester weiterspielen. »Und was sollen wir jetzt machen, Frank?« fragte ich, als das Orchester den Song zur Hälfte gespielt hatte.

»Ich weiß es nicht«, sagte Frank. »Was meinst du?« Inzwischen war ein Sketch daraus geworden, und man konnte nicht mehr wirklich von einem Potpourri sprechen.

»Nun«, sagte ich, »ich nehme an, ich könnte den Song übernehmen, aber du weißt ja, daß ich nicht besonders gut singen kann. Andererseits könntest du singen, aber dann müßte ich mit diesem Monitortechniker reden, weil du ohne ihn wieder aus dem Konzept geraten würdest. Oder du sprichst einfach mit deinem Sohn, und wir fangen noch mal von vorn an.«

Frank sah mich einfach nur an. Dann sagte er: »Zum Teufel damit. Ich gehe jetzt zum Pferderennen.« Mit diesen Worten verließ er die Bühne. Und das war es.

Einmal mußten wir beide einen Auftritt in der Radio City Music Hall absagen, weil er heiser war. Am nächsten Abend sagte er, es ginge ihm wieder gut, und ich versicherte dem Publikum, daß er nach der Pause auf die Bühne kommen würde. Es gäbe keinen Grund zur Sorge. Nachdem ich meinen Teil der Show beendet hatte, verließ ich schweißgebadet die Bühne, und Eliot stand aschfahl in den Kulissen.

»Er sitzt im Flugzeug, Shirley«, informierte er mich. »Er ist nach Kalifornien geflogen. Kannst du rausgehen und noch eine Stunde machen?«

»Soll das ein Witz sein?« fragte ich. »Ich habe meine Orchestrierung nicht dabei. Hör mal, Eliot, das ist doch wohl ein Witz!«

»Oh«, sagte er. »Also, wenn das so ist, kannst du dann noch mal rausgehen und den Leuten sagen, daß Frank nicht da ist?«

»Soll das schon wieder ein Witz sein?« wollte ich wissen. »Das übernimmst du. Du bist sein Manager. Was fehlt ihm überhaupt?«

»Ich weiß es nicht«, gab Eliot zu. »Er hat gesagt, er sei heiser.«

»Ja, klar, wie konnte ich das nur vergessen«, bemerkte ich sarkastisch. »Und was jetzt? Wenn er in Kalifornien ist, wie machen wir dann weiter?«

»Wir werden alles um zwei Wochen verschieben«, schlug er vor. »Kannst du wieder herkommen?«

»Ich weiß es nicht«, sagte ich. »Ich dachte, die Music Hall sei wegen der Weihnachtskonzerte nicht zu haben.«

Eliot schnitt eine Grimasse. »Viele Dinge sind plötzlich zu haben, wenn man andernfalls große finanzielle Einbußen zu erwarten hat.«

Er griff nach der Haussprechanlage. Das Publikum ging gerade in die Pause. »Hiermit ist das Programm beendet, meine Damen und Herren«, sagte er. »Mr. Sinatra wird heute nicht auftreten.«

Das war alles, was er sagte. Ich kam mir unglaublich blöd vor, weil ich den Leuten gerade noch versichert hatte, Frank sei da, und dabei hielt er sich nicht einmal mehr in der Stadt auf.

Aber so war es nun einmal mit ihm. Er besaß die Energie, wirklich mies zu sein, aber auch die Energie, Glanzleistungen zu erbringen.

Als wir nach unserem letzten Auftritt in einem Stadion in seinem Flugzeug nach Kalifornien zurückflogen, wollte Frank nicht schlafen. Es war schon spät in der Nacht, und er glaubte, alle anderen schliefen, aber ich beobachtete ihn. Er ging ins hintere Ende des Flugzeugs und holte klammheimlich das Knabberzeug aus der Bordküche. Dann kniete er sich hin und stopfte die Schuhe aller mit Popcorn voll, mit Erdnüssen, Weingummi, Jellybeans, Crackern und Nüssen.

Frank Sinatra, mein Freund, eine Legende und ein großartiges Stehaufmännchen, tat alles, um seinen Spaß zu haben. Das Bild von Sinatra, wie er auf allen vieren durch die Gegend kroch und anderen Leuten Weingummi in die Schuhe steckte, scheint mir dem wahren Sinatra zu entsprechen. Das war das Kind im Manne, das mich anrührte. Das war der Kollege, der es genüßlich auskostete, daß ich ihm meinen Kaugummi hinter das Ohr klebte.

Da Frank im Bereich der Musik ein großer Künstler war, war er für mich auch ein großer Lebenskünstler. Weil er die Töne in seinem Kopf hörte und sich auf sie verließ, glaubte ich, er sei mit der Realität anderer Dimensionen vertraut. Ich sah immer etwas in seinen Augen, was anerkannte, daß mehr hinter der Wahrheit steckte, als es auf den ersten Blick schien.

Ich fragte mich, ob sein Karma ihn noch in diesem Leben einholen würde. Oder würde es warten und sich Zeit lassen, bis er wiederkam?

Ich glaube, der Grund für einen ganz großen Teil von Franks Brutalität war sein Verlangen, auf Knopfdruck verstanden zu werden. Er konnte nicht abwarten, und wie viele wahre Künstler lebte auch er für den Moment. Dieser Augenblick war so unglaublich weit, so voller unbezähmbarer Gefühle, daß diejenigen, die das nicht »kapierten«, seiner Unmenschlichkeit zum Opfer fielen. Seine Musik war mathematische Perfektion und bot keinen Raum für Ungenauigkeit. Ebenso sah er die Wahrheit. Absolut – ohne jede Abweichung. Er mußte in einer Welt leben, die er erschuf, denn nur so konnte er über sie herrschen, und sein Talent und seine durchtriebene Gerissenheit bewirkten, daß man es ihm durchgehen ließ.

Ich habe niemals die unerhörte Kühnheit besessen, mein Leben derart dramatisch zu gestalten. Ich zog es vor, Zuschauerin zu sein, und in dieser Hinsicht ist mir außerordentlich extravagante Unterhaltung geboten worden.

So wie sich die amerikanische Kultur von Coppolas *Pate*-Filmen angesprochen fühlt, zog es mich an, mit Frank und seinen Freunden Zeuge der »wirklichen Welt« zu werden. Ich gebe zu, daß ich Interesse an Gangstern habe – fast wie ein Kind, das sich die Hände vor die Augen schlägt und trotzdem den Autounfall genau betrachtet. Ich konnte einfach nicht wegschauen. Wie konnten sich diese Menschen bloß so benehmen? Was ging in ihrem Kopf vor? Hatten sie ein boshaftes Vergnügen an ihrer Arbeit, oder gehörte das einfach zu ihrem Job? Was motivierte sie – ein schlecht gelaufenes Geschäft oder unbezahlte Schulden?

Mich haben schon immer solche Menschen neugierig gemacht, die die Grenzen des menschlichen Anstands in einem unerlaubten Maß überschreiten.

Frank Sinatra zügelte sich nie in bezug auf seinen Hang zum Dramatischen, seine Gefühle oder sein Benehmen. Das war ihm von Natur aus unmöglich. Er nahm keine Rücksicht auf seine Freunde und sein eigenes Leben.

Ich kannte einige der Ehefrauen und Freundinnen von den »Boys«, mit denen sich Frank herumtrieb. Sie bestritten rundheraus, daß ihre Männer Gangster waren. Tatsächlich befaßten sich einige von ihnen sogar mit esoterischem Denken, mit ganzheitlichen Heilmethoden und mit den buddhistischen Prinzipien, niemals jemanden zu verletzen oder zu töten.

Eine der Mafioso-Freundinnen lud mich oft zu sich nach Hause ein. Sie baute ihr eigenes Gemüse nach biologisch-dynamischen Gesichtspunkten an, hatte das Grundstück und den Garten nach einwandfreien ökologischen Prinzipien angelegt und meditierte mehrfach täglich. Sie sagte, Gott sei ihr bester Freund, und sie sprach offen über die Gesetze des Karma und darüber, daß alles, was sie tat, früher oder später auf sie zurückfallen würde. Sie liebte ihren Mann und glaubte, sein Ruf hätte durch negative Gerüchte üblen Schaden erlitten. Aufgrund der schlechten Strahlung, die die Leute in seine Richtung aussandten, mußte sie in einem Haus leben, das von Bleimauern umgeben war und rund um die Uhr von Leibwächtern bewacht wurde. Ich empfand ihre Blindheit als lähmend. Wie konnte sie derart die Augen vor den Tatsachen verschließen? Spiegelte sie mich etwa wider? Hier war ich, zog um die Welt, arbeitete, trat auf und ließ mich ganz offen mit denselben Leuten ein. Was war mit meinem Gefühl für Recht und Unrecht geschehen, meinem Moralempfinden, meinen Grenzen? Ich genoß es tatsächlich, Teil dieser Welt zu sein. Ich fand das alles harmlos, und ich wußte nicht, warum.

Was dann passierte, war eine große Offenbarung für mich.

Ein enger Freund von Steve und mir, der in Vegas arbeitete, kam nach L. A., um mich zu besuchen. Er wollte allein und ungestört mit mir reden, aber nicht in meinem Haus.

Wir gingen am Strand spazieren. Ich konnte nicht verstehen, warum er so großen Wert darauf legte, ganz allein mit mir zu sein. Dann rückte er widerstrebend mit der Sprache heraus.

»Ich höre Gerüchte in Vegas«, berichtete er.

»Was für Gerüchte?« wollte ich wissen.

»Von den ›Boys‹«, antwortete er und schaute sich um.

»Du meinst die Mafia?« fragte ich.

»Ja«, sagte er. »Es ist die Rede davon, daß sie deine Tochter entführen werden.«

Mir blieb der Mund offenstehen. »Was soll das heißen? Warum?«

»Um sich dein Talent zunutze zu machen«, erklärte er. »Sie wollen dich besitzen, und sie werden dir mit Sachis Entführung drohen, um ihr Ziel zu erreichen.«

Ich werde meine Reaktion niemals vergessen. Selbst heute noch kann ich sie körperlich spüren.

Ich fühlte, wie die Moleküle meines Blutes in jedem Zentimeter meines Körpers kochten. Ich war bereit zu töten, und ich hätte es getan.

»Du wirst diesen Leuten sagen, daß sie sich ins Knie ficken können«, sagte ich. »Wenn sie auf einer breiten Straße auch nur auf meine Seite wechseln oder wenn sie sich auch nur in die Stadt begeben, in der meine Tochter lebt, dann werde ich den Präsidenten der Vereinigten Staaten und jeden einzelnen verdammten Reporter anrufen, den ich kenne. Ich werde nicht nur diese Kerle öffentlich verpfeifen, sondern auch ihre Ehefrauen und ihre Freundinnen. Du wirst ihnen sagen, daß ich sie für den letzten Abschaum halte und diese Idee gar nicht komisch finde.«

Mein Freund erstarrte.

»Und noch etwas. Sag ihnen, sie sollen an ihrer eigenen Scheiße ersticken.«

Er war zu geschockt, um darauf zu reagieren. Schließlich sagte er dann doch etwas. »Sieh mal«, sagte er, »ich bin noch nicht einmal sicher, ob es überhaupt wahr ist. Ich dachte nur, ich sage dir besser Bescheid.«

»Du hast ganz recht«, stimmte ich zu. »Es ist nicht wahr. Diese Schwanzlecker werden mir oder meiner Tochter niemals zu nahe kommen. Darauf kannst du dich verlassen.« Ich ließ ihn stehen. »Nett von dir, daß du mir Bescheid gegeben hast«, sagte ich. »Und jetzt sorg dafür, daß sie von meiner Reaktion erfahren.«

Ich rief Steve in Japan an und berichtete ihm, was vorgefallen war. Er war entsetzt. »Sachi sollte nach Japan kommen«, schlug er vor. »Sie sollte hier zur Schule gehen, denn hier ist sie in Sicherheit.« Nach längerer Seelenforschung stimmte ich ihm zu.

Schon bald darauf schrieben wir Sachi in einer internationalen Schule in Tokio ein. Sie würde während der Schulzeit bei ihrem Vater leben. In den langen Ferien (einen Monat an Weihnachten und einen Monat an Ostern) und während der dreimonatigen Sommerpause würde sie zu mir nach Hause kommen. Abgesehen von der Drohung der Mafia wollte ich sie von der Drogenszene in den Schulen von Los Angeles fernhalten, die sich immer weiter auszubreiten schien, aber ich wollte ihr auch das Schicksal ersparen, als die Tochter eines Filmstars aufzuwachsen.

Ich fürchtete mich so sehr, daß ich Frank nicht fragte, ob das, was ich gehört hatte, der Wahrheit entsprach, aber ich gab mich nie mehr mit den Typen ab. Ich war urplötzlich aus der morbiden Faszination herausgewachsen, welche die Gefahr für mich gehabt hatte.

Eines steht für mich jedoch fest: Falls hinter dieser Drohung etwas Wahres steckte, dann hatte Frank nichts damit zu tun. Er vergötterte Sachi und hatte uns viele Male zusammen nach Palm Springs und in sein Haus in L. A. eingeladen. Vielmehr wurde schon bald darauf Franks eigener Sohn gekidnappt. Niemand bekam je eine klare Antwort auf die Frage, wer es getan hatte. Ich hatte da natürlich meine eigenen Vorstellungen. Ich kam nur nicht hinter die Motive.

Eines jedoch hatte ich herausgefunden. Ich hatte ein enormes Reservoir an Wut in mir, das mir für den Rest meines Lebens gute Dienste leisten würde, wenn mir Ungerechtigkeiten widerfuhren.

6

Macht

Man könnte sagen, meine Überlebensquote spricht dafür, daß ich mit dem Wissen vertraut bin, wie man Macht erlangt und wie man sie einsetzt.

Sowie ich geboren war und den schützenden Mutterleib verlassen hatte, beschäftigte ich mich mit der Manipulation meiner Umgebung – denn nur so konnte ich überleben. Ich weinte, ich schlug um mich, ich lächelte, ich schnappte mir Eßbares; ich tat alles, was ich tun mußte, um nicht zu sterben. Das tun wir alle, weil nur so das quietschende Rad geschmiert wird und die Erwachsenen wissen müssen, was wir brauchen. Daher zählte es zu meinen ersten menschlichen Bestrebungen, Kontrolle ausüben zu wollen.

Daran hat sich nicht viel geändert. Ich höre mir zwar die Ratschläge anderer gerne an, aber ich tue dann doch, was ich will. Ich interessiere mich weniger für Macht als dafür, die Dinge so zu tun, wie es meiner Vorstellung entspricht.

Diese Sichtweise allein beinhaltet jedoch schon eine gewisse Form von Macht. Das wußte ich nicht, als ich nach Hollywood kam. Ich wußte nur, daß ich mir von »denen« nicht Lockenwickler ins Haar rollen lassen wollte, mich nicht von ihnen anmalen lassen wollte, mir keine Public-Relations-Geschichten aufzwingen lassen wollte, und ich wollte noch nicht einmal Filmpremieren besuchen müssen, die ich mir nicht ansehen wollte.

Manchmal ging ich Kompromisse ein. Ich fuhr in meinem roten Plymouth vor, ließ den Wagen hinter dem Filmtheater parken, schritt mit einem strahlenden Lächeln über den roten Teppich und schlich mich dann durch den Hintereingang hinaus, ohne mir den Film ansehen zu müssen.

Ich hatte gehört, was alle Welt über Hollywood gehört hatte ... daß sich dort ohnehin alles nur ums Geld drehte, daß man dort Seelen kaufen und verkaufen konnte – nur um des Ruhmes und der Chance willen, ein Star zu werden.

Ich habe nie verstanden, warum die Vorstellung, berühmt zu werden – ein Star –, nie eine große Motivation für mich dargestellt hat. Vielleicht hätte es so sein sollen, aber es war nicht so. Ich wollte meine Arbeit gut machen. Offen gesagt, halte ich meine eigene Einstellung jetzt für erstaunlich beschränkt und engstirnig, denn warum hätte die Welt der Stars nicht mein Ziel sein sollen? Sie war es aber nicht, und ich wollte nur, daß das, was ich tat, den Leuten gefiel. Ich wollte gut vorbereitet zu den Dreharbeiten erscheinen, ich wollte professionell sein, Phantasie beweisen, eine Künstlerin und Schauspielerin sein, auf die die Leute abfuhren. Wie ich bereits sagte, waren meine Zielsetzungen in Hollywood beschränkt. Und doch war das, was mich nicht übermäßig interessierte, wahrscheinlich das Geheimnis meines Erfolgs.

Ich wußte nie über die Geschäfte Bescheid, die abgeschlossen wurden, und sie interessierten mich auch nicht sonderlich – noch nicht einmal meine eigenen. Mich interessierte das Drehbuch und ob ich die Leute mochte, mit denen ich zusammenarbeitete.

Ich las die einschlägigen Zeitschriften, aber ich verstand nicht viel davon; es reichte gerade für Army Archerds Kolumne und für die Klatschspalte des *Hollywood Reporter*. Die Manipulation von Geld und Macht war mir einfach zu hoch, und ich verhielt mich extrem undiplomatisch, wenn es darum ging, die typischen Hollywoodspielchen zu spielen.

Wenn Studiobosse oder Produzenten meine Meinung einholten, sagte ich ihnen die Wahrheit, wenn sie auch noch so unerfreulich war. Und ich war frei von jeder diplomatischen Finesse, wenn es darum ging, meinem Mißmut Ausdruck zu verleihen. Dazu kam noch, daß ich das, was eine kreative oder geschäftliche Diskussion hätte sein sollen, fast immer in ein psychologisches Verhör der Gegenseite umwandelte.

Da ich ohnehin schon ständig ausfallend wurde und über jeden Stein stolperte, ließ ich keinen Fettnapf aus. Ich benahm mich dämlich.

Die Studiobosse von Hollywood schienen eine Form von Macht zu besitzen, die Künstler eine andere. Ich verstand keine von beiden.

Die Künstler wußten, wie man das Unbewußte ansprach, wie man Menschen anrührte, wie man das Publikum dazu brachte, sich mit ihnen zu identifizieren. Die Bosse begriffen, daß sie davon keine Ahnung hatten, und daher übten sie ihre Macht mit Geld aus. Es machte ihnen Spaß, Künstlern ein Gefühl von Unterlegenheit zu vermitteln, und doch wußten sie gleichzeitig, daß ohne die Künstler die ganze Branche nicht existiert hätte.

Unsere Branche nannte sich »Filmindustrie« und nicht etwa »Filmkunst«. Ich sah jedoch, daß die echte Macht in der Kunst lag. Die Menschen kamen, um die Künstler zu sehen. *Wir* lebten das Leben, mit dem sich das Publikum identifizierte.

Als Bette Davis in *The Little Foxes* (Die kleinen Füchse) die Rolle der Regina übernehmen sollte, beschloß sie, diese so zu spielen, wie sie geschrieben worden war: die einer manipulierenden Frau, die alles unter Kontrolle hat. Willy Wyler, der Regisseur, wollte, daß sie gegen die Rolle anspielte, was heißen soll, daß sie sich netter gab und täuschend liebenswürdige Züge an den Tag legte. Die Davis weigerte sich und argumentierte, das sei nicht das, was das Publikum von ihr erwartete.

Bei den Dreharbeiten kam es zu Auseinandersetzungen und emotionsgeladenen Szenen. Warner bestellte Wyler zu sich und sagte ihm, er solle der Davis ihren Willen lassen. Sie war der Kassenschlager in der Truppe, und er warnte Wyler, »mit Dingen zu experimentieren, die beim Publikum ankamen«. Wyler kapitulierte vor der »Kassenschlagergehässigkeit« der Davis.

Ich erinnere mich noch daran, wie Y. Frank Freeman von Paramount oder Sol Siegel von Metro uns Schauspielern ins Gesicht gesehen und sich gefragt haben, welche ihrer Geheimnisse wir wohl erspürten, Dinge, derer sie sich selbst nicht bewußt waren.

Im Laufe der Jahre spielte ich tatsächlich oft mit dem Gedanken, einfach nur deshalb eine Beziehung mit einem der Studiobosse einzugehen, weil ich wissen wollte, wie sie lebten und funktionierten, aber dazu kam es nie, weil die meisten sich nicht lange genug auf ihrem Posten hielten. Sie gaben einander die Tür in die Hand, insbesondere nachdem Jack Warner, Harry Cohn (Columbia), Benny Thau (Metro) und Skouras von Fox sich in den Ruhestand zurückgezogen hatten.

Die alten Mogule, die der »Industrie« ihren Lebensatem eingehaucht hatten, waren ein ganz spezieller Schlag. Nachdem die Agenten alles an sich rissen, konnte ich mir keinen einzigen Namen mehr merken, weil alle so schnell, wie sie gekommen waren, auch wieder gingen.

Was also war dann Macht? Diese Menschen hätten mich niemals meinen eigenen Kopf durchsetzen lassen. Dafür mußte ich schon selbst sorgen.

Außerdem legte ich mir mit der Zeit einen politischen Standpunkt zu, und daher achtete ich sorgsam darauf, wie meine Position in Hollywood die öffentliche Aufmerksamkeit auf Dinge lenken konnte, vor denen die Leute gern die Augen verschlossen, und wie ich dazu beitragen konnte, die Dinge zu verändern, die in unserer Gesellschaft schon viel zu lange ignoriert worden sind. Ich lernte mit der Zeit, daß dem unabhängigen Künstler die Macht innewohnt, Veränderungen in Bereichen zu bewirken, in denen die herrschenden Mächte sich zu sehr festgefahren haben, zu sehr auf das Geld achten oder letztendlich zu peinlich berührt sind, um selbst etwas zu ändern.

Ich lernte aber auch noch etwas anderes. Die anscheinend unbedeutendsten Mitglieder eines Teams konnten wirkliche Macht haben.

Ich erinnere mich an eine Szene in *Around the World in Eighty Days* (In 80 Tagen um die Welt), die wir mit Tausenden von Statisten drehten. Die Dreharbeiten mußten unterbrochen werden, weil der Requisiteur den Champagner vergessen hatte, der zu David Niven und Cantinflas in den Ballon gehörte. Das ist Macht.

Ein Schauspieler, der eine Nebenrolle übernommen hatte und mit mir zusammenarbeitete, war so gut, daß der männliche Hauptdarsteller an meiner Seite sich total verunsichert fühlte und es ablehnte, an dem Film weiterzuarbeiten. Der Schauspieler, der sich in der Nebenrolle so glänzend machte, wurde gefeuert. Das ist Macht.

Ein anderer Mann, mit dem ich zusammenarbeitete, hatte eine Affäre mit der Frau des Kameramannes. Er hatte eine derart harte Nacht mit ihr hinter sich, daß der Kameramann sein Gesicht am nächsten Tag nicht aufnehmen konnte, ganz gleich, in welchem Licht. Wir verloren einen kompletten Drehtag. Das ist Macht.

Ein Regisseur, der darauf bestand, eine Woche lang auf eine bestimmte Wolkenformation zu warten, ließ aufgrund seiner »künstlerischen Integrität« eine Rechnung von fast einer halben Million Dollar auflaufen. Das ist Macht.

Ein kleines Kind, mit dem ich in *The Children's Hour* (Infam) zusammenarbeitete, haßte es, sich Anweisungen zu fügen. Die Dreharbeiten kamen zum Stillstand, und es endete damit, daß dieses kleine Kind mehr Macht besaß als alle Erwachsenen, die in jener Woche an dem Film mitarbeiteten. Das ist Macht.

Macht war demnach eine Frage des Augenblicks. Hatte man sie in einem Jahr, so konnte es sein, daß man sich im kommenden Jahr kaum noch an diesen Menschen erinnerte. Was also bedeutete es wirklich, Macht zu haben? Warum waren die Leute derart versessen darauf, und warum war es so wichtig, daß ich Macht respektierte?

Was die Bedeutung von Macht angeht, war ich wahrscheinlich naiv, aber wenn ich mich auch noch so sehr bemühte, dann konnte ich doch den wahren und tiefen Sinn von Macht nicht erfassen, weil sie ohnehin nur eine Illusion war.

Ich konnte verstehen, was es hieß, in einem Maß reich zu sein, das unabhängig macht – es garantierte eine bestimmte Form von Freiheit. Ich konnte verstehen, daß man beim Publikum beliebt sein wollte – damit sicherte man sich zukünftige Engagements. Aber selbst dafür zahlte man einen Preis. Viele meiner Schauspielerkollegen waren auf ganz bestimmte Rollen festgelegt und hatten sich so in die Herzen der Zuschauer gespielt. Wie gerne hätten sie ihr Repertoire erweitert, wie gerne wären sie in eine andere Rolle hineingewachsen. Das Publikum wollte jedoch manchmal nicht mit ihnen wachsen. Wieviel Macht besaß der Star also wirklich?

Menschen, die eine Vision haben, wie man mit einem Film etwas ausdrücken kann, stellen ein Dilemma für Studiobosse dar. Die Chefs in den oberen Etagen der Filmfirmen wissen, daß sie sich nicht bildlich vorstellen können, was der Filmemacher vorhat. Der Filmemacher weiß das ebenfalls, aber er braucht das Geld. Daher ist es für beide das beste, es einfach zu riskieren und zu hoffen, daß es gutgeht. Das ist in unserer Branche ohnehin das A und O: Augen zu und durch. Man weiß zwar, daß für die Dauer der Dreharbeiten wie bei Marionetten die Fäden gezogen werden und Träume platzen.

Und trotzdem gibt es wohl nirgendwo sonst ein solches Zusammenwirken von Kunst und Handwerk. Wo sonst kann man seine Kindheitsphantasien ausleben, bis man das Gefühl hat, erwachsen geworden zu sein? Wo sonst kann man ein Vermächtnis menschlichen Ausdrucks hinterlassen, das unter Umständen Milliarden von Leben beeinflußt?

Für mich besteht Macht daher letztendlich in dem Mut und der Kühnheit, an sich selbst zu glauben, daran zu glauben, daß man etwas Wesentliches zu sagen hat, und Sorge dafür zu tragen, daß man die nötige Ausdauer und Zähigkeit beim Durchsetzen der eigenen Ziele hat.

Nirgends anders zeigt sich die Fähigkeit zur Ausdauer deutlicher als bei Dreharbeiten. Niemand, der diese Arbeit nicht drei oder vier Monate am Stück mitgemacht hat, kann sich auch nur im entferntesten eine Vorstellung davon machen, was das alles erfordert.

Der Tag beginnt um fünf Uhr morgens. Die Schauspieler gehen zur Maske, und das Team baut die Beleuchtung und die Kameras für die Dreharbeiten auf. Die Produzenten und die Cutter sind gewöhnlich als Wachhunde, Spione und Freunde der Stars anwesend.

Wenn man Glück hat, ist um neun die erste Aufnahme fällig, aber das ist natürlich extrem selten, denn im allgemeinen fühlt sich immer jemand nicht ganz wohl, wenn die Höhergestellten, die Menschen jenseits der Grenze, und die Crew zusammentreffen. Möglicherweise ist der Aufbau der Szene nicht richtig. Möglicherweise will ein Schauspieler einen bestimmten Satz nicht sagen, weil er seinem Image schaden könnte. Möglicherweise hat eine Schauspielerin das Gefühl, ihre Rolle sei frauenfeindlich. Möglicherweise möchte der Regisseur eine Aufnahme so verschwommen haben, daß die Schauspieler fürchten, nicht gesehen zu werden. Möglicherweise hat eine Schauspielerin am Wochenende zuviel Salz gegessen, und ihr Gesicht ist so aufgedunsen, daß es beim Filmen auffällt und sie sich selbst in anderen Szenen des Films nicht mehr ähnlich sieht!

Möglicherweise können sich zwei Hauptdarsteller wirklich nicht ausstehen, was in einem harmlosen Film mit dem Titel *Two Loves* (Der Fehltritt) bei Laurence Harvey und mir der Fall war. Ich fand ihn uneinfühlsam und aufgeblasen.

Einmal beugte sich Harvey direkt vor Beginn der Dreharbeiten für eine bestimmte Szene zu mir herüber und musterte eingehend meine linke Wange. »Was, um Himmels willen, ist das?« Er benahm sich, als hätte ich einen Pickel von der Größe des Fudschijama auf der Backe. Als ich gerade um einen Spiegel bitten wollte, sagte er: »Mach dir nichts draus, das fällt schon keinem auf. Um dein Gesicht solltest du dir keine Sorgen machen.«

Ich kochte vor Wut, aber ich spielte einfach weiter, als wäre nichts gewesen. Am nächsten Tag stand die Liebesszene auf dem Drehplan. Kurz vorher aß ich eine rohe Knoblauchzehe. Damit waren wir quitt.

Ich arbeitete mit einer Frau zusammen, die nicht bereit war, sich von links fotografieren zu lassen. Die gesamte Kulisse mußte umgebaut werden, die Kamera verschoben, die Szene umgeschrieben werden.

Manchmal löst eine dramatische Szene in einem Schauspieler so tiefe Gefühle aus, daß er zusammenbricht und schluchzt. Vielen

Schauspielern graut vor Weinszenen, weil sie nicht in der Lage sind, vor hundert Menschen loszuheulen. Andere haben entsetzliche Angst, sie könnten, wenn sie erst einmal anfangen zu weinen, nicht mehr aufhören. Das bedeutet erneut zwei Stunden Maske. Mir hat früher vor der Aufnahme von Tanzszenen gegraut, in erster Linie wegen der unvermeidlichen Transpiration und der Feuchtigkeit, die mein Haar und die Make-up-Grundlage ruinierten.

Wenn die Frisur und das Make-up einem früheren Teil der Szene nicht entsprechen, beeinträchtigt das die emotionale Reaktion des Publikums.

Oft haben während der Proben entweder meine Kollegen oder ich eine plötzliche Eingebung, was heißt, daß alles rausgeworfen wird und wir noch einmal von vorn beginnen.

Nur allzuoft kommt es vor, daß die Crew herumsitzt, während die Schauspieler und der Regisseur eine Nuance wieder und immer wieder durchgehen, eine Meinungsverschiedenheit beilegen, sich über die Darstellung einer Szene streiten oder einen Wutausbruch hinlegen.

Ich habe erst kürzlich einen Film gedreht, in dem die drei Stars, darunter ich, feststellten, daß der Regisseur einige Schwächen hatte. Daher beschlossen wir, es ihm zu zeigen. Es gab eine Szene, bei der wir wegen der Art, wie sie geschrieben war, alle unsicher waren, aber niemand sagte etwas. Statt dessen stritten wir über eine simple Einstellung, bei der es darum ging, aus einem Fenster zu schauen.

Während die gesamte Crew herumsaß, stritten wir zweieinhalb Stunden lang über nichts und wieder nichts. Der Regisseur fuhr sich immer mehr fest, und uns ging es genauso. Der Produzent war ein Schwächling und bekam die Lage nicht in den Griff. Schließlich erlagen wir dann unserer eigenen Erschöpfung, und ich kann mich heute nicht einmal mehr daran erinnern, ob wir zum Fenster hinausschauten oder nicht.

Bei diesen Diskussionen geht es nie um das, was, oberflächlich gesehen, das Thema zu sein scheint. Im allgemeinen dreht es sich um unausgesprochene Wut, um Verletzbarkeiten, um ein Gefühl von Gefährdung, von verletztem Stolz, um das Gefühl, etwas nicht verdient zu haben, oder um die grundsätzliche Furcht, daß uns niemand liebt.

Filme zu drehen, das ist, als begäbe man sich in eine Therapie. Jedes ungelöste Problem, das uns je geplagt hat, wird an die Oberfläche kommen, abhängig von der Art des Films und den beteiligten Personen, das versteht sich. Aber wenn es einen nicht zu Beginn einholt, dann eben später, und so ziehen sich die lautstarken Unstimmigkeiten durch jeden einzelnen Arbeitstag. Beim Mittagessen findet man auch keine Ruhe. Weitere Diskussionen, Streitigkeiten, kreative Differenzen. Nach dem Mittagessen schwächt sich all das ein wenig ab, aber schon bald darauf geht es so hitzig weiter wie vorher.

Der Tag setzt sich bis mindestens sieben Uhr fort, aber eher bis neun. Früher hatten wir Frauen in unseren Verträgen eine Klausel, die besagte, daß nach sechs keine Nahaufnahmen von uns gemacht werden durften. Heute drehen wir aufgrund der in astronomische Höhen gestiegenen Kosten und aufgrund anderer ökonomischer Faktoren im allgemeinen, bis das angesetzte Tagespensum abgeschlossen ist. Das dauert oft bis zwei Uhr morgens (Nahaufnahmen inbegriffen).

Die Schauspielergewerkschaft fordert eine Ruhepause in einem Zehn- oder Zwölfstundenrhythmus, doch nur zu oft überredet einen der Regisseur, dem man natürlich zu gefallen bemüht ist, auf diese Pause zu verzichten – wenn man es nicht tut, ist man dafür verantwortlich, daß der Film einen Tag später fertiggestellt wird.

Nach beendeter Arbeit geht man nicht nach Hause oder in sein Hotel, wenn man bei Außenaufnahmen ist. Man sieht sich statt dessen an, was am vorangegangenen Arbeitstag gedreht worden ist. Für mich ist es wichtig, mir diese Aufnahmen anzusehen, damit ich weiß, wie ich meine Sache mache. Manche Schauspieler sehen sich nicht gern während der Dreharbeiten auf der Leinwand; es macht sie befangen. Manche Regisseure wollen aus den verschiedensten Gründen nicht, daß ihre Schauspieler sich die Aufnahmen während der Dreharbeiten ansehen. Manchmal fürchten sie, ein Schauspieler könnte übertrieben selbstkritisch reagieren, deprimiert sein, etwas gegen den Winkel der Kamera einzuwenden haben etc. etc. Ich habe mit einem ausgezeichneten Regisseur zusammengearbeitet, der seinen Schauspielern gestattete, sich die Aufnahmen anzusehen, aber es war verboten, sich dazu zu äußern.

Selbst in einer entspannteren emotionalen Umgebung kann der Moment, wenn die Lichter angehen, von einer ungeheuren Befangenheit geprägt sein. Die Stille erschlägt einen förmlich. Soll man den Mund aufmachen, wenn einem nicht gefällt, was man gesehen hat? Was ist, wenn es allen anderen gefallen hat? Man ist verblüfft darüber, was die Kamera eingefangen hat, denn man hat eine ganz andere Vorstellung davon, was und wie man gespielt hat. Man stellt fest, daß das Haar von hinten komisch aussieht. Und doch weiß man, daß der Regisseur findet, man sollte überhaupt nicht auf sein Haar achten. Man hat zu oft geblinzelt. Die eigene Stimme ist zu hoch oder zu undeutlich. Man grübelt, ob einem die nötige Distanz fehlt, um ein Urteil zu fällen, oder ob das Publikum und die Kritiker zum selben Schluß kommen werden.

Ich erinnere mich, daß es mir oft nicht möglich war, die Aufnahmen zwischendurch zu sehen, als ich in Mexiko *Two Mules for Sister Sara* (Ein Fressen für die Geier) drehte. Der Grund dafür war, daß das Filmmaterial in Kalifornien bearbeitet und ständig hin und her geschickt wurde. Ich spielte eine Nutte, die sich als Nonne ausgab, und trug unechte Wimpern. Sie wirkten übertrieben, aber als ich endlich zu sehen bekam, wie schrecklich sie aussahen, war es zu spät. Wenn ich sie abgenommen hätte, hätte mein Gesicht den Szenen nicht entsprochen, die bereits abgedreht waren.

Dann sitzt man also im Vorführraum und hält seine Gefühle zurück, bis ein anderer etwas sagt. Leider lauten die ersten Worte im allgemeinen, ganz gleich, was man sich gerade angesehen hat: »Großartige Arbeit. Einfach prima.« Die Würfel sind gefallen. Wer unter euch ist bereit, den ersten Stein zu werfen? Bei den Dreharbeiten zu einem Film gibt es nichts Schlimmeres als kreative Sabotage.

Man muß fest an das glauben, was man tut. Wenn man nicht in einem überzogenen Maß an die eigene Kreativität glaubt, kann man unmöglich Tag für Tag weitermachen, unglaublich weitreichende finanzielle Entscheidungen treffen und akkurat einschätzen, ob man bekommen hat, was man wollte, oder ob man etwas ändern muß.

Die Wahrheit kommt im allgemeinen bei diesen täglichen Vorführungen ans Licht, und wenn die Projektoren im Vorführraum schließlich schweigen, muß man sich der Realität stellen. Wenn man Einwände gegen etwas erhebt, muß das möglichst indirekt und subtil geschehen, weil Filmemachen etwas ganz Persönliches ist, und genauso wird Kritik auch fast immer aufgefaßt – persönlich.

Wenn eine Bemerkung besonders heftig ist, kann es zu einer Explosion kommen. Die Folge sind schmerzliche Auseinandersetzungen und Verstimmungen, denen man dann freien Lauf läßt. Das kommt nicht oft vor, weil einem ohnehin niemand wirklich die Wahrheit sagt. Zunächst einmal könnte man sich irren. Zweitens kann es einem seinen Job kosten. Und drittens ist es immer einfacher, wenn man sich zurückhält und keinen Wirbel macht.

Daher äußern die Menschen, die als schwierig gelten, im allgemeinen noch am ehesten, was sie wirklich fühlen. Aber das ist auch nicht immer unbedingt wünschenswert. Manche Menschen in Hollywood sind nämlich derart megalomanisch und verfolgen ihre persönlichen Vorstellungen auf derart groteske Weise, daß es bei weitem besser wäre, wenn sie mit ihrer Vorstellung von Wahrheit hinter dem Berg hielten.

Andererseits sind manche der verabscheuenswertesten Irren die begabtesten Menschen überhaupt. Wenn man sich durch ihren Irrsinn kämpft, stößt man manchmal auf kreatives Gold.

Daher ist das Filmemachen wie eine ständige gruppentherapeutische Sitzung, die Tag für Tag ohne einen Therapeuten abgehalten wird. Gewöhnlich endet sie um Mitternacht, und dann bleiben einem fünf Stunden, um sich zu erholen und sich auf den »Spaß« des kommenden Tages vorzubereiten.

Büromenschen wissen nicht, wie sie mit der emotionalen Intensität von Filmemachern umgehen sollen. Sie wissen nicht, wie sie reagieren sollen, wenn sie sich auf eine Explosion vorbereitet haben, wir Künstler jedoch statt dessen aus einer genialen Manipulation heraus unsere Gefühle in uns verschlossen halten, womit wir sie in den Wahnsinn treiben. Aber der Anblick eines wahrhaft talentierten Menschen, der sich selbst zerstört, macht sie hilflos. Und wenn ein kreativer Mensch auf diese selbstzerstörerische Schiene gerät, dann kann ihm nichts und niemand helfen.

Was tut ein Studioboß, wenn ein Schauspieler ausflippt, weil die Szene ihn daran erinnert, wie sein Vater ihn früher geschlagen hat, oder wenn eine Schauspielerin hundertprozentig von ihrer Häßlichkeit überzeugt ist, weil ihre Mutter eine solche Unsicherheit in ihr genährt hat? Keiner von beiden kann sich vor die Kamera stellen, und die »normalen« Leute (die Crew und die Leute vom Büro) versuchen damit zurechtzukommen, während sie zusehen, wie Zeit und Geld zum Fenster hinausgeworfen werden. Der Produzent, insbesondere dann, wenn er selbst kreativ ist, agiert im allgemeinen als Vermittler. Er versteht zumindest einen Teil der Emotionalität, die hier im Spiel ist, und doch wird seine Nachsicht durch Pragmatismus überlagert, denn Verschwendung von Zeit und Geld werden nicht allzulange toleriert.

Ich habe die Rolle des Produzenten immer als die eines Diplomaten und Botschafters gesehen – er ist der für das Geld mitverantwortliche Gesandte des Studios bei den Dreharbeiten, und er ist der künstlerische Gesandte aller am Film Beteiligten beim Studio. Der Produzent ist immer bei den Dreharbeiten dabei, vertritt dort jedoch das Studio. Ein Regisseur braucht einen einflußreichen und guten Produzenten an seiner Seite, da der Regisseur ebenfalls ein diplomatischer Gesandter für die Schauspieler und die Crew ist.

Aufbrausende Gemüter und künstlerische Differenzen, die zum offenen Krieg eskalieren, erfordern oft Friedensstifter. In unserer Branche sind die Friedensstifter jedoch nicht gerade hoch angesehen. Sie werden für gewöhnlich verunglimpft, und man sagt

Two Mules for Sister Sara: Ich liebte Clint, obwohl er Republikaner war. (Photofest)

ihnen nach, sie hätten keinen Kampfgeist, besäßen kein Rückgrat und es fehlte ihnen an der Courage, für ihre eigenen Überzeugungen einzutreten. Das ist einfach so, weil »Frieden« beim Filmemachen nicht das angestrebte Ziel ist. Das Ziel besteht darin, die eigenen Vorstellungen umzusetzen. Und doch braucht ein jedes künstlerische Streben die Rückendeckung des Studios – so kommt es ganz automatisch zum Stellungskrieg.

Es gibt keine Lösung und auch keine Formel, die sich bei jedem Film bewährt, weil jeder Filmemacher anders ist. Manche sind paranoider als andere. Manchen ist das alles eher egal. Manche betreiben das Spiel um des Spieles willen, versuchen, ihren Kopf durchzusetzen. Da menschliche Gefühle das Werkzeug unseres Ausdrucks sind, haben die Geldgeber einen schweren Stand, wenn sie beim Filmemachen Geld sparen wollen. Man braucht eine ganz spezielle Einstellung, um die Stromschnellen ungezügelten Temperaments zu bewältigen, denn alles basiert auf der Abmachung, daß Geld nur dann zu erwarten ist, wenn der künstlerische Impuls vor dem Austrocknen bewahrt wird. Was für ein Drahtseilakt! Was für ein Pokerspiel! Ein Produzent muß seine Karten richtig einschätzen und die Position des Studios und des Regisseurs gegeneinander abwägen. Dasselbe tut ein Regisseur mit den Schauspielern und der Crew. Das Spiel wird mit Pokerface und melodramatischer Gestik betrieben. Der Einsatz wird erhöht, wenn man jemanden zum Aussteigen bringen will. Die Witze, die Kameraderie, die Verdächtigungen, das sind Karten, in die man sich nicht schauen läßt.

Schon sehr früh wird einem klar, daß es nie darum geht, wer den Jackpot gewinnt oder ob der Film darunter leidet. Es dreht sich alles nur darum, was man über sich selbst in Erfahrung bringt, während man das Spiel spielt.

Hollywood ist ein Ort, der einen mit seinen eigenen Wünschen vertraut macht. Nur wenn man etwas zutiefst begehrt, ist man käuflich. Ich war allein in diesem Land der Versuchung, aus freier Entscheidung heraus allein. Ich hatte die Freuden, die Sicherheit und die Unterstützung aufgegeben, die mein Mann und mein Kind für mich bedeuteten. Ich wollte meinem Verlangen nachgehen, erfolgreich zu sein, anerkannt zu werden, Rollen zu bekommen und geliebt zu werden. Es hat Zeiten gegeben, in denen ich mir selbstsüchtig vorgekommen bin und mir Vorwürfe gemacht habe, weil ich mein Kind so viele Monate im Jahr Steves Aufsicht anvertraut habe. Doch sein Versprechen, für unsere Tochter zu sorgen, hat es mir erlaubt, mich mit dieser Entscheidung abzufinden. Mit Sicherheit war Hollywood auch keine perfekte Alternative. Und doch wünschte ich mir von Hollywood nicht die Form von Macht, die die Bosse besaßen, und ich wollte noch nicht einmal die Macht haben, eine perfektionistische künstlerische Vision umzusetzen. Mehr als alles andere wünschte ich mir die Macht, mit Menschen zu kommunizieren.

Ich wollte künstlerischem Anspruch genügen, aber ich wollte auch kommerziell sein. Mir war es wichtig, daß meine Filme Geld einspielten, und das nicht nur, weil ich dann besser bezahlt wurde. Es ging darum, daß diejenigen, die im Besitz der finanziellen Mittel waren, die undefinierbaren Eigenschaften respektierten, die ich besaß und die beim Publikum ankamen. Jeder in Hollywood will große Menschenmassen ansprechen, insbesondere die Bosse.

Als ich mir die Frage nach meiner potentiellen Korrumpierbarkeit stellte, erkannte ich daher, daß es immer darauf ankam, wieviel ich von Hollywood wollte.

Besitz hat mir nie allzuviel bedeutet. Ich besitze weder Gemälde noch wertvolle Kunstgegenstände, noch habe ich das Wissen eines raffinierten Sammlers. Ich habe nie so gelebt, daß Besitztümer Macht über mich gehabt hätten. Ich glaube, ich besitze nicht die Charakterstärke, mich in Versuchung führen zu lassen. Aus diesem Grunde habe ich mich auch nie wirklich mit einem hyperreichen Mann eingelassen. Das hätte die Macht gefährdet, die ich andernfalls in der Beziehung gehabt hätte.

Und doch gibt es keinen Menschen, für den Hollywood nicht eine Verlockung parat hätte. Es ist ein Prüfstand, auf dem man seinen Preis bestimmen kann. Hatte ich genügend Vertrauen zu mir selbst, in meinem Leben und in meiner Arbeit Versuchungen umgehen zu können? Habe ich einige der widerwärtigsten Machtspielchen in der Stadt bewußt ignoriert, weil ich fürchtete, ich könnte hineingezogen werden und dieselben Spiele betreiben? Ich habe mich schon oft gefragt, ob ich mich vor echter Macht gefürchtet habe, weil ich sie möglicherweise mißbraucht hätte. Macht ist wie Teer. Wenn man erst einmal damit in Berührung kommt, klebt man daran fest. Man kann einfach nicht genug davon bekommen. Keine Geldsumme, die aus dieser Macht entspringt, würde ausreichen.

Vielleicht war die Entscheidung, Korrumpierbarkeit einfach nicht wahrzunehmen, meine Art, die Widerwärtigkeiten um mich herum zu dulden: andernfalls hätte ich fortgehen müssen.

Im Laufe der Jahre habe ich ein paarmal mit dem Gedanken gespielt, alles wegzugeben, aber dazu habe ich nie den Mumm gehabt. Ich interessierte mich für den Buddhismus und insbesondere für die Vorstellung der Lamas über innere Werte.

Wenn man sich vollständig von Wünschen und Begierden freimachte, war man nicht korrumpierbar.

Das war mir in Hollywood ein Ding der Unmöglichkeit. Die Tyrannei des Erfolges, des Geldes, des Ruhms und die Tyrannei der Wünsche, des Verlangens und der Gier, all das schien mich zu begleiten, weil ich unbedingt kommunizieren wollte. Gleichzeitig lernte ich jedoch, daß echte Macht von innen kommt.

Als ich anfing, mich für Metaphysik zu interessieren, hielt ich Seminare darüber ab, was ich über innere Werte und Spiritualität gelernt hatte. Ich sah mich nicht als Lehrerin, sondern eher als Schülerin, die anderen ihre Erfahrungen mitteilte.

Eine Zeitlang hatte ich große Freude an den Menschen, die sich zu den Zusammenkünften an den Wochenenden einfanden. Aber dann begannen sie, sich zu etwas zu entwickeln, was ich als eine metaphysische Dampfwalze empfand, an der New-Age-Groupies hingen und verkündeten, ich hätte ihr Leben verändert.

Das fand ich unerträglich. Ich wollte die Verantwortung nicht tragen, die diese Form von Macht mit sich bringt. Ich wußte nicht, wie ich damit umgehen sollte. Ich hörte auf, Seminare zu veranstalten.

Aber die Frage trage ich immer noch in meinem Herzen und in meinem Verstand mit mir herum. Wann wird das gottgegebene

Recht, sein eigenes Los in die Hand zu nehmen, zu einem unersättlichen Drang nach Macht über andere um mich herum?

Bereitet mir diese Frage solche Furcht, daß ich mir den Werkstoff versage, aus dem ich meine eigene Antwort herausmeißeln könnte?

Wenn ich die Minenfelder der Machtspiele Hollywoods überlebt zu haben scheine, dann heißt das noch lange nicht, daß ich weiß, warum.

Hollywood hilft mir dabei, die Suche fortzusetzen.

7

Wie ich mich mit *Terms of Endearment* arrangierte

Es gibt Leute, die sagen, »Schwierigkeiten« seien das, was einen Film zu einem guten Film macht. Ich bin nicht sicher, ob ich dem widersprechen würde. Fest steht, daß *Terms of Endearment* (Zeit der Zärtlichkeit) eine einzigartig schwierige Erfahrung für mich war, und vielleicht trugen die Umstände bei den Dreharbeiten zu dem künstlerischen Erfolg des Filmes bei. Vielleicht auch nicht. So oder so habe ich an *Terms* viel über das große Spiel Hollywoods gelernt.

Jim Brooks, der nach dem Roman von Larry McMurtry das Drehbuch zu *Terms* schrieb und bei dem Film Regie führte, ist brillant. Er ist gescheit, einfühlsam und besessen von seiner Sicht der menschlichen Natur, die alle unsere Defekte zelebriert. Die Erfahrung, *Terms* zu drehen, entsprach seiner Sicht des Lebens.

Als Jim ursprünglich mit dem Drehbuch auf mich zukam, war ich begeistert. Er sagt, ich hätte ihn zur Seite genommen und ihm ins Ohr geflüstert: »Das könnte bedeutend werden.« Ich kann mich nicht daran erinnern, aber falls es so war, dann übersteigen meine medialen Fähigkeiten bei weitem mein Bewußtsein. In den zwei Jahren, die es dauerte, bis jedes einzelne Studio in der ganzen Stadt sein Drehbuch zweimal abgelehnt hatte, behielt er wachsam alle Projekte im Auge, die ich in Erwägung ziehen könnte. So kam es dazu, daß ich keine andere Arbeit annahm. Ich nahm sogar von einer Steven-Spielberg-Produktion Abstand (die Rolle der Mutter in der ursprünglichen Fassung von *Poltergeist*), weil ich für Jim zur Verfügung stehen wollte. Jims intuitive Einschätzung anderer Menschen stellt die eigene Selbsteinschätzung in den Schatten. Deshalb wurde der Fim so wichtig für mich.

Paramount willigte schließlich ein, Jims Traum zu finanzieren, und wir konnten loslegen. Er hatte acht Millionen verlangt, obwohl er wußte, daß der Film mehr kosten würde, aber »wenn sie erst einmal die ersten Aufnahmen sehen, werden sie derart hingerissen davon sein, daß sie mir mehr geben«, sagte er. Ich denke, das war eine kluge Entscheidung, aber das Studio hätte ihm auch den Hahn zudrehen können – und einmal kam es fast dazu.

Sissy Spacek war für die entscheidende Rolle meiner Tochter im Gespräch, weil sie mir so ähnlich sah. Sissy lehnte das Angebot jedoch ab. Eine weitere Möglichkeit war Mary Steenburgen, aber sie und Jim hatten keinen Draht zueinander.

Debra Winger hatte gerade in *An Officer and a Gentleman* (Ein Offizier und ein Gentleman) großen Erfolg gehabt, und sie stand bei Paramount sehr hoch im Kurs. Obwohl sie eine dunkelhaarige Schönheit war und nicht gerade gemacht für die Rolle meiner Tochter schien, hatte Jim das Gefühl, ihre Energie und ihre Intelligenz würden sie zu einer idealen Emma machen. Der Meinung war ich auch. Ich war begeistert von ihren glutvollen intelligenten Augen auf der Leinwand. Bis dahin war ich ihr nie persönlich begegnet. Der Ruf, schwierig zu sein, eilte ihr in jedem Film voraus, aber das traf schließlich auf so ziemlich jeden zu, der halbwegs etwas taugte und seine Arbeit ernst nahm.

Ich traf sie auf einer NATO-Tagung (National Association of Theater Owners). Sie war nett und geistreich und sagte, sie könne es kaum erwarten, mit der Arbeit an dem Film zu beginnen.

Im Winter Ende 1982 probten wir in New York. Ich nutzte die Gelegenheit, als Aurora alle meine alten Pelzmäntel zu tragen. Ich trug sie zwar in meinem Privatleben nicht mehr, aber für die Rolle eigneten sie sich bestens.

Ich lief, in einen Pelzmantel gehüllt, von meinem Appartement in der zweiundfünfzigsten Straße zu Jims Wohnung in Midtown, und dabei bemühte ich mich, nicht auffällig zu wirken, und doch wußte ich, daß Aurora sich gerade darum bemüht hätte.

Debra trug im allgemeinen Miniröcke, Springerstiefel und Kniestrümpfe, und das lange schwarze Haar fiel ihr auf die Schultern. Sie machte sich auf eine gekonnte Art modisch und auffällig zurecht, so daß sie ziemlich aufsässig und trotzig wirkte. Mir gefiel das, und ich wünschte fast, ich hätte mich so kleiden können, aber inzwischen war ich neunundvierzig und bei meiner konventionelleren und spießigeren Phase angelangt. Hosen, Blusen, Pullover, Leder und Stöckelschuhe.

Es fing alles damit an, daß Debra mich heftig dafür angriff, wie ich mich kleidete.

»Was soll denn diese Scheiße, die du heute anhast?« fragte sie und meinte damit ein weißes Lederkleid, das ich ausgekramt hatte und sehr bequem fand.

Mit einer Spur von Entrüstung sagte ich: »Also, mir gefällt es.« Sie wandte sich an Jim. »Meine Frisur . . . was hältst du davon?«

Er zuckte die Achseln, da er nicht gerade schrecklich viel Ahnung davon hatte, was Frauen sich anzogen oder mit ihren Haaren taten. Sie griff in ihre Reisetasche, holte eine Schere heraus und verschwand in Jims Schlafzimmer. Wir plauderten miteinander und warteten auf sie.

Sie kam aus dem Bad und sagte: »Ist das nicht Emma, wie sie leibt und lebt?«

Sie hatte sich das Haar bis auf Kinnlänge abgeschnitten. Ich war beeindruckt. Darin zeigte sich, daß sie wirklich in ihrer Rolle aufging und ihre Eitelkeit zurückstellte.

Dann machten wir uns sofort an eine Szene, in der Aurora mit Emma darüber spricht, daß sich Emma klarer über ihre Grenzen werden müsse. Wir hielten uns an das Drehbuch, und dann forderte Jim uns auf zu improvisieren. Debra machte mir in ihrer Rolle als Emma immer wieder Vorhaltungen wegen meiner (Auroras) Art und Kleidung. Ich entschied mich als Aurora dafür, mich zurückzuhalten und gleichgültig zu reagieren. Ganz gleich, was Debra-Emma auch sagte, ich-Aurora ignorierte sie, redete über andere Dinge und ging nicht auf sie ein. Ich glaubte, das wäre Auroras Waffe gewesen. Debra regte sich zusehends mehr auf. Sie verließ das Wohnzimmer und rief Jim in das Nebenzimmer. Ich konnte nicht wirklich hören, was die beiden miteinander redeten. Eine Weile später tauchten Debra und Jim wieder auf und verkündeten, die Proben seien für heute beendet.

Debra ging. Ich sah Jim an. »Mach dir keine Sorgen«, erklärte

Terms of Endearment: Die Stars bekriegen einander. (Photofest)

er. »Sie ist sehr gefühlsbetont. Sie findet gerade ihre Rolle. Es hat nur mit der Arbeit zu tun.«

Das nahm ich für bare Münze.

Wir kehrten alle für die Vorproduktion nach Kalifornien zurück.

Jim hatte die Rolle des alternden Astronauten, der Auroras Liebhaber wird, für Burt Reynolds geschrieben. Jim hatte beim Fernsehen mit Burt zusammengearbeitet und mochte ihn. Burt wollte jedoch nicht ohne sein Toupet spielen, und er bestand darauf, an seinem geregelten täglichen Training und an seiner Diät festzuhalten. Den Speck eines Mannes in besten Jahren anzusetzen, das war also nichts, was er für eine Rolle in Kauf genommen hätte. Seine Eitelkeit stand ihm im Weg, wie ich zu meinem Bedauern feststellte, und Jim traf eine andere Wahl: Jack Nicholson.

Jack ist ein Schauspieler, der nicht die Nahaufnahmen zählt und dem nicht wichtig ist, in wie vielen Szenen er einen Auftritt hat. Das einzige, was er in dieser Richtung brachte, war: »Und wieviel kriege ich dafür? Und wann habe ich einen freien Tag, damit ich mir ein Spiel der Lakers ansehen kann?«

Die Gespräche zwischen Jacks Agent und Jims Leuten wurden fortgesetzt. Jim wollte nun Kim Basinger für die Rolle von Emmas bester Freundin Patsy haben. Diese Rolle erforderte außerordentliche Schönheit, jemanden, der auch Aurora Konkurrenz machen konnte.

Jim, Debra und ich saßen in meinem Wohnzimmer in Malibu, als wir Kim anriefen. Sie war verärgert darüber, daß wir direkt an sie herantraten.

»Warum tut ihr mir das an?« fragte sie. »Es ist eine Nebenrolle mit euch Stars, und Burt Reynolds hat mir die weibliche Hauptrolle an seiner Seite in *The Man Who Loved Women* (Frauen waren sein Hobby) angeboten.« Ich konnte den Schmerz aus ihrer Stimme heraushören, als sie unser Angebot ablehnte, und ich spürte, daß sie sich überfordert fühlte.

Ich verstand Kim. Von ihrem Standpunkt aus war ein Film mit Burt eine sichere Sache. Leider ging sie jedoch ein kalkuliertes

Risiko ein und verlor. *The Man Who Loved Women* ging daneben. Eine unbekannte Schauspielerin übernahm die Rolle von Emmas Freundin.

Unsere Proben wurden unter Umständen fortgesetzt, die ich als chaotische Tiefenforschung bezeichnen würde. Debra war hyperaktiv und beharrte darauf, die uneingeschränkte Aufmerksamkeit aller auf sich zu ziehen.

Eines Tages setzte sie sich mit betonter Freundlichkeit neben mich. »Du weißt doch, daß du für mich der wichtigste Mensch in diesem Raum bist«, sagte sie. »Vergiß das nie.«

»Danke«, sagte ich und freute mich darüber, daß wir endlich einen Draht zueinander gefunden hatten.

»Hast du eine Zippe?« fragte sie.

Ich zog ein Päckchen raus, in dem zwei Zigaretten steckten. Eine davon reichte ich Debra.

»O nein«, sagte sie. »Du hast ja nur noch zwei Stück übrig.«

Ich beruhigte sie: »Das macht doch nichts. Kein Problem. Wir können jederzeit neue besorgen.«

»Nein«, beharrte sie.

»Jetzt mach schon, nimm sie«, sagte ich.

»Nein«, antwortete sie.

»Und warum nicht? Du wolltest eine Zigarette haben. Jetzt nimm sie endlich.«

»Nein«, sagte sie. »Du würdest mir niemals verzeihen, wenn ich deine vorletzte annehme.«

Ich wußte nicht, was ich sagen sollte. Ich steckte die Zigarette wieder in das Päckchen. Ich wußte nicht, ob wir eine Emma-Aurora-Improvisation hinlegten oder ob sie auf Streit aus war.

Ein paar Tage später waren Jim, ich und zwei Schauspieler, die im Film in mich verliebt waren, in eine Sequenz voller Komik vertieft, die unsere volle Konzentration erforderte, damit wir sie nicht überzeichneten.

Debra erschien zu den Proben mit einem Ghettoblaster, der so laut aufgedreht war, daß einem fast das Trommelfell platzte. Sie stellte das Gerät nicht weit von uns ab und begann zu tanzen. Jim blickte auf. Er konnte sich nicht mehr konzentrieren. Er ging zu

Debra und sagte etwas zu ihr, was ich nicht hören konnte, und daraufhin brach eine Auseinandersetzung aus. Debra hatte ihr Ziel erreicht: Ihr galt die uneingeschränkte Aufmerksamkeit.

Vielleicht sorgten Spannungen zwischen den Schauspielern auch für Spannungen zwischen den auf der Leinwand Dargestellten, weil diese Spannungen echt waren? Ging es hier etwa um Dinge, die nichts mit unseren Rollen zu tun hatten?

Ich rief John Travolta an, der mit Debra *Urban Cowboy* (Urban Cowboy) gedreht hatte.

»Erzähl mir etwas über Debra, Johnny. Wie arbeitet sie?«

»Sie macht es sich selbst schwer«, antwortete er, »und sie kann, wie soll ich das sagen, bei allen anderen Bestürzung hervorrufen.«

Er fügte noch hinzu, daß er diese Erfahrung ungern noch einmal wiederholen würde, aber er käme einigermaßen gut mit ihr aus und möge sie. All das war einleuchtend. Ich konnte mit jemandem auskommen, der es sich selbst schwermachte. Das kannte ich aus meiner eigenen Erfahrung zur Genüge. Aber da ich eine gute Erziehung genossen und in der Mittelschicht von Virginia zu einer »Dame« erzogen worden war, machte es mir nie Spaß, andere aus der Bahn zu werfen. Das gehörte sich in unserer Gesellschaft einfach nicht, es war unhöflich. Mit anderen Worten, ich hatte nie den Mumm, ausgesprochen schwierig zu sein, wenn andere Zeuge meines Handelns wurden. In mancher Hinsicht war Debra erfrischend hemmungslos.

Nachdem die Rolle des Garrett endlich mit Jack Nicholson besetzt war, zog die Truppe nach Houston. Dort sollten die Proben fortgesetzt werden, und es gab erste Kostümproben und Termine bei der Maske. An dem Tag, an dem ich nach Houston hätte aufbrechen müssen, brach der Sturm von 1983 über Malibu herein. Ich saß in der Malibu Road fest und kam nicht weiter. Ich war allein in meinem Haus, weil die Gegend für jeden Verkehr gesperrt worden war. Die alten Häuser von Malibu, die auf Holzpfähle gebaut sind, waren nicht sicher. Während ich aus dem Fenster schaute, sah ich, wie etliche von ihnen zusammenbrachen und von dem Sog weggeschwemmt wurden. Dann begannen die Pfähle von Paradise Cove nach Süden zu treiben. Zwei dieser

Pflöcke rammten mit der Breitseite die Pfähle unter meinem Haus. Ich glaube, mein Haus würde einstürzen, doch es hielt stand. Dann schaute ich auf den brodelnden Ozean hinaus und sah, wie ein Dodge von den Wellen hin und her geworfen wurde und direkt auf mich zukam. Das ist das Ende, dachte ich. Ich schlug die Hände vors Gesicht, als ob das etwas helfen würde, und wartete. Ich hörte die donnernden und malmenden Geräusche nicht, die man mit der Zeit identifizieren kann, wenn man jahrelang über dem Wasser lebt. Ich wartete noch ein paar Sekunden . . . nichts . . . Ich wagte mich auf den Balkon hinaus, um nachzusehen, was passiert war. Der Dodge war gegen das Nebenhaus geprallt. Auf der anderen Seite meines Hauses machte ein Mann Fotos von seinem Balkon aus, der sich etwa neun Meter über dem Wasser befand. Eine Woge rollte heran, und ich konnte sehen, daß sie direkt auf den Mann zukam, der damit beschäftigt war, den Dodge zu fotografieren. Ich schrie, er solle schleunigst seinen Balkon verlassen, aber er konnte mich nicht hören. Die Woge spülte ihn über die Brüstung und schmetterte ihn gegen die Felsen im Wasser. Ich geriet in Panik und rannte ins Haus, um die Polizei anzurufen.

Das Telefon läutete. Es war Jim, der aus Houston anrief.

»Warum bist du nicht hier?« fragte er. »In einer Woche beginnen wir mit den Dreharbeiten zu einem Film, und du bist nicht hier.«

»Nein«, sagte ich. »Ich sitze mitten in einem Hurrikan fest.«

»Na prima«, erwiderte er. »Dann hast du wenigstens Gelegenheit, dich mit dem Drehbuch zu befassen.«

»Ja, schon«, sagte ich, »aber nicht im Moment.«

Ich schaute aus dem Fenster, weil ich wissen wollte, was mit dem Mann von nebenan geschehen war. Menschen, Sirenen und Lichter waren zu sehen – es war also Hilfe gekommen.

»Was für einen Akzent wirst du dir zulegen?« fuhr Jim fort. »Hast du dich schon entschieden? Das müssen wir nämlich wissen, damit Debra sich entsprechend darauf einstellen kann.«

Wieder hörte ich das beängstigende Grollen. Ich wußte, daß riesige, aufgetürmte Wassermassen direkt auf mich zukamen. Ich hatte solche Angst, daß ich kein Wort herausbrachte.

»Bist du noch da?« fragte Jim.

»Ja«, flüsterte ich.

»Sprich lauter«, forderte er mich auf. »Ich weiß, daß dir nichts zustoßen wird, ganz gleich, was dort draußen bei euch auch vorgeht. Ich habe nur eine einzige Sorge.«

»Ich auch«, sagte ich.

Wie auf ein Stichwort hin krachte die turmhohe Woge gegen das Haus und stürzte in mein Wohnzimmer. Dieses Geräusch war mit nichts vergleichbar, was ich je zuvor gehört hatte. Ich saß auf einem hohen Barhocker in der Küche. Das Wasser überschwemmte alles. Dann war es wieder verschwunden, so schnell wie es gekommen war. Die Möbel, die Wände, meine Kleider und der Teppich waren klatschnaß, und überall tropfte das Salzwasser heraus.

Wie durch ein Wunder funktionierte das Telefon noch. Jim sprach weiter, als existiere die Welt nur an seinem Ende der Leitung.

»Hör zu«, sagte er, »ganz gleich, was passiert, ich will nicht, daß du aus der Rolle fällst.«

Er legte auf. Ich saß da und sah mir das Chaos in meinem Wohnzimmer an.

Er wollte also nicht, daß ich aus der Rolle fiel.

Ich habe noch nie zu den Schauspielern gehört, die »in« eine Rolle hineinfallen. Erst wenn zum Dreh gerufen wurde, ließ ich mich auf die Rolle ein, und selbst dann noch machte ich mir die meiste Zeit Gedanken darüber, was ich wohl zu Mittag essen würde. Ich fragte mich, was er wohl dazu sagen würde.

Regisseure, die ihr eigenes Drehbuch geschrieben haben, sind, wenn es um ihr Material und ihre Rollen geht, besitzergreifender als bei ihren eigenen Kindern. Sie leben und atmen für ihre Schöpfungen, und nichts, aber auch absolut nichts, wird sie davon abbringen, ihre Ideen zu realisieren. Diese Intensität in der Zielsetzung ist das, was Studiobosse so beängstigend finden. Für einen kreativen Filmemacher geht es eben nicht darum, einen weiteren Film wie viele andere zu drehen. Für einen Studioboß dagegen ist dieser Film nur die Ware für das Herbstprogramm.

Jims Endziel war so klar definiert, daß er wild entschlossen war, alles zu tun, damit auch ich durch nichts beirrt würde. Der Tod war die einzige Entschuldigung dafür, aus der Rolle zu fallen. Und er würde jedes notwendige Mittel einsetzen, um sein Ziel zu erreichen, ungeachtet aller Nebenwirkungen.

Ganz zu Beginn, als er noch unsicher war, ob ich die Aurora spielen sollte, lud er mich in ein Restaurant ein, von dem er wußte, daß der Service fragwürdig war, die Atmosphäre jedoch protzig und kostspielig. Er beobachtete mich mit der Intensität eines hungrigen Bussards, weil sehen wollte, wie ich mit der Unfähigkeit des Kellners umging. Eine Zeitlang versuchte ich es mit Geduld und Höflichkeit. Dann explodierte ich und ließ den Kellner meinen Zorn spüren. Jim war hellauf begeistert darüber, daß ich so mühelos auf meine herrischen Anlagen zurückgreifen konnte. Die Rolle der Aurora gehörte mir.

Dieselbe Taktik setzte er während der Aufnahmen immer wieder ein, doch als er sie anwandte, war ich entweder zu naiv oder zu dumm, um sie zu durchschauen. Mein Agent Mort war derjenige, der andeutete, hinter Jims Haltung stecke Methode, aber zu dem Zeitpunkt begann ich bereits zu begreifen, wie alle unsere menschlichen Defekte gewinnbringend einzusetzen waren. Das war ein Gedanke, auf den ich vorher nie gekommen war, jedenfalls nicht in diesem extremen Maß. Wenn es um derart exquisite Manipulation ging, war ich ein Neuling. Wie konnte ich seit dreißig Jahren im Geschäft sein und das noch nicht erlebt haben? Aber natürlich hatte ich auch bis zu meiner Zusammenarbeit mit Jim Brooks nie mit einem so großen Meister gearbeitet. Ich war eine Arbeitsmethode gewohnt gewesen, bei der der Regisseur mir schlicht und einfach sagte, was er wollte, und dann versuchte ich, das zu bewerkstelligen. William Wyler war berühmt dafür, daß er einem nicht sagte, was er wollte, einen aber dazu brachte, die Dinge auf eine andere Art anzugehen – nämlich auf seine. Während einer Szene in *The Children's Hour* (Infam) ließ er mich fast dreißigmal eine Treppe rauf- und runterrennen. Als er endlich zufrieden war und ich ihn nach seinen Gründen fragte, antwortete er, er wollte, daß ich müde wirkte! Warum er mir das nicht einfach von Anfang an gesagt hatte, bekam ich nie aus ihm heraus.

Eine der Anweisungen, für die Jim keinerlei Erklärung abgab, erteilte er an dem Abend, bevor wir begannen, *Terms* zu drehen. Während der Probenphase in Houston hatte ich mir auf Jims Anweisung hin einen River-Oaks-Houston-Akzent zugelegt. Dort lebte Aurora, und ich brauchte mich nicht allzusehr anzustrengen, da ich ohnehin aus dem Süden kam. Daher entstand bei mir ein Bild von der Rolle als einer schönen Texanerin aus guter Familie, einer Dame, die der besseren Gesellschaft angehörte, dort jedoch ziemlich weit unten auf der Skala angesiedelt war. Sie sprach mit dem gedehnten Akzent der Texaner, sie hatte toupiertes Haar und viele Chiffonkleider in ihrer Garderobe, und sie sorgte sich schrecklich um ihre Küche und den Eindruck, den sie auf Schritt und Tritt hinterließ. Ich erarbeite mir eine Rolle immer vom Äußeren her und nicht etwa umgekehrt. Wenn ich weiß, wie diese Person läuft, lacht und ihre Beine plaziert, wenn sie auf einem Stuhl sitzt, dann kenne ich sie. Mit anderen Worten, ich arbeite wie eine Tänzerin. Wenn ich weiß, wie eine Person sich bewegt, dann weiß ich auch, wie sie empfindet.

Wir hatten die Proben in Jims Hotelsuite abgeschlossen und waren bereit, am nächsten Tag mit den Dreharbeiten zu beginnen. Jim streckte sich auf dem Sofa aus und legte seinen Kopf auf meinen Schoß. Alle anderen waren bereits gegangen. Er sprach von seinen Dämonen und einer düsteren Energie, einer Niederge-schlagenheit, die ihm Angst einjagte. Ich war gerührt, aber un-schlüssig, wie ich darauf reagieren sollte. Ich beschloß, das Posi-tive zu betonen, womit ich im allgemeinen am besten fuhr. Er setzte sich abrupt auf und sagte: »Warum erlaubst du dir nicht, mit dem Rest von uns hier unten im Schlamm und im Schmutz zu versinken? Was gibt dir diese verdammte Stabilität und diese Überlegenheit?«

Ich war fassungslos. O mein Gott, dachte ich. War das sein Ernst? Ja, es schien ganz so, aber womit war es ihm ernst? Wollte er, daß ich für den Film meine Wertmaßstäbe und meine Persön-lichkeit veränderte, oder versuchte er lediglich, Aurora zu provo-zieren?

Das war ja sehr verzwickt. Ich schob Kopfschmerzen vor und sagte, ich müßte ins Bett. Dann ging ich.

Um sechs Uhr morgens mußte ich erscheinen. Jim rief mich gegen zehn am Abend an. »Ich habe beschlossen, daß Aurora nicht aus Texas stammen sollte. Sie sollte akzentfrei sprechen. Sie sollte aus New England stammen, und sie lebt einfach hier in Texas. Okay?«

»Aber, Jim«, sagte ich und war vor Entsetzen wie gelähmt. »Was ist mit der gesamten Garderobe und mit der Frisur? Ich meine, ich weiß nicht, was ich sagen soll. Morgen früh geht es los, und heute nacht änderst du alles?«

»Genau«, sagte er. »Dadurch wird es spontaner wirken. Du wirst dich schon umstellen.«

Er legte auf.

Jim Brooks wußte, daß ich im Grunde genommen Tänzerin war, was hieß, daß ich mir Anweisungen erteilen lassen würde, ohne sie zu hinterfragen, weil man mir beigebracht hatte, den Choreographen/Regisseur vorbehaltlos zu fürchten und zu respektieren. So war ich aufgewachsen. Was auch immer der Mann oder die Frau mit dem Stock sagten, das war Gesetz. Andernfalls drohten mir Schläge. So mancher Choreograph – ob Mann oder Frau – hatte mich mit einem Stock geschlagen, mich an einem Ohrläppchen (frisch durchstochen, wie das Glück es wollte) durch den Saal geschleudert oder mir mein Bein hinter das Ohr hochgebogen, bis ich glaubte, vor Schmerz ohnmächtig zu werden.

Das wußte Jim. Daher war ihm klar, daß ich mich fügen würde, weil ich ihn respektierte. Er setzte darauf, daß diese Anweisung mein Selbstvertrauen nicht zerstören würde. Aber in allererster Linie gelang es ihm dadurch, daß er mich in eine emotional unbehagliche Lage brachte, noch eine zusätzliche Ebene von Reaktionen aus Aurora herauszukitzeln, denn sie war eine Frau, die es haßte, aus dem Gleichgewicht gebracht zu werden. Daraus entsprang die Komik. Wenn er mich aus dem Gleichgewicht bringen konnte, so dachte er, würde er mich damit tiefer in die Rolle hineinzwingen. Vielleicht hatte er recht. Vielleicht bewährte sich seine Methode. Vielleicht hätte ich es aber auch ohnehin getan. Aber vielleicht hatte er es sich auch wirklich nur im letzten Moment anders überlegt und mir die Last aufgehalst. Der Versuch, die

Motive für seine Methoden zu ergründen, konnte einen um den Verstand bringen. Aber wenigstens wußte ich eines: Jim Brooks war kein Mann, der versuchte, andere reinzulegen, sie zu überlisten oder ihnen durch gute Vorbereitung überlegen zu sein. Fest stand auch, daß sein Wahnsinn Methode hatte. Mein Problem bestand darin, damit zurechtzukommen.

Am ersten Tag, an dem Debra und ich vor der Kamera zusammenarbeiteten, rief uns der Assistent zu unseren markierten Positionen. Sie erreichte ihre eher als ich.

»He, Mom«, befahl sie mir, »he, stell dich da drüben hin. Da ist dein Platz.«

»Okay«, sagte ich.

Am ersten Tag vor der Kamera versucht man sich eine günstige Ausgangsposition zu verschaffen, man steckt Grenzen ab, bildet sich ein Urteil über seine Schauspielerkollegen und zeigt der Crew, daß einem klar ist, wie wenig jegliche Brillanz auf Erden einem nutzt, wenn man nicht ins richtige Licht gesetzt wird und nicht weiß, wo die Kamera steht. Man weiß, daß die anderen wissen, daß man das weiß, und dazu kommt noch die Angst.

Ich begab mich auf meine Position und versuchte, mich an die maßgeschneiderte Hose zu gewöhnen, die ich jetzt anstelle eines bauschigen Kleids mit Puffärmeln trug. Ich hatte mich noch nicht an meine veränderte Perücke gewöhnt, und ich hatte keine Ahnung, was für ein Akzent aus meinem Mund herauskommen würde. Ich bemühte mich, meine Disziplin als Tänzerin aufrechtzuerhalten. Während ich auf die Position zulief, fragte ich mich, wie zum Teufel die verdammte Hackordnung diesmal wohl aussehen würde.

»Du bist da drüben«, sagte Debra.

Das Team verstummte. Die Leute spürten, daß hier Reviere abgesteckt wurden.

»Ich habe dich gehört«, sagte ich. »Schließlich bin ich nicht taub.«

»Prima«, sagte sie. »Dann verstehst du diese Sprache wohl auch.«

Sie wandte sich von mir ab, trat einen Schritt zurück, hob ihren Rock ein wenig, sah über die Schulter zu mir herüber, beugte sich vor und furzte mir ins Gesicht.

»Redest du immer mit vollem Mund?« fragte ich. Sie lachte. Mein Gott, dachte ich, vielleicht war das die heutige, moderne Art, seine Rolle zu finden. Ich kam mir vor, als wäre ich zweihundert Jahre alt.

War das also Debra Wingers Vorstellung von Emma, die ihre Mutter letzten Endes verachtete und sich gegen sie auflehnte? Wo endete ihre Rolle, und wo begann Debra? Aurora existierte nur dazu, um aus der Bahn geworfen zu werden. Hatten Jim und Debra tatsächlich das Gefühl, ich bräuchte zusätzlichen Beistand, damit ich meine Rolle spielen konnte?

Während der Dreharbeiten wohnte ich im Houstonian Hotel, und dort schlief ich auf dem Fußboden neben einem Fenster, das sich nicht öffnen ließ und das man eigens für mich aufgestemmt hatte. Vor meinem Fenster stand ein Baum, der dem Frühling entgegenblühte und dessen Blätter süße Worte murmelten, wenn sie im Wind raschelten. Dieser Baum hat mir das Leben gerettet. Ich werde ihn niemals vergessen. Er war die Wirklichkeit ... frei von grotesken Mätzchen, die Gott weiß was entsprangen. Er war ganz einfach da. Innerhalb einer surrealen Illusion, die leider mehr und mehr zu meiner wahren Welt wurde, stellte er für mich eine Konstante dar.

Oft kam ich abends an Debras Zimmer vorbei und hörte sie ins Telefon weinen. Ich wollte nicht stehenbleiben und zuhören. Ich fürchtete, das Gespräch könnte sich um mich drehen. Ich war ebenso hilflos wie sie, aber aus anderen Gründen. Sie erzählte mir, daß sie sehr wenig schlief, und dennoch war sie jeden Morgen wunderschön. Einmal beugte sie sich nach einer langen Nacht über den Tisch, während wir die Abendessensszene probten, und flüsterte, sie hätte einen Glassplitter im Auge und müsse ins Krankenhaus. Wir unterbrachen die Probe, und ich bedeutete Jim mit Gesten, er solle zu uns kommen. Sie blickte unglaublich gepeinigt zu ihm auf und sagte, sie könne nicht schlafen, und ihr Auge blutete. Jim gab sofort nach. Er war reizend und voller

Mitgefühl und reagierte einfühlsam auf ihre Probleme. Wir drehten ohne sie weiter.

Am nächsten Morgen drehten Jack und ich in Auroras Schlafzimmer unsere Szene vom »Morgen danach« ab.

Wir hatten eine Probe gehabt, und nachdem wir nachgeschminkt worden waren (die Hitze war in der Kulisse mit der niedrigen Decke unerträglich), waren wir bereit zum Dreh. Ich legte mich auf meine Bettseite, Jack sich auf seine. Jim suchte sich einen günstigen Aussichtspunkt hinter der Kamera, und dann ging es los.

Ich begann die Szene – ich sprach am Telefon mit Emma, während Jack noch schlief.

Plötzlich spürte ich unter der Decke eine Zunge auf meinem Knöchel. Sie glitt an meinem Bein herauf und hielt dann inne. Der Aufbau war für das Kamerateam so schwierig gewesen, daß ich die Szene nicht abbrechen wollte.

Ich begriff, daß Debra unter der Decke lag und etwas betrieb, was sie als einen aufreizenden Streich ansah. Anscheinend tat sie dasselbe mit Jack, als sie mich in Ruhe ließ. Er hatte jedoch keinen Text in dieser Szene, und außerdem war er noch nie jemand von der Sorte, die ein sexuelles Abenteuer ausgeschlagen hätte.

Die Szene schien sich unendlich hinzuziehen. Ich schaute zu Jim. Er wußte, daß Debra unter der Decke lag, doch er ließ die Kamera weiterlaufen. Anscheinend wußte er nicht, wie er sich in dieser Situation verhalten sollte.

Endlich rief er dann: »Schnitt.«

Ich stieß Debra mit einem Tritt von mir. Sie schlug die Decke zurück und bemerkte: »Du solltest nichts ausschlagen, was du nicht ausprobiert hast.«

Sie packte meine Beine und spreizte sie gewaltsam unter meinem Nachthemd. Dann verschränkte mir Jack mit boshaftem Lächeln die Arme über dem Kopf und hielt sie fest. Das Team wurde augenblicklich zu einer festverschweißten Einheit von Voyeuren, angeführt von dem Kameramann, der die Grausamkeiten des kommunistischen Regimes in Polen zu erleiden gehabt

184

hatte und dem eine Szene mit derben sexuellen Späßen äußerst willkommen sein mußte.

Inzwischen hatten sie mich festgenagelt. Debra von unten und Jack von oben.

Sie ließ ihre Zunge jetzt wieder an meinem Bein hinaufgleiten. Ich warf einen Blick auf Jack. Er hatte diesen manischen, teuflischen Gesichtsausdruck, den wir alle an ihm kennen- und liebengelernt haben. Offensichtlich würde er bis zum Schluß mitspielen. Zum Teufel, für ihn waren es nur zwei Wochen. Was konnte es ihm schon ausmachen?

Ich schaffte es, einen meiner Arme freizubekommen, packte seine Eier und drückte zu, so fest ich konnte.

»Sag ihr, sie soll von mir runtergehen«, sagte ich honigsüß und packte noch fester zu.

»Du hast gehört, was die Lady gesagt hat«, sagte Jack mit hoher Stimme. Debra ließ mich in Ruhe. Ich trat sie von mir. Sie setzte sich auf. Ich wankte von der Bühne und kam mir vor wie eine Schullehrerin aus Pasadena.

Die ganze Nacht über machte ich mir Gedanken, wie ich anders mit dem hätte umgehen können, was vorgefallen war. Es war mir völlig unmöglich, die Spielchen der beiden mitzuspielen, und das Schlimmste war, daß mir mein eigenes Verhalten peinlich war. Warum konnte ich diese derben Späße nicht einfach mit einem Lachen abtun und ihnen ihren Spaß lassen?

Die Erfahrungen, die ich bei den Dreharbeiten zu *Terms* machte, entwickelten sich sehr schnell zu genau dem, was Jim zu Anfang vorgeschlagen hatte: »Im Schlamm und Schmutz versinken.«

Die Geschichten sickerten zum Studio durch. Wir hinkten hinter dem Zeitplan her. Wenn bei den Dreharbeiten zu einem Film die Mätzchen der Schauspieler die Terminplanung, das Budget oder die potentiellen Einnahmen beeinträchtigen, dann treten die hohen Tiere in Erscheinung. Schauspieler und kreativ Schaffende können sich jedes Benehmen unter der Sonne leisten, solange dadurch keine Kosten entstehen. Verschiebungen im Zeitplan und im Budget sind gleichbedeutend mit hohen Kosten. Ich fragte

Debra lag unter der Decke. (Archive Photos)

mich, wann die Leute von Paramount uns verrückten Schauspielern Druck machen und uns einen bissigen Aufpasser auf den Hals hetzen würden.

Ich hatte ein paar Tage frei und kostete es aus, eine Weile nichts mit diesem Irrsinn zu tun zu haben, als der Regieassistent mich anrief. »Debra weint«, sagte er. »Sie will dich hierhaben, oder sie kann nicht arbeiten. Ein Chauffeur wird dich abholen und dich hierherbringen.«

Als ich an dem Swimmingpool eintraf, an dem gedreht wurde, lief Debra mit einer dicken Schicht Zinksalbe auf der Nase am Pool auf und ab. Die Crew und Jim standen da und beobachteten sie. Ich ging auf sie zu.

»Was ist los?« fragte ich.

»Er ist bösartig«, schluchzte sie und deutete auf Jim. »Er führt einen Veitstanz auf, und ich weiß, daß er schlecht für mich ist.«

Sie schlang die Arme um mich. Ich hielt sie fest, während sie mehr als eine Stunde lang schluchzte. Jim kam keinen Moment lang auch nur in unsere Nähe. Ich hielt sie einfach in den Armen und wiegte sie. Schließlich beruhigte sie sich ein wenig. Sie war erschöpft. Eine Weile später hatten sie die Szene endlich im Kasten, aber ich stand kurz vor dem Überschnappen, als ich nach Hause fuhr.

An jenem Abend rief sie mich an. Ihr Monolog drehte sich ausschließlich darum, daß man Jim aufgrund seiner eigenen Charakterfehler nicht trauen konnte. Sie sagte, sie könne Dinge an ihm wahrnehmen, die sonst niemand sehen könne. Mit ihrem endlosen Wortschwall wob sie einen Wandteppich aus gewundenen, hochgradig verschnörkelten Beobachtungen und Meinungen über Jim, von denen sich nicht eine einzige in der Realität zu begründen schien. Dennoch klangen sie alle gründlich durchdacht. Ich kam mir begriffsstutzig vor, und zudem zweifelte ich noch an meiner eigenen Vorstellung von Realität. Ich begann, die Tage bis zur Fertigstellung des Filmes zu zählen, und dabei hatten wir erst die Hälfte hinter uns.

Als Jack Nicholson wieder eintraf, um seine Szene abzudrehen, witterte er Ärger. Jack ist ein Meister des Intuitiven. Seine Nase begann zu zucken. Er war wie ein Tier, das negative Schwingungen wittert – eine monströse Dynamik in unserer Mitte.

Wenn man schon so lange in unserer Branche ist wie Jack, dann erfaßt man die Dynamik am Drehort augenblicklich.

Ich merkte, daß ihm das Ganze nicht gefiel. Die Crew arbeitete fragmentarisch und ohne klare Linie, zusammenhanglos... brauchte für alles zu lange... stritt über die idiotischsten Dinge. Jim suchte mit wildem Blick nach Mitteln und Wegen, sich das Chaos zunutze zu machen. Die Dynamik verselbständigte sich, kroch durch alle Ritzen, schlich sich in uns ein und übte einen verheerenden Einfluß auf alle Beteiligten aus.

Wir drehten die Küchenszene, in der Jack seitenweise Text hatte, in dem beschrieben wurde, wie man sich als Astronaut fühlte, wenn man auf dem Mond herumlief. Dann bemerkte er, daß das Kamerateam nicht komplett war. Der Requisiteur brachte das Essen, das wir während der Szene zu uns nehmen sollten, mit Verspätung, und niemand war zuständig. Die Dynamik durchdrang den Drehort, als besäße sie eine Persönlichkeit und hätte klare Absichten. Sie wurde zu einem unsichtbaren Wesen, das vorhatte, Jack in Frage zu stellen. Jack war für derbe Streiche zu haben, selbst dann, wenn sie noch so bizarr waren, aber mit der Dynamik unprofessioneller Arbeit konnte er nicht umgehen. Ich saß ihm gegenüber und beobachtete, wie sich eine Explosion anbahnte. Plötzlich kniff er die Augen zusammen, als er einen schnellen Blick in die Runde warf. Er war bereit, seine Arbeit zu beginnen, aber die anderen waren es nicht.

»He«, brüllte er. »Was ist denn das für eine gottverdammte Scheiße!«

Plötzlich schlug er derart brutal mit der Faust auf die Tischplatte des Küchentischs, daß buchstäblich die ganze Kulisse wackelte. Die Crew erstarrte; kein Mensch rührte sich von der Stelle. Alle waren gewarnt worden, und sie wußten es. Dann faßte sich Jack wieder. Er lächelte dieses teuflische Lächeln. Ich konnte spüren, wie die Dynamik sich verstohlen davonschlich.

Jacks Temperament sollte man nicht unterschätzen. Wenn er sich bedroht fühlt oder wütend wird, dann kann er wahrhaft beeindruckend sein. Mit seiner unterdrückten Gewalttätigkeit ist nicht zu spaßen, und manipulieren sollte man ihn schon gar nicht. Und er hat nicht dieselbe Kragenweite wie Leute, die mit der Gefahr spielen, wie Jim es tut. Jack stellt eine echte Gefahr dar – eine Gefahr erster Güte –, eine lächelnde Gefahr von der Sorte, die ein ganzes Filmteam lähmen kann. Von der Sorte, die einem das Blut gefrieren läßt, weil er bereit ist, den Preis zu bezahlen. Und genau dazu kam es an jenem Morgen. Und in diesem kurzen Augenblick wurde das gesamte Filmteam wiedergeboren, und zwar als eine professionelle Crew, die von dem Gedanken beseelt war, einen Film so zu drehen, wie man ihn drehen sollte.

Es war eine wundersame Verwandlung, die sich dort vollzog. Mein Gott, es war einfach prachtvoll. Sogar Debra benahm sich besser und verbrauchte den größten Teil ihrer hyperaktiven Energie in Jacks Wohnwagen. Er nannte sie »Buck«. Später fand ich heraus, daß Buck eine Kurzform für »buck and wing« war (Winger). Er wußte ganz entschieden etwas, was wir nicht wußten.

Jack war frei von Eitelkeit, und jede Aufnahme war anders. Eines seiner Talente bestand darin, wie ein Chamäleon die Hautfarbe zu wechseln und, je nachdem, wie es ihm einfiel, in eine andere Rolle zu schlüpfen. Das rief eine Spontaneität in mir wach, die mich begeisterte, weil ich sie schon so lange nicht mehr gespürt hatte. Jack lachte lauthals vor Vergnügen, als er die von ihm erschaffenen Figuren zum Leben erwachen sah.

Jack-Garrett neckte Aurora gnadenlos, wozu sie ihn auch unablässig provozierte.

Es gab eine Szene, meine Lieblingsszene, die auf dem Fußboden des Schneideraums endete. Aurora beobachtet, wie Garrett nach einer ganz besonders heißen Nacht mit einem blonden Flittchen über eine seiner Mülltonnen stolpert. Sie steht hinter einem Baum und mustert ihn finster. Dann, als er betrunken auf der nachbarlichen Zufahrt zu seinem Haus liegt, geht sie auf ihn

Jede einzelne Szene mit Jack war schwierig, wunderbar und schrecklich zugleich. (Archive Photos)

zu, baut sich direkt über seinem Kopf auf, schaut auf ihn herunter und sagt: »Es kostet mich große Überwindung, dir nicht ins Gesicht zu treten.«

Die Szene im Wasser, in der Garrett die Hand in Auroras BH steckt, brachte mich derart zum Lachen, daß ich sie kaum spielen konnte. Ich begann zu begreifen, daß das Verhältnis zwischen Garrett und Aurora den Film erfolgreich machen würde. Und noch dazu hatten wir unseren Spaß. War das tatsächlich beabsichtigt? Ich fragte mich, wie lange der Spaß wohl anhalten würde. Die Aufnahmen, die wir uns abends anschauten, machten auch einen sehr guten Eindruck. Natürlich waren die Personen, die Jim entworfen hatte, so klar gezeichnet, daß ich das Gefühl hatte, jeder gute Schauspieler hätte sie zum Leben erwecken können. Vielleicht aber auch nicht. Vielleicht waren wir die einzigen, denen es bestimmt war, sie zu spielen. Vielleicht war es den ganzen Ärger schließlich doch noch wert. Zwischen Drehterminen redeten wir über die Schauspielerei. Jack erzählte mir, daß man einen Betrunkenen spielen konnte, wenn man sich beim Laufen einbildete, daß der Fußboden und jedes einzelne Möbelstück um einen herum in Stücke brechen wird, wenn man etwas berührt. Er sagte, daß es das Publikum begreift, wenn man seine Gefühle zurückhält, weil man damit den Leuten, die selbst unfähig sind, ihre Gefühle auszudrücken, eine Möglichkeit zur Identifikation gibt. Für mich war das Schauspielunterricht. Alle ließen sich bereitwillig von Jack ihre Einsätze geben. Er wollte die Dynamik der Negativität einfach nicht dulden, die ständig um uns herum lauerte.

Als Jack abgereist war, umzingelte uns die Dynamik wieder. Debra war eines Abends im Vorführraum so aufgekratzt, daß sie anfing, in den Gängen auf und ab zu laufen und zu singen, wenn Filmspulen gewechselt wurden, und dabei trug sie eine Dose Coca-Cola mit Brandy in der Hand. Sie ließ sich auf den Sitz neben mich plumpsen. Die nächste Filmrolle wurde eingelegt, und sie flüsterte mir ins Ohr: »Warte bloß, bis du das siehst!« Die Aufnahmen, die sie zu sehen bekam, machten sie nur noch unruhiger und fröhlicher. Sie schlang einen Arm um mich und zog fest an meiner rechten Brust. Ich schrie vor Schmerz auf, rammte ihr einen

Ellbogen in den Bauch und sagte: »Scher dich zum Teufel, aber laß mich in Ruhe.« Sie zog sich zurück wie ein verletztes, manisches Kind, das seine Strafe selbst herausfordert und doch entsetzlich verletzt ist, wenn es sie bekommt. Mit Tränen, die ihrer Aggressivität entsprangen, stürzte sie davon. Mir war abscheulich zumute. Ich wünschte, ich hätte es nicht getan. Aber wenigstens kämpfte ich endlich dort unten »im Schlamm und Dreck«. Jim konnte mir nicht mehr vorwerfen, ich stünde über alledem.

Kurz nachdem ich Debra diesen Schlag versetzt hatte, verbannte Jim mich von den Vorführungen. Einen Film zu drehen, ohne täglich Zwischenergebnisse zu sehen, ist für mich, als malte ich mit geschlossenen Augen ein Bild. Als ich protestierte, sagte Jim, es stünde nicht in meinem Vertrag.

Daher ging ich dazu über, mit sehnsüchtiger Miene draußen vor dem Vorführraum auf einer schmalen Bank zu sitzen, weil ich hoffte, Jims Schuldbewußtsein wecken zu können. Es klappte, aber ich mußte mir die Aufnahmen allein ansehen. Das Team fühlte mir meine Demütigung nach, aber die Leute wußten, daß große Talente sowieso verrückt waren.

Noch beunruhigender an dieser ganzen Situation war, was passierte, wenn ich an der Reihe war, mir die Aufnahmen anzusehen. Jim kam herein, setzte sich auf meinen Schoß und redete mit mir, damit ich die Leinwand nicht sehen konnte, und währenddessen wankte Debra mit ihrem Cola-Schnaps-Gemisch durch den Raum. Es war der helle Wahnsinn. Dann trafen eines Tages die hohen Tiere von Paramount ein. Sie erschienen zu der abendlichen Vorführung. Jim erlaubte mir, die Aufnahmen wieder gemeinsam mit den anderen anzusehen. Wie hätte er erklären können, daß ich mit hängendem Kopf und einem Schal vor dem Gesicht draußen saß und zielstrebig Mitleid heischte?

Die Leute von Paramount brachten ein gewisses Maß an Normalität zurück. Sie wußten, was hier vorging. Ehe das Licht ausgeschaltet wurde, redeten sie mit mir und fragten mich, wie es gewesen war, mit Billy Wilder, William Wyler, Bob Fosse, Alfred Hitchcock und so weiter zu arbeiten. Die Andeutungen waren offensichtlich ... Hast du jemals zuvor einen solchen Wahnsinn miterlebt? Ich wußte, daß Jim zuhörte, und ich konnte spüren, wie seine Unsicherheit zunahm. Ich bemühte mich, meine Antworten äußerst vage zu halten.

Die Vorführung begann. Es war eine großartige Szene – Jack und ich im Wagen, wie wir über den Strand fuhren und im Wasser endeten.

Wir sahen uns viele Szenen an, und als alles vorbei war und die Lichter wieder angingen, grinsten die Typen von Paramount. »Und? Was halten Sie davon?« fragte mich einer von ihnen. Ich konnte meine Aufregung kaum bändigen und sagte: »Mir hat wirklich gefallen, was ich gesehen habe.«

Wie es auch sonst im allgemeinen üblich ist, schauten die hohen Tiere den Regisseur an. Selbst sie sind nicht bereit, ihre Meinung zu äußern, ehe sie eine gewisse Absicherung haben, daß ihr Urteil okay ist. Jim sagte nichts. Sie sagten nichts. Stille. Dann sagte Jim: »Dann fandest du die Aufnahmen also gut?«

»Ja«, sagte ich und ahnte, daß ich in einen Hinterhalt gelockt wurde.

»Tja«, sagte Jim, »das ist der Grund, weshalb ich dich bei den Vorführungen nicht dabeihaben will.«

Die Leute von Paramount blinzelten. Jim wartete auf meine Antwort. Ich nahm meine Handtasche und verließ den Saal. Ich ging ins Hotel zurück, rief Mort an und sagte ihm, sie könnten sich den Oscar, den ich mir hiermit wahrscheinlich verscherzte, in die Haare schmieren und mich überhaupt am Arsch lecken. Ich würde aussteigen.

Er fragte: »Soll das ein Witz sein?«

Ich antwortete: »Nein, es ist mein voller Ernst. Ich will aus der ganzen Geschichte aussteigen. Sollen sie sich doch Bette Davis oder Joan Crawford oder sonst jemanden holen, der dem gewachsen ist. Ich halte das nicht aus.«

»Und was wirst du tun?« fragte er.

»Ich komme morgen nach Hause zurück«, sagte ich. »Ich verschwinde so schnell wie möglich von hier.«

»Hast du morgen einen Drehtermin?« fragte er.

»Ja«, antwortete ich. »Weshalb?«

Er zögerte. »Okay, das reicht mir schon. Wir sehen uns dann morgen.«

Ich packte, rief den Flughafen an, reservierte einen Platz und ging ins Bett.

Ich war noch nie während der Dreharbeiten aus einem Film ausgestiegen. Das lag nicht in meiner Natur. Ich war begeistert, daß ich den Mut dazu aufgebracht hatte.

Ich wachte früh auf, stellte fest, daß ich bereits bei den Aufnahmen hätte sein sollen, und schlief wieder ein.

Gegen neun läutete das Telefon. Es war der Regieassistent.

»Wo sind Sie?« fragte er. »Haben Sie verschlafen? Wir warten schon auf Sie.«

»Ich weiß«, antwortete ich. »Ich komme nicht. Weder jetzt noch später. Mir reicht es.«

Ich legte auf.

Ich lief ziellos umher, tat unnützes Zeug und redete mir selbst gut zu.

Eine halbe Stunde später läutete das Telefon. Mort war dran.

»Du hast es geschafft«, sagte er. »Die Scheiße ist am Dampfen. Jim ist ausgerastet. Er sagt, er versteht deine Gefühle. Er läßt dir ausrichten, er hätte einen schrägen Sinn für Humor.«

Ich sagte kein Wort.

»Bist du noch dran?« fragte Mort.

»Ja, ich bin da«, antwortete ich. »Mit seinem Sinn für Humor kann er mich mal am Arsch lecken. Mir reicht es.«

»Warte mal einen Moment«, sagte Mort. »Ich habe ihm gesagt, wie du zu der ganzen Geschichte stehst. Übrigens weiß man bei Paramount, wie wahnsinnig sich alle bei diesen Dreharbeiten aufführen – was glaubst du wohl, warum sie immer wieder bei euch auftauchen? Du ahnst gar nicht, was da noch alles abgeht, bei diesen Wahnsinnigen.«

Er zögerte. Ich zögerte.

»Übrigens«, sagte Mort. »Ich habe ihm gesagt, daß ich deiner Meinung bin. Daß Debra gaga ist, das ist die eine Geschichte, aber daß er dir das Anschauen der Aufnahmen verweigert, ist einfach unprofessionell.«

»Hier läuft nicht das geringste professionell ab«, sagte ich. »Hier sind doch nur Amateure am Werk. Sie sind alle total verrückt. Ich hasse es. Und erzähl mir jetzt bitte nicht, daß Jim all das absichtlich tut, um mir Aurora-Reaktionen zu entlocken. Das weiß ich selbst, und es interessiert mich einen Dreck. Ich halte es nicht mehr aus. Ich muß hier raus.«

»Du mußt dich mit ihm zusammensetzen«, sagte Mort. »Er bettelt darum, mit dir reden zu dürfen. Immer wieder sagt er, daß alles nur an seinem Sinn für Humor liegt.«

»Ach«, sagte ich, »und für wann werden die Lacher erwartet?«

»Kann er dich anrufen?« fragte Mort.

»Ich kann in Wirklichkeit gar nicht aussteigen, stimmt's?« fragte ich.

»Nein«, sagte Mort. »Es sei denn, du kannst zehn Millionen Dollar dafür aufbringen.«

»Ja, klar«, sagte ich. »Ich weiß. Aber ich halte es einfach nicht aus. Und du weißt, wie ich bin, wenn ich etwas einfach nicht ertrage.«

»Ja, ich weiß«, seufzte er. »Aber rede wenigstens mit ihm.«

Ich seufzte bis in die Zehenspitzen, denn ich wußte, daß die Dynamik des Films sich verselbständigt hatte und sich nicht mehr auf den richtigen Kurs umlenken ließ, ehe der Film beendet war – wenn überhaupt –, ganz gleich, was Jim auch sagen mochte.

Ich wußte, wie begabt Jim war, und ich war mir auch darüber im klaren, daß er im Grunde genommen tiefe Weisheit und großes Einfühlungsvermögen besaß. Und doch stellte sich für mich die Frage, ob ich die Einwilligung zu meiner Selbstzerstörung gab, wenn ich weitermachte. Schließlich war es nur ein Film. Aber nicht für Jim. Für ihn war es sein Leben.

Ich versuchte dahinterzukommen, warum ich bereit war, einen potentiellen Riesenerfolg und eine mögliche Oscar-Nominierung aufs Spiel zu setzen. Ganz gleich, was geschah, ich wußte, daß das Drehbuch ganz außerordentlich war. Doch die Wahrheit war, daß ich durchaus bereit war, mich aus etwas auszuklinken, was mich unglücklich machte. Diese Bereitschaft hatte ich damals, und ich habe sie auch heute noch.

Dennoch konnte ich Morts Einschätzung der Lage nichts entgegensetzen. Die Realität sah so aus, daß ich es mir nicht leisten
konnte, verklagt zu werden.

»Okay.« Ich seufzte. »Sag ihm, er kann sich bei mir melden.«

»Hör mal zu«, sagte Jim, »ich habe wirklich einen schrägen und
abartigen Sinn für Humor. Ich finde, daß du bei diesem Film
wirklich außergewöhnlich gute Arbeit leistest. Deine Entscheidungen sind brillant, und ich will nicht, daß irgend etwas dem im
Wege steht, was wir hier zustande kriegen. Okay?«

»Okay?« fragte ich. »Du willst nicht, daß sich dem, was wir hier
tun, etwas in den Weg stellt? Wie wäre es mit einem Mann in
einem weißen Kittel?«

»Okay«, antwortete er. »Dann sehen wir uns also gleich.
Okay?«

Herr im Himmel!

»Ja, klar«, antwortete ich und gelobte mir, eines Tages zehn
Millionen Dollar zu verdienen. Das würde Macht bedeuten. Ich
lernte dazu.

Die Dreharbeiten wurden fortgesetzt. Aber es war nicht etwa
nur so, daß sich die Umstände nicht besserten – sie verschlechter-
ten sich sogar noch. In Hollywood ist der Schatten immer dann am
dunkelsten, ehe er noch dunkler wird.

Wir beendeten unsere Arbeit in Houston. Dann zog die ganze
Gesellschaft zu Außenaufnahmen in New York weiter, mit denen
ich nichts zu tun hatte. Zumindest glaubte ich das.

Es begann, sobald das Team in Manhattan eingetroffen war. Die
Anrufe begannen um sechs Uhr morgens, kalifornische Zeit. Im
allgemeinen kamen sie von einem Regieassistenten, der mich aus
dem Korridor vor Debras Zimmer von seinem Handy aus anrief.
Er sagte, ihr graute vor der komödiantischen Szene, die an jenem
Tag aufgenommen werden sollte, und sie würde nicht zur Arbeit
erscheinen, es sei denn, ich sprach mit ihr durch, wie sie die Szene
zu spielen hatte. So ging es eine Woche lang.

Verschlafen rief ich sie an. Sie ging Wort für Wort ihre Absicht,
ihre Motivation und ihre Angst, es könne nichts werden, mit mir
durch. Ich glaubte nicht, daß ich ihr eine große Hilfe war, aber im

allgemeinen stellte unser Gespräch sie einigermaßen zufrieden. Sie legte auf und teilte dem Regieassistenten mit, es würde nur noch ein Weilchen dauern, bis sie soweit war. Bald darauf erschien sie zur Arbeit – immer noch unsicher, wie die Szenen gespielt werden sollten, wurde mir berichtet. Im Grunde genommen mußte ich ihr recht geben. Es ist mir nie klargeworden, was der New Yorker Teil der Geschichte soll. Mit ihrer Intelligenz hatte sie das erfaßt, was ich für den einzigen Makel des Drehbuchs hielt, und auf ihr lastete es jetzt, etwas daraus zu machen.

Die ganze Truppe verließ New York und flog nach Lincoln, Nebraska, wo der Rest des Films aufgenommen werden sollte.

Weil sie in ihrer Rolle als Emma an einer tödlichen Krankheit starb, stellte Debra eine Menge Untersuchungen zum Thema Krebstod an. Mir fiel wieder ein, daß Travolta mir erzählt hatte, sie hätte bei den Dreharbeiten zu *Urban Cowboy* darauf bestanden, auf einem Friedhof zu schlafen. Das hätte bei dem Team und auch bei anderen Sorge ausgelöst, aber das war nun einmal ihre Arbeitsweise.

Vielleicht löste die Identifikation mit ihrer Rolle das aus, was als nächstes passierte. Ich weiß es nicht.

Wir drehten in einem Krankenhaus in Lincoln, an dem Schauplatz, an dem sich die Handlung tatsächlich abspielte. Auf der Etage, die uns zugewiesen worden war, stieg ich aus dem Aufzug. Ich konnte nichts hören. Der Lärm, den das Team gewöhnlich veranstaltete, war nicht zu vernehmen. Es rannten auch keine Leute durch die Gegend. Ich entdeckte den Regieassistenten. Er deutete auf ein Zimmer und verdrehte die Augen. Das Team lehnte zusammengesunken an den Wänden des Korridors. Ich hörte Debras Stimme.

Ich betrat das Zimmer. Jim saß auf einem Stuhl, seinen Körper in der Taille abgeknickt, und ließ den Kopf zwischen die Beine hängen. Debra stand vor ihm und schimpfte auf ihn ein. Sie bediente sich einer Sprache, die ich nie zuvor von ihr gehört hatte, als sie Jim beschuldigte, unsensibel zu sein, und sein Benehmen in Bausch und Bogen verurteilte.

Während ich zusah, erkannte ich, daß sich hier zwei Meister im

Ring gegenüberstanden. Je tiefer Jim den Kopf sinken ließ, desto gehässiger wurde Debra. Beiden war klar, daß das Filmteam alles belauschte. Ein Regisseur weiß, daß er der Kapitän des Schiffes ist; Demokratie existiert nicht bei Dreharbeiten. Die Person, die auf dem Stuhl sitzt, ist ein Diktator. Die Ideen dieses Menschen, sein Wort, seine Beschlüsse, wie immer sie auch sein mögen, sind Gesetz.

Und doch war das, was ich hier beobachtete, ein beabsichtigter Verzicht auf seine Autoritätsposition.

Das interessierte mich nur um so mehr, weil ich nicht im Traum auf den Gedanken gekommen wäre, einen Regisseur derart anzuschnauzen. Ich wäre einfach gegangen. Aber hier stand sie jetzt, eine fragil wirkende, dunkelhaarige, sensible junge Schönheit, und sie verspritzte ein Gift, das alles in den Schatten stellte, was ich je zuvor gehört hatte. Und Jim nahm es nicht nur hin, sondern beugte sich sogar noch tiefer, als wollte er sie dazu auffordern, noch fester zuzuschlagen, ihm vorzugsweise Hiebe unter der Gürtellinie zu verpassen, falls ihr danach zumute sein sollte.

Ich warf einen Blick auf Jeff Daniels, der Emmas Ehemann spielte.

»Was geht hier vor?« flüsterte ich.

Er zuckte die Achseln. »Sie findet, er hätte unserer Szene unsensibel gegenübergestanden. Weißt du, sie stirbt nämlich heute.«

Ja, das wußte ich. Tatsächlich fragte ich mich sogar, wie ich auf ihren letzten Atemzug reagieren würde. Ich ging davon aus, daß es mir schwerfallen würde, am Boden zerstört zu sein.

»War Jim tatsächlich unsensibel?« fragte ich. Eine rhetorische Frage, wie ich sogleich begriff.

»Wer weiß das hier schon?« sagte Jeff.

»War er gemein zu ihr?« fragte ich.

Jeff zuckte die Achseln. »Wer weiß?«

Debra brüllte Jim immer noch an. Sie war jetzt wirklich in Fahrt und vernichtete ihn nach Strich und Faden. Wir standen wie gebannt da.

Mitglieder des Teams schlichen sich jetzt langsam auf Zehenspitzen zum Tisch für die Techniker, und ich entfernte mich ebenfalls, um abzuwarten, bis dieser Ausbruch endete. Ich hatte das Gefühl, wenn ich noch länger zugesehen hätte, hätte ich zu Jims emotionaler Riesenblamage beigetragen.

Bald darauf verließ Debra den kleinen Raum. Sie begab sich in das Krankenhauszimmer, in dem die Szene gefilmt werden sollte. Sie stieg ins Bett.

Dann tauchte Jim auf. Er richtete sich einigermaßen auf und strich sich über den Bart. Mit eiligen Schritten schlurfte er auf das Team zu.

»Okay«, sagte er. »Was ist, sind alle bereit?«

Alle begaben sich eilig auf die ihnen zugeteilten Positionen.

Ich ging in die Garderobe und zog mich um. Die Garderobieren beschäftigten sich mit Strumpfhosen und BHs. Niemand sprach über den Vorfall.

Ich ließ mein Make-up auffrischen.

Die Leute tranken Kaffee und aßen Doughnuts.

Ein paar Sekunden später waren wir alle bereit zur Aufnahme. Die Kamera war in Bereitschaft. Die Lichter wurden eingeschaltet. Ich setzte mich auf meinen Stuhl neben Debras Bett. Jeff nahm seinen Platz neben mir ein.

Jim bezog seinen Posten hinter der Kamera, und schon begannen wir mit der Szene. Debra setzte zum Prozeß des Sterbens an. Sie hob ihre Hand zu einem matten kleinen Winken, als wollte sie sich damit von mir verabschieden. Ich beobachtete sie besorgt. Jeff war entsprechend entsetzt. Dann tat Debra ihren letzten Atemzug.

Sie hatte die Szene wunderbar gespielt.

Die Krankenschwester kam herein und schaute besorgt auf die Anzeige der Maschine, die an Debras Arm angeschlossen war. Sie fühlte ihren Puls. Dann schüttelte sie den Kopf und sagte: »Sie ist von uns gegangen.«

Ich hätte am liebsten einen Luftsprung gemacht und Freuden- schreie ausgestoßen, doch ich fand schnell zu dem zurück, was von meiner Professionalität und meinem gesunden Menschenver- stand noch übriggeblieben war, und entschied zu hyperventilieren. Bis zu jenem Augenblick hatte ich nicht gewußt, wie ich die Szene spielen würde. Ich kann nicht sagen, was mich zu dem Entschluß bewogen hat, zu hyperventilieren – kurz und flach Atem zu holen. Es gab viele Möglichkeiten, wie Aurora hätte reagieren können. Schnell zu atmen, um ihre Gefühle wieder unter Kontrolle zu bekommen, schien so einleuchtend zu sein wie vieles andere auch.

Debra lag unbeweglich in ihrem Bett. Jeff stand von seinem Stuhl auf, ich von meinem. Er nahm mich in die Arme, und ich beschloß, Aurora sollte endlich zusammenbrechen.

»Es ist ja so schwer«, rief ich aus und hielt mich dabei wörtlich an das Drehbuch. »Mir war nicht klar, daß es so schwer sein würde.« Ich ließ mich vollständig gehen. Ich schluchzte und schluchzte an der Schulter meines Schwiegersohnes. Ich spürte, wie meine Schultern sich hoben und senkten. Ich hätte am liebsten tagelang geweint. Nur dachte ich dabei nicht an Emmas Tod. Ich dachte daran, wie schwer es für mich gewesen war, in diesem Film mitzuspielen.

Ein Jahr nach der Fertigstellung von *Terms* rief ich Jim am Neujahrstag an, um ihm Glück für das neue Jahr zu wünschen und um ihn um eine Rekapitulation dessen zu bitten, was in dem Jahr, das wir gerade hinter uns gebracht hatten, geschehen war. Ich sagte ihm, ich sei immer noch verwirrt und könnte mir nicht darüber klarwerden, was während der Dreharbeiten vorgefallen war, und ich bat ihn um eine Klarstellung. Er verhielt sich wunderbar. Er fand knappe und reizende Worte.

»Sieh mal«, erklärte er, »Winger und ich, wir brauchen ein gewisses Maß an Chaos und an Sturm und Drang, damit wir arbeiten können. Das ist unsere Art, uns unserer Aufgabe zu widmen. Du und Nicholson, ihr seid anders. Das ist alles. Vergiß es.«

Braucht man Konflikte und hartes Ringen, damit die künstlerische Kreativität Ausdruck finden kann? Die Auster braucht den örtlichen Reiz des Sandes, um eine Perle zu erzeugen, aber braucht der Mensch das auch? Mein Ziel war immer gewesen, in einer friedlichen Umgebung und unter ehrlichen Bedingungen zu filmen, mit direkter, aber nicht verletzender Kommunikation. Für

Mit Jack und Jim Brooks: Es war den ganzen Ärger wert! (Nancy Barr)

mein Empfinden war chaotische Stimulation nicht nur unnötig, sondern zudem noch destruktiv. Vielleicht irrte ich mich, aber vielleicht gelingen manche Filme auch nur *trotz* des Konflikts, vielleicht gelingen sie aber auch nur *wegen* des Konflikts.

Debra schlüpft in einem solchen Maß in ihre Rollen, daß sie darunter leidet. Sie ist bereit, sich darin zu verlieren – im Grunde genommen ist sie sogar dazu gezwungen. Es mag verrückt erscheinen, aber das ist ihre Arbeitsweise. Von ihr habe ich gelernt, daß kreative Impulse von seelischen Narben verunstaltet werden. Jeder einzelne von uns bringt eine andere Lebenserfahrung in seine Arbeit ein, und es werden Anforderungen an unsere sehr unterschiedlichen Erinnerungen gestellt. Daher hat jeder von uns etwas zu sagen und einen Beitrag zu leisten.

Debras Arbeitsweise ist riskant und, mehr als alles andere, ehrlich. Es ist zwar nicht mein Stil, und doch habe ich etwas daraus gelernt: Es steht mir wie allen anderen zu, meinen Bedürfnissen Ausdruck zu verleihen, um eine Arbeitsumgebung zu schaffen, die mir förderlich ist.

Das hatte Jim gemeint, als er gesagt hatte: »Warum kommst du nicht runter in den Schlamm und in den Schmutz?« Ich bemühte mich statt dessen, kooperativ zu sein – ein netter Kerl. »Typisch christlich und diszipliniert«, wie Jim es formulierte.

Als ich den Oscar verliehen bekam und durch den Gang lief, um ihn in Empfang zu nehmen, beugte ich mich zu Debra hinunter – selbst nach all der Zeit konnte ich noch nicht wirklich aufrichtig sein – und sagte: »Der gehört zur Hälfte dir.« Sie dagegen war aufrichtig und erwiderte: »Ich nehme ihn an.« Vielleicht inspirierte mich ihre Aufrichtigkeit dazu, den Oscar über meinen Kopf zu heben und zu sagen: »Den habe ich verdient.«

8

Fosse
Noch einmal von vorn, bitte
. . . verzeih mir

Ich kann unmöglich meine Hollywoodgeschichte erzählen, ohne eines der größten Talente im Kosmos der Kreativität zu würdigen. Bob Fosse war eine extrem komplizierte Persönlichkeit, und er entwickelte sich in dem Maß, in dem er die schlimmsten Seiten des eigenen Ichs erkannte. Als er im Alter von sechzig Jahren starb, war keiner von uns überrascht. Sein eigener Tod hatte ihn schon seit vielen Jahren wie magisch angezogen. Tatsächlich war sein bedeutendster Film eine Darstellung eben dessen. Die Erotik seines Ablebens: *All That Jazz* (Hinter dem Rampenlicht).

Bob Fosse und ich hatten als Tänzer angefangen, er in Hollywood Metro Musicals und ich auf dem Broadway. Als wir bei dem Film *Sweet Charity* (Sweet Charity) zusammenarbeiteten, erinnerten wir uns daran, daß wir uns gegenseitig dabei geholfen hatten, nach Hollywood zu kommen. Er hatte mich aus dem Ballettcorps von *Pyjama Game* (Picknick im Pyjama) geholt, weil er sich sicher war, daß ich mehr konnte. Ich hatte ihn nach Hollywood geholt, weil ich mir sicher war, daß er bei einem Film Regie übernehmen konnte. Wir teilten ein Schicksal, das wir beide anerkannten – aus einer respektvollen Distanz.

Ich war achtzehn Jahre alt und tanzte in einem Broadway-Stück namens *Me and Juliet*. Die Stars waren Bill Hayes, Isabel Bigley und Joan McCracken. Fosse war mit Joan verheiratet. Sie waren Tanzpartner gewesen, waren gemeinsam durch die Clubs getingelt etc. und hatten den Krieg der Metro-Musicals überlebt.

McCracken war eine kleine, stets energiegeladene Frau mit einer Stimme wie ein Nebelhorn und einem Sinn für die »Jetzt-bist-du-dran«-Komik, und das Jahre, bevor sie in Mode kam. Sie war schon ewig lange am Broadway. Begonnen hatte es mit *Okla-*

homa!, wo sie die Urfassung des »gefallenen Mädchens« so spielte, wie Agnes de Mille sie choreographiert hatte. Ich war Jahre später, als ich sechzehn war, mit *Oklahoma!* getingelt. McCracken war Teil des Broadway-Mythos. Nun arbeitete ich mit ihr in *Me and Juliet* für Rodgers und Hammerstein.

Joan war sowohl eine erfahrene und zuverlässige Tänzerin als auch die perfekte Charakterdarstellerin in Komödien, und sie war sehr großzügig, was das Talent anderer Menschen betraf. Während *Me and Juliet* leitete sie an den Matineetagen eine Schauspielklasse für junge Mitglieder des Ballettcorps, die sie für talentiert hielt. Ich war eine von ihnen. Sie gab uns kleine Szenen, die wir auswendig lernten und vortanzten. Sie sagte dann, was sie beobachtet hatte, merkte Kritisches und Lobendes an. Sie war klug, fair und ermutigend.

Joans Ehemann, Fosse, pendelte zwischen New York und Hollywood, je nachdem, wo er gerade arbeitete. Im Ensemble erzählte man sich, daß er ein einfallsreicher Tänzer war, der schon mit Gene Kelly und einer extravaganten Tänzerin namens Carol Haney gearbeitet hatte. Ich hatte noch nicht viele Metro-Musicals gesehen, weil ich mich auf den Broadway konzentrierte. Aber ich erinnerte mich, daß Fosse in einer kurzen Szene in *Kiss Me Kate* (Küß mich, Kätchen) mit Carol Haney getanzt hatte. Ich konnte sehen, daß er keine Ballettausbildung hatte, aber ein hervorragender Jazztänzer war.

Hin und wieder kam Fosse in unsere Schauspielklasse, die zwischen den Aufführungen mit einfacher Arbeitsbeleuchtung auf der Bühne stattfand, und sah uns zu. Er sagte nicht viel, sondern schaute mit einer Zigarette im Mundwinkel zu, während er mit hochgezogenen Schultern den Seitengang des Theaters auf und ab lief. Ich konnte meine Blicke nicht von ihm abwenden. Er strahlte schon allein durch die Art, wie er sich im dunklen Theater zwischen den Sitzen bewegte, beobachtete und grübelte, eine enorme Kreativität aus. Ich fragte mich, wie die Ehe von ihm und Joan wohl klappte, denn beide waren durch ihren Beruf sehr oft voneinander getrennt.

Ich liebte McCracken. Sie war direkt, ehrlich und sehr sensibel.

Sie schien mich unter ihre Fittiche zu nehmen, weil sie spürte, wie wichtig es mir war, eine »schauspielernde« Tänzerin zu werden, und sie half mir sehr bei der Stimmbildung.

Mir machten auch meine Auftritte in der Show Spaß, aber ich wollte mich nicht in ein paar Jahren immer noch im Ballettcorps wiederfinden müssen. Ich hatte keine Vorstellung davon, was ich sonst tun könnte. Wie ich schon sagte, dachte ich nie daran, ein »Star« zu werden. Aber ich wollte gute Rollen spielen, auch wenn ich nicht viel über das Schauspielern wußte und nicht sicher war, was eine gute Rolle für mich sein könnte.

Ich wollte komisch sein und dramatisch und musikalisch und bezaubernden Glanz verbreiten. Ich wollte, daß das Publikum etwas fühlte. Ich wollte einen eigenen Charakter zeigen und mich nicht im Hintergrund verlieren. Ich wollte bemerkt und geliebt werden. Aber ich habe mir nie vorstellen können, eine Rolle in einem Film zu spielen, obwohl ich auch nicht genau wußte, was ich eigentlich auf der Bühne machen wollte.

Die Natur des Ehrgeizes unterscheidet sich sehr von Mensch zu Mensch. Ich bin nie auf den Gedanken gekommen, ich könnte im Showgeschäft *nicht* erfolgreich sein. Ich hatte irgendwie das Gefühl, daß ich von mir *erwarten* sollte, es zu schaffen, weil ich nur so mein Schicksal erfüllen konnte.

Doch ich konnte auch die Neigung in mir feststellen, es lieber bequem, ruhig und sicher zu haben, und ich hatte Angst davor, mich den Demütigungen an der vordersten Frontlinie auszusetzen – beim Vortanzen, den Unterrichtsstunden, dem schmerzhaften Training und dem notwendigen Wettbewerb. All das wurde von mir erwartet, wenn ich es »schaffen« wollte. Aber jedesmal, wenn ich diese Angstzustände bekam, erinnerte ich mich daran, wieviel Mühe, Geld und Stolz meine Eltern in meine Zukunft investiert hatten. Nicht etwa, daß sie jemals offen von mir gefordert hätten, »jemand« zu werden. Aber »gute Gene, Abstammung von den Gründervätern, hervorragendes Blut« und dergleichen waren Formulierungen, die so oft durch unser Haus hallten, daß es schien, als sei es mein Schicksal, die Erwartungen zu erfüllen, die meine Eltern und der liebe Gott in mich gesetzt hatten. Ich wollte sie wohl nicht enttäuschen. Ihre Träume wurden meine Träume. Ich haßte es, selbst das kleinste bißchen Geld von ihnen anzunehmen. Ich war noch ein Teenager, und ich fühlte mich erwachsen genug, um selbst für mich zu sorgen. Es war nicht leicht.

Die Erinnerung an meine frühe Zeit in New York steckt mir heute noch in den Knochen. Ich rieche noch die Fettschminke und die dampfende Hitze in der Chorgarderobe im fünften Stock neben der rechten Bühnenseite. Eine der Tänzerinnen, die mit uns den Umkleideraum teilte, war verheiratet und hatte ein Kind. Jeden Abend kaufte sie die Morgen- und die Abendzeitung und machte sich auf den Weg nach Hause zu ihrem Mann und zu dem, was sie ein »geregeltes Leben« nannte. Sie war damals einunddreißig und kam mir uralt vor.

Ich wohnte in einem Zimmer über den Katakomben der hundertsechzehnten Straße West. Mehr als einmal wurde ich total ausgeraubt... die Möbel, Kleidung, Geschirr etc. Ich war derart naiv, daß ich nicht begriff, daß ich in einem der berüchtigtsten Drogenviertel Manhattans lebte. Ich nahm einfach nur mein Monatsgehalt und möblierte meine Wohnung wieder mit ungestrichenen Holzmöbeln aus dem Großhandel. Meine Umgebung bedeutete mir ohnehin nicht viel. Ich war selten zu Hause. Ich war ständig unterwegs und arbeitete an meinen Träumen.

Während *Me and Juliet* auf dem Spielplan stand, wurde bereits eine neue Show geplant. George Abbott, der große alte Mann des Broadway-Theaters und Regisseur von *Me and Juliet*, war verpflichtet worden, gemeinsam mit Jerome Robbins bei dem neuen Musical von Richard Bissell über Gewerkschaft und Management Regie zu führen. Das Stück hieß *7 1/2 Cents*.

Die Geldgeber waren vorsichtig, weil es sich so politisch anhörte, aber es engagierten sich nicht nur George Abbott und Jerry Robbins, sondern es fanden sich drei sehr kreative Menschen, die das Stück produzierten: Robert Griffith, Freddie Brisson und ein intelligenter junger Mann mit Namen Hal Prince. Auch der Choreograph war jung und intelligent dazu – Bob Fosse.

Ein Teil des Bühnenpersonals von *Me and Juliet* wurde für das neue Stück übernommen. Diese Leute und die Produzenten ka-

Ich war Mitglied des Ballettcorps von *Me and Juliet* am Broadway. Ich hatte eine Zeile Text zu sagen: »Es kommt mir vor, als sei Suzie erst gestern aus der Show ausgestiegen.«

men zu dem Ensemble von *Me and Juliet*, weil sie Käufer für Anteile an *7 1/2 Cents* suchten. Ich erinnere mich noch sehr gut daran, daß ich damals die fünfunddreißig Dollar Beteiligung, die sie von uns haben wollten, nicht aufbringen konnte.

Statt dessen beschloß ich, an den Auditions zu *7 1/2 Cents* teilzunehmen, obwohl ich mir mit meinem Gesang nicht viel zutraute. Ich war eine sehr gute Tänzerin, aber weil der Chor in diesem Stück nur aus sechs Mädchen bestand, würde jede alles können müssen: singen, tanzen und spielen.

Beim Vorsingen sang ich »Blue Skies« und setzte ein, bevor der Pianist anfing zu spielen. Aber da meine Stimme bis zum Balkon vordrang und ich lange Beine hatte, viel lachte und beim Lesen des Textes relativ glaubwürdig wirkte, gaben sie mir den Job.

Bei den Vorsprechterminen waren George Abbott und Jerry Robbins dabei sowie Richard Adler und Jerry Ross, die die Musik schrieben. Bob Fosse lief die Seitengänge auf und ab, zog die Schultern nervös hoch und warf verstohlene Blicke zur Bühne. Er war, wie ich mich erinnere, stark emotional und unwiderstehlich. Mit Fosse als Choreograph und Robbins als Koregisseur, der einige der Musiknummern inszenieren würde, arbeitete ich mit den Bewohnern der Broadway-Welt, aber ich war zu jung, um mir das klarzumachen. Es war alles so einfach gegangen – ich hatte nicht besonders hart kämpfen müssen. Wie ich schon sagte, hatte ich das Gefühl, als sollte ich das *erwarten*. Ich war nicht besonders dankbar. Mir war nur wohl dabei, daß sich die Dinge so entwickelten wie vorgesehen!

Die Proben begannen. Der Titel des Stückes wurde von *7 1/2 Cents* in *Pajama Game* geändert (nach dem Industriezweig, in dem die Gewerkschaft tätig war), weil der alte Titel den Produzenten zu politisch erschien. Ich war zum ersten Mal Fosse ausgesetzt.

Bob liebte den Rhythmus. Daraus schöpfte er den größten Teil seiner Inspiration. Ich hatte gelesen, daß er vom Varieté kam, und ich fragte mich, ob das vielleicht der Grund dafür war, daß er den erotischen Bump-and-grind-Beat so sehr liebte.

Stunde für Stunde lief er mit seinem Metronom durch den

Probenraum, immer mit einer Zigarette im Mundwinkel, und der Rauch kräuselte sich in seine zusammengekniffenen Augen. Er konnte die Maschine auf jeden Rhythmus einstellen, der ihm in den Sinn kam. Er fühlte einen Rhythmus und begann, sich zu bewegen. Die Bewegung wurde zum Stil. Der Stil wurde der Charakter des Tanzes, der sich dann selbst zu choreographieren schien.

Bob machte einen zerbrechlichen Eindruck, nicht nur, weil sein Körper dünn und drahtig war, sondern auch, weil er sich jedesmal zu entschuldigen schien, wenn er etwas sagte. Er hatte nicht diese antreibende, faschistische Grausamkeit, die die meisten Choreographen besitzen. Die Welt des Tanzes, insbesondere die des Balletts, ist eine Welt voller Schmerz. Wenn man von klein auf an Schmerz gewöhnt und abhängig davon ist, wird er zum Lebensstil, eine Voraussetzung für Kreativität, ein vertrauter Begleiter. Darum fügt man dann auch anderen zu, was einem selbst zugefügt wurde. Das ist unabwendbar. Es ist die vertraute Umgebung. Man fühlt sich dort wohl. Um genau zu sein: Man hätte seinen Job erst dann gut gemacht, wenn Schmerz damit verbunden ist.

Fosse kam aber nicht aus der Welt des Balletts, sondern eher aus der Welt des Jazz, und das ist etwas ganz anderes. Ballett ist ein eintöniges Körpertraining und dient einzig und allein dem Zweck, bestimmte Schritte auf traditionelle Art ausführen zu können. Ballett ist vollständig der Vergangenheit verpflichtet und an sie gebunden. Es ist eine disziplinierte Schönheit, bewußt als Ebenbild der alten Zeiten bewahrt, die Zeiten, in denen gesellschaftliche Klassen zählten und außergewöhnliche Körperbeherrschung bewundert wurde.

Ballett war seit meinem vierten Lebensjahr meine Welt. Wenn jemand Ballettänzer ist, dann bleibt kaum noch Zeit für andere Dinge: Familie, Spaß, Liebe, Kinder und Erholung bleiben auf der Strecke, weil man seinen ganzen pervertierten Sinn für Disziplin zusammennehmen muß, um seinen Körper in derart unnatürliche Positionen zu bringen. Die Kraft, die man für die traditionelle Technik braucht, ist übermenschlich, ganz zu schweigen von der mentalen Hartnäckigkeit und Ausdauer. Ballett ist eine der schönsten Kunstformen, aber es ist unnatürlich. Um sich ihr widmen zu können, muß man bereit sein, ein künstlerischer Soldat zu werden, ein Befehlsempfänger und ein Geschöpf der Wiederholung. Man muß sich so ernähren, daß die Energie und die Kraft immer gleich hoch sind, das Gewicht jedoch gleich bleibt; und ... das ist beinahe unmöglich. Rauchen und Trinken sind verboten, aber fast alle großen Ballettänzer, die mir je begegnet sind, frönen beiden Lastern. Sex findet nur zwischen den Engagements statt, und der Wunsch, Kinder zu haben, ist ein Anflug von lächerlichem Wahnsinn, wenn man eine richtige Mutter beziehungsweise ein richtiger Vater oder ein richtiger Künstler sein will.

Da Ballettänzer ständig reisen, wissen sie selten, was in der Welt jenseits der Stange, außerhalb des Probensaals, der Bühnen, der Garderoben, der Flughäfen, der Züge, Taxis und Hotels vorgeht. Schlaf stiehlt man sich, wo es eben geht, und Liebe ist selten dauerhaft, weil sie nicht in den Zeitplan aus Proben und Vorstellungen paßt.

Fosse war absolut kein Mann aus der Welt des Balletts. Sein expressives Talent und seine Kreativität kamen aus sehr spezifischen Bewegungen, die nach innen gingen. Im Ballett sind alle Bewegungen nach außen gerichtet. Die fünf Positionen, aus denen sich alles andere entwickelt, basieren darauf, daß Füße, Beine, Hüfte und Arme auswärtsgedreht sind.

Beim Jazztanz werden die Bewegungen aus einem Gefühl der inneren Gleichgültigkeit heraus entwickelt, einer Art innerer Rebellion, die sich in den Körper hineinschleicht und sich durch unvorhersehbare Drehungen und Wendungen auszudrücken sucht, welche eher überraschen als durch Schönheit gefallen.

Fosses Bewegungen waren der Ausdruck des Mannes selbst. Er mochte boshaften Witz, und obwohl er von seiner Arbeit besessen war, lehnte er selten Vergnügungen, gute Drogen, gute Witze oder gute Frauen ab. Seine Choreographien bildeten die Erfahrungen ab, die ihn geformt hatten, und er hatte keine Scheu, sich auszudrücken. Er betrachtete sich selbst als eine Cartoonfigur aus den *Peanuts*. Er kam mit einer Mickymaus-Sandwichdose zur Arbeit und trug eine Donald-Duck-Baseballkappe. Manchmal lispelte er wie ein kleines Kind (gewöhnlich, wenn er etwas wollte), und wenn er wirklich von jemandem etwas wollte, dann arbeitete er mit Entschuldigungen.

»Entschuldige«, sagte er. »Aber ich möchte wirklich, daß du es so versuchst.«

Er leitete die Proben, als müsse er sich für seine Anwesenheit entschuldigen, aber als ich merkte, was wirklich geschah, wurde mir klar, daß er uns mit seinem entschuldigenden Auftreten mit viel mehr mörderischen Wiederholungen geschunden hat als die meisten Choreographen.

Tatsächlich war Fosse der König des »Entschuldigung, aber bitte noch mal von vorne«.

Wir wiederholten, und er lief in seiner schwarzen Hose und dem schwarzen Hemd mit den Kragenknöpfen auf und ab, und dabei wand er sich, die Zigarette im Mundwinkel, vor Unentschlossenheit, weil er nicht wußte, was er ändern sollte.

Er choreographierte eine Nummer, die den ersten Akt abschließen sollte. Sie hieß »The Picnic«. In ihr konnte er all die kleinen Boshaftigkeiten aus seiner Kindheit verwerten.

Carol Haney war auf Fosses Empfehlung hin von MGM als erste Tänzerin engagiert. Sie hatte viele Jahre mit dem Choreographen Jack Cole gearbeitet, und Coles Stil war in jeder ihrer Bewegungen offensichtlich. Die schnellen flachen Sprünge dicht über dem Boden, die man nur mit blitzschnellen kraftvollen Beinen meistern konnte, waren sein Markenzeichen. Bei Jack Cole gab es auch jede Menge gegenläufige Armarbeit, das heißt, der Körper bewegte sich in Gegenrichtung zu den Armen, was sehr schwer zu tanzen ist. Auch Fosse war ein Jack-Cole-Tänzer gewesen. Deshalb wußten beide, daß es an der Zeit war, einen neuen Stil zu schaffen. Jack Cole mußte endlich zum alten Eisen gehören. Bob und Carol waren die Zukunft.

Die »Picnic«-Nummer war übersprudelnd und rasant, gespickt mit Radschlag, langen Schleifschritten und koboldhaftem Tänzeln. Sie war anstrengend, und auch das war ein Teil der Choreographie, denn wir sollten nicht nur den rasenden Spaß der Menschen bei dem Picknick darstellen, sondern die Nummer stellte auch das Ende des ersten Akts dar. Das bedeutete, Fosse brauchte sich keine Sorgen zu machen, ob die Tänzer hinterher noch Kraft hatten oder nicht... Die Pause würde sie wieder auf die Beine bringen.

Einmal choreographierte er eine Sequenz, bei der die Arme und Beine der Tänzer sehr kompliziert, urkomisch und verwirrend ineinander verknotet waren. Es entsprach etwa dem, wie er sich Beziehungen vorstellte!

Nach ein paar Probentagen nahm mich mein Ehemann in spe Steve auf eine Party mit, und in dem Glauben, es handle sich um Fruchtsaft, kippte ich mehrere Gläser Flüssigkeit in mich hinein, ohne zu bemerken, daß es sich in Wahrheit um fast reinen Wodka mit Fruchtgeschmack handelte. Zum ersten Mal in meinem Leben war ich wirklich betrunken. Steve nahm sich meiner an und trug mich zu einem Taxi. Ich war neunzehn Jahre alt, und ich denke, die Zeit war einfach reif für meinen ersten Kater. Er dauerte drei Tage an, drei Tage Übelkeit, Erbrechen und enorme Kopfschmerzen. Steve pflegte mich.

Ich stand also mitten in einem Haufen ineinander verschlungener Tänzerkörper und versuchte, die Wellen der Übelkeit klein zu halten, während ich mich bemühte, Bobs einschnürende, witzige Bewegungen auszuführen. Ich kam mir vor, als sei ich in eine Orgie von betrunkenen Picknickteilnehmern hineingeraten, was Bobs Vorstellung halbwegs entsprach. Selbst heute wird mir bei der Erinnerung daran noch ganz elend.

Carol Haney brachte ihren ganzen Enthusiasmus in diese Nummer ein, und sie war einfach phantastisch. Aber das war noch gar nichts, verglichen mit ihrer Ausdauer und Kraft in »Steam Heat«.

»Steam Heat« war eine klassische Nummer, welche die Gewerkschaftsversammlung zu Beginn des zweiten Aktes eröffnete. Es war die Nummer, mit der Fosse sein Zeichen setzte. Das Trio bestand aus Haney, Buzz Miller und Peter Gennaro. Fosse verdeutlichte seine Vorstellung, indem er erklärte, daß jede Bewegung aus der Magengrube kommen sollte, in der viel warmer Brandy blubberte.

Die Nummer wurde in schwarzen Smokings und Krawatten,

mit schwarzen Jazzschuhen und Melonen getanzt. Fosse liebte Hüte und benutzte sie ständig als Requisiten. Hüte fordern auffällige, magische Bewegungen heraus und verlangen eine enorme Fingerspitzengefühl.

Er arbeitete mit Bewegungen, die eine unglaubliche Beinkraft erforderten... tiefe, nach unten gezogene Ausfallschritte, die übergingen in elfenartige, groteske Figuren.

Buzz und Peter waren in jenen Tagen die besten Jazztänzer, aber trotzdem war es Carol, die die von Fosse beabsichtigte Komik in die Nummer zauberte.

Fosse brachte das Trio dazu, die Kunststücke mit den Hüten manchmal bis zwei oder drei Uhr morgens im Keller des Theaters zu üben, wobei er ihnen erklärte, daß die Technik ihnen zur zweiten Natur werden müsse. Die Tricks müßten mühelos wirken, damit die eigentliche Haltung hinter ihrer Darbietung deutlich werden konnte.

Fosse und Robbins arbeiteten noch andere Musicalnummern gemeinsam aus. Sie kamen einander dabei niemals ins Gehege. Wann auch immer eine Strophe von einem Mitglied des Ballettcorps gesungen werden mußte, schlug Fosse mich dafür vor. Wenn er jemanden brauchte, um komische Nummern aufzuführen, fragte er mich. Ich glaube, das machte er hauptsächlich, weil er mich in Joan McCrackens Schauspielklasse gesehen hatte und sie ihm erzählt hatte, ich sei talentiert. So ist es eben im Showgeschäft. Wenn einem jemand, den man liebt und respektiert, einen Floh ins Ohr setzt, dann nimmt man das ernst. Robbins nahm Fosse ernst. Fosse nahm McCracken ernst. Ich war die Nutznießerin.

Auch Robbins und George Abbott bemerkten, wie sich Fosses Genie entfaltete. Sie ließen ihn in Ruhe, und das war auch gut so, denn bei unserer ersten Vorauführung vor einem eingeladenen Publikum wurden einige Dinge ganz besonders deutlich. Das Publikum lachte über Carol Haney, und sie hatte eigentlich nur die Tanzrolle der Gladys übernommen. Charlotte Rae, die Komödiantin, hatte ihren Part überzogen gespielt – zu viele Grimassen, zuviel Slapstick. Das Publikum lachte überhaupt nicht über sie.

Abbott versuchte, sie zu bremsen, aber das fiel ihr schwer. Daher feuerte er sie und legte ihre Rolle mit der Tänzerinnenrolle zusammen, die Haney spielte. Das Ergebnis war eine der gefragtesten Broadway-Rollen für Komödientänzerinnen.

Danach war es für gewöhnlich so, daß, wer immer auch die Gladys gespielt hatte – ob an einem regionalen Theater oder in einer Wanderproduktion von *Pyjama Game* –, hinterher auch größere Rollen angeboten bekam, so zum Beispiel auch Neile Adams, Juliet Prowse und Debbie Allen, um nur einige zu nennen.

Aber unterdessen wurden wir Zeuge der Geburt eines neuen Stars, denn Fosse hatte die Haney erfolgreich zu einer Komödientänzerin choreographiert, und Abbott hat sie später zu einer Komödiendarstellerin inszeniert. Ihre Nebelhornstimme und ihr Gefühl für lustige Gebärden waren einzigartig.

Dann stellte sich die Frage: Wer würde ihre zweite Besetzung sein? Und genau da kam ich ins Spiel. Ich hatte keine Ahnung, daß ich dazu in der Lage sein könnte. Es war Hal Prince, einer der Produzenten, der vorschlug, daß ich das Drehbuch nach Hause mitnehmen, mir den Text ansehen und mich entscheiden sollte, ob mir das Schauspielern Spaß machen würde, um dann für die Zweitbesetzung vorzusprechen. Hal half mir mit den Stichworten, so daß ich lernte, wie man einen Dialog memoriert. Als der Tag des Vorsprechens kam, war ich bereit.

Drei Leute saßen auf hohen Barhockern und beobachteten die beiden Mitglieder des Ballettcorps, die vorsprechen sollten. Die drei Männer waren Abbott, Robbins und Fosse. Hal Prince hatte keinen Stuhl, denn er war ja nur ein junger Produzent. Carmen Alvarez war die andere Tänzerin, die mit mir an jenem Tag vorsprach. Carmen war groß (einen Meter dreiundsiebzig) und hatte einen starken Knochenbau; sie war eine atemberaubende Schönheit aus Puerto Rico mit einer langen schwarzen Pferdeschwanzfrisur und prahlerischer Körpersprache. Sie war auf den ersten Blick nicht der geeignete Typ für die Rolle der Gladys, aber sie war komisch, und sie konnte spielen.

Wir trugen die Szenen vor, wobei der Inspizient die anderen Rollen las.

Ich hatte in *Me and Juliet* einen langen roten Pferdeschwanz getragen, aber der Inspizient erklärte mir, das lenke auf der Bühne nur ab. Eines Tages tauchte er meinen Kopf in das Spülbecken der Chorgarderobe im Untergeschoß, drehte den Wasserhahn auf, und als ich mich aufrichtete, um nach Luft zu schnappen, schnitt er mir das Haar zu einem seltsamen Bubikopf. Ich hatte eigentlich nichts dagegen und trage seither diesen Haarschnitt.

Frisch frisiert sah ich eher aus wie eine Gladys. Haney hatte jedenfalls fast die gleiche Topffrisur. So eine Frisur ist überdies äußerst sinnvoll, wenn man Tänzerin ist, viel schwitzt und mit einem Hut als Teil der Choreographie arbeiten muß.

Beim Vorsprechen versuchte ich, der Rolle etwas Eigenes hinzuzufügen, statt Haney nur zu kopieren, was ohnehin nicht einfach gewesen wäre, weil sie so toll war. Dann sprach Carmen vor. Sie war witzig und spontan und gut, aber meine Ähnlichkeit mit Carols physischer Erscheinung war ein großer Vorteil. Ich bekam die Rolle.

Ich bekam die Rolle, aber es sah so aus, als könnte ich nicht proben.

Dazu war keine Zeit. Wir hatten in Boston gespielt und bereiteten uns darauf vor, nach New York zu gehen. Fosse nahm noch kurzfristige Änderungen vor, und deshalb war sein Assistent die ganze Zeit über beschäftigt. Meine einzige Möglichkeit, die Rolle zu lernen, bestand darin, von den Kulissen aus zuzusehen. Das tat ich auch, und so begann die Geschichte, die dazu führte, daß ich Carol total entnervte.

Tatsächlich hätte ich nie erwartet, daß sie jemals einen Auftritt verpassen würde. Sie war eine Profi erster Güte. Sie würde sogar mit gebrochenem Genick weitermachen, und Fosse war derselben Meinung. Wozu also brauchte man Proben für die zweite Besetzung?

Trotzdem wollte ich so gut wie irgend möglich vorbereitet sein. Ich besorgte mir also eine Melone und fand heraus, daß ich mehr von den »Steam Heat«-Hutkunststücken besessen war als von irgendeinem anderen Teil der Rolle. Fosse hatte gesagt, solche Kunststückchen müßten einem zur zweiten Natur werden. Es sei

The Pyjama Game: Fosse gab mir in dieser Nummer eine Zeile Gesang – »You Will be free« –, und dabei war ich an den Balkon gekettet. Ich bin die zweite von rechts. (Photofest)

unbedingt nötig, sie so gut zu beherrschen, daß man sich nebenher noch unterhalten oder Gedichte vortragen könnte.

Aber noch nicht einmal die härtesten Proben können einen auf den Moment vorbereiten, in dem es heißt: »Du bist dran.«

Die Show hatte gerade in New York begonnen. Es war ein großer Hit und wir bekamen tolle Kritiken. Ein neuer Star in der Person von Carol Haney war geboren und in Bob Fosse hatte man einen neuen Choreographen entdeckt, beides Neulinge am Broadway mit dem Umweg über Hollywood.

Während einer Samstagsmatinee, zwei oder drei Abende nach der Premiere, stürzte Carol und verstauchte sich den Knöchel.

Mittlerweile hatte ich mich bei dem Ensemble von *Can-Can* als Zweitbesetzung für Gwen Verdon beworben. Gwen fiel von Zeit zu Zeit aus, und vielleicht hatte ich eher eine Chance, sie zu ersetzen. Ich war felsenfest überzeugt, daß die Haney nie ausfallen würde.

Ich hatte die Bewerbung schon in der Tasche, als ich aus der U-Bahn-Station kam – fünfzehn Minuten zu spät, denn ich hätte eigentlich eine halbe Stunde vor Beginn der Show erscheinen müssen. Ich bog um die Ecke und ging auf den Bühneneingang des St.-James-Theater zu.

Der Inspizient, Abbott, Robbins und Fosse standen in einer Reihe da und warteten auf mich!

»Wo hast du bloß gesteckt?« fragte Fosse.

Ich erklärte etwas linkisch, daß die Tür der U-Bahn geklemmt hätte, als ich am Times Square aussteigen wollte.

Er sagte nur: »Haney fällt aus. Du bist dran.«

Mein Herz fiel mir in die Hose, und mein erster Gedanke war, daß ich in »Steam Heat« die Melone fallen lassen würde. Dann rief ich Steve in unserem Appartement an.

Ich rannte in meine Garderobe im Keller, aber dort teilte man mir kurzum mit, ich sollte in Carols Garderobe gehen, wo die Kostüme, die Requisiten und Schuhe wären.

Ich erinnerte mich an das Paar Turnschuhe in meiner Tasche. Die Gewandmeisterin färbte sie rasch schwarz, so daß ich sie in »Steam Heat« tragen konnte. Glücklicherweise hatte ich auch ein paar Schuhe mit Absätzen dabei, die ich während des Rests der Vorstellung tragen konnte.

Der Dirigent fragte mich, in welcher Tonart ich singen würde. Ich hatte nicht die leiseste Ahnung. John Raitt, der die männliche Hauptrolle spielte, versuchte, mir zu helfen. Wir beschlossen, *er* sollte einige der Lieder singen, die ich noch nie geprobt hatte. Ich fühlte mich bei den Dialogen recht sicher, denn ich wußte, daß ich mir einfach etwas einfallen lassen konnte, falls ich in echte Schwierigkeiten geraten sollte. Aus irgendeinem Grund machten mich weder die Dialoge noch mein schauspielerisches Talent (zu diesem Zeitpunkt nicht vorhanden) nervös, und sogar die Songs ließen mich kalt. Ich war ausschließlich nervös wegen der einen Sache, die ich am besten konnte – tanzen. Ich wußte zuwenig über die anderen Bereiche der darstellenden Künste, um Angst zu haben, und das Tanzen war das, worauf ich mich natürlich konzentrierte. Es war ohnehin der schwierigste Teil der Rolle. Was die Komödie anging, war ich entweder komisch oder nicht. Auch die beste Vorbereitung konnte einem nicht dabei helfen, komisch zu wirken.

Haneys Kostüm paßte mir, und meine Frisur war ihrer so ähnlich, daß die Hüte ebenfalls fest auf dem Kopf saßen. Die Schuhe gehörten sowieso mir, ebenso wie die Strümpfe und die BHs.

Ich machte einige Pliés und Dehnübungen und ging noch einmal die Kunststücke mit dem Hut durch, ehe ich mich nach unten zur Bühne begab.

Ich war bereit loszulegen. Es war, als hätte ich mich mein ganzes bisheriges Leben auf diesen Moment vorbereitet; all die Tanzstunden, die Gesangsstunden und die Stunden für Nachwuchsdarsteller; alle die Jahre, die ich seit meinem vierten Lebensjahr damit zugebracht hatte, Bewegungen zu verstehen und mit Lehrern und Choreographen zu arbeiten. All die Tage und Nächte in Bussen oder Autos auf der Fahrt zu und von den Proben, dem Training und den Vorstellungen ... die Depressionen, wenn ich bei einer schwierigen Schrittkombination eine Pirouette nicht hinbekam; die Frustration darüber, daß ich die Beine nicht natürlich auswärts drehen konnte oder in Spitzenschuhen keinen schönen Spann hatte; die Angst davor, während eines Adagios meine Balance zu verlieren, ohne zu wissen, warum.

Ich atmete tief durch und sprach ein Gebet. Der Inspizient trat ans Mikrofon und gab bekannt, daß Carol Haney nicht auftreten konnte. Die Menge buhte und pfiff vor Empörung. Dann gab er meinen Namen bekannt. Der Lärm wurde noch lauter. Einige Leute warfen irgendwelche Gegenstände auf die Bühne. Carol war *der* neue Star am Broadway, und sie war nicht hier. Ich schluckte. Gedemütigt zu werden entsprach nicht meiner Vorstellung davon, Freude an der Sache zu haben.

Der Inspizient stellte das Mikrofon ab und begann, die Bühne zu säubern.

Der Dirigent nahm seinen Platz ein und begann mit der Ouvertüre. Die Klänge von »Hey there, you with the stars in your eyes...« drangen an mein Ohr. Selbst heute noch dreht sich mir der Magen um, und mir wird leicht übel, wenn ich dieses Lied höre.

Der Vorhang ging auf, und ich war dran.

Das Publikum machte mir keine Angst, aber die anderen Schauspieler schon. Sie standen in einer Reihe hinter den Kulissen, manche sogar auf den Schultern anderer, und sie warteten mit einer Mischung aus Schock und Ehrfurcht auf das, was ich tun würde. Jemand hatte einen langen Papierstreifen von einer Rolle abgerissen, der nun schnell durch das Ensemble gereicht wurde, damit jeder unterzeichnen und mir viel Glück wünschen konnte.

Ich fand diese Rolle vor ein paar Monaten wieder, kurz nachdem meine Mutter gestorben war. Ich hatte sie ihr geschickt, und sie hatte sie aufbewahrt. Als ich auf ihrem Dachboden saß und über diesen alten Kostbarkeiten brütete, konnte ich das alles noch einmal durchleben.

Ich nehme an, das Publikum identifizierte sich mit dem armen Schwein in mir. Die Zuschauer waren wunderbar. Je mehr sie auf mich reagierten, desto entspannter fühlte ich mich und war mit ihnen auf einer Wellenlänge.

Der erste Akt lief hervorragend. John Raitt unterstützte mich, wo er nur konnte, Janis Paige war verständnisvoll und wirklich süß, Eddie Foy junior lustig und wunderbar unbeschwert. Dann kam die »Picnic«-Nummer. Ich führte sie an, und als wir etwa in der Mitte der Szene waren, glaubte ich, ich müßte vor Erschöpfung sterben. Wenn man eine Bühne voller erfahrener, trainierter, starker Tänzer anführen muß, ist der Impetus, ihnen nicht in die Quere zu kommen, eine Überlebensfrage. Das bedeutete, daß ich stärker sein und noch mehr Ausdauer als sie mitbringen mußte. Carol Haney besaß diese Attribute. Ich nicht. Ich war eine gute Tänzerin, aber ich hatte keine Bühnenerfahrung. Ich wußte nicht, wie ich das Tempo durchhalten sollte. Ich hatte den Trick, nie einzuatmen, noch nicht gelernt – nur das Ausatmen rettet einen vor dem Zusammenbruch. Außerdem tanzte ich alles derart aus, als müßte ich nur in dieser einen Szene auftreten. Als das Ende der Nummer kam und wir, laut Choreographie, alle umfallen mußten, war es bei mir wirklich nicht gespielt. Ich kam kaum noch hoch.

Der Inspizient kam zu mir gerannt, hob mich auf, und der ganze Stab applaudierte.

Ich torkelte in meine Garderobe, um mich auszuruhen und mich auf »Steam Heat«, die Eröffnung des zweiten Akts, vorzubereiten.

Ich zog die schwarzgefärbten Turnschuhe an. Sie waren immer noch feucht, und die Farbe rann über meine Füße. Na und.

Ich zog den schwarzen Smoking an und probte ein paar Huttricks. Ich fragte mich, wie um alles in der Welt ich den Hut sehen sollte, wenn mir die Scheinwerfer in die Augen strahlten?

Für jeden Darsteller sind die Scheinwerfer das, worauf er sich auf der Bühne am schwersten einstellen kann. Man ist an den Spiegel im Probensaal und an Tageslicht gewöhnt. Die Bedingungen auf der Bühne sind dagegen etwas ganz anderes. Wegen der Scheinwerfer sieht man nichts als Schwärze vor sich. Man verliert die Balance, weil es in der schwarzen Masse keinen Fixpunkt gibt, außer vielleicht der Leuchtschrift über dem Ausgang und ein paar roten Notlichtern. Die Scheinwerfer blenden einen derart, daß man sich fast geschützt fühlt. Man weiß, daß jeder Millimeter des eigenen Körpers beobachtet wird, aber man weiß auch, daß das Scheinwerferlicht einen schön macht. Man kann niemanden sehen. Man benimmt sich so, als würde man nur für sich allein spielen, weil man die Reaktion des Publikums nicht beobachten kann. Deshalb entwickeln Künstler ja auch einen Sinn dafür, Geräusche und Bewegungen zu erfühlen. Man lernt, mit anderen Sinnen wahrzunehmen. Man lernt, die Menschen irgendwo in seinem Herzen zu spüren, oder, um präzise zu sein, im Bauch. Man weiß, ob man ankommt oder nicht, und wenn man nicht ankommt, dann ändert man seine Methode, die Art des Angriffs, den Rhythmus. Wenn das nicht funktioniert, macht man Bekanntschaft mit dem, was man Flop-Schweiß nennt. Es ist ein widerliches Gefühl. Es ist die absolute, reine Demütigung, die einen zurückversetzt in all die Situationen, in denen man als Kind völlig hilflos war und nicht wußte, was zu tun war, um geliebt zu werden.

Ich stand also hinter dem Vorhang und wartete auf das Ende der Ouvertüre zum zweiten Akt. Fosse ging mir nicht aus dem Sinn. Es war seine Nummer, sein Geschöpf, und seine fast zwanghafte Verrücktheit hatte diesen Klassiker »Steam Heat« hervorgebracht. Ich konnte seine Zigarette, seine Adleraugen, seine autoritären Entschuldigungen, sein Hin- und Herwandern mit hochgezogenen Schultern nicht aus meinem Kopf verbannen! Er hatte mir keine Anweisungen gegeben, bis auf eine: »Mach dir die Rolle, das Tanzen und die Komödie zu eigen.«

Ein Tänzer tanzt aber höchst selten für sich selbst. Wir tanzen, um dem Choreographen zu gefallen. Sein Gesicht steht in unserem Kopf immer ganz im Vordergrund. Ein Gesicht, das Entzücken oder Ärger ausdrückt, je nachdem, wie man war. Jeder Tänzer, den ich kenne, mich eingeschlossen, entschuldigt sich beim Choreographen, wenn er einen Fehler gemacht hat. Es ist ein Band, das aus derart starken symbiotischen Fäden gewoben ist, daß das Zusammenwirken aller Kräfte deutlich spürbar ist.

Dem Regisseur eines Films ergibt man sich auf ganz ähnliche Weise, aber ihm wird nicht dieser Grad an Unterwürfigkeit entgegengebracht, weil das Schauspielern nicht so hart und körperlich schmerzhaft ist wie das Tanzen. Ein Regisseur hat mit viel individuelleren menschlichen Leidenschaften umzugehen, und das erfordert diplomatisches Geschick und liebevolle Manipulation. Ein Regisseur weiß, daß er die Szene nicht so hinbekommt, wie er sie haben will, wenn der Darsteller verletzt oder wütend ist. Mit einem Tänzer dagegen stimmt der Choreograph darin überein, daß diese Kunst an sich schon auf menschlichem Leiden basiert, weil sie wirklich Schmerz mit sich bringt. Bloß weil ein Tänzer ein Künstler ist, heißt das noch lange nicht, daß er nicht wie ein Frontsoldat geschliffen wird. Unabhängig davon, wie talentiert der Tänzer ist, ist daher die Beziehung zwischen ihm und dem Choreographen dem Verhältnis zwischen einem Feldwebel und einem Gefreiten nicht unähnlich.

Der Vorhang ging auf. Der Klang von »Steam Heat« drang an mein Ohr. Ich begann die Nummer mit Buzz Miller und Peter Gennaro.

Ich hatte noch nie mit den Scheinwerfern geübt. Ich hatte eigentlich die ganze Nummer noch nie geprobt, sondern bisher nur aufmerksam zugesehen. Langsam gewöhnte ich mich an das grelle Licht, das mir direkt in die Augen schien. Dann kam das erste Kunststück mit dem Hut. Ich geriet in Panik, als ich den Hut einen Moment lang im Scheinwerferlicht nicht sehen konnte, aber er fand trotzdem den Weg zurück zu meiner Hand. Ich konnte Fosses Lächeln spüren.

Ich entspannte mich ein ganz klein wenig, aber nicht so sehr, daß ich die Kontrolle über meine Muskeln verlor. Dann kam die schwierigste Hutnummer. Ich trat in das Licht, warf den Hut in die Luft, und der Scheinwerfer schien ihn zu verschlucken. Ich konnte ihn nicht mehr finden. Stunden schienen zu vergehen, aber dann sah ich den Hut plötzlich wieder. Ich griff nach oben, anstatt darauf zu hoffen, daß er seinen Weg zu dem von Fosse vorgeschriebenen Landepunkt selbst finden würde. Einen Moment lang fühlte ich ihn zwischen meinen Fingerspitzen, dann verlor ich ihn wieder. *Ich hatte diesen Hut fallen lassen!* Der schrecklichste Alptraum in meinem Leben. Fosse würde mich umbringen, dessen war ich mir sicher. Ich fühlte mich, als hätte ich die gesamte Welt des Tanzes verraten, ganz zu schweigen davon, wie ich Fosse enttäuscht hatte. Ich sagte laut: »Scheiße!« Die ersten Reihen schnappten hörbar nach Luft. Ich hatte der Verletzung noch eine Beleidigung hinzugefügt. Ich wollte sterben. Ich hob rasch den Hut auf und machte mit der Nummer weiter, aber sah die ganze Zeit Fosses Gesicht vor mir. Hier bot sich die Gelegenheit zu zeigen, daß seine Nummer nicht mit Carol Haneys Darstellung stand und fiel. Ich wollte ihm vor Augen führen, daß sie unabhängig vom Darsteller funktionierte. Aber ich hatte ihn verraten.

Es interessierte mich nicht, daß das Publikum begeistert applaudierte, als es vorbei war. Es war die Wiederholung derselben Emotion, die ich als Kind bei einem Staffellauf erfahren hatte. Mein Vater war gekommen, um sich den Wettlauf anzusehen, und als mein Team in die Zielgerade einlief, ich als letzte den Stab übernehmen mußte und nur noch ins Ziel zu laufen brauchte, da ließ ich ihn fallen! Ich ließ den Stab genau vor meinem erwartungsvollen, jubelnden Vater fallen. Ich hatte seine Erwartungen enttäuscht, ganz zu schweigen von denen meiner Teamgefährten.

Die Demütigung, diesen Stab fallen gelassen zu haben, steckte jahrelang tief in mir drin. Ich wurde nicht damit fertig. Ich konnte es nicht vergessen. Daher hatte mich dieses Erlebnis so lange verfolgt, bis ich wieder unter dem Druck stand, eine Meisterleistung zu erbringen, und ich wünschte mir nichts sehnlicher, als die Erwartungen nicht zu enttäuschen, die eine Vaterfigur in mich setzte . . . Bob Fosse.

Dem Publikum schien mein Treiben auf der Bühne außerordentlich gut gefallen zu haben, und auch meine Kollegen, die sich immer noch hinter den Kulissen drängelten und mir zusahen, waren begeistert.

Als die Vorstellung zu Ende war und wir als Belohnung viele Vorhänge bekamen, hüpfte ich mit Buzz und Peter auf die Bühne. Wir drei verbeugten uns, dann traten Peter und Buzz zur Seite und ließen mich einfach in der Mitte der Bühne stehen, damit ich meinen Applaus entgegennehmen konnte. Ich hatte überhaupt keine Freude an diesem Augenblick. Ich wollte wieder in der Gruppe untertauchen. Das einzige, was ich wirklich wollte, war ihre Anerkennung – die Anerkennung von meinesgleichen. Ich war nie auf Ruhm aus gewesen oder hatte von meinem Namen in großen Leuchtbuchstaben geträumt. Und nun, in diesem Augenblick, als mir stehend applaudiert wurde und die meisten Menschen wohl gedacht hätten: »Hurra, ich habe es geschafft«, da verspürte ich nur das, was mich mein ganzes Leben lang motiviert hat: »Mach etwas aus dir und mach deine Sache gut.« Ich hatte nie das Bedürfnis nach Anerkennung, Preisen, Ruhm und Wohlstand.

Ich habe oft versucht, diesen Moment in Bezug zu setzen zu meiner Energie, mir meinen Weg zu einem Platz innerhalb des Showgeschäfts zu bahnen. War ich vielleicht zu jung und noch nicht bereit, die Rolle des Stars als etwas zu empfinden, was mir zustand, und konnte mich deshalb nicht so richtig freuen?

Oder war es etwas, was tiefer saß? Mir wurde bewußt, daß soviel von dem, was mich motivierte, mit meiner Familie und deren Erwartungen zusammenhing, die sich für sie nicht erfüllt hatten. Aber warum war ich dann nicht dankbar und begierig auf mehr?

Nach der Vorstellung kam Fosse in die Garderobe, die für die nächste Woche oder ein wenig länger mir gehören würde. Er vergrub die Hände in den Hosentaschen und wanderte in seiner nervösen Art auf und ab, wobei sein Bild vom Spiegel reflektiert wurde.

»Gut«, sagte er. »Du hast dir die Rolle zu eigen gemacht. Geht es dir gut?«

Ich nickte.

»Prima. Weiter so. Mein Assistent wird dir morgen helfen. Du warst gut. Tolle Energie.«

Steve brachte mich nach Hause, und wir arbeiteten an der schauspielerischen Seite meiner Rolle. Da er auch Schauspieler gewesen war, konnte er einige meiner Anfängerprobleme verstehen. Wir arbeiteten bis tief in die Nacht hinein an den Dialogen und dem Ausdruck. »Merk dir, was Fosse gesagt hat«, ermahnte Steve. »Auf die Energie kommt es an.«

Erst durch Fosse habe ich erkannt, daß Energie die wichtigste Voraussetzung für eine gute Darstellung ist, ganz gleich, ob auf der Bühne, im Film oder im Leben.

Es sollte noch viele Jahre dauern, bis ich wieder mit ihm zusammenarbeitete. Er und Hal Prince hatten mir den Ball zugespielt, jetzt mußte ich die Tore schießen.

Kurz nachdem ich ein paar Wochen für Haney eingesprungen war, machte mir Hal Wallis das Angebot, nach Hollywood zu gehen. Hal Prince hatte dazu eine dezidierte Meinung: »Geh nicht. Du wirst in dem ganzen Rummel untergehen. Bleib in New York. Mach noch ein paar Broadway-Shows, und dann, wenn du bereit bist, werden sich von selbst andere Möglichkeiten ergeben.«

Ich dachte über das nach, was Hal Price gesagt hatte. Ich ging zurück ins Ballettcorps, und etwa zwei Monate später fiel Haney wieder für einen Abend aus. Ich ersetzte sie. An jenem Abend saß Hitchcock im Saal.

Meine Zukunft war gesichert.

Fosse landete mit *Damn Yankees, Bells are ringing, New Girl in Town, Redhead, How to Succeed in Business Without Really Trying, Little Me* und *Sweet Charity* einen Hit nach dem anderen.

In der Zwischenzeit begann ich eine Karriere als Schauspielerin in Hollywood. Fosse blieb in New York.

Etwa fünfzehn Jahre später wollte der damalige Boß von Universal Pictures, Lew Wasserman, ein Musical machen. Ich hatte *Sweet Charity* in New York mit Gwen Verdon – die inzwischen mit Fosse verheiratet war – in der Hauptrolle gesehen. Sie erzählte mir, sie hätte die Rolle der Charity nach einem Bild gestaltet, das sie von mir gesehen hatte. Ich sah aus wie ein Straßenjunge, etwas verloren, und meine Fußspitzen zeigten nach innen. Sie schlug vor, ich sollte die Rolle im Film übernehmen. Ich erzählte ihr, daß ich beinahe meinen Durchbruch in *Pyjama Game* verpaßt hätte, weil ich damals so viel lieber Zweitbesetzung für sie als für Carol Haney gewesen wäre.

Manchmal kommt es einem so vor, als gäbe es nur zwölf

Menschen auf Erden, die alle eine wichtige Rolle füreinander spielen. Gwen und Fosse waren für mich zwei solche Menschen.

Ich ging mit der Idee, *Charity* als Film zu machen, zu Wasserman. Sie gefiel ihm, aber er wußte nicht, wer Regie führen sollte. Ich schlug Fosse vor. Lew sagte: »Er ist Choreograph und Broadway-Regisseur. Was weiß der schon von Kameras?«

Ich sagte: »Was wissen Jerry Robbins und Herb Ross und Stanley Donen über Kameras? Aber Fosse ist viel besser als sie alle, denn er hatte alles studiert, was Fellini je gedreht hat, Bild für Bild.«

Lew sah, wie überzeugt ich war. Es ging ja schließlich auch um meine Karriere. Er dachte einen Moment lang nach. Er mußte keinem Vorstand Rechenschaft ablegen. Er allein war der Chef.

»Okay, Kindchen«, stimmte er zu. »Holen wir ihn.«

Bobby war von der Idee begeistert. Er kam nach Kalifornien, und seine Zukunft war auch gesichert.

Da Fosse ein so großer Bewunderer von Fellini war und Fellini *Le Notti di Cabiria* (Die Nächte der Cabiria) gedreht hatte, auf dem *Charity* basierte, war Fosse sich seiner Sache total sicher. Er wußte genau, wie er den Film machen wollte. Trotzdem gab es eine kleine Panne. Lew hatte Ross Hunter beauftragt, den Film zu produzieren. Ross war ein Liebhaber alles Glitzernden und Schimmernden und gab gerne viel Geld dafür aus. Fosse stellte sich den Dreh von *Charity* aber nicht so hollywoodartig vor. Er wollte, daß der Film nach einem schmierigen kleinen Tanzlokal in der zweiundvierzigsten Straße aussah. Es fanden endlose, erbitterte Diskussionen über die unterschiedlichen Vorstellungen statt. Fosse siegte, Ross Hunter verließ höflich den Schauplatz des Geschehens, und Robert Allen Arthur, ein Mann, der Bob gefiel und mit dem er danach noch viele Jahre in Hollywood arbeitete, übernahm den Posten.

Sweet Charity – Charity Hope Valentine – war ursprünglich eine Nutte. Aber Fosse hatte eine Abneigung gegen amerikanische Nutten. Er hatte kein Problem mit französischen, englischen oder deutschen Nutten (wie man in *Cabaret* sehen konnte), aber mit der Rolle einer amerikanischen Prostituierten konnte er sich nicht anfreunden. So wurde aus Charity ein Animiermädchen eines Tanzlokals. Ich hatte meine Schwierigkeiten mit dieser Änderung, denn ihre unnachgiebige, sauer erworbene Einstellung zu Geld mußte abgemildert werden. Und das Milieu, in dem sich eine Nutte aus der zweiundvierzigsten Straße bewegte, unterschied sich von dem Milieu eines Animiermädchens in der zweiundvierzigsten Straße. Nichtsdestoweniger war sie ein Animiermädchen. Fosse dabei zu beobachten, wie er eine Musicalnummer für die Kamera entwickelte, war genauso, als sähe man einem Maler dabei zu, wie er statt mit Ölfarben mit Zelluloid ein Bild malt. Er choreographierte den Film, er kolorierte ihn, er wählte Ausschnitte, er verlangsamte ihn, er beschleunigte ihn, er belichtete ihn doppelt, er schnitt ihn. Man hatte wirklich das Gefühl, daß der Film sich bewegte, nicht die Menschen.

Vom ersten Tag an war Gwen für mich da und half mir mit der Rolle, die sie sicher liebend gern selbst gespielt hätte. Sie weihte mich in die Schliche ein, mit denen man Bobs Tanzschritte ausführen konnte, ohne sich dabei selbst ein Bein zu stellen. Fosse war ein Meister darin, jede Bewegung entgegen der natürlichen Bewegungsrichtung des Körpers zu choreographieren. Seine Körperarbeit war enorm anspruchsvoll. Deshalb war sie auch so aufsehenerregend. Alles war unglaublich unvorhersehbar, und deshalb zogen sich viele Tänzer während der Arbeit mit Fosse auch Verletzungen zu. Die Gesetze der Schwerkraft waren urplötzlich einfach aufgehoben! Kein Körper konnte wirklich auf das vorbereitet sein, was er hier tun sollte. Aber Gwen zeigte mir einige Methoden, meine Beine, meinen Rücken und meine Füße entsprechend zu trainieren. Sie stand seit fünfzehn Jahren mit seinen Werken auf der Bühne. Abgesehen davon, daß sie mit Fosse verheiratet war, war sie auch die beste Interpretin seiner Bewegungen. Sie konnte mir zeigen, wie ich meinen Körper um eine Bewegung wickelte, die zu einer Sprache von einem anderen Planeten gehörte – dem Planeten Fosse.

Chita Rivera und Paula Kelly arbeiteten rechts und links von mir. Wenn wir zusammen tanzten, waren sie so kraftvoll, daß ich mich wie zwischen zwei disziplinierten und gutgeölten Dampfmaschinen eingespannt fühlte. Ihre Energie zog mich einfach mit.

Wir drei freundeten uns miteinander an. Ich begann eine Bezie-

Sweet Charity mit Chita Rivera (links) und Paula Kelly (rechts): Ich habe mich in erster Linie gehütet, einer von ihnen im Weg zu stehen.

hung mit einem Fernsehjournalisten, und so war ich viel unterwegs. Fosse zog es vor, freitags länger zu arbeiten, weil es samstags keine Aufsicht durch die Gewerkschaft gab. Aber er arbeitete auch deshalb so lange, weil er wußte, daß ich gern früher gegangen wäre, um mehr vom Wochenende zu haben. Er hat es zwar nie ausgesprochen, aber das war mir klar. Ich stand also hinter den Kameras herum, hatte mein Kostüm an und war aufgewärmt und fertig zum Tanzen, während er Körper in geometrischen Formen anordnete und ungewöhnliche visuelle Kompositionen ausprobierte. Chita und Paula täuschten dann immer Erschöpfung vor und halfen mir so, daß ich früher gehen konnte. Ich war entschlossen, ein Privatleben zu führen und den Erwartungen an mich als »Star« gerecht zu werden.

Am schwierigsten war bei den Arbeiten an *Sweet Charity*, daß ich während der gesamten Drehzeit an einem entzündeten Zahnwurzelkanal litt, was Fosse allerdings nicht wußte. Jeder Schritt, jede Bewegung, die ich machte, war die reinste Todesqual. Ich wollte mir nicht freinehmen, um den Zahn behandeln zu lassen, weil ich damit die Produktion aufgehalten hätte. Ich wäre eher gestorben, als undiszipliniert und unzuverlässig zu sein. Während einer Szene hatte ich so hohes Fieber, daß ich mich nicht einmal an die Dreharbeiten dazu erinnern kann.

Dann wurde Martin Luther King ermordet, und Paula war derart außer sich, daß sie nicht arbeiten konnte. Fosse verstand das nicht. Sie sagte: »Wir haben einen großen Führer verloren, und das hier ist bloß ein Film.« Fosse wurde bleich. Für ihn war das nicht nur ein Film. Es war sein Leben. Aber wir durften früher gehen. Ich ließ meinen Zahn behandeln und war ein neuer Mensch.

Zwei Monate später wurde Bobby Kennedy ermordet. Ich kannte Bobby und seine Familie und war am Boden zerstört. Als Fosse sah, wie fertig ich war, änderte er schnell den Drehplan und nahm eine neue Szene auf, in der ich weinen mußte. Jede menschliche Erfahrung ist wie Wasser auf die Mühlen eines Regisseurs, insbesondere wenn es ein Regisseur ist, der das Gefühl hat, einen Film genauso zur Welt zu bringen wie eine Frau ein Kind.

Es war diese zwanghafte Hingabe, die Fosse groß machte. Er war ein Mensch, der süchtig nach Details war: Der Stich am Saum eines Kleides, eine winzige Bewegung mit den Augen – er übersah nichts. Die Konsequenz war, daß er zuviel sah. All das, was er sah, sammelte sich in ihm und behinderte ihn bei seinen Entscheidungen. Deshalb mußten wir die Szenen auch ständig wiederholen. Er versuchte, alles zu verwerten, was er sah. Es war nicht so sehr, daß er immer wieder grausam forderte: »Noch mal von vorn!«, es war nur so, daß er jedesmal etwas Neues und anderes sah. Wenn er das nicht berücksichtigt hätte, hätte er vielleicht den Wert einer Bewegung oder einer Szene nicht richtig erkannt und damit möglicherweise einen wesentlichen Brennpunkt eines Schöpfungsprozesses verpaßt.

Ich beobachtete ihn oft dabei, wie er im Saft seines eigenen Bewußtseins schmorte, und ich erinnerte mich wieder daran, wie er fünfzehn Jahre zuvor in *Pyjama Game* gewesen war. Er war unverändert und betrachtete alles und jeden auf dieselbe wachsame und angstbesetzte Weise.

Eines Tages, ganz zu Anfang der Drehzeit von *Charity*, geriet er in eine Sackgasse, als er zu entscheiden versuchte, wie sich die Kamera bei einer Fahrt bewegen sollte. Ich konnte sehen, daß er sich selbst in ein Dickicht von Möglichkeiten verstrickte. (Wenn man Fosse war, gab es endlos viele Möglichkeiten.) Der Kameramann war derart durcheinander, daß er ihm nicht helfen konnte. Ich machte den Fehler, einen Vorschlag zu äußern.

»Du hast mich hierhergebracht, damit ich diesen Film drehe, und jetzt laß es mich auch auf meine Weise tun«, rügte er mich. Er hatte absolut recht. Und er mußte einfach jeden einzelnen Stein auf dem Weg der kreativen Entscheidung umdrehen. Das war seine Art. Und wieder dachte ich an die Zeiten zurück, als er mich aus dem Ballettcorps herausgenommen hatte, mein »Detail« sah und an mich glaubte. Nun waren die Rollen vertauscht, denn es war an mir, seinen Arbeitsstil vor den Produzenten und dem Studio zu verteidigen, weil ich so fest an ihn glaubte.

Fosse hatte mir einmal gesagt, daß er nur ungerne mit Schauspielern arbeitete, die nicht auch auf der Bühne standen. Er

mochte oder verstand die nachsichtige »Filmstar«-Art nicht, mit
der wir uns an eine Rolle herantasteten und uns mit dem richtigen
Ausdruck für diese Rolle auseinandersetzten. »Bühnendarsteller«, sagte er, »haben die richtige Energie. Sie wissen, daß ein
Publikum da draußen ist, das sie verstehen und hören können
muß. Filmschauspielern geht das ab. Bühnendarsteller haben ein
hohes Maß an zielgerichteter Energie, das den Leuten hier in
Hollywood absolut fehlt.«

Ich verstand, was er meinte. Wenn man eine Menge Bühnenarbeit geleistet hatte, verstand man das.

In den fünfzehn Jahren, seit ich den Broadway verlassen hatte,
war mein Grad von »zielgerichteter Energie« gesunken. Ich
wußte, daß mir etwas verlorengegangen war, aber ich wußte nicht
so genau, was. Unbewußt zwang ich die Kamera, zu mir zu
kommen, was sehr oft einen ganz natürlichen Eindruck von Nähe
auf der Leinwand erzeugt, aber auf der anderen Seite war es
einfach nicht erfüllend, und es verleitete dazu, zu unterspielen.
Subtiles Spielen ist ein ganz anderes Thema. Ich denke, subtiles
Spielen auf der Leinwand ist dann vollkommen, wenn man den
Moment beherrscht und genau in dem Augenblick, in dem man
die ungeteilte Aufmerksamkeit der Kamera hat, eine saubere,
klare *kleine* Geste vollführt. Wenn man die Verbindung zum
Publikum herstellt, dann nur, weil man den Raum, den man
beherrscht, mit genügend Prägnanz gefüllt hat, um weite Bewegungen überflüssig zu machen.

Ich hatte diese faule Gewohnheit angenommen, der Kamera zu
erlauben, alles, was ich tat, zu *finden*. Es war ein Vorwand dafür,
mein kreatives Ziel zu vernachlässigen. Es lag an dem Mangel an
Vorbereitung, denn ich machte kaum noch meine Hausaufgaben.
Nur noch höchst selten studierte ich eine Szene an dem Abend ein,
bevor sie gedreht wurde. Ich gehörte mittlerweile zur Schule des
»Laßt-uns-den-Tag-spontan-angehen«. Diese Schule propagiert,
daß zuviel Nachdenken und Proben alles abgestanden und künstlich wirken läßt – eine Schule, die vorsätzliche Faulheit lehrt.

Indem Fosse meine Ziele, die ich als Bühnenschauspielerin gehabt hatte, wieder freilegte, lehrte er mich, daß ich als Darstelle-

Fosse legte für den Geburtstagskuchen tatsächlich eine Pause ein. Aber die Zigarette war immer dabei. Frank Westmore sah besser aus als viele der Stars, die er zurechtgemacht hatte. (Er ist der mit der Brille.)

rin mit allen Feinheiten der Gedanken und Bewegungen und mit dem Herzen meiner Rolle verbunden sein mußte. Dann sollte ich dieses Wissen in den Wind schlagen und ganz von neuem anfangen – aber nicht, ehe ich mir das Recht darauf verdient hatte. Nicht, ehe ich jede schöpferische Möglichkeit durchdacht hatte, geprobt und dem für mich neuen Gebiet Respekt erwiesen hatte. Es bestand kein Unterschied zwischen dem, was er jetzt sagte, und seinen Anweisungen für die Huttricks in »Steam Heat«: »Lern erst einmal das Muster kennen, dann kannst du es vergessen.«

Ich muß gestehen, daß ich trotz Fosses genialem Rat im wesentlichen faul geblieben bin. Ich lernte, mehr Wert auf das Auswendiglernen der Dialoge zu legen, so daß ich am Drehort nicht mehr mit dem Text kämpfen mußte. Aber weil ich an sich Tänzerin war, verknüpfte ich alle Erinnerungen mit Bewegungen und fand es daher stets ausgesprochen schwierig, Dialoge zu behalten, ohne meine Bewegungen bei den Aufnahmen zu kennen. Natürlich war das im Grunde genommen auch bloß ein Vorwand. Glücklicherweise nahm mir die Natur mit dem Älterwerden meine Faulheit. Heute muß ich mir die Zeit nehmen, um Dialoge auswendig zu lernen, sonst passiert nämlich gar nichts.

Dasselbe gilt übrigens auch für Tanzschritte. Weil ich nun Schauspielerin geworden bin, nimmt mein Gehirn nicht einmal die einfachste Bewegung oder Schrittfolge so wie früher. Mein Gehirn muß fragen: »Warum?« Das ist aber nun wirklich keine bei Choreographen beliebte Eigenschaft. »Weil ich es sage«, ist für gewöhnlich die Antwort.

Als die Ballerina Leslie Browne in *The Turning Point* (Am Wendepunkt) eine Bewegung in Frage stellt, die sie machen soll, gerät der Choreograph außer sich und brüllt: »Du hast hier nichts zu fragen. Du hast zu tanzen! Hör auf zu denken! Wenn du denkst, verletzt du dich, und du ruinierst den Bewegungsfluß. Tanzen muß man erfühlen, und man darf nicht darüber nachdenken.«

Meine Frage zu diesem Thema wäre, wie ich fühlen kann, wenn ich nicht weiß, was ich denke. Das ist genau dasselbe Problem wie mit dem Huhn und dem Ei.

Es reicht festzustellen, daß man sich, wenn man im Showgeschäft bleiben will, an den Text, die Schritte, die Noten, die Bewegungen und die Gefühle, die mit all dem verbunden sind, erinnern können muß.

Fosse sorgte gerade noch rechtzeitig dafür, daß ich nie die harte Arbeit meiner Bühnentage vergessen durfte, in denen Vorbereitung sehr wichtig war, ja vielleicht sogar alles.

Die Kritiken zu *Charity* waren gemischt. Die einen unterstellten, es gäbe zu viele Mount-Rushmore-Großaufnahmen von mir, und andere behaupteten, daß das Milieu des Films zu theatralisch sei, um eine realistische Wiedergabe des Lebens in einem Tanzlokal am Times Square sein zu können.

Ich rief Fosse von Mexiko aus an. Ich fragte ihn, wie ihm zumute war.

»Wenn es ein Flop wird«, sagte er, »möchte ich am liebsten meinen Kopf in den Ofen stecken. Wenn es ein Erfolg wird, dann nehme ich ihn nicht mehr heraus.«

Der Film wurde ein mäßiger Erfolg. Die Leute machten sich nicht viel aus Tanz, und die Technik, mitten auf einer echten Straße zu tanzen und zu singen, die früher so frisch war, wirkte auf einmal unglaubwürdig.

Fosse nahm sich das sehr zu Herzen, aber er lernte daraus. Ich war noch unglücklicher. Es war der erste große Film, in dem ich die tragende Rolle gespielt hatte. Mein Name stand über dem Titel. Wenn es ein Reinfall wurde, dann war das meine Schuld. In einigen Artikeln sprachen Produzenten davon, daß ich meine Chance, zu wahrem Starruhm aufzusteigen, gründlich verpatzt hatte. Denen wollte ich eins auswischen. An ihre Namen erinnere ich mich noch heute, und sie stehen auf einer Art »Feindesliste« meines Gedächtnisses. Ich machte mit anderen Sachen weiter, und das tat Bob schließlich auch. Das nächste Musical, das Fosse inszenierte, war das zeitgeschichtliche *Cabaret*, bei dem sich, weil es in Europa (Deutschland) spielte, eine theatralische Ausdrucksform anbot. Er gewann einen Oscar als bester Regisseur der Kinofassung, und Liza Minnelli und viele andere Leute, die mitgewirkt hatten, wurden ebenfalls ausgezeichnet.

Fosse wurde zum neuen Genie ausgerufen, nicht nur für Musicals, sondern auch für dramatische Darstellungen.

Dann machte er *Lenny*, die wahre Geschichte von Lenny Bruce. Er fühlte sich davon angezogen, weil er glaubte, Lenny Bruce hätte ein von Gott gegebenes, verfassungsmäßig garantiertes Recht, sich auf der Bühne so miserabel zu benehmen, wie er es für notwendig erachtete, um komisch zu sein. Er sah Bruce als einen Komödianten mit enormen Mut. Er war hochgradig fasziniert von Lennys Lebensstil – den Drogen und den Frauen –, aber er konzentrierte sich besonders auf den Stil von Bruce und wie er seine Überzeugungen auf der Bühne vermittelte.

Fosse hatte es schwer mit Dustin Hoffman in der Hauptrolle. Ich denke, das war nichts Neues. Dustin ist ein sehr emotionaler Darsteller, der seine eigenen, klaren Vorstellungen davon hat, wie eine Rolle gespielt werden sollte. Aber er war kein Bühnenkünstler in Bobs Sinn, sondern er war Schauspieler. Und Bruce war ein Bühnenkünstler, das heißt, er stellte sich selbst dar und spielte nicht etwa die Rolle eines anderen.

Fosse war fest entschlossen, das in Artikel 1 der Verfassung festgelegte Recht auf freie Meinungsäußerung auszuüben, indem er die Geschichte eines Menschen erzählte, der in die Geschichte der Comedy als ein Mensch eingegangen ist, der die Toleranz des Publikums, was die freie Meinungsäußerung angeht, arg auf die Probe gestellt hatte. Die Gefahr zog Fosse an, und er trieb die Dinge immer auf die Spitze. Er wollte gar nicht zum Mittelpunkt einer Kontroverse werden. Es war mehr die stille Konfrontation mit seinem eigenen Bedürfnis nach Rebellion. Er wußte, daß er die Grenzen der gesellschaftlichen Akzeptanz testete. Er versuchte, glaube ich, sich selbst zu finden.

Obwohl *Lenny* ein Erfolg war und eine ganze Reihe von neuen Broadway-Shows ihn nach New York zurücklocken wollten, beschloß er, sich auf einen noch schwereren Kampf einzulassen.

Er fing an, an einem dramatischen Stoff über die Beziehung zwischen einem Mann und seiner Frau zu arbeiten. Beide hatten etwa mein Alter. Ich las einen ersten Entwurf für das Drehbuch und dachte, unter Fosses Anleitung könnte es wunderbar werden.

Für mich waren die Dinge nicht so gut gelaufen. Nach *Charity* und einigen weiteren Filmen, *Desperate Characters* (Verzweifelte Menschen) und *The Possession of Joel Delaney* sowie dem unheilvollen Ausflug in die Welt des Fernsehens mit *Shirley's World*, begann ich mich zu fragen, was ich eigentlich in diesem Geschäft verloren hatte. Ich hatte über ein Jahr für George McGovern [Präsidentschaftskandidat der Demokraten 1972, Anm. d. Übers.] gearbeitet, und der hatte auch verloren. Ich brauchte dringend Hilfe.

Ich kehrte zu dem Mann zurück, der mich entdeckt hatte – Fosse.

Wir trafen uns zum Essen bei Elaine's in New York. Wir unterhielten uns über das Drehbuch und darüber, was ich mit meiner Arbeit von nun an erreichen wollte. Ich fragte ihn, ob ich für den Film in Frage käme.

»Nein«, sagte er. »Du bist zu berühmt.«

»Zu berühmt?« fragte ich. »Aber ich bin eine Schauspielerin, die berühmt ist, weil sie viele Filme gemacht hat.«

»Ich weiß.«

»Aber Bob«, fuhr ich fort, »glaubst du, ich bin die Richtige für diese Rolle?«

»O ja«, antwortete er. »Das ist nicht das Problem. Die Leute haben dich über die Jahre hinweg zu gut kennengelernt, das ist alles.«

»Das ist alles?« Ich begann zu schluchzen, gleich dort im Elaine's. »Ich kann es einfach nicht glauben«, protestierte ich. »Du sagst mir, ich bin die Richtige für die Rolle. Du weißt, daß ich gut bin, aber du willst mich nicht, weil ich zu bekannt bin?«

»Verzeih mir«, sagte er. In dem Moment begann ich, seine »Verzeih mir«-Masche zu verabscheuen.

Ich verließ Elaine's äußerst verlegen und sorgte mich um meine Zukunft.

Ein paar Wochen nach unserem Abendessen hatte Bob einen Herzinfarkt. Er hatte hart an dem Broadway-Musical *Chicago* gearbeitet, mit Gwen Verdon und Chita Rivera in den Hauptrollen. Man munkelte, daß *Chicago* ein Geschenk an Gwen war, um wiedergutzumachen, daß er ihr nicht immer treu gewesen war. Er war nervös und rauchte wie ein Schlot.

Als er in der Lage war, Besuch zu empfangen, ging ich ins Krankenhaus. In seinem Krankenhausnachthemd sah er so blaß und zerbrechlich aus, so abgespannt und traurig.

»Verzeih mir, wenn ich weine«, sagte er. »Die Krankenschwestern haben mir erklärt, nach einer Bypass-Operation wären solche Depressionen ganz normal.«

Ich sagte, das könnte ich verstehen.

»Gleich nachdem ich aus der Narkose erwacht bin, habe ich mir diese schreckliche Besprechung von Stanley Donens Film *The Little Prince* (Der kleine Prinz) im Fernsehen angesehen. Es hat mich so wütend gemacht, weil ich weiß, wie sehr so etwa Stanley verletzt, daß ich gleich hier im Krankenhaus noch einen zweiten Herzinfarkt bekommen habe.«

Bob fing an zu weinen. »Entschuldige«, sagte er. Tränen liefen über sein Gesicht. Ich beobachtete ihn mit einem Gefühl, das ich niemals für irgend jemanden aus dem Showgeschäft empfunden hatte. Eine Mischung aus reinem Mitleid, Verständnis, Liebe und Hilflosigkeit. Mir wurde klar, wie gern ich ihn hatte.

Wir unterhielten uns eine Weile.

»Während der Narkose hatte ich einen eigenartigen Traum«, sagte er. »Aber es war eher eine Vision oder ein richtiger Film.«

»Was war es denn?« fragte ich. Er hatte solche Dinge nie erzählt, aus Prinzip nicht.

»Ich starb. Und meine Tochter Nicole kam zu mir. Ich versuchte, ihr zu erklären, wie sich das Sterben anfühlt. Mir wurde klar, daß ich es mit Rhythmus tat. Ich starb mit Rhythmus. Ich sang ein rhythmisches Lied, das ›Every Time My Heart Beats‹ hieß. Ich sah die Sterbeszene unheimlich klar vor mir. Und ich dachte mir, selbst wenn ich sterbe, arbeite ich. Ich versuche herauszufinden, wie ich das zu einem Musical verarbeiten kann.«

So wie er mir seinen Traum beschrieben hatte, sah ich das Musical vor mir – ein Musical über sein Leben, seine Widersprüche, seine Besessenheit, seine Lieben, seine Unsicherheiten.

»Warum machst du kein Musical über deinen Tod?« fragte ich.

»Was?« sagte er.

»Ja«, begann ich. »Ich meine, wenn jemand das erlebt hat, was du hinter dir hast, und dann träumt, zu einer Musicalnummer zu sterben, dann ist er vielleicht reif für eine neue Art von musikalischer Erfahrung.«

»Was glaubst du, bedeutet das alles?« fragte er.

»Oh, wahrscheinlich etwas in dem Sinne, daß du absolut die Kontrolle darüber haben willst, wie dein Tod choreographiert wird, damit dein eigenes Ableben richtig abläuft. Damit es hervorragende Kritiken bekommt.«

»Genau«, sagte Bob. »Genau. Kontrolle über meinen eigenen Tod. Dann könnte ich mich dahin bringen, alles zu tun, was ich will; die anderen Leute auch.«

Er fing an, mit den Fingern den Rhythmus zu schnippen, von dem er behauptete, ihn in seinem halluzinatorischen Traum gehört zu haben. Seine Augen bekamen wieder diesen üblichen Probensaalglanz, er zog seine Schultern hoch, sie zuckten, und er sprang aus dem Bett. Es war, als wüßte er nicht, daß er außer seiner Depression noch eine andere schwere Krankheit hatte.

Eine Krankenschwester kam in das Zimmer gestürmt.

»Mr. Fosse«, sagte sie. »Bitte gehen Sie sofort wieder ins Bett, sonst haben Sie bald den dritten Herzinfarkt.«

»Schon gut«, sagte Bob. »Schon gut.« Er krabbelte zurück unter die Bettdecke. Und wieder hatte er Tränen in den Augen. »Entschuldige, bitte«, sagte er. »Und vielen Dank für deinen Besuch.«

Ich schnappte meine Sachen und ging. Auf dem Weg nach draußen begegnete ich Gwen.

»Wie geht es ihm?« fragte sie.

»Er scheint sich einigermaßen wohl zu fühlen«, antwortete ich. »Er ist wirklich sehr niedergeschlagen. Er ärgert sich wahnsinnig über die Besprechung von *The Little Prince* im Fernsehen.«

»Ja«, sagte Gwen. »Er liebt Stanley Donen. Vergiß nicht, daß er mit ihm zusammen in Hollywood angefangen hat. Er identifiziert sich irgendwie mit ihm. Wenn Stanley eine schlechte Kritik bekommt, fühlt sich Bob immer so, als hätte er einen Verriß bekommen.«

»Und«, fügte ich hinzu, »vielleicht fühlt er sich selbst ein wenig wie der kleine Prinz.«

Gwen lachte.

»Er sieht ihm schon ein bißchen ähnlich«, meinte ich. »Aber Bob spielt immer die andere Rolle, die Schlange im Baum, nicht wahr?«

Gwen verdrehte die Augen. »O ja«, sagte sie. »O ja.«

»Na ja«, verabschiedete ich mich, »ich hoffe, er wird wieder gesund. Er bedeutet mir sehr viel. Ich wäre bestimmt nicht da, wo ich heute bin – wo immer das auch sein mag –, wenn er nicht gewesen wäre.«

»Ich weiß«, sagte Gwen. »Ich erinnere mich noch sehr genau daran. Selbst daran, daß du unbedingt meine zweite Besetzung sein wolltest, aber statt dessen für Carol eingesetzt wurdest. Ich habe das nicht vergessen.«

In jener Nacht lag ich da und weinte um Fosse. Ich hatte eine Vorahnung, daß er bald sterben würde. Ich wollte ihn nicht verlieren, und ich fürchtete, er verstand nicht, wie sehr er sein Leben gefährdete. Ich weinte stundenlang, weil ich irgendwie helfen wollte. Also setzte ich mich mit dem Mann hin, mit dem ich zusammenlebte – Pete Hamill, einem brillanten Journalisten, Roman- und Drehbuchautor –, und wir arbeiteten ein Exposé für ein Musical aus, in dem Fosses Herzinfarkt das zentrale Element für die lustigen und die dramatischen Elemente der Handlung war. Wir arbeiteten eine Woche lang daran. Nachdem Fosse das Krankenhaus verlassen hatte, schickten wir es ihm. Wochen gingen ins Land, und wir hörten nichts.

Ein paar Monate später hörte ich, daß er Leute anrief und sie bat, ihm ehrlich ihre ganz persönliche Meinung über ihn mitzuteilen.

Wenn er bei seiner Nachfrage Komplimente zu hören bekam, wollte er sie nicht akzeptieren.

»Ich möchte herabsetzende, verletzende Urteile über mich. Sag mir das Schlimmste, das du dir vorstellen kannst.«

Jeder wußte natürlich sofort, daß diese Nachforschungen nur

bedeuten konnten, daß Bob dabei war, etwas über sein Leben zu machen.

Als Fosse Fred Ebb anrief, der die Texte von *Chicago* und anderen Broadway-Hits geschrieben hatte, bestand er darauf, daß Freddie schonungslos offen seine Meinung über ihn, Fosse, äußern sollte. Freddie erfüllte ihm den Wunsch. Er erzählte Bob, daß er ihn als Vorbild und Inspiration für das Lied »All That Jazz« in *Chicago* benutzt hatte. Er erklärte ihm, daß der Text, der von einem betrügerischen Taschenspieler handelt, der überhaupt kein Talent hat und sich auf »All that Jazz« [den ganzen Kram, Anm. d. Übers.] verläßt, um über die Runden zu kommen, sich tatsächlich auf ihn bezieht – Bob Fosse.

Fosse bedankte sich bei ihm und war nicht im geringsten aus der Fassung gebracht oder verärgert über die Meinung seines Mitarbeiters, denn schließlich, wie wir bald erfuhren, hatte ihm Freddie nur den Titel für das neue Musical gegeben, das er über seinen Herzinfarkt machen wollte! *All That Jazz.*

Ein paar Wochen später erhielt ich einen Anruf von Bob.

»Hallo, Shirley«, meldete er sich. »Hier ist Bobby Fosse.«

»Oh, hallo«, antwortete ich. »Wie geht es dir? Wie fühlst du dich?«

»Gut, wirklich gut. Ich arbeite an einem neuen Musical, das *All That Jazz* heißt. Es handelt von mir und meinen Erfahrungen mit dem Herzinfarkt.«

»Ach«, meinte ich beiläufig. »Du machst ein Musical über deinen Herzinfarkt?«

»Klar. Tolle Idee, nicht?«

»Sicher. Kommt mir irgendwie bekannt vor.« Ich wartete einen Augenblick und dachte, er würde damit herausrücken – aber nicht die Bohne. Er plauderte unverzagt weiter.

»Also, der Kerl bin ich. Er hatte einen Herzinfarkt, und er stirbt. Und es ist ein Musical.« Bob lachte wie die *Peanuts*-Figur, als die er sich selbst sah. »Und ich möchte, daß du Gwen spielst.«

»Gwen?« fragte ich. »Warum kann Gwen nicht Gwen spielen?«

»Weil du besser bist«, erklärte er. »Sie ist keine Filmschauspielerin, und es gibt sonst niemanden, der als Gwen so authentisch wäre.«

Das war die Gelegenheit – ich ergriff sie. »Aber Bob«, zog ich ihn auf, »glaubst du nicht, daß ich viel zu bekannt als *ich* bin, um Gwen zu spielen? Glaubst du nicht, daß ich als ich viel zu berühmt bin?«

Er zögerte, weil er instinktiv spürte, daß ich ihm etwas unter die Nase rieb.

»Zu berühmt?« fragte er.

»Genau.«

»Also, du bist dafür bekannt, daß du eine Tänzerin vom Broadway bist, und du wärst authentisch.«

»Du meinst also, der Film wird wirklichkeitsnah, und das ist der Grund, weshalb du willst, daß ich Gwen spiele?«

»Ja, es ist eine wahre Geschichte«, wand er sich. »Ich meine, ich erzähle das, worum es bei mir und in meinem Leben wirklich ging und was die Menschen tatsächlich von mir denken.«

»Aber der Kerl stirbt doch«, führte ich an. »Du sagst, er wäre du, aber du bist nicht tot. Wie kannst du da behaupten, es sei authentisch?«

Bob zögerte wieder einen Moment lang. »Also gut«, sagte er dann. »Ich verspreche, daß ich vor der ersten Voraufführung sterben werde.«

Ich hatte plötzlich einen Kloß im Hals. Vermutlich war das gar nicht so weit von der Wahrheit entfernt.

Ich sagte, ich könnte nicht mehr so gut tanzen und ich wollte auch keine Zeit und Mühe mehr dafür aufbringen, eine Diät zu machen und Unterricht zu nehmen. Es war eine relativ kleine Rolle. Er nahm mir das Versprechen ab, ihn ein paar Wochen später zu besuchen, wenn ich in New York sein würde.

Ich traf ihn in meinem New Yorker Appartement. Er war noch nie dagewesen. Auf meinem Tisch standen Bilder von Freunden und Menschen, die ich in allen Teilen der Welt kennengelernt hatte. Bob entdeckte ein Bild von Fidel Castro und mir. Von diesem Moment an war alles, was er wissen wollte, ob ich mit Fidel eine Affäre gehabt hatte.

Er wußte, daß ich Gwen in dem Film nicht spielen würde. Er wußte auch, daß ich wußte, wie kompliziert und verworren sein Liebesleben und seine sexuellen Neigungen waren. Wenn es ihm gelingen würde, einige saftige Details aus meinem Privatleben herauszufinden, würde ihm das später einmal ganz nützlich sein, entweder im richtigen Leben oder auf der Leinwand.

Der Film sollte der krönende Abschluß von Bobs Karriere werden. Es war ein schonungslos offenes Bild dessen, wie er sich selbst sah. Für mich war es der amerikanische Ibsen, eine griechische Yankee-Tragödie.

Er überlebte die erste Vorauffführung, was mich unendlich erleichterte.

Die Zeit verstrich, und als ich beschloß, meine erste Bühnenshow zu machen, ging ich zu Bob und bat ihn um Ratschläge und Hilfe. Er war wunderbar. Er schlug mir Leute vor und entwickelte Ideen für mich.

Ich machte eine höllische Diät, um wieder meine Tänzerfigur zu bekommen. Ich nahm fünfundzwanzig Pfund ab, machte Yoga, lief jeden Tag fünf Meilen, ging wieder zum Unterricht, nahm Gesangsunterricht und bereitete mich auf mein Bühnencomeback und meinen künstlerischen Ausdruck vor.

Gwen bot sich an, mir in den qualvollen Stunden beizustehen, wenn ich daran zweifelte, ob ich es immer noch schaffen könnte. Sie erinnerte mich daran, daß das Wichtigste in einer One-woman-Show ist, zu wissen, wer man ist. Man kann gut tanzen, gut singen und gut spielen, aber wenn man nicht mit sich selbst zufrieden ist, wird es das Publikum auch nicht sein.

Seit ich mich das letzte Mal mit dem Tanzen beschäftigt hatte, waren neue Richtungen aufgekommen. Gwen wies mich auf Fernsehsendungen hin, die mich wieder auf den neuesten Stand bringen würden.

Stunde um Stunde choreographierte sie mich, prüfte mich auf Herz und Nieren und achtete darauf, daß ich beim Training im Fitneßcenter das Richtige tat. Sie empfahl Alan Johnson als Choreograph, und er arbeitet so gut, daß wir seitdem immer zusammenarbeiten. Gwen war unersetzlich für mich.

Sie saß im Publikum, als ich meine Premiere im MGM Grand in Vegas hatte. Sie unterstützte mich, applaudierte und gab mir Kraft und gute Noten.

Fosse war im Publikum, als ich im Palace in New York Premiere hatte. Er kam hinter die Bühne und gab mir hilfreiche und stimmige Tips. Ich sollte die gekünstelten Witze herausnehmen, weniger reden. Nimm die lustige Nummer, bei der ich mir nicht sicher war, wieder rein. Laß dir ein neues Premierenkostüm schneidern. Sonst... Ich tat alles so, wie er es vorgeschlagen hatte. Er war der Beste.

Er war großzügig, nervös und schrecklich deprimiert, als er dasaß und eine Zigarette nach der nächsten rauchte. Ich war nicht überrascht, denn die Depression war der Zustand, mit dem er am besten vertraut war. Ich fragte mich aber, wie tief Depressionen sein können, ohne wirklich gefährlich zu werden.

Danach sah ich ihn noch ein paarmal. Dann kam das Ende. Er brach mit einem Herzinfarkt auf der Straße zusammen, ein paar Kreuzungen von meiner alten Tanzschule in Washington, D. C., entfernt. Gwen war bei ihm. Sie hatten einige Überarbeitungen an *Sweet Charity* vorgenommen, das hier von der National Company produziert wurde. Er lag auf dem Bordstein, als Gwen und andere versuchten, ihm zu helfen. Ich wünschte, ich wäre dabeigewesen. Er starb auf der Straße, die sein »Zuhause« war.

Ich dachte daran, wie sehr sich die Schicksale von uns dreien immer wieder gekreuzt hatten. Wie viele Male bin ich diese Straße entlanggegangen, zur Tanzschule und wieder nach Hause. Ich hatte das Gefühl, ich verdankte Fosse meine Anfänge, weil er der erste war, der mich anerkannte. Er starb, als er an *Sweet Charity* arbeitete, das ihn nach Hollywood gebracht hatte, weil ich ihn anerkannt hatte, und er starb in den Armen der Frau, deren Zweitbesetzung ich beinahe am Broadway geworden wäre; wenn ich es getan hätte, hätte es mich vermutlich davor bewahrt, das zu werden, was ich heute bin. Wir drei verstanden die Bedeutung von Schmerz. Der Schmerz war unser Ausbilder gewesen, und obwohl wir keine tiefergreifenden Diskussionen darüber geführt hatten, wußten wir, wieviel Haltung und Bewußtsein nötig waren, um den Schmerz umzuwandeln. In unserem kreativen Ausdruck mußten wir mit unserem Bewußtsein und unserer Haltung arbeiten, um auf der anderen Seite eine Art Harmonie zu finden.

Ich glaube, jeder von uns spielte im Leben der anderen eine wesentliche Rolle, und ich glaube, das war auch so vorherbestimmt. Fosse und Gwen waren vermutlich schon ein Teil meines Lebens, ehe auch nur einer von uns in diese Welt getanzt kam.

9

Showgeschäft und Politik

Mein Einstieg in den politischen Aktivismus wurde von Marlon Brando angeregt.

Ich stand gerade in der Küche meines Hauses im San Fernando Valley und machte Spiegeleier, als er mich anrief.

Ich war schon einige Jahre in Hollywood und hatte trotzdem noch viel zu lernen. Als ich den Hörer abnahm und seine weiche und doch eindringliche Stimme sagen hörte: »Hallo, hier ist Marlon Brando«, wußte ich, daß er es wirklich war, denn ich kannte seine berühmte Klangfarbe und die Pausen zwischen den Worten. Er hatte eine Art, einem selbst durchs Telefon das Wort in den Mund zu legen und einen so zu den von ihm gewünschten Entscheidungen zu bringen. Ich fühlte mich sofort verantwortlich dafür, seine Bitte zu erfüllen, ganz gleich, was er von mir wollte.

»Ich rufe wegen der bevorstehenden Hinrichtung von Caryl Chessman in Sacramento an«, erklärte er. »Ich bin ein absoluter Gegner der Todesstrafe. Es ist eine grausame und unmenschliche Strafe. Ich bin sicher, Sie stimmen mir zu.«

Ich wußte nicht, was ich sagen sollte. Ich hatte nie wirklich darüber nachgedacht. Aber es erschien mir richtig, dagegen zu sein.

»Ich denke schon«, sagte ich.

»Ja«, fuhr Marlon fort, »Mr. Steve Allen und ich werden nach Sacramento fahren und bei Gouverneur Pat Brown Protest einlegen. Wir wollen die Hinrichtung stoppen, und wir möchten, daß Sie uns begleiten.«

»Ich?« fragte ich.

»Ja«, antwortete er.

»Aber, Mr. Brando, ich weiß nichts darüber. Ich habe darüber gelesen, aber das ist auch schon alles.«

So, als ob er mich nicht wirklich gehört hätte, fuhr Marlon fort: »Ihre Anwesenheit in Sacramento wäre eine Geste, mit der Sie Ihr Verantwortungsgefühl gegenüber der Menschheit zum Ausdruck bringen könnten.«

Ich zögerte. Warum sollte es jemanden interessieren, was ich über die Todesstrafe dachte? Warum kam es auf mich an? Warum war Marlon Brando der Meinung, daß es auf mich ankam?

»Aber«, fragte ich, »warum ausgerechnet ich?«

Er ließ sich einen Moment lang Zeit, ehe er seine nächste Erklärung abgab.

»Sie sind ein neuer Star kurz vor dem Durchbruch«, meinte er. »Die jungen Leute werden zu Ihnen aufschauen. Sie tragen sonst keine anderen Lasten mit sich herum, und wenn Sie diese Herausforderung nicht annehmen, wird Sie das für den Rest Ihres Lebens verfolgen.«

Ich sah nach meinen Rühreiern. Sie waren verkohlt.

Ich dachte an *On the Waterfront* (Die Faust im Nacken) und an Brandos Rede für die Gewerkschaft der Dockarbeiter und daran, wie Lee J. Cobb ihn zusammengeschlagen hatte.

»Also gut«, sagte ich widerstrebend. »Sagen Sie mir, was ich tun soll.«

»Vielen Dank. Das werde ich tun. Und«, setzte er hinzu, »wir haben Sie übrigens auch auf dem Selma-Marsch für Menschenrechte vermißt. Damit machen Sie das wieder gut.«

Der Selma-Marsch? Ja, den hatte ich im Fernsehen gesehen, aber ich hatte nicht das Gefühl gehabt, dabeisein zu müssen... Marlon brachte es fertig, daß man sich bei Dingen schuldig fühlte, die einem vorher nie in den Sinn gekommen waren.

Wir sprachen noch eine ganze Weile miteinander, und als ich auflegte, bemerkte ich, daß etwas mit mir geschehen war. Marlon hatte mich dazu gebracht, das erste Mal über meine Verantwortung als menschliches Wesen und Staatsbürger nachzudenken. Es war eine komplizierte Erkenntnis. Ich gehörte zu den neuen Berühmtheiten, und ich war zu schüchtern, um mich selbst darzustellen, nicht nur, weil ich nicht gut genug über solche Themen informiert gewesen wäre, sondern auch, weil ich mich davor fürchtete, man könnte glauben, ich würde das alles nur für die Publicity ausschlachten.

Es war nicht so, daß ich nichts über Verantwortung gegenüber der Gesellschaft gelernt hätte. Das hatte ich, aber mein politisches Bewußtsein war mehr historisch.

Ich stammte aus einer Mason-Dixon-Line-Familie, das heißt, wir lebten auf der Grenze, die den Norden vom Süden trennte. Mein Vater kam aus einer kleinen Stadt, Front Royal, Virginia, und meine Mutter war Kanadierin, die in die Vereinigten Staaten eingebürgert worden war. Als meine Mutter für das Einbürgerungsverfahren lernte, gingen mein Bruder und ich das mit ihr durch, was wir damals verstehen konnten. Daher war unsere frühe Kindheit geprägt durch das rudimentäre Verständnis der politischen, gesellschaftlichen und individuellen Freiheiten in unserem Land.

Unsere Familie lebte in Richmond, der Hauptstadt von Virginia, Geburtsort von neun US-Präsidenten. Ich war also in einer nicht gerade historisch unbedeutenden Umgebung aufgewachsen. Wir lernten durch die Orte, an denen wir spielten, alles über den Bürgerkrieg, und während der Ferien schlurften wir an historischen Stätten wie Williamsburg, Vicksburg, Bull Run, Yorktown oder Gettysburg durch das Herbstlaub oder beobachteten in lauen Sommernächten dort die Glühwürmchen.

Irgendwie waren wir interessiert an der Macht, der Bedeutung und der Manipulation durch Politik, weil sich unsere Eltern dafür zu interessieren schienen. Beide bewunderten Franklin Delano Roosevelt. Wir lauschten immer seinen Kaminfeuergesprächen in unserem alten Radio, das im Wohnzimmer stand, während Daddy seine Pfeife rauchte und Mutter versuchte, noch mehr darüber zu erfahren, wie man Amerikanerin wird. Insbesondere zwei Ereignisse haben sich mir ins Gedächtnis eingebrannt.

Im Dezember 1941 waren wir an einem Sonntagmorgen um das Radio versammelt. Ich tanzte zu »the music goes round and round and it comes out here«. Ich war sieben Jahre alt und erinnere mich noch daran, daß ich lange, schlabbrige Socken trug, um meine Füße warm zu halten. Plötzlich hörte die Musik auf, und ein Ansager kündigte an, daß Präsident Roosevelt sich in einer Ansprache an das Volk richten würde. Er fing an zu reden. Ich erinnere mich, daß ich mich fragte, was wohl »Niedertracht« bedeutete, als er sagte: »Dieser Tag wird als Niedertracht in die Geschichte eingehen.« Er verkündete dann etwas über irgendwelche Japaner, die Pearl Harbor angegriffen hätten. Ich erinnere mich, wie meine Eltern weinten und daß ich nicht verstand, weshalb. Ich wußte, daß es etwas Wichtiges sein mußte, denn ich hörte zum ersten Mal das Wort »Krieg« und wußte, daß etwas Böses damit gemeint war.

Das zweite Ereignis spielte sich einige Jahre später an einem Nachmittag ab. Warren und ich kletterten die Treppe am Hintereingang hinauf. Wir kamen gerade aus dem Kino ein paar Straßen weiter. Mutter kam uns an der Tür entgegen, aschfahl und weinend. »Präsident Roosevelt ist gerade gestorben«, schluchzte sie. »Oh, was soll nun bloß aus uns werden?« Sie sagte, sie hätte hart dafür gearbeitet, Amerikanerin zu werden, und er war während dieser Zeit ihr Präsident gewesen. Sie sagte, er hätte ihr das Gefühl gegeben, etwas zu bedeuten, das Gefühl, daß sie ein gutes Herz hatte. Und da er durch Polio gelähmt war und nicht gehen konnte, liebte sie ihn. Sie sagte, die meisten Menschen liebten ihn, weil er Gefühle in ihnen wachrief.

Daddy saß so lange vor dem Fernseher, bis »The Star-spangled Banner« das Programm beschloß, und Tränen strömten seine Wangen herab. Ich fragte mich, weshalb. Erst als Teenager fing ich an, das Gefühl des Patriotismus zu begreifen. Ich habe nie verstanden, woher es kam, aber manchmal war der Stolz darauf, Amerikanerin zu sein, überwältigend. Meine Brust schwoll an, als würde sie platzen. Ich fragte mich, ob andere Menschen auch so ein Gefühl für ihr Land hegten.

Ich erinnere mich, wie besorgt Daddy über die »Kommunisten« war. Als jemand aus Mutters kanadischer Familie ganz entschieden »zum Kommunismus tendierte«, lud Daddy sie nach Washington, D.C., ein, damit er ihr die Zitadelle der Freiheit zeigen konnte. Tagelang besichtigten wir alles – vom Lincoln Memorial über das Washington Monument, das Weiße Haus und das Capitol bis zum Obersten Gerichtshof.

Mutter war genauso informiert wie Daddy, weil sie es sein mußte. Sie war emotional so engagiert, daß sie mich ansteckte, und sie hat meine Einstellung zum Patriotismus für immer geformt. Ich kann nicht behaupten, daß ich sehr viel über die Details einzelner politischer Themen wußte. Meine Haltung war überhaupt nicht klar umrissen und absolut sentimental. Aber genau die Gefühle waren das, was mich berührte.

Ein Führer, der wußte, wie man mit den Menschen sprach, faszinierte mich. Besonders dann, wenn er aus dem Herzen sprach, so wie Roosevelt, glaubte ich fest daran, daß er meinte, was er sagte. Als Teenager begann ich, allmählich zu begreifen, daß die wirklich guten Politiker vor allem gute Schauspieler waren. Sie wußten ihre Gefühle zu vermitteln. Wenn sie es gut machten, mochten meine Eltern sie, vertrauten ihnen und wählten sie. Später, wenn wir vor dem neuen Ding saßen, das Fernseher genannt wurde, sprachen wir über die Ausstrahlung der Menschen und darüber, ob sie die Wahrheit sagten oder nicht. Das Fernsehen war ein Forum, das es jedem ermöglichte, »rüberzukommen« und somit eine einflußreiche und wirkungsvolle Position einzunehmen. Daddy sagte, die Tage, in denen Entscheidungen in verräucherten Stuben gefällt worden waren, seien vorbei. Ein Mensch, der im Fernsehen klar und entschlußfreudig argumentiert, würde sofort zu einem einflußreichen Menschen, ohne unbedingt etwas über Politik zu wissen. Er sagte voraus, daß politische Kampagnen bald ausschließlich im Fernsehen stattfinden würden, und Politiker wären dann gezwungen, als Schauspieler Erfolg zu haben.

Wir konnten sehen, wie ein Politiker stolperte, wenn er keine besonders guten kommunikativen Fähigkeiten hatte; aber Menschen, die es fertigbrachten, über den Bildschirm in die Wohnzimmer zu gelangen, wurden plötzlich einflußreich. In diesem Sinne waren sich Schauspieler und Politiker sehr ähnlich. Sie kommunizierten mit den Menschen über sich selbst, und nur diejenigen, die aus ihren Herzen und Seelen sprachen, kamen wirklich durch.

Also gingen Marlon Brando, Steve Allen und ich nach Sacramento, um Gouverneur Brown zu besuchen. Steve hatte nicht dasselbe Talent wie Marlon, jemanden dazu zu bringen, sich schuldig zu fühlen, aber das glich er mit seiner pragmatischen Intelligenz wieder aus. Steve war ein echter Intellektueller, mit einer Bibliothek voller Bücher, die er in- und auswendig kannte. Einige davon hatte er sogar selbst geschrieben.

Gouverneur Brown empfing uns wohlwollend. Er führte uns in die dunkle, kalte Gouverneursvilla in Sacramento. Ich verstand, warum sein Sohn Jerry Jahre später, als er selbst Gouverneur war, vorzog, auf dem Boden seines warmen Appartements im Laurel Canyon zu schlafen.

Gouverneur Brown hörte uns zu, und es gefiel ihm, daß Schauspieler sich so für gesellschaftspolitische Themen engagierten. (Später, als er gegen Ronald Reagan kandidierte, sagte er jedoch: »Vergessen Sie nicht, es war ein Schauspieler, der Lincoln getötet hat.«) Aber an jenem Tag war er bereit, über den Stopp der geplanten Hinrichtung zu diskutieren. Er sagte, er würde darüber nachdenken.

Was wir nicht wußten, war, daß sich mittlerweile eine große Anzahl von Journalisten auf den Stufen der Villa versammelt hatte. Die Reporter aus allen Teilen der Welt wollten diese drei Leute aus dem Showgeschäft interviewen, die anscheinend soviel Sympathie für einen verurteilten Sexualverbrecher und Entführer aufbrachten.

Zur selben Zeit betraten auch andere Politiker Gouverneur Browns Büro. Sie wollten die Abgesandten aus Hollywood kennenlernen.

Ich hatte noch nie zuvor Stars und Politiker miteinander umgehen sehen. Da waren Brando, der beste Schauspielaktivist des Landes, und Steve Allen, dessen *Tonight*-Show ein einflußreiches Muß im Fernsehen war, und ich, eine Anfängerin auf sämtlichen Gebieten mit Aufwärtstrend. Senatoren, der Senatssprecher, Kongreßabgeordnete und viele andere waren anwesend. Politiker beäugten uns, und wir beäugten sie, jeder fasziniert angesichts des Einflusses und der Macht des anderen. Marlon und Steve strahlten großes Vertrauen in ihren Ruhm aus, aber sie wirkten auch salbungsvoll und gleichzeitig gönnerhaft. Den Politikern blieb der

Mund offenstehen, als sie überlegten, wie sie Steve oder Marlon für ihre Ziele einsetzen konnten. *Wir* wollten wissen, wie *sie* »es machen«.

Nach einer Weile wurde uns allen klar, daß wir uns mit der Presse beschäftigen mußten. Die Politiker wollten es nicht verpassen, mit uns gesehen zu werden, aber sie wußten auch, daß die Todesstrafe kein sicheres Thema war. Die Journalisten konnten der Geschichte jede Tendenz geben, die ihnen gerade paßte. Ich hatte bereits begriffen, daß die Presse jedermanns natürlicher Feind war. Vor allem mußten wir sie und ihre Meinung über uns formen, modellieren, umschiffen, überlisten und taktisch klug angehen. Das sollte meine erste Lektion im Hase-und-Igel-Spiel mit der Presse sein. Es ging nicht mehr darum, was Politiker und Schauspieler zu sagen hatten, sondern darum, wie uns die Presseleute wahrnahmen. Sie konnten die öffentliche Meinung beliebig steuern, indem sie bestimmte Dinge betonten oder verschwiegen. Außerdem standen sie auch in einem harten Konkurrenzkampf untereinander. Einerseits half das zwar dabei, Fairneß durchzusetzen, andererseits wurde aber auch »die Story« wichtiger als die Wahrheit.

Wir gingen nach draußen, und wir wurden von Blitzlichtern bombardiert. Ich hatte so etwas vorher noch nie gesehen, und schon gar nicht in einem politischen Zusammenhang. Ich fürchtete mich und war nicht darauf vorbereitet. Ich wußte kaum, wer ich war, geschweige denn, was ich über soziale und politische Themen dachte. Wir drei gingen durch einen Wald aus Mikrofonen. Die Politiker umringten uns. Die Reporter warteten nicht, bis jemand eine Erklärung abgab, sondern schrien uns sofort ihre Fragen zu, die sich alle darum drehten, warum wir unsere Berühmtheit benutzten, um ein gesellschaftspolitisches Thema zu beeinflussen.

Da war sie, die eine Frage, die mich so verwundbar machte. Ich haßte die Vorstellung, ich könnte meine Privilegien mißbrauchen. Natürlich glaubte ich, das Recht und sicher auch die Pflicht zu haben, Stellung zu etwas zu beziehen, was mir sehr wichtig war, aber als die Frage kam, ob wir das aus Publicity-Gründen taten, war ich verunsichert.

Steve und Marlon sprachen über die Grausamkeit der Todesstrafe und darüber, daß das staatlich institutionalisierte Töten die Kriminalität nicht beseitigen würde. Sie sprachen gewandt über die Notwendigkeit, die Bürger- und Menschenrechte einer Person auch dann zu achten, wenn das wie in diesem Fall nicht besonders populär war.

Dann fragte mich die Presse, warum ich hier war. Ich weiß nicht, woher ich die Antwort nahm, aber ich vermute, das war einfach Teil meiner praktischen Einführung in den Umgang mit Journalisten. Ich sagte:»Wir Künstler schulden es unserem Land, alles zu tun, was in unserer Macht steht, um vor dem Rest der Welt nicht als Barbaren dazustehen.«

Das war meine Einführung in die Kunst der spontanen Antwort auf Fragen der vierten Staatsgewalt. Ich lernte aber auch noch etwas anderes an jenem Tag, was sehr wichtig war. Als ich Steve und Marlon beobachtete, wie sie mit den Politikern und der Presse umgingen, wurde mir klar, daß die Schauspieler die Trumpfkarte Kommunikation in der Hand hielten, die Trumpfkarte Schauspielerei. Sie wußten, wie man zu spielen hatte, wie man sich je nach Bedarf aufrichtig, bescheiden, unsicher, tapfer, zurückhaltend und empört über die Todesstrafe äußerte. Die Politiker kannten nur ihre Fakten. Ich erinnerte mich an das, was mein Vater zwanzig Jahre zuvor festgestellt hatte. Wenn es einem wirklich ernst ist, kann man das Publikum *und* die Presse überzeugen.

Marlon und Steve brachten in Sacramento mein politisches Bewußtsein ans Licht, das von jenem Tag an, obwohl heute etwas gemäßigter, nie mehr verschwunden ist. Es hat mich immer verblüfft, daß die Presse nicht nur wissen wollte, was ich von Atomversuchen, Präsidentschaftswahlen oder der Revolution in China hielt, sondern noch mehr, daß ich mich dazu äußerte und sie meine Äußerungen immer abdruckten.

Meine Erziehung hatte mir die Überzeugng mitgegeben, daß es richtig war, in unserer freien Gesellschaft eine Meinung zu haben, aber man hatte mit nie gesagt, daß meine Meinung von Bedeutung sein könnte.

Ich war in erster Linie ein menschliches Wesen mit künstlerischen Ambitionen, und ich hatte nicht sehr viel Zeit für andere

Dinge. Meine selbstauferlegte Disziplin schottete mich wie ein Gefängnis ab, und obwohl ich schon ein oberflächliches Bewußtsein von der gesellschaftspolitischen Welt hatte, die mich umgab, wußte ich fast überhaupt nichts Genaues darüber, wie diese Welt funktionierte oder was ein ganz normaler engagierter Mensch bewirken konnte.

Ich schäme mich, sagen zu müssen, daß ich von der übelsten Zeit unserer modernen Geschichte nicht wirklich etwas bewußt miterlebt habe – die McCarthy-Ära. Wenn ich aus der Schule kam, kurz bevor ich zum Tanzunterricht und zu Proben ging, sah ich manchmal eine Anhörung im Fernsehen, aber es war mir nicht klar, daß das Fundament unserer politischen Freiheit durch das Komitee für unamerikanische Aktivitäten wesentlich beschädigt wurde.

Ich wußte auch nicht, was meine Eltern über McCarthy dachten. Ich wußte, daß es etwas mit dem Kommunistenhaß zu tun hatte, und natürlich haßten auch Mutter und Vater die Kommunisten, und deshalb dachte ich nicht groß über sein irres Gerede und Gegeifere nach. Wahrscheinlich war unsere Familie absolut typisch für Amerika. Ich hörte, daß einige Hollywoodstars in die Sache verwickelt waren, und ich erinnere mich daran, daß Gary Cooper versicherte, er hätte *High Noon* (Zwölf Uhr mittags) nie gemacht, wenn ihm bewußt gewesen wäre, daß es ein kommunistischer Film war. Das verwirrte mich, denn ich hatte immer gedacht, *High Noon* sei ein großartiger Western, und deshalb verstand ich nicht, worüber er eigentlich redete. Kurz darauf las ich, daß Garys Geliebte, Patricia Neal, sehr wütend auf ihn war, weil er vor dem Komitee derartige Dinge geäußert hatte.

Und ich erinnere mich noch daran, wie Lucille Ball, meine Favoritin im Fernsehen, sagte, sie sei niemals ein Mitglied der Kommunistischen Partei gewesen. Ich konnte mir überhaupt nicht vorstellen, wie jemand glauben konnte, meine geliebte Lucy könnte eine Kommunistin sein.

Nein, ich konnte überhaupt nicht verstehen, was in diesen Tagen wirklich geschah. Als Teenager und früher Twen führte ich ein Inseldasein mit Ballett und Musicals und versuchte, es in New York zu etwas zu bringen. Erst als ich Steve kennenlernte, meinen

Mann, der zwölf Jahre älter war als ich, begann ich zu verstehen, daß es da eine komplexe politische Welt gab, die gelenkt und verstanden werden mußte, und daß sie jeden von uns in irgendeiner Weise anging. Langsam verstand ich die ganze Tragik: Manche Menschen hatten ihre besten Freunde ausgehorcht, um ihre Jobs nicht zu verlieren, andere beriefen sich auf den fünften Nachtrag der Verfassung und lieferten sich damit selbst ans Messer, ohne es zu wissen. Während ich mehr und mehr über erzwungenen Verrat erfuhr, Bücher las und die Angst in den Stimmen der Menschen wahrnahm, die selbst dann noch zu hören war, wenn sie alles überstanden hatten, schämte ich mich, daß ich nicht wenigstens instinktiv registriert hatte, wie grausam und unamerikanisch McCarthy gewesen war. Später, als ich es verstand, nahm ich seinen Verstoß persönlich. Er hatte alles beschmutzt, wofür Amerika stand.

Nach diesem Schiffbruch entwickelte Hollywood ein Gewissen und ein Pflichtbewußtsein dafür, daß die politische Freiheit unterstützt werden mußte. Nun, da die Politik in ihr Leben eingedrungen war, wurden Menschen, die sich bislang hinter ihrer Kunst verschanzt hatten, wesentlich offener für die Welt um sie herum.

Ich lernte von Steve viel über moderne Politik; er war es, der mir beibrachte, daß die McCarthy-Ära deshalb möglich gewesen war, weil ihr andere Ereignisse vorangegangen waren.

Steve erzählte mir auch, daß sein Vater während des Spanischen Bürgerkriegs in der Abraham-Lincoln-Brigade gekämpft hatte, in diesem Krieg, der als Fingerübung für faschistische Technologie und Waffen in die Geschichte eingegangen ist. Hätte Amerika mit den spanischen Loyalisten gegen die faschistische Armee Francos, den Verbündeten Hitlers, gekämpft – so Steve –, wäre Hitler derart eingeschüchtert gewesen, daß er sich Europa nicht einverleibt hätte, und damit hätte es keinen Zweiten Weltkrieg gegeben. Aber die Amerikaner reagierten anders, denn wir waren Isolationisten. Geschichte ist ein Kontinuum, ein Fluß von Ereignissen, die dem Prinzip von Ursache und Wirkung unterliegen, und wenn wir die Vergangenheit verstünden, dann könnten wir auch die Zukunft begreifen.

Gary Cooper fand *High Noon* kommunistisch.

Steve erzählte mir auch von seinem eigenen Wunsch, Fallschirmspringer zu werden, und er sagte mir, wie stark antifaschistisch er eingestellt war. Er erzählte mir seine eigenen Kriegsgeschichten: Wie er im Südpazifik gekämpft hatte und daß er zu den ersten Soldaten gehört hatte, die nach der Bombe in Hiroshima einmarschierten. Er erzählte mir von dem kleinen Mädchen, das er damals adoptierte, weil sie ihre Eltern verloren hatte. Ihr Name war Sachiko. Er sagte, sie sei an der Strahlenkrankheit gestorben und wenn er jemals ein eigenes Kind haben sollte, dann würde er es Sachi nennen. So lernte ich, daß Politik und Geschichte sehr persönliche Erfahrungen sein können.

Mein politisches Engagement wurde langsam stärker. Ich griff Marlons Vorschlag auf und analysierte meine eigene Haltung in bezug auf die Bürgerrechtsbewegung. Ich ging in den tiefen Süden, arbeitete mit John Lewis, James Foreman und dem SNCC. Ich lebte mit schwarzen Familien und sah mit eigenen Augen die Ungerechtigkeit der Rassentrennung. Ich erfuhr am eigenen Leib, wie es war, von Polizisten angehalten und durchsucht zu werden, weil ich »Nigger« auf dem Rücksitz hatte. Ich erlebte, daß der Ku-Klux-Klan ein Kreuz im Vorgarten der Familie anzündete, bei der ich lebte. Ich versuchte in vieler Hinsicht, die widersprüchlichen Vorurteile meines eigenen Vaters aufzuarbeiten, der so liebevoll von »den lieben Negern« gesprochen hatte, wenn er sie mochte, und von »Niggern«, wenn er sie nicht mochte. Ich erinnerte mich daran, daß im Norden ein Schwarzer so hoch aufsteigen konnte, wie er wollte, aber er durfte bloß niemandem zu nahe kommen. Im Süden konnte ein Schwarzer einem so nahe kommen, wie er wollte, aber er durfte niemals nach oben kommen.

Ich wurde von Dora, einem schwarzen Kindermädchen, zusammen mit ihrem kleinen Sohn erzogen. Ich hatte keine Erinnerungen an Konflikte, nur an Integration. Deshalb fühlte ich mich auch wohl dabei, allein durch die Gebiete Mississippis zu reisen, in die sich kein Weißer traute. Mein Einsatz für die Bürgerrechtsbewegung wurde zu einem sehr persönlichen Prozeß der Läuterung. Es kam mir überhaupt nicht politisch vor, sondern war eine Frage von Menschlichkeit und persönlicher Sensibilität. Deshalb steckte in diesem Engagement auch so viel Kraft. Und dann kam Vietnam, und mein politisches Engagement wurde zum Mittelpunkt meines Lebens. Ich wurde »radikalisiert«, wie sie es damals nannten – auf einer persönlichen Ebene politisiert. Ich bin mir nicht wirklich sicher, weshalb. Ich konnte mich nur nicht mit der Idee abfinden, daß Amerika der selbsternannte Weltpolizist sein sollte, der Menschen tötete, um die Erde sicher für die Demokratie zu machen. Mir schien das eine andere Form von Faschismus zu sein; warum nur konnten wir Vietnam nicht in Ruhe lassen?

Aber als George McGovern seine berühmte Vietnamrede im Sitzungssaal des Senats hielt und sagte: »Wir sollten nicht länger junge Männer losschicken, damit sie für die Pläne alter Männer sterben«, war ich so berührt, daß ich unbedingt etwas tun wollte.

Frank Sinatra und der Clan hatten Jack [John F., Anm. d. Übers.] Kennedy bei den Präsidentschaftswahlen unterstützt. Ich traf Jack zum ersten Mal, als er noch Senator war. Er fuhr mich eines Abends mit seinem gemieteten Kabrio von einer kleinen Party nach Hause. Am Mulholland Drive hielt er einen Moment lang an, und ich dachte, ich müßte jetzt all mein Geschick aufbringen, um nicht zu einer seiner Eroberungen zu werden. Aber nein, er wollte nur reden. Sehr höflich, ein wenig überheblich, aber er sprach offen darüber, daß Hollywood auf der einen Seite ein Ort war, an dem man sich prächtig amüsieren konnte, auf der anderen Seite legte er jetzt schon die Grundlagen für spätere Großspenden in seinem Wahlkampf. Ich dagegen war eine Anhängerin von Adlai Stevenson. Ich war eine echte Liberale geworden, und Stevenson repräsentierte das, woran ich glaubte, eher als Jack. Ich hatte deswegen ein paar Diskussionen mit Frank. Er behauptete, Jack wisse, wie man Macht einsetzt, Stevenson dagegen nicht. Er sagte, es erfordere größeren Mut, sich für Jack einzusetzen, weil er politischer war, was vielleicht suspekt sei, aber auf jeden Fall effektiver. Aber schließlich war es ja egal. Jack wurde unser Präsident, und wie viele andere mochte ich ihn schließlich, obwohl ich nicht wirklich zu seinem engen Kreis gehörte. Ich wurde Zeuge des Bruchs zwischen dem Präsidenten und Sinatra wegen Franks Verbindung zum Mob. Das konnte ich den Kennedys nicht verübeln, aber Frank sprach nie wieder ein Wort mit einem von ihnen und wurde kurz darauf Republikaner.

Als Kennedy starb, war ich genauso entsetzt wie alle anderen auch. Ich hatte das Gefühl, ein Licht in unserem Leben war erloschen. Ich hörte auf, mich für Politik zu interessieren, und zog mich aus allen Aktivitäten zurück. Dann kandidierte Bobby, und das interessierte mich wieder. Ich kannte Menschen, die mit ihm in West Virginia gewesen waren, als er angesichts der Armut dort weinend zusammenbrach. Seine Freunde erklärten mir, er hätte seine politischen Wertmaßstäbe total verändert. Er hatte sich selbst immer als das schwarze Schaf des Kennedy-Clans gesehen, denn da er kleiner war als die anderen, identifizierte er sich mit den Unterdrückten. Er sagte, er wollte sein Leben der Zähmung der Wildheit widmen, die in uns allen steckt. Er wollte eine neue Welt aufbauen, in der alle gleich sind. Meine Freunde waren erstaunt über die wachsende Sensibilität, die er seit dem Tod seines Bruders an den Tag legte, und mir gefiel, was ich hörte.

Natürlich hatte mein Vater recht. Ich wurde zu einer Weichherz-Liberalen und hätte für jeden Kandidaten gearbeitet, der denselben Kummer an den Tag legte.

Ich wurde zur kalifornischen Delegierten von Robert Kennedy. Das bedeutete, daß ich oft die Wochenenden mit ihm und dem Kennedy-Clan verbrachte, wenn sie in ihr Haus nach Palm Springs kamen. Es wurde Kricket auf dem Rasen gespielt, es wurden Hamburger gegrillt, und es wurde unaufhörlich über Politiker getratscht. Wir tanzten nachts in den Clubs in der näheren Umgebung, und natürlich gab es auch heftige, vor Spannung knisternde Flirts, von denen manche in das nächste Stadium eintraten, andere aber nicht. Ich gehörte zu letzterer Kategorie.

Eines Nachts schlief ich in einem Gästezimmer, als jemand zu mir ins Bett kroch. Ich konnte nicht erkennen, wer es war, aber als ich ihm sagte, er könne sich das abschminken, und mich auf die Seite drehte, verschwand er wieder. Anonymer Sex war nichts für mich. Aber ich mochte Bobby. Ja, ich wußte, daß er in mancher Hinsicht politisch rücksichtslos war, aber das mäßigte höchstens meine Empfindlichkeit gegenüber dem Vorwurf, eine Weichherz-

Liberale zu sein. Und außerdem glaubte ich auch, daß er erfolgreicher sein würde als Jack, vor allem in seinem Kampf gegen die Kriminalität.

Bobby und ich redeten sehr viel miteinander. Ich fragte ihn nach seiner Vergangenheit und den Gefühlen gegenüber seiner Familie aus. Er erzählte mir eine Geschichte, die ich nie vergessen und die ich nie wirklich verstanden habe.

Er sagte, es sei allgemein bekannt, daß man in der Familie zu kämpferisch starken und guten Sportlern erzogen wurde, aber niemand wußte wirklich, welchen Preis der Vater, Joe Kennedy, forderte, wenn er fand, sie hätten sich nicht genug angestrengt, um alle anderen zu übertreffen.

Eine ihrer liebsten Sportarten war Skilaufen. Bobby war zwar ein begeisterter Skiläufer, aber er hatte immer Angst, unten anzukommen, denn wenn er nicht blutete oder irgendwelche Kratzer aufwies, schickte ihn sein Vater so lange immer wieder den Berg hoch, bis er den Beweis hatte, daß Bobby sich genügend angestrengt hatte. Ich war schockiert, aber mit der Zeit begriff ich, daß er dieses Verhaltensmuster auch heute noch – in unterschiedlichen Versionen – ständig wiederholte.

Er stellte sich ans offene Fenster, schutzlos, in einer Art provokativer Herausforderung. Es schien, als wolle er das Schicksal herausfordern und gewinnen.

Er hatte ein oder zwei Wochen vor Beginn der Vorwahlen in Kalifornien einen Auftritt in *Meet the Press*, bei dem er, eine Jarmulke auf dem Kopf, über die Frage, ob man Kampfflugzeuge nach Israel schicken sollte, so redete, als sei er selbst Jude, obwohl doch alle Welt wußte, daß die Kennedys die politisch einflußreichste katholische Familie Amerikas waren. Für mich war sein Auftritt aufrührerisch, und wieder dachte ich daran, wie sehr er immer wieder dazu neigte, sich selbst in Gefahr zu bringen. Ich hatte irgendwie Angst um ihn. Ich erinnere mich noch daran, daß ich das Gefühl hatte, er sollte nicht die üblichen Bäder in der Menge nehmen, auch wenn Rosie Grier und Rafer Johnson da waren, um ihn zu beschützen. Die Menschen reagierten messianisch emotional, ganz so, als glaubten sie, er sei ihre letzte Hoffnung. Und als ich seinen Auftritt in der Sports Arena ansagte, sprach ich das auch aus. Als er dann herauskam, wirkte er so jungenhaft, so schwach und so abhängig von anderen. Das muß seine Feinde, die wußten, wie unerbittlich er tatsächlich sein konnte, in Wut versetzt haben.

Und dann war es vorbei. Er hatte die Vorwahlen in Kalifornien gewonnen. Als mich ein befreundeter Journalist um halb drei Uhr nachts in New York anrief und mich weckte, um mir die Neuigkeit mitzuteilen, daß Bobby erschossen worden war, konnte ich es einfach nicht glauben. Ein weiterer Kennedy? Was ging da vor? In wen konnten ich und all die anderen, die auf Veränderungen hofften, noch ihr Vertrauen setzen, wohin mit unseren Anstrengungen und dem Hoffen auf die Zukunft? Gab es etwa eine internationale Verschwörung? Waren wir wirklich zum Wilden Westen geworden?

Die Attentate auf die beiden Kennedys und Martin Luther King zerstörten die liberalpatriotische Vision, mit der ich aufgewachsen war. Wen gab es jetzt? An wen konnte ich noch glauben?

Nach dem Attentat auf Bobby rief mich George McGovern an. Ich erinnerte mich, daß Bobby mir erzählt hatte, George McGovern sei nicht nur ein anständiges Mitglied des Senats; er sei dort überhaupt der einzige vertrauenswürdige Mann.

George sagte, jemand müßte den Stab des Kennedy-Vermächtnisses aufnehmen und ihn tragen. Er würde dieser Jemand sein und die Kennedy-Delegation beim Parteitag anführen.

Das war 1968 in Chicago. Meine Einführung in die Politik des amerikanischen Faschismus nahm ihren Lauf. Joe McCarthy war nichts dagegen.

Ein befreundeter Journalist kam früher als wir in Chicago an. Zutiefst beunruhigt rief er mich an.

»Das ist hier ein Polizeistaat«, sagte er. »Überall sind bewaffnete Wachen, auf den Dächern hocken Scharfschützen. Es sieht so aus, als würde Bürgermeister Daley Ärger suchen.«

Ich nahm das, was er sagte, mit Vorbehalt auf und widmete mich weiterhin meiner Ausbildung in Sachen Parteitag.

Dann kam ich selbst in Chicago an. Die Stimmung war genauso, wie ich sie mir in einer militaristischen Bananenrepublik vorstellte. Meine Freunde hatten recht gehabt: Es wimmelte tatsächlich überall von Polizisten, die versuchten, Streit anzufangen. Von jedem Dach blickten Polizisten in die Straßen herab und zielten mit ihren Gewehren auf die Bürger. Warum?

Ich saß in meiner Delegation neben Rosie und Rafer. Sie waren da, um Bobbys Erbe am Leben zu erhalten. Ich hatte einen kleinen tragbaren Fernseher in meiner Tasche, den Rosie und Rafer auf ein Podest in unserer Nähe stellten, damit alle etwas sehen konnten.

In diesem kleinen Fernseher konnten wir beobachten, was im Zentrum von Chicago los war, aber den Polizistenschwadronen im Konferenzsaal gefiel das gar nicht. Sie wußten, daß der Fernseher mir gehörte, und daher stellten sie sich genau vor meinen Stuhl. Sie preßten mir buchstäblich ihre Hinterteile ins Gesicht, bis Rosie und Rafer aufstanden, sich vor ihnen aufbauten und sie niederstarrten. Schließlich versuchten sie sich daran, meinen Sitz von der Sitzstange abzumontieren. Wieder gingen Rosie und Rafer dazwischen.

Die Geschichte der Konferenz von 1968 ist bereits hinreichend dokumentiert, aber von meinem Standpunkt aus betrachtet war es eine Zeit, in der der Unterschied zwischen der menschlichen demokratischen Praxis und ihrem Gegenteil deutlich wurde. In unserem Land wurde die Gewalt institutionalisiert. Ich erinnerte mich an das, was Chruschtschow gesagt hatte, als er uns bei den Dreharbeiten zu *Can-Can* besucht hatte: Er und die Russen müßten keinen Finger krumm machen, weil sich Amerika selbst begraben würde.

Viele meiner Freunde aus der Anti-Vietnam-Bewegung haben immer noch an ihren physischen Wunden zu leiden, die ihnen von der Polizei in Chicago zugefügt worden sind. Der Polizistenaufstand wurde zu einer neuen Form von stillem Protest, und die Medien bauschten wegen der Einschaltquoten alles enorm auf. Die Politik und das Showgeschäft waren unlösbar miteinander verbunden. Hubert Humphrey wurde zum Präsidentschaftskandidaten nominiert, und George McGovern zog sich zurück, um sich später noch einmal aufstellen zu lassen.

Ich sah mir in meinem Fernse
gerät auf dem Kongreß der
Demokraten einen Bericht übe
Gewalttätigkeit im Zentrum v
Chicago an. (Archive Photos)

Ich bin immer noch stolz dara
für McGovern gearbeitet zu
haben. (Archive Photos)

Nach dem Parteitag zog ich nach New York. Meine Interessen und mein Streben konzentrierten sich auf die Untersuchung von Richard Nixons doppelzüngiger Politik, sowohl in Südasien als auch in unserem Land. Die Person Nixons machte mich schon krank. Ich haßte sein Grinsen, wenn er von dem Gemetzel berichtete. Er schien sich vor der Demokratie zu fürchten und hatte den verstohlenen Blick eines Menschen, der sich selbst als Opfer sieht. Seine Familie konnte ich auch nicht leiden. Ich hatte das Gefühl, daß Pat Nixon durch ihren Mann geformt worden war. Sie sah aus wie eine Wachsfigur, die unter wirklich hellem Licht schmelzen würde. Die Töchter machten mir angst, weil ich das Getue von faschistischen Frauen haßte. Man erwartet so etwas von Männern, von einigen jedenfalls, aber von jungen Frauen? Du meine Güte!

Als Nixon auf Sendung war und darüber sprach, was er in Vietnam tat – »Der Friede ist nah« und vieles andere mehr –, konnte ich seine Falschheit und seine Lügen nicht ertragen. Ich konnte nicht verstehen, warum Charlton Heston und andere Menschen, die ich achtete, ihn unterstützten.

Dann kam der Marsch der Kriegsgegner nach Washington. Die Erschütterung des Vertrauens der Menschen in die Regierungspolitik hatte starke Zweifel bei allen Menschen hervorgerufen, die über den Kampf um das tägliche Brot hinaus nachdachten. Menschen aus allen sozialen Schichten waren bereit, nach Washington zu kommen und offen nicht nur die Regierungspolitik, sondern auch ihre Ehrlichkeit in Frage zu stellen. Das Mißtrauen gegenüber Nixon war so groß, daß Rufe nach seiner Absetzung laut wurden. Ich wurde dazu erzogen, die gesetzmäßige Macht zu akzeptieren, aber ich lernte schnell, daß die Obrigkeit weder mir noch irgend jemandem sonst länger Respekt einflößen konnte.

Als ich sah, daß unser Generalstaatsanwalt John Mitchell etwa dreitausend Menschen ins Gefängnis warf, nur weil sie friedlich ihre Klage vorgebracht hatten, da wußte ich, daß ich etwas tun mußte.

Ich mißtraute Nixon und anderen Politikern dermaßen, daß ich und andere Menschen wie ich anfingen, für mehr Aufmerksamkeit in der Öffentlichkeit zu sorgen. In Künstlerkreisen waren der Ärger und die Angst gewachsen, und die Presse erkannte das. Das gab ihr Stoff für Artikel über die Welt der Stars, und so begann man, unsere Meinung mehr und mehr zu verbreiten. Wir fühlten uns geschmeichelt, weil unsere Gedanken und Gefühle derart gefragt waren, und fingen an zu dozieren. Manchmal ergab das, was wir sagten, sogar einen Sinn, manchmal waren wir einfach unglaublich unwissend. Das Phänomen, daß Stars zu allem und jedem befragt wurden, erlebte durch die Presse einen enormen Aufschwung, und wir befriedigten die Nachfrage.

Die Opposition zum Vietnamkrieg trieb viele Hollywoodstars aus ihrem goldenen Käfig, Stars, die sich niemals zuvor öffentlich geäußert hatten. Die Politiker sahen unsere ausgeprägte Bereitschaft, angehört zu werden, und sie baten um unsere Hilfe. Unsere politische Präsenz nahm zu.

Als George McGovern beschloß, bei der Präsidentschaftswahl von 1972 als Gegenkandidat von Richard Nixon anzutreten, war klar, wie ich mich entscheiden würde . . . Ich ließ all meine Filmprojekte sausen und arbeitete für ihn. Ein sanfter Prediger war besser als ein Gauner. Ich lud ihn in mein Haus in Encino, Kalifornien, zu einem Treffen mit Liberalen ein, die man vermutlich als eine privilegierte Elite bezeichnen würde, die aber nichtsdestotrotz wirkungsvoll waren. Sie wollten sich für Frauenrechte, Bürgerrechte, Antikriegsaktivitäten und Umweltveränderungen einsetzen und fühlten sich von McGovern angesprochen, denn er kam aus einem kleinen Bundesstaat. Er strahlte Integrität aus und schien hohe moralische Wertmaßstäbe anzulegen.

Zu Beginn seines Wahlkampfes wurden ihm keine großen Chancen ausgerechnet, und daher hoffte er, durch die Stars, die an ihn glaubten, die Presse für sich zu interessieren. Er dachte, wir würden ihm eine gewisse Glaubwürdigkeit verleihen, und wir dachten, daß unsere Hilfe bei der Organisation einer Bürgerbewegung für den Wahlkampf uns Glaubwürdigkeit verleihen würde. Wir wollten dafür anerkannt werden, daß wir Herz und Verstand auch in anderen Bereichen als in denen der Kunst und des Geldmachens einsetzen konnten. McGovern wollte dafür anerkannt werden, daß er uns als Kandidat aufgrund seiner moralischen Ziele begeistern konnte.

Mein erstes Wahlkampfjahr mit McGovern brachte mich zum ersten Mal in Berührung mit der Seele und dem Schweiß von vielen »echten« Amerikanern, denen ich sonst nie begegnet wäre. Ich besuchte Wohnzimmer, sprach auf Gewerkschaftsversammlungen und Wohltätigkeitsveranstaltungen, ich machte Witze und versuchte, auf Mittagessen für die Damen der Gesellschaft reizend zu sein und Mitgefühl für die Desillusionierten auf dem Universitätscampus zu entwickeln. Sieben Tage in der Woche, fast vierundzwanzig Stunden am Tag, sprach ich für und über McGovern. Manchmal konnte ich mich schon nicht mehr daran erinnern, in welcher Stadt ich gerade war, aber mir machte es enormen Spaß, denn ich lernte viel über die Amerikaner. Ich lernte, politische Ansichten in kleinstädtischen Fernsehsendern zu vertreten, und ich lernte, daß es für einen Star möglich war, etwas zu vermitteln, ohne daß es so aussah, als hätte man keinen Bezug zum wirklichen Leben. Die Gesichter der Menschen, mit denen ich sprach, waren so offen. Wenn sie sich anfangs um mich versammelten, konnte ich all meine Filme in ihren Augen sehen. Ich war ein Star, und ich war bei ihnen. Aber es dauerte nicht lange, und ich hatte den Menschen, der ich vor meiner Zeit in Hollywood gewesen war, wiedergefunden. Ich kehrte zu meinen Ursprüngen zurück und wurde wieder zu einer Amerikanerin, die sich um die gleichen Dinge sorgte wie die anderen Amerikaner. Ich war auch nur ein Mensch, der lediglich versuchte, sein Land zu lieben und dem Leben einen Sinn zu geben. Diese wunderbaren Menschen, mit denen ich sprach, halfen mir sehr dabei, wieder ich selbst zu werden.

Ich war damals zeitweise sehr einsam, da ich in fremden Hotels lebte und nie viel vom Tageslicht zu sehen bekam. Ich stand um sechs Uhr morgens auf, war den ganzen Tag in irgendwelchen Fernsehsendern und hatte am Abend dann die Wohnzimmertreffen. Ich ging selten vor zwei Uhr nachts ins Bett. Ich sprach plötzlich über viele verschiedene Themen: den Verteidigungshaushalt, das Steuersystem, die Problemstädte, den Bedarf an

Ich mußte lernen, in der Öffentlichkeit politische Meinungen zu äußern.
(Archive Photos)

qualifiziertem Personal im Obersten Gerichtshof, die Schwierigkeiten bei der Diskussion um die Abtreibung und, selbstverständlich, den Vietnamkrieg. Es war ein weiter Weg von Sacramento und Marlon Brando bis hierher gewesen. Ich lernte aus den Fragen, die mir die Menschen stellten. Ich rief oft sehr spät abends noch bei Experten an, damit ich die Antworten durch mehr Fakten und bessere Informationen belegen konnte, und für mich diente dieser Wahlkampf ausschließlich einem Mann: George McGovern. Nixon sollte nicht wiedergewählt werden, McGovern dagegen sollte es schaffen.

Ich erkannte, welche Verantwortung ich sowohl gegenüber dem Mann, für den ich den Wahlkampf führte, als auch gegenüber der Öffentlichkeit trug. Da ich berühmt war, hörten mir die Menschen zu. Ich war jemand, der Träume verkaufte. Ich war zu dem geworden, was sie oft vom Leben erwartet hatten. Für sie war ich aus ihren Reihen aufgestiegen, um den Nektar des Erfolgs, des Ruhms und des Geldes zu kosten, und sie waren interessiert zu hören, was ich wußte und was ich erlebt hatte. Nun wollte ich diesen Leuten etwas zurückgeben, die mir geholfen hatten, zu dem zu werden, was ich war. Ich wollte ihnen zeigen, daß es eine Alternative zu der korrupten Regierung gab. Ich wollte wieder, wie damals als Teenager, daß meine Brust vor Stolz fast platzte darüber, daß ich Amerikanerin war.

Während dieser Zeit machte Harry Reasoner in *60 Minutes* ein sarkastisches Stück über Künstler, die sich auf politischem Gebiet engagierten. Er machte uns schlecht. Ich versuchte, ihn anzurufen, aber er war nicht erreichbar. Also schrieb ich einen Leserbrief an die *New York Times*. Darin stand unter anderem:

»Viele Amerikaner scheinen nun verstanden zu haben, daß es die Verantwortung von allen, einschließlich der Künstler, ist, nach menschlichen Lösungen gesellschaftlicher Probleme zu suchen. Irgendwie fühlen sie, daß Künstler beides sein können, Champions und Propheten gesellschaftlicher Veränderungen, weil sie so tief mit allen Bereichen des menschlichen Lebens verbunden sind. Politik ohne jedes Verständnis von Kunst, Mitgefühl, Humor und Lachen ist zu Unfruchtbarkeit und Entfremdung verdammt.«

Die Menschen, die im Showgeschäft arbeiten, gehören zu den großzügigsten und freigebigsten im Land. Engagierte Künstler haben durch Konzerte und Fund-raising-Veranstaltungen Millionen von Dollar aufgebracht. Selbst Richard Nixons schmutzige Tricks konnten unseren Enthusiasmus nicht dämpfen. Meine Telefonleitungen wurden regelmäßig durchgeschnitten, und sie luden Abfall vor der Tür meines Appartements in New York City ab, von dem aus ich das Women's Advisory Committee leitete und Konzerte im Madison Square Garden organisierte. Nixon und seine Leute waren politische Gangster. Sie glaubten nicht an die Demokratie und verstanden sie auch nicht. Sie schikanierten und gaben diejenigen der Lächerlichkeit preis, die nicht nur Veränderungen wünschten, sondern idealistisch genug waren, an die Durchsetzbarkeit ihrer Ideen zu glauben.

Während in Vietnam Menschen starben und hier zu Hause die Spannungen zwischen den Rassen stärker wurden, während die sexuelle Revolution Wurzeln schlug und Drogenexperimente die Jugend infizierten, schienen Nixon & Co. weiterzumachen, ohne sich je bewußtzumachen, wie stark die Demoralisierung und der Zynismus bereits in der Bevölkerung waren. Ich fand es besonders beängstigend, daß Nixon bei einem Sieg noch mehr Richter am Obersten Gerichtshof ernennen konnte. McGovern hatte immerhin eine Seele. Und er war ein Führer mit Moralvorstellungen. Seine Regierung würde zumindest ehrlich sein.

Einmal, gegen Ende des Wahlkampfes, wandte sich McGovern zu mir und sagte: »Wenn Nixon wiedergewählt wird, möchte ich nicht mehr in diesem Land leben.« Ich war froh, daß ihn außer mir niemand gehört hatte.

Wenn George McGovern 1972 gewählt worden wäre, hätte ich das Schauspielern, den Ruhm, Hollywood und das gute Leben aufgegeben, um für seinen Stab zu arbeiten. Ich hätte vermutlich darum gebeten, Teil von etwas werden zu dürfen, was sich mit dem Thema der Überbevölkerung der Welt beschäftigt hätte. Ich hätte Hoffnung gehabt, und Frauen wären viel früher gleichberechtigt an den Entscheidungsprozessen unserer Regierung beteiligt gewesen. Unsere Führer, die wie alt gewordene Jungs Kriegsspiele spielten, hätten mit Lösungen für Probleme und Konflikte aufwarten müssen. Wenn McGovern gewonnen hätte, hätten wir alle in größerer Harmonie und Gesundheit gelebt, und die Welt wäre heute ein menschlicher Ort.

Aber die demütigende Niederlage von McGovern und die Wiederwahl Nixons desillusionierten mich, und ich wollte nicht mehr Teil des politischen Aktionismus in meinem eigenen Land sein. Statt dessen wurde in mir das Interesse an der Außenpolitik und an ausländischen Staatsmännern wach. Wie dachten sie über sich selbst und über uns? Wie standen sie zu Menschenrechten und zur Demokratie? Wie sahen sie die Zukunft des Kommunismus und vieles mehr?

Ich reiste mit einer Frauendelegation nach China, kurz nachdem Kissinger dagewesen war. Ich stellte eine Gruppe von zwölf Frauen, einschließlich eines Kamerateams, zusammen. Wir hatten alle ganz unterschiedliche gesellschaftspolitische Ansichten, teilten aber den Wunsch, die jüngste Revolution der Welt kennenzulernen.

China ließ uns alle unsere Vorstellungen neu überdenken. Wir filmten uns selbst, wie wir einen Kulturschock durchmachten. Zum ersten Mal wurde uns klar, daß es andere Arten zu leben gibt, andere politische Strukturen, andere Ansichten über Liebe, Sex, Tod und Geld – sogar über Tiere. Mir haben Tiere noch nie so leid getan wie in China. Die Art, in der Chinesen mit Tieren, speziell mit Hunden, umgehen, ist so kalt und gefühllos, daß ich jedesmal Heimweh bekam, wenn ich einen Hund sah. Ein Hund konnte genauso leicht auf dem Teller enden, wie er herumlaufen und mit dem Schwanz wedeln konnte. Wir filmten, wie Menschen fasziniert unsere Gesichter mit den runden Augen und den so unterschiedlichen Hautfarben betrachteten.

Wir filmten, wie eine Frau ein Kind durch Kaiserschnitt zur Welt brachte und dabei bei vollem Bewußtsein mit uns sprach. Sie hatte eine Akupunkturnadel in jedem Fußgelenk und fühlte keinen Schmerz.

Der größte Teil der Delegation erkrankte an einer chinesischen Art der Lungenentzündung. Die Versorgung im Krankenhaus

Mit Elizabeth Taylor auf einer Veranstaltung, deren Reinerlös an Bella Abzug gehen sollte.

Jimmy Carter war tiefgründiger, als es den Leuten klar ist.

war hervorragend, gefühlvoll und freundlich. Dieses Erlebnis vermittelte jeder von uns etwas ganz Persönliches. Uns wurde klar, daß einige der alten chinesischen Heilmethoden wesentlich weiter entwickelt waren als unsere westliche medikamentöse Behandlung.

Das wichtigste Ziel unserer Reise war jedoch herauszuarbeiten, wie wir uns selbst als amerikanische Frauen wahrnahmen. Wir hätten wohl kaum die objektive Wahrheit über das neue menschliche Experiment in China in drei oder vier Wochen herausfinden können. Aber wir konnten herausfinden, was es in uns bewirkte und wie es uns dabei half, uns über die individuelle Einschätzung unseres eigenen Lebens klarzuwerden.

China beeindruckte uns, aber wir hatten die ganze Zeit über das Gefühl, daß das chinesische Volk von seinen Führern wie ein unmündiges Kind behandelt wurde. Dieser Mao war der Patriarch, und ihm mußte mit dem wohlwollenden Respekt gehorcht werden, den man älteren Menschen entgegenbrachte, denn der Staat wußte, was das Beste für sein Volk war, das immer noch unter den Folgen der »bitteren Vergangenheit« litt.

Die Vergangenheit war bitter gewesen, daran bestand kein Zweifel. Wohin wir auch gingen, erklärte uns jemand in einer herzzerreißenden Rede, wie schmerzhaft es gewesen war. Und außerdem hatte ich das Gefühl, daß das, was sie zu diesem Zeitpunkt hatten, ungeachtet der Beschränkungen und dem Mangel an Freiheit, vergleichsweise besser war. Die Menschen schienen einigermaßen zufrieden und gut genährt zu sein. Das medizinische Versorgungssystem war ausgezeichnet, das Bildungssystem tyrannisch mit seiner Indoktrination, aber alle lernten jetzt schreiben und lesen. Die Frauen genossen jetzt mehr Gleichberechtigung – zumindest war das Schlagen der Ehefrau gesetzlich verboten und das Töten weiblicher Babys strafbar. Der Besitz von Drogen war ein Kapitalverbrechen, das mit dem Tode bestraft werden konnte, wenn das lokale Gericht entsprechend entschied; Selbstkritik war ein Teil des gesellschaftlichen Lebens. Die Kommunen waren extrem streng, aber wir hörten von Menschen, die gezwungen wurden, dort zu arbeiten, daß sie sehr viel lernten.

Ehemänner und Frauen wurden jahrelang voneinander getrennt, um ihre Fähigkeiten und Energie dem Neuen China, der Neuen Revolution zur Verfügung zu stellen. Alle waren angesteckt vom Geist der neuen Morgendämmerung, und wenn Fremde, wie unsere Delegation, zu Besuch kamen, waren die Menschen eifrig darauf bedacht, mitzuteilen, was sie dieser neuen Energie zu verdanken hatten.

Wir erfuhren mehr über uns selbst, aber auch ebensoviel über diese fremde und mit vielen Einschränkungen behaftete neue Welt. Wir fingen an, unsere Ansichten über Materialismus, Besitz und Geld ein wenig zu differenzieren. Unita Blackwell, eine schwarze Aktivistin aus Mississippi, erzählte mir eines Tages, daß sie als unterdrückte Person ihr Ziel für sich und ihr Volk neu definieren müßte. Sie hätte bisher immer ein größeres Stück vom Kuchen der Weißen haben wollen. Nun hegte sie den Verdacht, daß ebendieser Kuchen die Weißen krank gemacht hatte.

Während wir in China waren, begann der Zusammenbruch unserer Regierung. Hin und wieder trafen wir einen amerikanischen Journalisten, der uns über Nixon und Watergate und das sich abzeichnende Drama in der amerikanischen Politik informierte.

Die Chinesen überraschte es nicht, daß Nixon korrupt war. Sie sagten, sie wußten immer, mit wem sie es zu tun hätten. Tatsächlich gab es, von ihrem Standpunkt aus betrachtet, kaum einen Unterschied zwischen Nixon und McGovern! Aber sie waren besorgt darüber, daß sie sich ausgerechnet mit Nixon zusammengetan hatten, um ihre Grenzen zu öffnen. Sie wußten, daß er der »Sohn eines Hundes« war, aber er war *ihr* »Sohn eines Hundes«, und sie waren nicht glücklich über die Anschuldigungen, die gegen Nixon vorgebracht wurden.

Ich grübelte über die anderthalb Jahre nach, die ich mit McGovern verbracht hatte. Ich erinnerte mich daran, daß er gesagt hatte, er würde nicht in einem Land leben wollen, in dem Nixon Präsident war. Mußte unser Land etwa dieses Trauma von beschämenden Enthüllungen durchstehen, um zu erfassen, was für eine Katastrophe Nixons politischer Zusammenbruch war? Ich fühlte mich moralisch durch alle meine warnenden Reden rehabilitiert. In Massachusetts versuchte ich ein Nummernschild zu bekommen, auf dem stand »*Wir* haben McGovern gewählt«. Ich fühlte mich nicht mehr wie ein naiver Idealist, wie eine Hollywooddilettantin.

Daß Nixon mich und andere Künstler auf seine berühmte Feindesliste gesetzt hatte und behauptete, wir seien antiamerikanisch und gefährlich, fand ich zum Lachen. Ich wurde dadurch eher noch enthusiastischer. Sicher war es eine bedenkliche Verletzung unserer Menschen- und Bürgerrechte, aber es bewies ein für allemal, daß wir Schauspieler, Schauspielerinnen und Bühnendarsteller wichtig waren, so glaubwürdig und einflußreich, daß man sogar Angst vor uns haben konnte. Ich schrieb an Harry Reasoner und bat ihn um seine Meinung, aber er hat meinen Brief nie beantwortet.

Nachdem Nixon zurückgetreten und Gerald Ford gekommen und wieder gegangen war, brachte Jimmy Carter uns die Politik der Hoffnung wieder zurück. Ich war Carter während des Wahlkampfes von McGovern begegnet. (Ich habe damals auch einen jungen Demokraten getroffen und mit ihm gearbeitet, der Bill Clinton hieß.) Carter hatte sein eigenes Päckchen zu tragen, denn er trat als ein politischer Außenseiter zur Wahl an, der wirkliche Veränderungen in Washington durchsetzen konnte. Obwohl er Gouverneur von Georgia gewesen war, war seine Persönlichkeit nicht die eines etablierten Politikers.

Er war nicht überheblich, witzig, sehr freundlich und verständnisvoll, und er hatte den Glanz eines Missionars in den Augen. Rosalynn, seine Frau, war klug, nett und gastfreundlich und hatte einen klaren Überblick, den sie in kaum einer Situation verlor. Sie war ein wirklicher Partner für Jimmy, und sie war stolz darauf, wieviel sie und ihr Mann für die Gleichstellung von Schwarzen und Weißen in Georgia getan hatten.

Während des Wahlkampfes und nach Carters Wahl genoß ich ihre für die Südstaaten typische Gastfreundschaft im Weißen Haus. Ich hatte Spaß an Bruder Billy und der Gesundbeterin Ruth, aber am meisten begeisterte mich Miss Lillian, die Mutter des

Präsidenten. Ich lernte auch einige der Bediensteten kennen, die schon seit Jahren im Weißen Haus waren. Sie führten mich herum, und als ich Fragen über die Zeit stellte, in der hier Richard Nixon residiert hatte, führte mich ein Butler in eines der historischen Wohnzimmer und deutete auf Brandflecken im antiken Teppich.

»Nixon saß immer total nackt auf diesem Sessel«, sagte der Butler. »Er trank Scotch aus der Flasche, rauchte Zigarren und ließ die Asche auf den Teppich fallen.« Nixon sei sehr oft betrunken gewesen und sei, um es gelinde auszudrücken, »reichlich primitiv«.

Aber nun standen die Dinge anders. Die Carters hatten eine normale Lebensweise, waren vornehm, gebildet und lustig, vor allem Miss Lillian.

Miss Lillian liebte das Rampenlicht, und es brachte ihre theatralischen Instinkte zum Vorschein. Gerade weil sie die Mutter des Präsidenten war, wurde sie jetzt noch exzentrischer. Miss Lillian wäre eine vorbildliche Matrone in einem Stück von Tennessee Williams (vorzugsweise eine Komödie) gewesen. Sie war direkter als der Sonnenschein. Sie blickte einem tief in die Seele hinein und machte dann eine witzige Bemerkung, die etwas ansprach, was man bis dahin für ein Geheimnis gehalten hatte. Sie sprach atemberaubend ehrlich über den Präsidenten. »Er sagt, er lüge niemals«, sagte sie. »Das ist eine Lüge. Du weißt doch, wie Kinder sind. Sie lügen immer, besonders Jimmy. Er weiß es nur so hinzudrehen, daß es sich gut anhört. Er sagt, ich hätte im Friedenscorps in Indien eine Wiedergeburtserfahrung gemacht. Klar, die Reise dorthin war eine tolle Sache, aber sie hat mein Leben nicht verändert.«

Miss Lillian hatte eine entwaffnende Art, die Wahrheit so, wie sie sie sah, auszusprechen, ohne dabei jemanden zu verletzen. Ich war gerne mit ihr zusammen, weil sie mich an die Menschen erinnerte, mit denen ich im Süden meine Kindheit verbracht hatte – diese Menschen, die nächtelang auf der Veranda saßen und Geschichten erzählten. Sie war ehrlich, obwohl sie wußte, daß sie eigentlich eine Vorstellung gab. Sie war hellwach und ließ sich von niemandem zum Narren halten. Sie besuchte mich oft in meinem Haus in Malibu und überredete mich, sie auf Baseball-spiele zu begleiten, wo sie dann jubelte, lästerte und die Spieler böse anschaute. Sie liebte die L. A. Dodgers, und einmal aß sie beim Spielerempfang so viel Kaviar, daß ihr richtig schlecht davon wurde. Ich rief meinen Arzt, und noch ehe er begriff, daß er die Mutter des Präsidenten behandelte, schlug er ihr vor, einen eigenen Kabarettauftritt mit anderen »Golden Girls« – wie sie später hießen – zu inszenieren, um die Grauen Panther unter den älteren Mitbürgern zu inspirieren.

Präsident Carter rief jeden Abend an, um sich nach seiner Mutter zu erkundigen und seinen »Stolz« darüber auszudrücken, daß wir soviel Spaß damit hatten, »einfach nur wir selbst zu sein«.

Ich mochte die Carters sehr, und es gefiel mir bei ihnen. Sie waren einfache, hochintelligente und sehr spirituelle Menschen. Tatsächlich denke ich, daß sich Jimmy Carter selbst als eine Art amerikanischer Gandhi betrachtete, der seine moralische Verantwortung darin sah, sich unter sein Volk zu begeben und es bei der Bewältigung des Problems, das er das »Unbehagen« nannte, zu beraten.

Die Menschen, die Carter im Weißen Haus umgaben, waren wieder etwas anderes. Tim Kraft war ein ruhiger, aber gründlicher Generalstabschef, der Dean Martin verehrte. Bei ihm hatte ich einen Stein im Brett, als ich für ihn und seine Freunde Karten für den Auftritt von Dean und Frank im Westchester-Premiere-Theater besorgte. Tim hatte keine Ahnung, daß die Jungs mit den Blumenkohlohren, die in den Theatergängen auf und ab liefen – einschließlich des Priesters, der ein diamantenes Kreuz über seinem Talar trug, bei dem Bulgari in Rom die Augen aus dem Kopf gefallen wären –, später wegen dunkler Machenschaften angeklagt werden sollten.

Hamilton Jordan war der wüste »Playboy« unter den Leuten um die Carters. Er nahm mich einmal auf eine Party in Beverly Hills mit. Mir kam das Ganze reichlich langweilig vor, aber als ich die Morgenzeitung aufschlug, glaubte ich, ich wäre bei einer Drogenorgie gewesen. Ich hatte nichts von dem bemerkt, worüber in der Zeitung berichtet wurde – vor allem Kokain und wilde Weiber. Einige Leute waren recht oft aufs Klo gegangen, aber die »wilden Weiber« mußten woanders gewesen sein. Jordan hatte eine besondere Art, solche Schlagzeilen anzuziehen. Er war schlau und politisch gut geschult, aber nun, da er Macht hatte, wollte er sie auch dazu nutzen, seinen pubertären Spaß auszuleben. Er war witzig, aber manchmal riskierte er damit doch zuviel.

Die Leute um die Carters im Weißen Haus umgaben sich genauso gerne wie alle anderen mit Kinostars. Da sie liberale Demokraten waren, trafen sie sich mit liberalen Künstlern. Die Vernetzung von Politikern und Künstlern war wieder in vollem Gange. Aber diesmal waren sie jünger: Linda Ronstadt, Chevy Chase und andere.

Die Premiere von *The Turning Point* (Am Wendepunkt) fand im Kennedy Center in Washington, D. C., statt. Die Carters waren unter den Ehrengästen.

Bald darauf ging ich zu Hamilton, um ihm zu sagen, daß Herbert Ross, der Regisseur von *The Turning Point*, der Twentieth-Century-Fox-Chef und ich nach Kuba eingeladen worden waren, um den Film in Havanna zu zeigen. Alicia Alonso, die Primaballerina Assoluta, war eine alte Freundin von Herberts Frau, der großen Ballerina Nora Kaye, und sie lebte noch immer in Havanna. Sie wollte sich unbedingt wieder mit dem amerikanischen Ballett vertraut machen, und daher würde Nora mit uns kommen.

Hamilton gab uns seinen Segen und den der Regierung. Ich wollte für das Fernsehen ein Live-Musik-Special im Riviera-Nachtclub in Havanna drehen, und Hamilton bot mir jede nur erdenkliche Art von Hilfe an.

Es war wie eine Brise frischer Luft, endlich wieder eine demokratische Regierung zu haben, viel offener für den persönlichen Austausch zwischen politischen Gegnern.

Unsere Gruppe aus Hollywood verabredete sich in New York, und nach der Überwindung vieler Schwierigkeiten, die mit unserer Reise in ein Land zusammenhingen, das die Vereinigten Staaten diplomatisch nicht anerkannten, reisten wir nach Havanna ab.

Ich war schon durch so viele kommunistische Länder gereist –
die Sowjetunion, die Tschechoslowakei, Rumänien, die DDR, Polen und China. Sobald wir in Kuba gelandet waren, konnte ich
sehen, daß die kubanische Revolution trotz all ihrer schrecklichen
Schattenseiten sehr sexy war. Es gab Margaritas am Strand von
Varadero, in den Straßen wurde gelacht und gescherzt, und wir
erlebten viel von dem derben lateinamerikanischen Humor in den
Nachtclubs. Eine Delegation aus der Sowjetunion und Rumänien
besuchte Havanna zur selben Zeit wie wir. Wir sahen sie überall
und beobachteten ihr Verhalten: Sie waren sehr steif und formell,
denn ihnen war das lateinamerikanische Temperament total
fremd. Sie saßen in Restaurants und Bars, völlig unfähig zu
begreifen, wie gute Kommunisten sich so ausgezeichnet amüsieren konnten. Das Bekenntnis zum sowjetischen Kommunismus
beinhaltete wohl auch, daß man sich nicht mehr amüsieren durfte.
Ich weiß, daß unter Fidel Castro Tausende von Künstlern, Schrift-
stellern und Dichtern im Gefängnis waren, aber das war damals
noch nicht so bekannt wie heute. Die Männer und Frauen, die den
Kommunismus Osteuropas repräsentierten, hatten finstere Gemüter, waren düster, ernst und unflexibel. Sie trauten sich noch
nicht einmal, sich zu betrinken, obwohl sie damit in ihren Heimat-
ländern sonst kein Problem hatten.

Das schönste Erlebnis auf dieser Reise war für mich das Treffen
mit Alicia Alonso und ihrem Ballettensemble. Sie war wunderbar
majestätisch und humorvoll, nur war sie mittlerweile fast völlig
blind. Sie führte uns in ihrer Schule herum und bewältigte jeden
ihrer Schritte mit intuitiver Präzision. Sie erzählte uns, daß sie
manchmal sogar noch auftrat. Ich konnte mir nicht vorstellen, wie
es für sie war zu tanzen, ohne etwas sehen zu können. Wie maß sie
den Raum? Sie war so stolz auf ihre Loyalität gegenüber der
Revolution, und sie sagte, sie hätte absolut freie Hand. Ich liebte
ihre Art zu tanzen schon seit meiner Kindheit. Als ich älter und
interessierter geworden war, hatte ich von ihrer Beteiligung an der
Revolution gehört. Sie war eine waschechte Tänzerin, und daher
fragte ich sie, was sie von dem politischen Engagement bei Künstlern hielt. Sie erzählte mir eine Geschichte. Sie sagte, vor einigen

Jahren hätte sich jemand von der Presse erstaunt darüber geäußert, daß sie, eine der größten Ballerinen der Welt, politisch aktiv geworden war. »Woher nehmen Sie die Zeit, sich mit der Revolution zu beschäftigen?« fragte er. »Und warum sind Sie sich dessen überhaupt bewußt geworden?« Sie hatte geantwortet: »Warum? Was glauben Sie denn, wo ich tanze? Auf dem Mond?«

Ich verbrachte einen ganzen Tag mit Alonso. Schon allein sie und Nora zusammen zu beobachten, war die Erfüllung eines Tanzschultraums aus meiner Kindheit.

Anschließend gingen wir alle zu der kubanischen Filmkommission, sahen uns einige der neuesten kubanischen Filme an und trafen mit Schauspielern, Malern und Dichtern zusammen. Künstler sind auf der ganzen Welt gleich. Wir haben das Gefühl, uns trotz unserer kulturellen und politischen Unterschiede zu kennen. Wir wissen, daß wir die Welt anders sehen, und deshalb fühlen wir uns oft von der tonangebenden Masse isoliert und miteinander verbunden. Natürlich hatten wir keine offene Kritik an Castro erwartet, aber wir alle hatten das Gefühl, daß diese Künstler sich mit der Verantwortung beauftragt fühlten, die Revolution mit allen ihnen zur Verfügung stehenden Mitteln weiterzuentwickeln.

Es schien Einigkeit darüber zu herrschen, daß Fidel Castro das Analphabetentum auf weniger als zehn Prozent gesenkt hatte und daß die Zeiten wegen des amerikanischen Wirtschaftsembargos hart waren. Und doch lachten, scherzten und tranken wir miteinander und hatten unseren Spaß. Das Wetter war regnerisch, und hohe Wellen brachen über die Deiche an der Küste Havannas. Ich hatte nicht gedacht, daß es in Havanna Probleme und Eigenarten gab, die denen von Malibu sehr ähnlich waren.

Wir wanderten am Strand entlang, schauten kubanischen Frauen in Bikinis hinterher und flüsterten uns gegenseitig zu: »Das sind Kommunisten?« Am Strand führten Leute kleine Zaubertricks vor, und Händler verkauften Margaritas. Wir trafen viele kanadische Touristen, denn ihre Regierung verfolgte eine liberalere Politik gegenüber den kommunistischen Ländern. Ich dachte an meinen Vater und seine Abneigung gegen Kommunisten, an seine Sorge, die Verwandte meiner Mutter in Kanada zeigte »kommunistische Tendenzen«. Ich hätte natürlich nicht unter solch einem System leben wollen, aber das machte die Menschen, die daran glaubten, nicht zu bösen Menschen.

Die Premiere von *The Turning Point* wurde enthusiastisch gefeiert. Die Zuschauer und die Kritiker schätzten die Tatsache sehr, daß sie einer Premiere beigewohnt hatten, führten aber im allgemeinen an, daß die Geschichte doch etwas mehr von einer Soap Opera hatte als nötig. Wir diskutierten ausführlich mit Mitgliedern der Filmgewerkschaft über den Inhalt des Films.

Einige Leute verstanden nicht, weshalb die Charaktere in dem Film den Ehebruch problematisierten. Sie argumentierten, daß Monogamie nicht Teil der menschlichen Natur sei und auch nicht in der Ehe erwartet wurde. Andere kritisierten sehr heftig, daß die Frau, die ich spielte – eine Ballettänzerin, die das Tanzen wegen ihres Ehemannes und ihrer Kinder aufgegeben hatte –, ihre Karriere trotz ihrer Ehe problemlos hätte fortsetzen können. In ihrer Gesellschaft, sagten sie, wäre ein solches Dilemma in einem Film nicht sehr glaubwürdig, weil doch alle gleichgestellt waren und alle arbeiten wollten. Ich erklärte ihnen, daß amerikanische Frauen sich an den Rand der Erschöpfung getrieben sähen, weil sie versuchten, gute Hausfrauen zu sein und gleichzeitig auf dem Arbeitsmarkt zu bestehen. Ich fragte, ob ihnen denn ihre Ehemänner mit den Kindern und der Hausarbeit zur Hand gingen. Sie verdrehten die Augen und schüttelten den Kopf. »Wir schaffen das schon. Wir haben die Kraft dazu.«

Ich war erstaunt.

Es erstaunte mich allerdings auch, wie sie den Kommunismus mit dem katholischen Glauben und dem afrikanischen Einfluß in Einklang brachten, der die gesamte Kultur untermauerte. Sie sagten, ihre Revolution schließe auch diese Aspekte des Lebens ein. Es war so ganz anders als das, was ich in Osteuropa, der Sowjetunion und China gesehen hatte. Dann traf ich den Mann, der für das alles verantwortlich war, und ich fing an zu verstehen, weshalb Kuba anders war.

Unsere Filmgruppe wurde in einen Warteraum zu Fidel Castros

Amtsräumen geführt. Wir saßen in bequemen Sesseln, genossen unsere Getränke und warteten und plauderten. Wir hatten etwa fünfundvierzig Minuten dagesessen, als ein Adjutant hereinkam und nach mir fragte. Ich stellte mich vor, und er sagte, Castro wolle mich sehen... allein. Ich sah Herb und Nora an. Sie zwinkerten mir zu, nickten und bedeuteten mir, ich sollte mich in Bewegung setzen.

Ich wurde von einem uniformierten Gefolgsmann durch einen breiten Korridor geführt. Eine dicke Doppeltür am Ende des Ganges öffnete sich, als ich dort ankam, und wie auf Stichwort stand Fidel Castro vor mir.

Ich sah ihm ins Gesicht. Er war sehr groß, sein berühmter Bart ordentlich gekämmt, und in seinen Augen funkelte es vor Interesse.

Ich streckte meine Hand aus. Er schüttelte sie und begrüßte mich auf spanisch. Sein Dolmetscher übersetzte seine Begrüßungsworte simultan. Dann gab er mir zu verstehen, daß ich ihm zu einem Sessel folgen sollte. Ich beobachtete seinen Gang und war verblüfft, wie feminin seine Körperbewegungen waren... der Klang seiner Stimme... seine unwillkürliche Art, sich zu geben. Ich hätte niemals eine so starke weibliche Komponente in Fidel Castro erwartet. Ich hatte einen Macho-Revolutionär und großspurigen Männerführer erwartet. Ich hatte gehört, daß er mir bestimmt vorschlagen würde, mich in seinem Jeep auf einen Ausflug in die Zuckerrohrfelder mitzunehmen. Barbara Walters hatte mich davor gewarnt. Aber er schien etwas anderes vorzuhaben.

Wir setzten uns. Ehe ich mich versah, hatte er zu einem seiner berühmten Castro-Monologe angesetzt, in den er Fragen über alles in Amerika, vom Instant-Orangensaft bis hin zu den Kennedys, einflocht. Mich drängte es, ihn danach zu fragen, ob Sam Giancana ihm wirklich persönlich eine Zigarre angesteckt hätte.

Er erzählte mir von seiner Reise nach Manhattan, als Eisenhower Präsident war. Er mußte sich damals eine Unterkunft suchen, weil er nicht als Staatsoberhaupt anerkannt worden sei. Er benutzte beim Sprechen sehr ausgiebig seine Hände. Seine Finger waren lang und ausdrucksstark.

Er sprach sehr ausführlich über »*los niños*«, die Kinder Kubas, und was Lesen und Schreiben für den künftigen Erfolg der Revolution bedeutete. Er sprach über Dichter und Künstler und Theaterleute und welchen Anteil sie an der Revolution hatten. Ich fragte ihn, warum so viele im Gefängnis seien. Eine Revolution braucht Inspiration, nicht Zerstörung, sagte er. Als ich das Thema Meinungsfreiheit anschnitt, sagte er, sie gelte seit der amerikanischen Revolution, die schon vor so langer Zeit stattgefunden hätte. Seine Revolution wäre aber immer noch nicht beendet.

Er sprach über die Probleme der Städte, des Verkehrs und der Enge. Ihn hätten die Wolkenkratzer in Manhattan fasziniert, und er fragte sich, wie man sie gebaut hatte. Er fragte mich über das Theater in New York aus und ob ich nur in Filmen mitspielte oder auch live in Theatern auftrat. Ich bejahte, und dann erzählte ich ihm, daß ich eine Live-Fernsehshow im Riviera-Nachtclub in Havanna machen wollte. Ich wollte damit zu einem besseren Verständnis unserer beider Kulturen beitragen. Er dachte eine Weile darüber nach und nickte dann. Dann sagte er »good« auf englisch. Ich fragte mich, wieviel Englisch er wirklich konnte. Ich fragte ihn, ob es wahr wäre, daß er Statist in der Originalfassung von *The Ten Commandments* (Die Zehn Gebote) von Cecil B. DeMille gewesen war. Es gäbe da das Gerücht, er hätte einen der Speerträger gespielt, und es gäbe ein Beweisfoto. Er dachte einen Moment lang nach und antwortete, er hätte den Film nie gesehen. Ich beschloß, nicht weiter darauf herumzureiten.

Wir redeten etwa dreieinhalb Stunden lang miteinander. Herb, Nora und die *Turning Point*-Gruppe, die geduldig im Warteraum sitzen mußten, taten mir leid. Fidel wußte, daß sie auch da waren, aber er war ganz klar in »Mañana«-Laune, fühlte sich wohl und suchte nach einem Weg, wie er Jimmy Carter diplomatisch grüßen lassen konnte. Ich bewunderte seine Uniform und sagte ihm, in den Vereinigten Staaten wäre es ganz groß in Mode, in militärisch aussehenden Outfits herumzulaufen. Er registrierte diese Tatsache und ließ die anderen rufen.

Sie kamen herein, immer noch fröhlich und zum Glück nicht im mindesten erbost über die Zeit, die er sie hatte warten lassen. Fidel

Fidel hat mir eine seiner Uniformen geschenkt.

fragte sie über ihren Film und über Hollywood aus und erklärte, wie wichtig es für uns wäre, eine Brücke von Mensch zu Mensch zwischen Ländern mit unterschiedlichen politischen Ansichten zu errichten.

Er war reizend, gastfreundlich, gesprächig und fragte uns großzügig, ob wir auch wirklich alles bekämen, was wir brauchten. Wir verließen ihn mit der humorvollen Warnung, unseren Film nicht zu kopieren. Wir wollten, daß das kubanische Volk ihn sah, aber wir wollten nicht, daß er ihn stahl! Er lachte und wußte genausogut wie wir, daß er es ohnehin tun würde.

Nach einem Abendessen, bei dem wir aufgeregt über unser Treffen mit Castro plauderten, ging ich in mein Hotelzimmer, um mich schlafen zu legen. Gegen halb zwölf Uhr klopfte jemand an meine Tür. Ich öffnete sie, und da stand Fidel Castro, der nur seine Übersetzerin mitgebracht hatte. Er trug eine Tasche mit Geschenken in der einen Hand und eine seiner Uniformen in der anderen.

»Sie haben sie doch bewundert«, sagte er. »Ich habe Ihnen eine mitgebracht.« Er gab mir die Uniform und fragte, ob er hereinkommen dürfte. Ich dachte an Barbara Walters, aber ich ließ ihn trotzdem eintreten.

Wir saßen zusammen auf meinem Sofa. Seine Übersetzerin wurde unsichtbar.

Fidel holte eine Kiste aus seiner Tasche. Sie war handgeschnitzt. Er öffnete sie, und es kamen kubanische Zigarren zum Vorschein.

»Ihr Mr. Hamilton Jordan raucht sie«, informierte er mich, »und vielleicht mag sogar Ihr Präsident eine nach dem Essen.«

Ich nahm eine Zigarre heraus und sog das Aroma ein. Ich verstand, warum sie eine so beliebte Schmugglerware waren.

»Danke sehr«, sagte ich. »Ich werde sie persönlich Mr. Jordan und Präsident Carter übergeben.«

»Und noch etwas«, sagte Fidel und förderte eine zweite, lange, aber schmalere Kiste zutage. »Das ist für Ihren Mr. Brzezinski.«

»Ach?« entfuhr es mir.

»Ja«, sagte Fidel, »das ist eine Friedenspfeife. Ich würde gerne eine Friedenspfeife mit ihm rauchen, besonders in bezug auf unsere Rolle in Angola. Es ist sehr schwer, diese Dinge öffentlich zu sagen, aber Sie sind die Brücke von Mensch zu Mensch. Bitte geben Sie ihm diese Pfeife und übermitteln Sie ihm meine Friedensgeste.«

Fidel öffnete behutsam das Geschenkpapier und zeigte mir die Pfeife. Sie sah genauso aus, wie er sie beschrieben hatte.

»Ich werde diese Dinge mitnehmen«, sagte ich. »Vielen Dank. Ich werde sie weiterreichen, sobald ich zurück bin.«

Dann zog Fidel einen großen Glaskasten aus seiner Tasche. In dem Kasten war ein ausgestopfter Vogel.

»Das ist eine Taube«, sagte er. »Es ist eine Friedenstaube. Es ist mein Geschenk für Sie. Es ist eine kanadische Taube. Ich weiß, daß Ihre Mutter Kanadierin war. Wir haben hier auch viele Kanadier. Ich weiß auch von Ihrer Arbeit für Mr. McGovern. Ich weiß, wie Sie zum Vietnamkrieg stehen. Ich weiß auch von Ihren Bemühungen um Frieden; deshalb möchte ich, daß Sie diese Taube annehmen.«

Er überreichte mir den Glaskasten. Weshalb tat er das alles? fragte ich mich. Gab es keine anderen Emissäre? Waren wir einfach die richtigen Menschen, um als inoffizielle Botschafter in der diplomatischen Welt zu agieren, bloß weil jeder Filmstars mochte? Waren wir berühmt genug, um Aufmerksamkeit zu erregen, aber nicht glaubwürdig genug, um ernst genommen zu werden?

Ich hatte vor der Pariser Konferenz eine Botschaft von Helmut Schmidt an Präsident Carter überbracht, von Willy Brandt an Pierre Trudeau, von Olaf Palme an die Antikriegsbewegung in Amerika. Es schien, als ermöglichten diese persönlich von berühmten und engagierten Künstlern überbrachten Mitteilungen es den politischen Führern, das Terrain für künftige Diskussionen zu sondieren. Waren wir, wie Castro es nannte, »Brücken« zwischen Welten, die sich als Gegner gegenüberstanden?

Castro erhob sich, lief in meinem Zimmer herum und fragte, ob es mir in Kuba gefiele. Ich sagte, mir hätten besonders die Bands und die altmodischen Nachtclubs gefallen. Dann sprach er eine weitere Stunde über die Notwendigkeit, zu verstehen, daß sein Land arm war und daß er Frieden mit den Vereinigten Staaten wollte. Er sehnte die Aufhebung des Embargos herbei und machte deutlich, daß es in Kuba sehr gute Möglichkeiten für amerikanische Geschäftsleute gäbe, und er fügte hinzu: »Ich werde alles tun, was in meiner Macht steht, Ihnen Zutritt und die entsprechende Ausrüstung für Ihre Fernsehshow aus Havanna zu verschaffen.«

Ich hörte zu und fragte mich gleichzeitig, welcher Künstler wohl in einem Gefängnis in Havanna einsaß, weil er ein Buch geschrieben oder ein Bild gemalt hatte, das einige von Castros revolutionären Diktaten in Frage gestellt hatte. Dann dachte ich an die Bestechlichkeit von John Mitchell und Spiro Agnews Gesetzesübertretung und Richard Nixons Bombardierung Kambodschas. Ich dachte an den steigenden Analphabetismus in Amerika und an das Rauschgift, das unsere Straßen überschwemmte – beides bislang irgendwie unbemerkt von den Bundesbehörden. Ich dachte an die Schmiergelder, an die Mafia und an die kriminellen Handlungen, die im Namen des Kapitalismus begangen wurden.

Das ganze Leben schien aus der Entscheidung für das Zweitbeste zu bestehen, und immer wieder konfrontierte uns dieses Leben mit dem jahrhundertealten Konflikt, ob die Zukunft es wert war, die Gegenwart zu opfern. Ich fragte mich, was Castro immer von neuem antrieb. Offenbar mußte er jede Nacht an einem anderen Ort schlafen. Was war es, das seinem Schicksal Jahr für Jahr Sinn gab? War es möglich, sich so sehr mit seinem Volk zu identifizieren, daß man beides als eins sah – das Syndrom de Gaulle = Frankreich? War es das, was Castro antrieb? War Castro in seiner eigenen Vorstellung Kuba und umgekehrt? Vielleicht war es das, was einen Menschen zu einem Revolutionsführer machte.

Ich beobachtete ihn, wie er etwas Wasser trank und seine Predigt vortrug, seine Beobachtungen und Bestrebungen für sein Volk – ganz so, als sei ich ein Publikum, wichtiger als jedes andere. Er war zugleich bezaubernd und besessen, sanft und doch zielstrebig. Seine Energie erschöpfte sich nie. Er bestimmte das Tempo, er schmeichelte, er war ein Unterhalter und Prediger. In diesen Momenten schien das Schicksal von Kuba in seinen Händen zu liegen. Ich fragte mich, wie lange das wohl gutgehen würde. Ich fragte mich, was würde mit Kuba geschehen, wenn er sterben würde.

Als er ging, hing ich die Uniform in meinen Kleiderschrank.

Als das Zimmermädchen am nächsten Morgen kam, um sauberzumachen, fand sie sie. Sie sah erst mich an, dann wieder die Uniform. Hatte ihr Führer sich an einen amerikanischen Filmstar verkauft, oder war der Filmstar dem Charme der Zuckerrohrfelder erlegen? Sie lächelte und ging.

Nach Washington zurückgekehrt, brachte ich die Geschenke in einer großen Reisetasche ins Weiße Haus. Meine Limousine fuhr durch das Tor und setzte mich in der Nähe des Rosengartens ab. Ich ging durch die Tür und war beeindruckt, daß die Sicherheitsvorkehrungen so unaufdringlich waren.

Als erstes ging ich in Hamiltons Büro. Er war nicht da. Also ging ich zu Brzezinski, dem Sicherheitsberater. Ich hatte angerufen und mich angemeldet. Zbigniew bat mich herein und fragte mich, wie meine Reise nach Kuba verlaufen wäre. Gut, antwortete ich.

Wir saßen auf einem der Sofas in seinem Büro und unterhielten uns, bis Hamilton kam. Er fragte mich auch über Kuba aus.

»Ich habe etwas für Sie«, sagte ich.

»Ja? Was denn?« fragte Hamilton.

»Ein Geschenk von Castro.« Ich holte die Zigarrenkiste hervor.

Zbigniew sprang auf. »Sie haben ein Geschenk dieses Mörders bei sich und sind durch die Sicherheitskontrollen gekommen?«

Ich sah ihn erschrocken an. »Ja, sicher«, sagte ich. »Ich dachte, diese Metalldetektoren am Eingang reichten aus als Beweis dafür, daß ich hier nichts Gefährliches bei mir habe.«

»Nichts Gefährliches?« sagte Zbigniew. »In der Kiste könnte eine Bombe sein.«

»Eine Bombe?« fragte ich. »Wie sollte sie wissen, wann sie explodieren soll? Sie lag während der gesamten Rückreise von Havanna bei mir auf dem Schoß.«

»Was haben Sie denn da?« fragte Hamilton, der Zbigniews Warnung ignorierte. »Ich hoffe, er hat mir Zigarren geschickt.«

»Ja, und die Kiste ist wirklich sehr hübsch. Handgeschnitzt.«

»Wir müssen diese Kiste entschärfen«, warnte Zbigniew, der sich immer mehr in seine Aufregung hineinsteigerte.

»In der Kiste ist keine Bombe«, gab ich zu bedenken.

»Und woher wollen Sie das wissen?« fragte er.

»Laßt mich einfach eine Zigarre rauchen«, schlug Hamilton vor. »Die Bombe ist mir egal.«

»Ich möchte nicht für das verantwortlich sein, was passiert, wenn Sie diese Kiste öffnen«, sagte Zbigniew.

»*Okay*«, erwiderte Hamilton. »Ich übernehme die Verantwortung.« Dann trat er spaßeshalber einen Schritt zurück. »Machst du sie bitte auf?« bat er mich.

Ich sah beide an. Zbigniew war schon auf hundertachtzig, und Hamilton machte sich einen sadistischen Spaß daraus.

Ich löste das Band, und dann öffnete ich sie. Ich hob den Deckel vorsichtig ein paar Millimeter. Nichts geschah. Mein Selbstvertrauen wuchs, und ich öffnete den Deckel ganz. Plötzlich ertönte ein durchdringender, schriller Alarm. Ich wich entsetzt zurück und rang nach Atem. Konnte Zbigniew recht gehabt haben? Ich sah Hamilton an. Er kaute auf seinem Kaugummi herum und zuckte die Achseln. Er deutete auf die computergesteuerte Sicherheitsvorkehrung in einem Regal.

»Das Ding kontrolliert die Bewegungen des Präsidenten«, sagte er. »Wenn er das Oval Office verläßt, geht der Alarm los. So wissen wir, wo er ist.«

Zbigniew blieb weiterhin verbissen und paranoid. Hamilton griff in die Kiste, nahm eine Zigarre heraus und zündete sie an. Sie explodierte nicht, was Brzezinski ordnungsgemäß bemerkte. Tim Kraft kam herein.

»Sind das kubanische Zigarren?« fragte er. Ich bot ihm eine an und erklärte, sie kämen von Castro.

»Großartig«, sagte er. »Ich muß mir meine immer aus der Schweiz einschmuggeln.«

Während die Männer des Präsidenten ihre Zigarren rauchten, holte ich Castros Geschenk für Brzezinski heraus.

»Das ist für Sie«, sagte ich. »Er möchte, daß Sie es bekommen.«

»Was ist das?« fragte Zbigniew.

»Nun, vielleicht solltest du es auspacken, und ich verrate dir, was er dazu gesagt hat.«

Die Schachtel mit der großen Friedenspfeife steckte in einer zweiten größeren Schachtel.

Ich öffnete die äußere Schachtel und gab sie Brzezinski. Er nahm sie behutsam entgegen. »Das würde einen tollen Sarg für den Hund meiner Tochter abgeben«, sagte er.

Ich wurde bleich. Was war mit diesem Mann los?

Dann reichte ich ihm die Friedenspfeife, die er herauszog und hochhielt.

»Fidel sagte, er wolle die Friedenspfeife mit Ihnen rauchen.«

Brzezinski drehte sie herum, dann knallte er sie auf den Tisch.

»Ich werde das Ding mit ihm rauchen, wenn auch der letzte kubanische Soldat aus Angola abgezogen ist, nicht eine Minute früher!«

Ich sah zu Tim und Hamilton herüber. Zigarrenrauch kräuselte sich um ihre Köpfe. Sie zuckten die Achseln.

Brzezinski verließ sein Büro. Tim und Hamilton entfernten sich. Ich stand da und sah mich um. So konnte das doch nicht funktionieren!

Ich schaute mich in dem Büro des Mannes um, der mit der Aufgabe betraut war, für Frieden in der Welt zu sorgen.

Die Regale waren mit Modellen von Atomraketen und hochtechnisierten Raketenabschußrampen dekoriert. Brzezinski hatte mir diese Spielzeuge bei einer früheren Gelegenheit stolz als ein Beispiel dafür gezeigt, wie er den Frieden in der freien Welt erhalten wolle. Der freien Welt? Frei von was? Und frei von wem?

Hamiltons Sekretärin kam herein und riß mich aus meinen verwirrten Träumereien.

»Mr. Jordan würde Sie gerne in seinem Büro sprechen«, sagte sie.

»Ja, klar«, antwortete ich.

Ich verließ Brzezinskis Büro und zweifelte auf dem Weg zu Hamilton ernsthaft an dem Konzept des Künstlers als einer Brücke.

Hamilton bot mir einen Stuhl vor seinem Schreibtisch an, dem Schreibtisch, von dem gewichtige Berichte ausgingen, die den ganzen Planeten betrafen.

»Bist du da unten im Riviera-Nachtclub gewesen?« fragte Hamilton.

»Ja. War ich. Es war großartig, ein bißchen altmodisch, aber toll.«

»Hübsche Tänzerinnen?« fragte Hamilton zwinkernd.

»Ja, irgendwie schon, abgesehen davon, daß sie alle wie Carmen Miranda angezogen sind.«

»Ach ja?« wunderte er sich. »Dann wirst du also die Fernsehshow von da aus machen?«

»Ich hoffe es. Fidel sagte, er würde alles tun, was er kann, um es mir zu erleichtern. Er besorgt uns die Techniker und die Ausrüstung . . . einfach alles. Er möchte, daß die Amerikaner sehen, daß Kuba nicht so übel ist, wie es immer behauptet wird.«

»Großartig«, sagte Hamilton. »Mir gefällt deine Idee, da unten eine Sendung zu machen. Dem Präsidenten sicher auch. Weißt du was? Wir fragen Miss Lillian, ob sie einen Steptanz mit dir auf der Bühne hinlegen will. Sie liebt das Showgeschäft.«

»Meinst du das ernst?« fragte ich.

»Aber sicher! Jimmy wäre begeistert, wenn seine Mutter so etwas täte, und du weißt doch selbst, daß sie es tun würde.«

Ich war begeistert. Später erzählte ich Tim Kraft und Brzezinski von der Idee. Sie schien ihnen zu gefallen.

Ich kehrte nach Kalifornien zurück, sprach mit dem Sender, der die Idee befürwortete, und schickte ein Vorbereitungsteam nach Kuba. Sie brauchten etwas über eine Woche, um alles zu organisieren, was für die Live-Übertragung aus Havanna nötig war.

Unser Kreativteam machte sich an die Arbeit. Sie überlegten, wie die komischen Nummern und unser Text authentisch wirkten. Wir waren sicher, daß wir alle Merkmale einer klassischen Musicalshow berücksichtigt hatten, die aus einem kommunistischen Land, neunzig Meilen entfernt, übertragen werden konnte.

Dann rief der Sender an. Sie hatten ihre Meinung geändert, das Risiko war zu groß. Ich fragte, was daran riskant sei. »Das ganze

Ding«, war die Antwort. Ich rief das Weiße Haus an und sprach mit Hamilton. »Was ist passiert?« fragte ich. »Habt ihr Jungs Bedenken ausgedrückt?«

»Nein«, sagte Hamilton. »Du weißt doch, daß uns deine Idee gefallen hat.«

»Hat Brzezinski irgend etwas unternommen?«

»Wer kann das schon wissen?« antwortete Hamilton.

Da hatten wir es. Sich der Verantwortung zu entziehen und dann der Philosophie »im Zweifelsfalle nein« gehorchen.

Unsere Sendung fand niemals statt. Ein kleiner Fehlschlag in der Planung, aber ich hatte das Gefühl, es hätte sich dadurch etwas ändern können. Ich wußte nicht, ob die Carter-Regierung von dem Sender reingelegt oder ob der Sender von jemandem aus der Regierung unter Druck gesetzt worden war. Wer hat schon die Zeit, durch diesen Morast zu wandern? Ich lachte. Ja, sicher, jeder liebt das Showgeschäft, nur schade, daß die Führer der freien Welt die Menschen des Rests der Welt nicht so ernst nehmen, wie wir aus dem Showgeschäft es tun. Vielleicht waren wir Brücken, aber wann würden die Politiker und die Mächtigen es wagen, sie zu überqueren?

10

»Frauenfilme«

Es war mir vergönnt, ein paar richtig gute »Frauenfilme« zu drehen, also Filme, deren Thematik und Besetzung etwas in den Frauen ansprechen. Ich bin jedoch nicht sicher, was diese Definition bedeutet, denn die Öffentlichkeit neigt viel weniger dazu, in Schubladen zu denken, als wir es oft glauben. Wenn Filme mit Frauen Frauenfilme genannt werden, warum sind Filme mit Männern dann einfach nur Filme?

Der Begriff »Frauenfilm« ist in Hollywood eigentlich erst um die Mitte der siebziger Jahre aufgekommen, als Frauen in unserem Kulturkreis sich neu definierten – ein Resultat der erfolgreichen Frauenbewegung. Bis dahin waren Filme über das Leben von Frauen, in denen Joan Crawford, Lana Turner und Bette Davis die Hauptrollen spielten, Filme für alle. Diese Heldinnen von damals müssen Schauspielerinnen das Gefühl vermittelt haben, daß sie alles spielen konnten. Es gab Liebesgeschichten, Familiengeschichten, Geschichten über menschliche Werte und Geschichten mit Botschaften der Hoffnung, die ihre Zuschauer mit der Gesellschaft aussöhnen konnten. Die Geschichten drehten sich im allgemeinen um die weibliche Hauptdarstellerin, weil es sich um Filme über Gefühle handelte. Die Frauen waren die treibende Kraft, die Inspiration, der ruhende Pol. Oder sie gerieten, im umgekehrten Falle, in Konflikte, die mit Ehrgeiz, Eifersucht, Dreiecksbeziehungen, unglücklichen Ehen, schmuddeligen Affären, Problemen zwischen Mutter und Kind zu tun hatten oder damit, sich in einer Welt zurechtzufinden, die zugrunde ging... Es ging um Gefühle... um das Leben.

Niemand ist wirklich sicher, was sich geändert hat oder warum. Wir wissen nur, daß heute die Kinofans im Durchschnitt zwischen elf und siebzehn Jahre alt sind. Dieses Publikum zieht Actionfilme vor, in denen es bezeichnenderweise von Männern wimmelt. Mit dem Einzug der High-Tech-Methoden in die Filmbranche haben sich viele dieser Actionfilme zu Musterbeispielen für special effects entwickelt, und im allgemeinen sind diese Filme von Männern bevölkert, die entweder eine freundschaftliche Beziehung zueinander haben oder das Verhältnis zwischen Herrn und Sklaven in Szene setzen. Und der Inhalt dieser Filme: der Triumph des Guten über das Böse oder umgekehrt.

Wenn Actionfilme, Science-fiction, Krimis und Geschichten über sexuelle Perversion vorherrschen, die Masse der im Kino gezeigten Filme ausmachen, dann bleibt für Frauen nicht viel, es sei denn, wir spielen die Domina oder die dunkle Göttin aus einer fremden Galaxis. Brutalität und Gewalttätigkeit nehmen zu, und wir brauchen die Männer, um die Probleme zu lösen.

Warum brauchen wir eigentlich so viele Filme von dieser Sorte? Weil sie das widerspiegeln, was sich in unserer Gesellschaft abspielt? Die Gewalttätigkeit und den Verfall der Werte? Das stimmt natürlich, aber schließlich ist das doch nicht alles. Ich würde von einem Jahrtausendbewußtsein sprechen. Die menschliche Rasse erkennt, daß eine Jahrtausendwende bevorsteht, und das ruft tiefe Ängste hervor. Wir haben das Gefühl, nicht mehr mit den Veränderungen Schritt halten zu können – sie geschehen alle zu schnell. Das führt zu Zerfall, bis wir schließlich auf einer intuitiven Ebene ahnen, daß wir auf uns selbst zurückgreifen müssen. Nur so können wir dem Ausdruck verleihen, was unterdrückt worden ist, um uns an die dringend erforderliche Transformation unseres Bewußtseins zu machen.

In vieler Hinsicht kontrolliert unsere moderne Kultur unsere ererbten, ungelösten Konflikte mit Samthandschuhen. Wir leben mit einer dünnen Schicht von Höflichkeit und Anstand, aber es ist eben oft nur genau das: eine dünne Schicht. Die Gewalttätigkeit, die sexuelle Perversion, die rassistischen Feindseligkeiten, die Wut auf die Armut und die Auflehnung gegen die Erfahrung menschlicher Freiheit sind real vorhanden. Auf einer gewissen Ebene ist uns Menschen intuitiv klar, daß wir immer noch so funktionieren, als lebten wir im Dschungel. Wir müssen uns mit unserem Unterbewußtsein auseinandersetzen, mit unseren Dschungelgehirnen, und begreifen, wie diese unser Verhalten steuern, ehe wir auch nur ansatzweise die neue Energie der Jahrtausendwende wahrnehmen können, den Sprung auf eine höhere spirituelle Bewußtseinsebene, und uns darauf einschwingen können.

Film und Fernsehen können uns dabei helfen, spiegeln jedoch statt dessen in erster Linie die immer wieder zutage tretende Gewalttätigkeit und die Verwirrung wider. Unsere Branche kommt ihrer Verantwortung nicht nach, das Beste in uns und in unserem Publikum anzusprechen und es zu unterstützen. Die Kunst schafft es, das Unterbewußte des menschlichen Lebens anzuzapfen, doch in der letzten Zeit hatten wir das Gefühl, es sei nicht unser Recht, uns dort genauer umzusehen. Irgendwie haben wir es in den letzten zehn Jahren als eigensüchtig und peinlich empfunden, wenn Menschen tief in sich geschaut und intensive Empfindungen gehabt haben. Filme können dazu beitragen, diese Verlegenheit abzubauen. Genau das haben die Filme der vierziger und der fünfziger Jahre getan. Sie waren vertrauter mit menschlichen Gefühlen und hatten genau deshalb mehr weibliche Heldinnen – Bette Davis, Joan Crawford, Myrna Loy, Rita Hayworth, Loretta Young, Joan Fontaine, Olivia de Havilland und so viele andere. In den sechziger Jahren brach der Vietnamkrieg aus und mit ihm die Gewalttätigkeit, die wir jeden Abend in den Siebenuhrnachrichten zu sehen bekamen.

Je länger wir uns die Brutalität ansahen – Leichen, die im Mekong trieben, Kinder mit Napalmverbrennungen –, desto mehr haben wir uns von unseren eigenen Gefühlen distanziert. Und je mehr wir uns distanziert haben, desto unangenehmer wurde uns die Auseinandersetzung mit Gefühlen. Und wenn man dann noch bedenkt, wieviel technischer Fortschritt in den Kommunikationsmedien hinzukommt, dann blieb uns einfach nicht mehr genügend Zeit, mit den Entwicklungen Schritt zu halten. Eine Schwemme von Vorfällen und Ereignissen, die sich außerhalb unseres eigenen Lebens abspielten, brach über uns herein und ließ uns nur noch herzlich wenig Zeit, das aufzunehmen und zu verarbeiten, was sich in unserem eigenen Leben abspielt. Je schneller Informationen sich ausbreiteten, desto mehr ließ die zwischenmenschliche Kommunikation nach.

Langsam, aber sicher, haben wir es aufgegeben, unsere eigenen tiefen Gefühle und, um es präziser zu sagen, das spirituelle Weibliche in uns selbst anzuerkennen. Ist es nicht in erlösende Komik oder Verfolgungsjagden in schnellen Wagen eingebettet, so ist uns die reine Existenz dieses weiblichen Aspektes auf der Leinwand im allgemeinen unangenehm – wir drehen und winden uns im Kinosessel. Wir fürchten uns davor, als übermäßig sentimental dazustehen oder als unintellektuell zu erscheinen. Und doch *wissen* wir, daß unsere weibliche Seite liebevoll und umsorgend ist, daß sie intuitiv ist. Wir wissen, daß unsere feminine Seite in allererster Linie und im besten aller Fälle geduldig und nachsichtig ist. Und außerdem begreift unsere weibliche Seite, daß wir nicht so weitermachen können, wie wir es im Moment tun, und auch nicht erwarten können, in einer liebevollen und friedlichen Welt zu leben. Und doch wird unsere weibliche Seite nicht als verwertbar angesehen. Sie wird als politisch nicht entwicklungsfähig bewertet. Man sieht darin keine Führungsqualitäten.

Wir fürchten, daß diese Eigenschaften Zuhörer nicht in Aufregung versetzen werden, ihnen keinen Beifall entlocken werden. Uns erfüllt Furcht und Verlegenheit, weil sich das Weibliche im Innern abspielt, mit einer stummen Weisheit in Einklang steht, mehr mit dem Kern der Frage verbunden ist, warum wir hier sind und wohin wir gehen. Wir empfinden, aber wir sind nicht vertraut mit unserer Intuition. Wir gestehen das stumme Erkennen des göttlichen Funkens in unserem Inneren nicht ein.

Meiner Meinung nach ist all das, was ich gerade angeführt habe, der Grund dafür, daß Drehbuchautoren, Produzenten und Studiobosse verwirrt und bar jeglicher Ideen sind, wenn es um das Weibliche geht. Sie haben Angst davor, sich in das einzufühlen, was weiblich ist. Und doch sind Filme wie *Terms of Endearment* (Zeit der Zärtlichkeit), *Driving Miss Daisy* (Miss Daisy und ihr Chauffeur), *Fried Green Tomatoes* (Grüne Tomaten), *Steel Ma-*

gnolias (Magnolien aus Stahl/Die Stärke der Frauen), *The Piano*
(Das Piano) und *Little Woman* erfolgreich genug, um die Produktion weiterer Filme dieser Art zu rechtfertigen. Warum also
nicht mehr Filme mit Frauen produziert werden, ist eine Frage,
die anscheinend niemand beantworten kann, es sei denn, und das
liegt auf der Hand, es liegt daran, daß ihnen weibliche Rentabili-
tät unangenehm ist und nicht toleriert werden kann. Hätten
Frauen dieselbe Macht in der Wirtschaft wie die Männer, so
würde das die emotionale Haltung gegenüber Frauen bloßlegen –
darunter auch die der Frauen in Führungspositionen, die derzeit
auf einer von Männern kontrollierten Spielwiese Entscheidungen
treffen und sich nach den kulturellen Diktaten des Augenblicks
richten. Wenn mehr »Frauenfilme« gedreht würden und erfolgreich wären, dann würde sich das Feld, auf dem Hollywood seine
Spielchen spielt, vollständig verändern: Frauen würden nicht
mehr in dekorative Käfige verbannt, damit Männer nach Lust
und Laune mit ihnen spielen und ihren Spaß haben können.
Und was noch wichtiger ist als alles andere: Wenn mehr Frauen
die wirtschaftliche Macht besäßen, dann müßten sich die Männer
mit ihrer Furcht und ihren Ängsten auseinandersetzen, der weiblichen Autorität wieder einmal untergeordnet zu sein. Mit anderen Worten: Das »Mama«-Problem würde sich auf der ganzen
Linie noch einmal stellen.

Die Frauenbewegung hat sich diesem Problem, das vorher behutsam unter den Teppich gekehrt worden war, ausführlich
gewidmet. Aber der inzwischen hell lodernde Kampf der Ge-
schlechter steht jetzt im Mittelpunkt des Interesses, und die
Männer und Frauen, die Geld in die Entwicklung weiterer Projekte stecken, meiden die »Mama«-Thematik lieber, als sich
selbst zu brandmarken, indem sie ihre eigene Ignoranz eingestehen, was das Verhältnis zu ihren eigenen Müttern angeht. Tatsächlich spiegeln sie politisch korrekte Haltungen vor, um ihre
tieferen Konflikte mit Mama zu verschleiern.

Daher scheint es mir, als steckten wir in einer Krise der weiblichen, muttererdverbundenen Spiritualität als Gegensatz zu der
männlichen Kommerzialität – sowohl bei Männern als auch bei

Frauen. Oder, um es genauer zu sagen: Es geht um Menschlichkeit versus Geld.

Wir scheinen uns vor der Erkenntnis zu drücken, daß wir Teilen unseres weiblichen, mütterlichen Ichs zugunsten dessen entsagt haben, was uns in einer Welt des maskulinen intellektuellen Materialismus über Wasser hält. Doch er hält uns nicht über Wasser, sondern wir gehen unter, und wir wissen das. Statt gegen das Ertrinken anzukämpfen, könnten wir uns dem Fluß des Wassers überlassen und dahintreiben. Dieses »Prinzip der umgekehrten Anstrengung« ist jedoch suspekt. Es verlangt niemandem Respekt ab, sondern wird für schwach und nicht überzeugend gehalten, für fadenscheinig und gefühlsbetont. Und mehr als alles andere wird diesem Prinzip nachgesagt, wer ihm folgte, besäße keine Stärke, kein Durchhaltevermögen, keinen Biß, keine Macht. Es ist eine vegetarische Einstellung in einer fleischfressenden Umwelt.

Die Vorstellung, »loszulassen und Gott walten zu lassen«, ist eine spirituelle, weibliche, mütterliche Haltung, die nervöses Lachen und verdrehte Augen hervorruft. Sie ist zu *nachsichtig*.

Und doch kehrt ein Mann immer dann, wenn er seine maskulinen Kräfte bis an die Grenzen beansprucht hat, zur heiteren Ruhe und zum Frieden seines weiblichen Partners zurück, um sich dort Beistand, Liebe, Hoffnung und Fürsorglichkeit zu holen. Er weiß tief in seinem Innersten, daß die Welt dort draußen im Ungleichgewicht ist, und er weiß auch, warum. Der erste Mensch, den er kannte und auf den er angewiesen war, war seine Mutter. Sie war nachsichtig. Der letzte Mensch wird die Frau in seinem Leben sein, denn sie ist nachsichtig. Er wird sie bei sich haben wollen, wenn er vor seinen Schöpfer tritt. Das ist einer der wenigen Augenblicke, in denen er sie wirklich zu schätzen weiß und dadurch begreift, wie sehr er das Weibliche in sich selbst unterdrückt hat. Warum ist der Tod vonnöten, um sich mit einer solchen spirituellen Wahrheit abzufinden?

Menschen haben schon immer der Lehre von der Ganzheit der Welt Glauben geschenkt, dieser spirituellen Überzeugung, daß eine ethische Absicht hinter unserer Existenz steckt. Diese Absicht setzt die Anerkennung eines Gottes in uns und außerhalb unserer Person voraus. Wir leben auf Mutter Erde und spiegeln Vater Himmel wider. Die Dualität bildet die Macht des Einen. Schon immer ist es als eine heilige Lehre angesehen worden, eine philosophische Tradition, die man junge Leute zur Vorbereitung auf ihr zukünftiges Leben lehrt, das Männliche und das Weibliche im selben Maße anzuerkennen. So hat man es bei primitiven Stämmen gehandhabt, aber auch in hochentwickelten Kulturen.

Unserer gegenwärtigen Zivilisation ist dieser spirituelle Hintergrund abhanden gekommen. Unsere christliche Lehre ist vom Weg abgekommen. Sie ist religiös, aber sie ist nicht mehr spirituell. Deshalb sind wir aus dem Gleichgewicht geraten. Wir lassen uns orientierungslos treiben. Unser Leben verliert seinen Sinn, weil wir die spirituelle Bedeutung ignorieren und leugnen.

Gibt es in einer Welt, die glaubt, wir schwämmen alle in von Haien bevölkerten Gewässern, keine Alternativen zu den männlichen Lösungen?

Ich glaube fest daran, daß es sie gibt. Wenn wir alle, die Feministinnen inbegriffen, uns offener eingestünden, daß wir schon viel zu lange des spirituellen Weiblichen beraubt gewesen sind, dann gäbe es weniger Gewalttätigkeit, Wut und Feindseligkeit auf der Welt.

Mit diesem Eingeständnis würde unsere Kultur besänftigt. In Film und Fernsehen würde sich die daraus resultierende Gelassenheit widerspiegeln, und wir, so hoffe ich, würden unsere Verwandlung in das neue Millenium mit einem Bewußtsein von Stabilität, Gleichgewicht, Harmonie und Nachsicht antreten. Wir würden wieder zu dem zurückkehren, was uns bestimmt gewesen ist – der Macht des einen.

Die weibliche Macht und die Langlebigkeit etlicher weiblicher Stars geben uns die Hoffnung und Gewißheit, daß wir nicht verloren sind. Ihr Licht dringt auch weiterhin in mein eigenes kleines Universum. Sie haben großen Einfluß auf mich gehabt, und ich weiß ihre Freundschaft hoch zu schätzen.

Liza Minnelli habe ich schon gekannt, als sie noch ein Baby war.

Als wir *Some Came Running* (Verdammt sind sie alle) drehten, schaute ich, kaum waren wir von den Außenaufnahmen nach Hollywood zurückgekehrt, bei Vincente vorbei, um Liza zu sehen – sie war damals etwa zehn. Sie zog sich ein schickes Kleid mit allem Drum und Dran an, und dann tanzte und sang sie für mich. Sie erzählte mir von ihren Spielen, von der Schule, von ihren Ideen für Theaterstücke und Musicals. Liza war ihrem Vater wie aus dem Gesicht geschnitten, aber sie hatte Judys Begabung geerbt. Sie fragte mir über die Dreharbeiten Löcher in den Bauch, wollte alles über meine Garderobe wissen und erkundigte sich, warum mein Haar für die Rolle gefärbt worden war, ob ich mich beim Filmen in meine männlichen Partner verliebte und ob es mir Spaß machte, ein Star zu sein. Ich erkannte, daß sie klare Vorstellungen davon hatte, was sie mit ihrem Leben anfangen wollte. Und doch war sie allein mit ihrem Kindermädchen und spielte Showgeschäft mit einer Vierundzwanzigjährigen, die sich mit denselben Fragen wie sie herumschlug.

Im Lauf der Jahre ist Liza für mich diejenige geworden, zu der ich gehe, wenn ich in bezug auf die Welt der Bühne Rat brauche. Wie kriege ich zwei Auftritte am Abend auf zweitausendzweihundert Meter Höhe hin? Wer ist der beste neue Texter? Fertigt Donna Karan Bühnenkostüme an? Was ist mit diesem Theater in Mexico City? Sollte ich eine Pause einplanen? Welcher Schlagzeuger ist gut? Sollte ich eine eigene Band mitnehmen oder in jeder Stadt ein anderes Orchester engagieren? Und so weiter. Sie ist ein Profi par excellence. Sie ist freigebig, schlau, pfiffig, und sie hat fast immer recht. Sie hat Qualen durchlitten, und sie weiß, daß sie für den Rest ihres Lebens auf sich aufpassen muß. Ich möchte gern, daß sie ihre Autobiographie schreibt, damit andere erfahren, welche Möglichkeiten in ihnen stecken. Sie ist ein gutes Beispiel dafür, was man alles überleben kann.

Barbra Streisand ist »echt«, eine der wenigen von dieser Sorte, und das in jeder Hinsicht. Manchmal geht sie damit sogar zu weit. Sie ist ein in sich geschlossenes Universum, weil sie nur so Beziehungen knüpfen kann. In meinen Augen ist das ihr edelster

Charakterzug. Ihre Direktheit und ihre manchmal schonungslose Offenheit sind das Fundament ihrer ehrlichen Persönlichkeit. In ihrer Aufrichtigkeit drückt sich ihre ganz persönliche Wahrheit aus, soviel steht fest, aber diese ist im allgemeinen mit ganz erstaunlichem Scharfblick verknüpft, daß sie damit die Wahrheit neu definiert.

Barbra und ich sind am selben Tag geboren, am 24. April, sieben Jahre auseinander. Sie fasziniert mich, seit ich sie bei ihrem Debüt im Coconut Grove zum ersten Mal sah; damals war sie achtzehn, und ich war fünfundzwanzig. Ich erinnere mich noch daran, daß die Vorstellung mit Verspätung begann, weil ihr Haar nicht trocken war. Als sie dann endlich in einer marineblauen Bluse und einem Minirock die Bühne betrat, wußte ich, daß ich ein Talent sah und hörte, das eine Gabe Gottes war. Ich kann verstehen, warum sie von der Vorstellung besessen ist, in ihrem Leben Perfektion zu erschaffen. Ihre Ausgangsbasis ist perfekt – ihre Stimme. Und doch verunsichert sie oft die Welt, von der sie umgeben ist, weil sie diese gerne an den Maßstäben der Perfektion messen würde. Zwar steht sie mit beiden Füßen fest auf dem Boden, aber sie ist trotzdem auf einer ständigen kosmischen Suche nach dem Sinn des eigenen Ichs. Ein solcher Charakterzug ist typisch für das Sternzeichen des Stieres.

Ihre Sinne nehmen Dinge wahr, die den meisten Menschen entgehen. Zum Beispiel fällt ihr auf, wenn man sich ein neues Parfum zugelegt hat oder wenn man sich einen Zahn hat überkronen lassen. In einem exotischen Gericht schmeckt sie einzelne Gewürze heraus, und an einem Gegenüber nimmt sie dessen spezielle Energie wahr, wenn seine Laune umschlägt.

Es ist ihr ein Bedürfnis, ihrer Wertschätzung von Schönheit in ihrer Umgebung Ausdruck zu verleihen. Und auch wenn sie manchmal in Konflikte gerät, die sie wahnsinnig machen, strebt sie doch aus tiefster Seele Harmonie an.

Sie reagiert sehr sensibel auf die Meinung anderer, während sie doch gleichzeitig den Eindruck erweckt, als würde sie der öffentlichen Meinung mutig entgegentreten.

Sie fühlt sich gezwungen, ihrer Sicht von Perfektion Ausdruck

Wir sind alle eine Familie.

zu verleihen, und manchmal deprimiert es sie, daß andere ihr eigenes Potential nicht ausschöpfen.

Es macht ihr Spaß, »Dinge« zu sammeln, weil sie auch ohne sie ausgekommen ist.

Ich habe erlebt, wie sie sich über die Kosten von Kacheln für ihr Haus gestritten hat, während sie gleichzeitig in der Lage ist, sich Millionen von Dollar entgehen zu lassen, weil die Kameras ihrem Live-Publikum in Vegas den Blick versperren könnten.

Ich habe mehrfach erlebt, daß ihr das Publikum wichtiger war als ihr eigenes Wohlbefinden. Gleichzeitig fürchtet sie sich vor dem Publikum, aber nur aus der Nervosität heraus, sie könnte nicht perfekt sein. Ihre Texte zu vergessen ist einer ihrer größten Alpträume.

Sie ist eine beispiellose Filmregisseurin. Ich würde mich ihr vollständig anvertrauen, jede Rolle ihrer Wahl spielen und jede ihrer Regieanweisungen befolgen. Sie besitzt Geschmack, Humor und ein außergewöhnliches Gespür für das richtige Timing. Manchmal ist ihr Perfektionismus bei Porträtaufnahmen absolut extrem, aber in meinem Alter wäre das ein Plus.

Und als Freundin ist sie grenzenlos interessant und immer eine Herausforderung. Sie ist ein Schwamm, wenn es darum geht, Wissen aufzusaugen, und sie besitzt einen talmudischen Hang zur Selbstvervollkommnung. Ihre Fragen sind durchdacht und tiefgründig und im allgemeinen angeregt durch ihre Detailbesessenheit.

Unsere Gespräche sind äußerst befriedigend und immer ein ebenbürtiger Austausch.

Ganz gleich, wo auf Erden wir uns gerade aufhalten, an unserem Geburtstag sprechen wir immer miteinander, oder wir verbringen ihn gemeinsam. In dem Punkt ist sie sentimental, und wir empfinden uns als Schwestern.

Sie ist eine Frau, zu der ich eine starke Bindung habe, und ich hänge an ihr und bewundere, was sie mit ihrem Leben anfängt. Sie ist eine Inspiration für mich, denn das Gepäck, das sie als Stier mit sich herumschleppt, ist die Last, die ich selbst zu tragen habe.

Möge ihr Glanz nie erlöschen, damit ich und andere wie wir uns selbst sehen können.

Elizabeth Taylor ist heute und war schon, seitdem ich sie kenne, immer hundertprozentig ehrlich, wenn es darum geht, wer sie ist und wer sie nicht ist.

Selbst damals, als sie die erlesene Verführerin mit dem verschleierten Blick war, die uneingeschränkt über Hollywood herrschte, redete sie davon, auszusteigen und »es« hinzuschmeißen, ehe »es« sie hinausschmiß. Sie äußert sich komisch und zynisch darüber, daß sie das Leben eines Megastars geführt hat, solange sie zurückdenken kann.

Früher spazierte sie mit ein paar lavendelfarbenen Kleidern für das Essen später am Abend in mein kleines Appartement am Strand und spielte mit Caesar, meinem Boxer. Er war nicht stubenrein, und jedesmal, wenn er sich danebenbenahm, machte Elizabeth sauber. Jeder einzelne Mann, den ich je gekannt habe, war in sie verliebt und nur zu gern bereit, sich mit dem Auto von den Klippen zu stürzen, sollte er von ihr verschmäht werden. Ich beobachtete ehrfürchtig, wie sie ihren hinreißenden, illusionären Zauber wob und gleichzeitig doch sie selbst blieb, ein echter Mensch. Sie redete offen über ihr Privatleben und schien nie besorgt zu sein, ob ihre Geheimnisse gut aufgehoben waren. Ihre Verletzbarkeit war ihr bester Schutz, denn sie hatte einen Riecher dafür, wem sie trauen konnte.

Während wir *Around The World in Eighty Days* (In 80 Tagen um die Welt) drehten, war es mir vergönnt, den Beginn ihrer Beziehung zu Mike Todd beobachten zu dürfen. An dem Tag, an dem sie ihm kennenlernte, erzählte mir Elizabeth, sei sie sich vorgekommen wie das Kaninchen, das von der Schlange hypnotisiert wird. »Ich weiß, daß ich ihn heiraten werde«, sagte sie. »Ich habe keinen Einfluß mehr darauf.« Ich fragte mich, was das wohl für ein Gefühl sein mußte.

Die beiden warben mit verführerischen Telefongesprächen umeinander. Sie waren eine explosive Kombination. Sie ließ sich gerade von Michael Wilding scheiden, der zu liebenswürdig und abhängig geworden war, um noch spannend zu sein. Ich beobachtete mit brennender Neugier, wie sie mit der Möglichkeit eines neuen Lebens mit einem unberechenbaren Mann, einem modernen P. T. Barnum, umgehen würde. Ich beobachtete sie und zog immer wieder den Vergleich zu meiner eigenen Ehe mit Steve Parker. Wie schwer fiel es ihr, Michael zu verlassen? Er war nett, zuverlässig und der Vater ihrer Söhne. Aber die körperliche Anziehungskraft bestand in ihrer Ehe nicht mehr. Würde mir das auch passieren? fragte ich mich. Wie konnte man in Hollywood ohne einen Ehemann überleben, der einem ein Rückhalt und eine Stütze war? Ich erinnere mich an den Tag, an dem Mike Todd bei einem Flugzeugabsturz ums Leben kam, mit der *Lucky Liz*. So hatte er sein Flugzeug genannt. Elizabeth hatte sich wegen einer Grippe kurzfristig entschlossen, doch nicht mitzukommen.

Als ich diese Neuigkeit hörte, eilte ich zu ihr. Sie saß in ihrem Bett und war vor Kummer wie gelähmt. Sydney Guilaroff, Haarstylist bei Metro, kümmerte sich um sie und versuchte liebevoll, ihren Schmerz mit Wodka und Orangensaft zu lindern.

Ihre Verzweiflung war so intensiv, daß ihre Gesichtszüge vor Schmerz erstarrt waren. Nie werde ich ihren Zorn auf Gott vergessen. »Warum? Warum nur?« schluchzte sie. »Warum hat Gott ihn mir genommen?« Das mußte man sich wirklich fragen, dachte ich. Sie hatte Mike wahrhaft gebraucht. Ich konnte es auch nicht verstehen.

Die Tragödien in ihrem Leben und die vielen gesundheitlichen Probleme führten später zu einem »Überbedarf« an verschreibungspflichtigen Medikamenten. Sie erzählte mir, wie schrecklich diese Sucht für sie war, und erklärte mir, sie wolle zusammen mit einigen anderen die AMA wegen Fahrlässigkeit verklagen, weil man ihrer Sucht bereitwillig Vorschub geleistet hatte.

Aber wenn Elizabeth clean war, war sie die reinste Freude. Die unverfälschte Freude, mit der sie sich über einen gewaltigen Cheeseburger mit allem Drum und Dran hermachte, über Spareribs und Kartoffelsalat oder über Chasen's Chili, das war eine grundlegende Lektion in Ursprünglichkeit. Wenn sie jedoch auf Diät war, gewann ihre Disziplin als Schauspielerin die Oberhand.

Nichts konnte sie zur Aufgabe ihres einmal gefaßten Entschlusses verleiten: sie hungerte sich Kilo um Kilo herunter. Und wenn sie krank war, besaß sie eine tragische Schönheit und schien Widrigkeiten als ihr Los zu akzeptieren. Wenn ihre violetten Augen vor Traurigkeit glitzern, dann erinnere ich mich an das Leid, das sie durchgemacht hat und das jetzt ihr Mitgefühl mit jenen beseelt, die sich nicht selbst helfen können. Sie ist eine Frau, die nie eine Kindheit hatte. Für sie hat es keine Zeiten gegeben, in denen sie nicht berühmt war. Sie war und ist eine Göttin der Ursprünglichkeit, das Salz der Erde, die ursprüngliche Mutter Erde, die die Billigung der Götter im Himmel fand. Sie ist ein Milchmädchen, eine jüdische Mutter und die Juwelenkönigin.

Aber als sie Mike verlor, hat mich das tief getroffen. Brauchten wir denn nicht alle einen Menschen, der nur für uns da war? Einen Menschen, einen Freund und eine Stütze, auf den Verlaß war, in den heimtückischen Strömungen von Hollywood? Ja, das glaubt man zu brauchen, bis diese Menschen plötzlich nicht mehr für einen da sind, aus welchen Gründen auch immer. Dann kommt der Zeitpunkt, an dem man in sich selbst hineingreift, das bislang brachliegende Innerste anzapft und feststellt, aus welchem Holz man geschnitzt ist. Diese Erfahrung sollte ich einige Jahre später selbst machen.

Nirgends hat sich die eindrucksvolle Macht der Frauen deutlicher gezeigt als bei den Dreharbeiten zu *Steel Magnolias* (Magnolien aus Stahl/Die Stärke der Frauen). Das Team (vorwiegend Männer) hielt sich ehrfürchtig im Hintergrund und beobachtete, wie die Frauen ihre kreativen Probleme mit Sensibilität und einem Minimum an Unruhe lösten. Die Schauspielerinnen waren bei jeder kleinsten Unsicherheit, die sich auf dem Weg ergab, füreinander da. Wir waren ein zusammengeschweißtes Team.

Wir alle hatten Häuser (die Dreharbeiten in Natchitoches, Louisiana, waren langwierig), und wir taten uns stundenlang freiwillig zusammen. Mein Haus war neben dem von Julia Roberts am Sibley Lake gelegen. Julia war neu und hatte erst ein paar Filme gedreht, doch in dem Moment, in dem sie den Probenraum betrat, stand fest, daß sie ein geborener Filmstar war. Ursprünglich war Sally Fields zuckerkranke Tochter mit Meg Ryan besetzt gewesen, aber sie hatte Terminschwierigkeiten und kam daher nicht mehr in Frage. So sprang Julia ein. Ihre Wangenknochen, ihr Lächeln, ihr großer, schlanker Körper, der ins Auge sprang, und ihr heiseres Lachen waren für Starruhm geschaffen. Zu allem Überfluß war sie auch noch nett. Sie stammte aus Smyrna, einer Kleinstadt in Georgia, und sie schien das Gefühl zu haben, für die Leinwand bestimmt zu sein. Eric Roberts, ihr großer Bruder, hatte sich mit Filmen bereits einen Namen gemacht. Jetzt war Julia an der Reihe, und sie ergriff die Gelegenheit beim Schopf. *Steel Magnolias* machte sie über Nacht zum Filmstar.

Ihre magnetische Anziehungskraft bestand nicht so sehr in ihrem Charisma, ihrer Haltung oder ihrem herausragenden Können, sondern war begründet in der Art, wie sie den Freiraum zwischen ihren Worten und ihren Bewegungen ausfüllte. Ihr Gesichtsausdruck war augenblicklich im Einklang mit ihren Gefühlen. Die Unmittelbarkeit war derart faszinierend, daß es einem schwerfiel, sich auf andere zu konzentrieren, weil man fürchten mußte, einen knisterndem Moment unverfälschten Gefühls zu verpassen.

Als ich sie bei der Arbeit vor laufender Kamera beobachtete, begriff ich, daß sie fest daran glaubte, all das stieße ihr wahrhaftig zu. Man kann nicht wirklich sagen, daß sie ihre Rolle spielte. Während ihres Anfalls als Diabetikerin erlebte sie echtes Unbehagen. Ihr wurde schwindlig und übel vor Angst. Und als sie in dem Krankenhausbett im Sterben lag, hatte sie schreckliche Angst, ihr eigener Tod könnte jeden Augenblick bevorstehen. Sie sagte, sie fühlte, wie sie dahinging, und sie äußerte ihre Bedenken gegenüber denjenigen von uns, denen sie nahestand.

Wenn das Publikum spürt, daß ein Schauspieler der Realität gefährlich nahe kommt, ist seine Aufmerksamkeit gefesselt. Die Zuschauer erleben »es« selbst. Als Julia in *Sleeping with the Enemy* (Der Feind in meinem Bett) angesichts der Rückkehr ihres gemeinen, gewalttätigen Ehemannes vor Furcht zitterte, war auch das in einem hohen Ausmaß die Wirklichkeit. Sie bebte vor

Steel Magnolias:
Die weibliche Energie beruhigte
sogar Herbert Ross, unseren
Regisseur.

Olympia Dukakis und ich
wurden gute Freundinnen, weil
wir uns in unseren Rollen
wiederfanden. (Archive Photos)

Entsetzen, und oft fiel es ihr schwer, dieses Gefühl wieder abzu-
schütteln, wenn der Regisseur die Aufnahmen stoppte. Das Publikum weiß genau, wann Reaktionen so authentisch sind, und setzt
als Antwort darauf Vertrauen in einen solchen Star.

Herb Ross, der Regisseur, mit dem ich auch in *The Turning
Point* (Am Wendepunkt) zusammengearbeitet hatte, betrachtete
Julia als eine weitere seiner »Babyballerinas«. Damit will ich
sagen, daß er wie ein Ballettmeister die Kontrolle über seine
Neuentdeckungen an sich reißen wollte. Er wollte, daß sie sich das
Haar färbte, ihre Schönheitsflecken entfernen ließ und niemals
mehr als tausend Kalorien am Tag zu sich nahm. Er behauptete,
einer Schauspielerin die Folgen eines Gramms zuviel im Gesicht
ansehen zu können. Julia zeigte sich Herberts wohlmeinenden
Diktaten sehr gut gewachsen. Einige seiner Vorschläge – das
Gewicht, die Haarfarbe – akzeptierte sie, aber die Schönheitsflek-
ken um ihre Augen herum blieben.

Wir älteren Schauspielerinnen – Sally Field, Olympia Dukakis
und ich – hatten unsere eigenen Erfahrungen mit einem pedanti-
schen Herb Ross gesammelt. Wir beobachteten voller Stolz, wie
Julia sein Urteil angemessen relativierte. Unsere Erfahrung sowie
die Mechanismen, die wir entwickelt hatten, um im Showgeschäft
zu überleben, schüchterten sie ein wenig ein, aber sie wußte, daß
es notwendig war, ihre eigenen Mechanismen zu entwickeln,
wenn sie Langstreckenläuferin werden wollte.

Ich sah, wie sie Gedichte schrieb, sich im Bodacious Night Club
am Highway 34 das Mikrofon schnappte und sich das Herz aus
dem Leib sang. Es überraschte mich nicht, als sie Lyle Lovett
heiratete. Er ist ein hervorragender Live-Musiker, der den lyri-
schen Texten seiner Musik eine authentische persönliche Färbung
verleiht. Als Julia zum ersten authentischen und charismatischen
weiblichen Filmstar seit Jahren wurde, jubelten wir ihr zu. Wir
waren die ersten, die ihr Talent anerkannt hatten, und wir halten
es uns gern zugute, ihr weitergeholfen zu haben.

Olympia und ich fanden uns von Anfang an als ein Paar zusammen. Abgesehen von dem Umstand, daß wir in *Steel Magnolias*
das Komikerduo waren, half sie außerdem aktiv mit bei der Präsi-

dentschaftskandidatur ihres Cousins Michael Dukakis und hatte in New Jersey ein kleines eigenes Theater, das sie gemeinsam mit ihrem Mann leitete. Wir hatten viel miteinander zu bereden und noch mehr, worüber wir gemeinsam lachen konnten. Ich zog sie gerne damit auf, daß wir zwar gleichaltrig seien, sie aber trotzdem meine Mutter spielen könnte.

Sally Field hatte den kleinen Sam, ihren winzigen Sohn, zu den Dreharbeiten mitgebracht. Tagsüber kümmerte sich sein Kindermädchen um ihn, aber Sally verbrachte ihre gesamte Freizeit mit Sam.

Sally ist eine Schauspielerin von einer unglaublichen Bandbreite und beneidenswertem technischen Können. Sie war schon als Kind im Geschäft und weiß, was es heißt, älter zu werden und diesen Umbruch zu überstehen, manchmal Mißerfolge zu erleiden und mit Liebesbeziehungen und Affären fertig zu werden, die in Zusammenhang mit ihrer Arbeit stehen. Außerdem ist ihre Einstellung zu dem Leben in Hollywood nüchtern und sachlich: Ihre Familie steht für sie an erster Stelle.

Dolly Parton verbrachte den größten Teil ihrer Zeit damit, Songs zu schreiben und zu machen. Für eine unerfahrene Schauspielerin besaß sie die ganz erstaunlichen Fähigkeiten, auf Kommando zu weinen und nicht nur ihren eigenen Text zu kennen, sondern den aller anderen auch. Es herrschten Temperaturen von vierundvierzig Grad im Schatten, und wir drehten Weihnachtsszenen. Dolly lief mit ihren hochhackigen Schuhen herum, ihren dicken Perücken und allem anderen, womit man sie ausstaffiert hatte, und wirkte taufrisch, unbeeinträchtigt von den Unannehmlichkeiten, die das mit sich brachte. Ich habe Dolly nie ohne ihre Perücke gesehen; ich wüßte nicht, daß sie jemals jemand ohne Perücke zu Gesicht bekommen hätte. Während wir bei der Maske im Make-up-Wagen mit unseren frühmorgendlichen Spiegelbildern haderten, erschien sie vollständig geschminkt und einsatzbereit zur Arbeit.

Wenn einer von uns in die Luft ging oder einen anderen schrecklich behandelte, sagte Dolly jedesmal: »Er leidet darunter, daß ihm die Erleuchtung fehlt.« Ihre phantastische Figur hielt sie mit einem simplen Verfahren. Sie nahm sich einen vollen Teller und teilte das Essen dann in drei gleiche Portionen auf, eine für sich selbst und zwei für die Schutzengel, von denen sie sagte, sie säßen auf ihren Schultern. Das Essen der beiden rührte sie niemals an, weil diese sich ja stärken mußten, damit sie sie weiterhin beschützen konnten. Ihr Glaube an dieses Verfahren saß so tief, daß er sie befähigte, ihre Figur zu halten.

Daryl Hannah war ein großer, hagerer Erdgeist aus einem Märchen. Sie war unbeschreiblich reizend und nett und außergewöhnlich rücksichtsvoll; sie aß nie viel und engagierte sich ernsthaft für den Umweltschutz und für Gerechtigkeit in Nicaragua und El Salvador. Zu der Zeit, als wir den Film drehten, hatte sie eine nervenaufreibende Beziehung mit Jackson Browne, dessen Weltanschauungen sie aus tiefstem Herzen respektierte.

Daryl hatte ihren riesigen Hund mitgebracht und ritt außerdem bei jeder sich bietenden Gelegenheit aus. Sie stammte aus einer wohlhabenden Familie, benahm sich aber so, als hätte sie nichts, und suchte Flohmärkte nach Schnäppchen ab. Sie kleidete sich bis zu dem Moment, in dem sie sich genötigt fühlte, ein ruhmreicher Star zu sein, wie ein erbarmungswürdiger Flüchtling. Die Verwandlung, die dann folgte, war einfach verblüffend. Ihre unterernährte Figur war plötzlich in hautenges superkurzes Goldlamé mit Pailletten gegossen, und zum Vorschein kamen großartige Beine, keine Hüften und eine Wespentaille. Riesige, lange Ohrringe baumelten von ihren Ohrläppchen. Ihre Frisur war eine Flut von goldenen Ringellöckchen. Jedesmal, wenn wir alle zusammen ausgingen, aber insbesondere dann, wenn wir Premieren unseres Films besuchten, war Daryl diejenige, auf die wir warten mußten – nicht Dolly, nicht Julia, nicht ich, nicht Sally und ebensowenig Olympia. Sie schlängelte sich durch die Menge der wartenden Paparazzi und verdrehte ihnen die Köpfe, als seien wir Novizinnen in bezug auf Glamour. Sie entschuldigte sich immer für ihre Verspätung, aber gleichzeitig faszinierte sie uns mit ihrer Schilderung, wie ihre ängstliche Unsicherheit verflog, wenn sie sich in eine Filmkönigin verwandelte.

Diese Horde von Superfrauen traf sich also, arbeitete und lebte zusammen. Wir weinten, lachten und scherzten miteinander. Ich kann mich an keinen einzigen Moment von Eifersucht, Neid oder Mißgunst erinnern, an keine Kämpfe um eine Vormachtstellung. Tatsächlich sorgte sich jede einzelne von uns mehr um die anderen als um sich selbst.

Herbert sagte, unser zwischenmenschliches Gleichgewicht von Sicherheit und Geborgenheit sei derart ausgewogen, weil wir alle unsere Rollen liebten und zufrieden mit ihnen waren. Ich glaube, es war mehr, viel mehr als nur das.

Wir wußten, daß wir Teil einer neuen weiblichen Sensibilität waren, die so gut funktionierte wie die von Männern, in die aber viel mehr Mitgefühl und Intuition einflossen und die daher viel erfolgreicher war. Dem Filmteam fiel es von Anfang an auf. Erst fragten die Leute sich, ob wir uns von innen heraus auflösen würden, ob uns die üblichen kreativen Konflikte und Differenzen in eine Krise stürzen würden. Als es dazu nicht kam, fingen die Leute an, unser Verhalten genau zu beobachten. Sie sahen, wie wir einander zu Hilfe kamen, wenn eine von uns mit einer Szene Schwierigkeiten hatte. Manchmal baten wir den Regisseur, uns allein zu lassen, während wir alle unserer Kollegin zu Hilfe eilten. Wir gaben einander Rückendeckung, wir kochten füreinander, wir scherzten miteinander, und jede von uns respektierte die Intimsphäre der anderen. Diese Erfahrung war dem, was die Leute auf der Leinwand sahen, als der Film herauskam, ganz ähnlich. Aber wir spielten ja auch nicht unsere Rollen, sondern wir waren wir selbst.

Dasselbe passierte, als ich *Used People* (Die Herbstzeitlosen) drehte. Als Regisseurin hatten wir eine junge Frau aus England, Beeban Kidron. Sie hatte für die BBC *Oranges Are Not the Only Fruit* gedreht und dafür einen Preis gewonnen. Sie war so sorgfältig und liebevoll wie jeder Mann, mit dem ich je gearbeitet habe, aber irgendwie war mir wohler dabei zumute, wenn ich es ihr gestattete, mich zu öffnen und sie über mich bestimmen zu lassen. Sie saß direkt unter der Kamera und beobachtete jede einzelne Träne, jede kleinste Nuance. Ich hatte niemals das Gefühl, daß sie mir zu nahe kam oder mich ausbeutete. Obwohl sie jünger war als

Mit Marcello Mastroianni in *Used People:* Ich mußte »Deinen Akzent
verstehe ich einfach nicht« zu einem Teil meiner Rolle machen. (Archive
Photos)

meine Tochter und so gut wie keine Erfahrung hatte, vertraute ich auf ihr Urteil.

Kreative Impulse sind bei Frauen und bei Männern unterschiedlich. Bei Frauen sind sie fließender, flexibler, zögernder, und manchmal sind sie schwerer zu verstehen und bedürfen einer Klärung. Aber Frauen lassen sich auf die Reise in die Tiefe ein, und sie neigen dazu, diese Reise gemeinsam mit anderen anzutreten. Männer neigen dazu, die Reise in die Leistungstüchtigkeit anzutreten, und das tun sie dann meist allein.

Die Schauspielerinnen in *Used People* – Kathy Bates, Jessica Tandy und Marcia Gay Harden – knüpften dasselbe Band des Vertrauens, das ich bei den Dreharbeiten von *Steel Magnolias* kennengelernt hatte. Wir durchlebten diese Zeit gemeinsam, mit unseren Lieben und mit unseren Ängsten. Drei Monate lang waren wir in Toronto, Kanada, von den vertrauten Stimuli unseres Lebens abgeschnitten. Daher freundeten wir uns miteinander an. Wieder wunderte ich mich über den Erfolg weiblicher Sensibilität. Beeban besaß eine Zähigkeit, welche die männlichen Teammitglieder in den Schatten stellte. Sie hatten grenzenlosen Respekt vor ihr, und für uns Schauspielerinnen war es eine neuartige Erfahrung, einer Frau, die Regie führte, gefallen zu wollen. Ihre Kritik und ihre Einwände waren präzise und fast immer gerechtfertigt. Wenn ein Mann Regie führt, greift eine Schauspielerin auf die Strategie zurück, Daddy Freude zu bereiten. Bei einer Frau hat es etwas von einer Anstrengung von zwei gleichberechtigten Partnern.

Manchmal provozierte ein Mitglied des Filmteams Beeban auf die unter die Gürtellinie zielende Macho-Art. Sie blieb höflich, hielt aber unerschütterlich an dem fest, was sie wollte.

Marcello Mastroianni, der männliche Star des Films, genoß es in vollen Zügen, von Frauen umringt zu sein. Marcello ist ein liebenswürdiger Charmeur. Er haßte die Proben, arbeitete hart an seinem Englisch und lebte im wesentlichen für sein fünfgängiges italienisches Mahl, ganz gleich, um welche Uhrzeit wir mit den Dreharbeiten fertig waren. Er entdeckte ein italienisches Restaurant mit Hausmannskost, das für ihn zu jeder Tages- und Nachtzeit geöffnet war. Dort servierte man ihm seinen Lieblingswein, und an den Wänden waren die Busen schöner Frauen zu bewundern. Marcello war in seinem Leben an einen Punkt gelangt, an dem er sich nur noch gute Gesellschaft, gutes Essen, guten Wein und, mit etwas Glück, ein gutes Drehbuch wünschte. Ab und zu führten er und ich tiefe und sehr persönliche Gespräche über die großen Lieben in unserem Leben und darüber, wie sich solche Beziehungen mit unserer Arbeit vereinbaren ließen. Wir lachten darüber, wie er damals mit Faye Dunaway, die fest daran glaubte, sie hätten erfolgreich die Diskretion gewahrt, in London auf der Straße Robert Mitchum und mir begegnet war. Und wir glaubten, wir hätten erfolgreich die Diskretion gewahrt. So führte das Gespräch zu dem Thema, wie man mit dem Dilemma umgeht, sich in einen seiner Filmpartner zu verlieben.

»Man muß seinen Filmpartner immer lieben«, sagte Marcello. »Wie sollte denn sonst das Publikum daran glauben?«

11

Männer, die ich geliebt habe

. . . als Leinwandpartner

Ich habe mehr als vierzig Filme gedreht und daher mit mehr als vierzig Besetzungen zusammengearbeitet. Das Kaleidoskop ihrer Talente, ihrer Persönlichkeiten, ihres Sinns für Humor, ihrer ernsthaften Sorgen, ihrer Frauen, Kinder, Geliebten, Agenten und sogar Bewährungshelfer läßt die wahre Welt vergleichsweise ausgesprochen bürgerlich und zivil erscheinen.

Ich habe gelernt, die Kollegen, mit denen ich zusammenarbeite, zu achten, zu schätzen, zu verstehen, zu bewundern, und ich habe mich in ein paar der männlichen Hauptdarsteller sogar verliebt – all das hat mich mehr über mich selbst gelehrt als meine Ehe mit Steve. Diese Beziehungen waren oft intensiver und manchmal viel vertrauter. Wenn man einen Film macht, ist man mindestens drei Monate lang täglich von fünf Uhr morgens bis neun Uhr abends auf den Umgang mit einer ganz bestimmten Konstellation von Persönlichkeiten angewiesen. Und das sind nur die Dreharbeiten. Rechnet man die Proben vor dem Filmen und die Nacharbeiten an einer Produktion hinzu (Nachsynchronisierung, Nachdrehs und Publicity), dann kommt man auf volle vier bis fünf Monate. Wenn man sich in der Zeit nicht verliebt, niemanden haßt und keine Frustrationen erlebt, dann ist man wahrscheinlich tot. Einen Film zu machen bedeutet, eine echte Verpflichtung gegenüber sich selbst und den Menschen um einen herum einzugehen. Daraus wiederum lernt man, wie wenig man über sich selbst weiß.

So wie einem jede Beziehung einen Spiegel vorhält, habe ich auch in jedem einzelnen Menschen, mit dem ich zusammengearbeitet habe, viel von mir selbst erkannt. Manchmal war das ziemlich schmerzhaft, und ich bin sicher, daß die anderen sich auch in mir gesehen haben. Ich weiß nicht, wie ich diesen Menschen in aller Ehrlichkeit gerecht werden kann, und deshalb skizziere ich einfach, was mir im nachhinein spontan zu diesen Menschen einfällt.

David Niven *(Around the World in Eighty Days,* In 80 Tagen um die Welt) war geistreich und technisch brillant, sowohl in Komödien als auch in Dramen, aber er hat mich eingeschüchtert. Als ich zu den Außenaufnahmen für *Eighty Days* kam, ließ er sich mit beißendem Sarkasmus darüber aus, daß man die Rolle einer Hindu-Prinzessin mit mir besetzt hatte. Wahrscheinlich hatte Mike Todd ihm nicht mitgeteilt, daß er eine affektierte Hindu-Prinzessin wollte. Mike hatte auf seine unnachahmliche Art ikonoklastische Studien ausgegraben, die ihn davon überzeugten, daß die höchste Hindu-Kaste blaue Augen und Sommersprossen hatte. Mein rotes Haar ging jedoch eventuell zu weit, und daher ließ er es mich schwarz färben.

Niven nahm ihm nichts von alledem ab und behandelte mich einige Tage lang wie einen unerwünschten Gast auf einer Gartenparty. Ich war noch so neu im Geschäft und so sehr darauf versessen, anderen zu gefallen, und ich fühlte mich so einsam bei den Außenaufnahmen in den Bergen von Durango, Colorado, daß er mich wirklich verletzte. Das habe ich ihm nie gesagt. Irgendwie mußte ich diesen Kampf tapfer durchstehen, und jeden Morgen um zehn, nachdem ich das Hindu-Make-up bei der Maske hinter mich gebracht hatte und mein Haar und mein Kostüm gerichtet waren, bekam ich fürchterlichen Durchfall. Wenn ich endlich zu den Dreharbeiten erschien, hatte ich nicht mehr das Selbstvertrauen, mich einfallsreich affektiert zu gebärden. Es war eine furchtbare Zeit für mich, und in vieler Hinsicht machte ich Nivens reservierte, unnahbare und spaßige englische Art für meine Unsicherheit verantwortlich.

Ich weiß, daß er keinen Respekt vor mir hatte, bis der Film fertiggestellt war und er sah, daß ich im Filmgeschäft vielleicht doch noch eine Chance hatte.

Als wir einige Jahre später in *Ask Any Girl* mitspielten, hatte er seine Haltung geändert und ich meine ebenfalls. Ich besaß mehr Selbstvertrauen, und er war offener.

Seine Frau Hyördis war eine Schönheit, eine große und eindrucksvolle Schwedin. Wenn sie getrunken hatte, benahm sie sich anderen Männern gegenüber recht zwanglos.

»Warum bietest du dich nicht der Einfachheit halber gleich als Ganzes an?« sagte David eines Abends beim Essen zu ihr, als sie so heftig flirtete, daß es allen peinlich war. Er war verletzt, sie reagierte sarkastisch und reserviert. Ich erinnere mich noch, daß ich mir damals dachte, ich sollte in allen anderen Menschen nach tieferem Verständnis suchen.

Am nächsten Tag drehten wir unsere Liebesszene, und David stand immer genau an der richtigen Stelle, machte es den Beleuchtern einfach, hielt sich buchstabengetreu an seinen Text, sah mir aber nicht ein einziges Mal in die Augen. Jetzt verstand ich, warum Hyördis versuchte, ihn zu provozieren – nicht etwa, daß ihn das jemals aus der Bahn geworfen hätte. Jahre später, als ich ihn in *Seperate Tables* (Getrennt von Tisch und Bett) sah, schämte ich mich dafür, daß ich die Tiefe nicht erkannt hatte, zu der er als Schauspieler fähig war.

John Forsythe, mit dem ich in *The Trouble with Harry* (Immer Ärger mit Harry) spielte, behandelte mich freundlich und patriarchalisch. Ich war damals noch ziemlich grün, was das Leben, das Spielen und die Arbeit anging. John hatte nie in auch nur einem dieser Bereiche Probleme gehabt. Offensichtlich schien ihn überhaupt nichts zu stören.

John und ich hatten Liebesszenen miteinander zu spielen, aber es waren nur wenige, was der Natur des Films entsprach. Ich beobachtete ihn mit den Augen einer Heranwachsenden (ich war gerade erst neunzehn geworden), während er eine freundschaftliche Beziehung zu einer Frau zu pflegen schien, die in den Bergen von Vermont eine Farm leitete. Ich wußte nichts über die wahre Natur dieser Beziehung, und ich fragte auch nicht danach. Ich erinnere mich noch, daß ich damals zum ersten Mal über Untreue und Monogamie in der Filmbranche nachgedacht habe. Hitchcock duldete keine Ehemänner bei den Dreharbeiten, und Steve und ich hatten gerade erst geheiratet. Ich fragte mich, ob von einem

Around the World in Eighty Days mit (von links nach rechts) Robert Newton, Cantinflas und David Niven: Das war Mike Todds Vorstellung von einem Zeltlager. (Archive Photos)

John Forsythe in *The Trouble With Harry*: Hat er sich nicht gut gehalten? Vielleicht wird er der erste und der *letzte* Hauptdarsteller sein, an dessen Seite ich spiele. (© by Universal City Studios, Inc. Courtesy of MCA Publishing Rights, a Division of MCA Inc.)

erwartet wurde, daß man sich bei Außenaufnahmen wie ein Einsiedler zurückzog, wenn man verheiratet war. Die Crew erweckte nicht diesen Eindruck. Offensichtlich enthielten die Verträge eine ungeschriebene Klausel, die jedem bei Außenaufnahmen Freiheit zusicherte. Was auch immer geschah, es geschah eben. Ich kam mir unreif und naiv vor, wenn ich beobachtete, was um mich herum vor sich ging. In Wirklichkeit war ich anmaßend. Ich fand, Leute, die ihre ehelichen Gelübde bloß deshalb leichtfertig in den Wind schrieben, weil sie fern von zu Hause waren, seien Betrüger. O Mann, ich hatte noch eine ganze Menge zu lernen.

John dagegen tolerierte alles taktvoll. Später konnte ich sehen, wie er zehn Jahre lang friedlich auf der Woge von *Dynasty* (Denver Clan) mitritt. Es begeisterte mich zu sehen, wie er zu einem weißhaarigen, zuvorkommenden TV-Megastar wurde, und auch er teilte mir mit, wie stolz er auf mich war. Nachdem ich den großen Durchbruch wirklich geschafft hatte, schrieb er mir einen Brief, der ganz reizend, liebevoll und väterlich gehalten war. Doch dieser Brief erreichte mich nie. Er wurde gemeinsam mit der Fanpost von einer Sekretärin im Studio abgefangen und beantwortet. Sie schickte ihm ein Schwarzweißfoto auf Hochglanzpapier von mir zu und unterschrieb es mit »Herzlichst, Shirley MacLaine«. John brachte dieses Foto mit, als er mich später einmal in Las Vegas in meiner Garderobe aufsuchte. Ich war entsetzt, aber er lächelte dieses verständnisvolle, allwissende Lächeln eines toleranten Vormunds. Er war mein erster Filmpartner in einer Hauptrolle, und er behandelte mich äußerst liebevoll.

Als ich mit Glenn Ford *The Sheepman* (In Colorado ist der Teufel los) drehte, beschloß er, ich sollte lernen, wie man eine Zigarre raucht. Ich tat es und übergab mich. Dann legte er meinen Cowboyhut unter sein Pferd, um ihn zu »taufen«.

Glenn sah mir ganz entschieden in die Augen und erzählte mir die Geschichte der Frauen in seinem Leben. Ich war fasziniert, hatte aber, offen gesagt, größeres Interesse an der Neuigkeit, daß der Geist Rudolph Valentinos in dem Haus spukte, in dem er mit Eleanor Powell lebte. Er sagte, Valentino verrückte manchmal die

The Sheepman: Glenn ließ meinen Hut von seinem Pferd taufen.
(Archive Photos)

James Garner: *The Children's Hour:* Während wir diese Szene drehten, brachte er mich ständig aus dem Konzept.

Möbel und legte Musik auf, zu der er früher so gerne Tango getanzt hatte. Glenn war von diesem Spuk begeistert, Eleanor dagegen nicht. Als ich ihm erzählte, daß Eleanor der Lieblingsstar meines Vaters und die Tänzerin war, der seine größte Bewunderung galt, fand Glenn das gar nicht komisch. Er sah in Eleanor eine Rivalin. Er hatte den Bruch mit ihr noch nicht verkraftet. Aber Glenn war ein reizender Mann mit trockenem Humor. Wir wurden gute Freunde, wenngleich wir auch nicht so eng miteinander befreundet waren, wie er manche Leute gerne hätte glauben lassen.

James Garner, mit dem ich *The Children's Hour* (Infam) drehte, ist vielleicht, mit Ausnahme von Dean, der geistreichste und witzigste von allen Männern, mit denen ich je zusammengearbeitet habe. Unser gemeinsamer Film war melancholisch, aber ich konnte mich kaum halten vor Lachen, wenn er abseits der Kamera eine witzige Bemerkung nach der anderen brachte.

Jim schien recht glücklich verheiratet zu sein, und zwar in einer Form, die es ihm erlaubte, köstliche Witze über sein Familienleben zu reißen. Tatsächlich überwog sein Hang zur Komik alles andere. Audrey Hepburn und ich mußten seinem Humor einen gewissen disziplinierten Widerstand entgegensetzen, denn sonst hätten wir unsere ernste Freundschaft auf der Leinwand nicht glaubwürdig spielen können.

Audrey besaß Seelengröße und hatte einen Sinn für kindliche Späße, der heute noch mein Herz anrührt, wenn ich an sie denke. Sie war im Besitz einer seltenen Vielfalt an guten Eigenschaften, so daß sich ihr Hang zum Perfektionismus wie ein ganz kleines Mosaiksteinchen Banalität ausnimmt. Früher wünschte ich immer, ich besäße ihr Gespür für Mode und für Stil. In ihrer Gegenwart fühlte ich mich tölpelhaft und ungepflegt, und das sagte ich ihr auch. Sie tröstete mich: Ich sollte mir keine Sorgen machen, sie würde mir beibringen, wie man sich anzieht, wenn ich ihr das Fluchen beibrächte. An diese Abmachung hielt sich keine von uns beiden.

Jim Garner freute sich königlich, wenn er uns beide mitten in einer hochdramatischen Szene zum Lachen bringen konnte. (Ich habe nie verstanden, warum Jim nicht seine eigene Comedy Talk-show hatte.) William Wyler, unser Regisseur, stellte sich jedesmal taub, wenn er sah, wie Jim mit seinen Späßen unsere Aufmerksamkeit an sich riß. Für ihn waren wir pflichtvergessene Kinder, die so taten als ob.

Jack Lemmon, mein Liebling Jack (*The Apartment* [Das Apartment], *Irma La Douce* [Das Mädchen Irma La Douce]), ist der Inbegriff eines netten Menschen. Er war immer gut vorbereitet und doch auf eine schalkhafte Art offen für jeden Scherz. Seine Genialität zog mich derart in den Bann, daß ich oft an meinen freien Tagen kam oder abends lange blieb, nur um zuzusehen, wie er vor der Kamera seine Komik versprühte und die Leute in seinen Bann zog. Ich wünschte, Billy Wilder hätte meinem Talent ebensoviel Aufmerksamkeit gewidmet wie Jacks Talent, aber diese Aufmerksamkeit hatte auch ihre Kehrseite. Billy war derart vernarrt in Jack, daß er ihn drängte, eine Aufnahme nach der anderen zu machen, nur um zu sehen, was passieren würde. Jack war ein kooperativer Profi und kam diesen Wünschen nach, aber oft wirkte sich das zu seinem eigenen Nachteil aus. Diese Wiederholungen wirkten gezwungen, und meist waren es gerade diese Aufnahmen, die Billy auswählte. Ich dagegen mußte die Takes nur drei- oder viermal wiederholen, was, glaube ich, offen gesagt daran lag, daß Billy mir nicht viel mehr zutraute, aber zumindest blieb ich so frisch!

Jack ist ein Wunder an Ausdauer. Sein Durchhaltevermögen zeigte sich immer deutlicher. Sein ganz eigener Ausdruck von Traurigkeit und Verwirrtheit macht seinen immerwährenden Erfolg in Komödie und Drama aus. Ich erinnere mich noch an den Morgen, an dem er für *Days of Wine and Roses* (Die Tage des Weines und der Rosen) für einen Academy Award nominiert wurde. Damals wünschte ich mir so sehr, eines Tages Anerkennung für mein Talent zu finden, Komödien und Dramen gleichermaßen gut spielen zu können wie Jack. Sein Selbstbewußtsein siegte nie über seine Nervosität, seinen Drang, noch besser zu

Jack Lemmon: der netteste Mann von ganz Hollywood. (oben: Archive Photos)

werden. Früher beobachtete ich ihn oft, wenn er nach Ablauf eines jeden Arbeitstages einen mehrstöckigen Martini in der Hand hielt. Er ist ein liebenswerter Mann, der sich immer und ewig Sorgen machte, er könnte nicht bestehen. Dafür liebte ich ihn, denn ich wußte, was in ihm vorging. Wenn ich heute die Augen schließe und ihn in meiner Erinnerung »Zeit für Magie« brüllen höre, dann ruft mir dies wieder einmal ins Gedächtnis zurück, daß er besser als jeder andere diese Magie erstehen lassen konnte und daß er ein wahrer Freund ist. Wir hoffen schon seit einer ganzen Weile darauf, noch einen Film zusammen drehen zu können. Hoffentlich werden wir ein gutes Drehbuch finden, ehe die Magie für alle Zeiten erloschen ist!

Mein anderer Jack – Jack Nicholson – ist der Mann, den ich persönlich mehr als jeden anderen für seine Karriere bewundere. Er hat den Mut, dauerhaft in einem Experimentierstadium zu verharren, und er widersetzt sich bewußt allem, was erwartet und akzeptiert wird. Als ich, lange bevor ich ihn kennenlernte, seinen Film *Five Easy Pieces* sah, hatte ich das Gefühl, daß er auf eigene Faust einen neuen Schauspielstil einführte, eine brandneue Spontaneität. Er schien ohne Drehbuch zu agieren. Tatsächlich veränderte seine Darstellung in diesem Film meinen Glauben an das, was ich für möglich hielt. Ich war eine Schauspielerin zwischen zwei Welten, der alten formalen Schule der Schauspielkunst und der neuen Schule, die die Spontaneität des Entscheidungsprozesses verlangte.

Als ich erfuhr, daß Jacks berühmter Szene mit dem Geflügelsalatsandwich in *Five Easy Pieces* tatsächlich ein Drehbuch zugrunde lag, begriff ich, daß meine Scheu vor der Improvisation unbegründet war. Es kam lediglich darauf an, einen realistischen Tonfall zu treffen. Und als ich dann schließlich in *Terms* mit ihm zusammenarbeitete, sah ich, wieviel von sich selbst er bereitwillig abwarf, um die Fülle des unerprobten Jetzt zu riskieren. Jeder Take mit Jack fiel bewußt anders aus. Er kostete es aus, das Unerwartete zu wagen. Es war nicht ratsam, Reaktionen auf Nicholson vorauszuplanen – es war besser, für seine Einfälle aufgeschlossen zu sein,

Billy Wilder verlangte, daß wir diese Szene aus *Irma La Douce* um genau
siebzehn Sekunden kürzten. Jack sah auf die Uhr, und wir taten es.
(Archive Photos)

und die Hausarbeiten ließ man am besten gleich zu Hause. Er forderte mich dazu heraus, es darauf ankommen zu lassen und mein Vorgehen und meine Gefühle nicht im voraus zu planen. Wenn er einen Frosch im Hals hatte, murmelte er niemals »Schnitt«, um die Szene abzubrechen. Er ließ dieses Handicap für sich arbeiten, spielte damit und erweckte schließlich den Eindruck, so sei die Szene geschrieben worden. Wenn man es schaffte, sich an seine Ungezwungenheit anzupassen und mitzuspielen, dann war man genauso gut wie er.

Über Jack ist eine Geschichte im Umlauf, die meine Bewunderung für ihn nur noch verstärkt.

Vor Jahren hatte er eine sehr kleine Rolle in dem Film *Ensign Pulver* (Operation Pazifik), bei dem Josh Logan Regie führte. Logan war berühmt dafür, daß er einen Prügelknaben brauchte, an dem er seine Wut auslassen und seinen Ängsten Luft machen konnte. Aus irgendwelchen Gründen fiel Nicholson diese Rolle zu.

Vor allen Schauspielern und der Crew fiel Logan eines Tages über Nicholson her. Er machte Jacks Talent sowie seine äußere Erscheinung schlecht und beanstandete, er sei nicht fotogen. Diese verbale Tracht Prügel schloß er mit dem Vorschlag ab, Jack solle sich ernstlich überlegen, ob er nicht in einer anderen Branche arbeiten wolle, denn die Schauspielerei sei ganz entschieden kein Beruf, für den er auch nur den Funken einer Begabung mitbrächte.

Jack sagte kein Wort. Beim Mittagessen fragte ein Freund von ihm (der mir die Geschichte erzählt hat), wie Jack zumute sei und wie er mit Logans schroffem Rat umgehen würde.

»Ich werde mich eben noch mehr anstrengen«, antwortete Jack.

Anschließend drehte er die inzwischen so berühmten Horrorstreifen von Roger Corman und lernte Schritt für Schritt, seinem Talent Individualität zu verleihen, bis er zu einem der erstklassigen Schauspieler seiner Generation wurde.

Jacks Beharrlichkeit beeindruckte mich.

Ich glaube, für Jack ist das Leben im Grunde genommen absurd. Er scheint frei von jeder Eitelkeit zu sein. In dem Film, den wir zusammen drehten, zeigte er mit Begeisterung den Bauch, den er sich im Lauf der Jahre zugelegt hatte, und trotzdem bringt er es noch fertig, sich als ein teuflisch gefährliches Sexualobjekt anzusehen. Offen gesagt, ich würde ihn liebend gerne in der Rolle einer Frau sehen. Was für eine Lektion in der Kunst kontrollierter Unverschämtheit das doch wäre! Wahrscheinlich wäre das die Frau, die ich eines Tages gerne sein würde. Ich fand jedoch, daß Jack seine größten darstellerischen Leistungen in *One Flew over the Cuckoo's Nest* (Einer flog über das Kuckucksnest) und in *Hoffa* (Jack Hoffa) zeigte. Nie hat ein Schauspieler eine größere Bandbreite an Talent gezeigt. Ich saß neben ihm, als er vom American Film Institute seinen Lifetime Achievement Award erhielt. »Ich weiß nicht, was ich sagen soll, wenn ich auf dem Podium stehe«, gestand er mir. »Ich habe mir sämtliche Leute ins Haus geholt, die für Komiker schreiben, aber das bin ich einfach nicht. Ich weiß es einfach nicht. Warum kriege ich dieses Ding überhaupt?«

Jacks Gefühl, diese Würdigung nicht verdient zu haben, rührte mich. Er hat nie gerne in der Öffentlichkeit gesprochen. Wie viele Schauspieler brauchte er die Tarnung durch eine Rolle. Als wir durch das ganze Land reisten und unsere Preise für *Terms* in Empfang nahmen, war ihm keinen Moment lang wohl dabei zumute, und an jenem Abend im American Film Institute hatte sich daran nichts geändert. Ich ahnte, daß der Angriff, den er 1994 mit einem Golfschläger auf einen Wagen verübte, der ihm die Vorfahrt genommen hatte, der Furcht entsprang, welche die Verleihung des Lifetime Achievement Award in ihm auslöste. Er erzählte mir, er sei zutiefst verlegen und fühle sich unwürdig. Seine Lippen bebten, und seine Hände zitterten. Als er sich endlich erhob, um seine Rede zu halten, klickte irgend etwas in seinem Inneren, und er konnte plötzlich seinen Gefühlen freien Lauf lassen. Er hatte Tränen in den Augen. Einen langen Moment sagte er gar nichts, dann schaute er sich im Raum um und verkündete tatsächlich: »Von diesem Augenblick an könnte ich mich unter Umständen in mich selbst verlieben!«

Er hatte es sich gestattet, den Kern des Ganzen anzusprechen – die Meinung, die er von sich selbst hatte, und das rührte alle

Anwesenden. An jenem Abend lehrte er uns alle, daß es in Ordnung war zu zögern, öffentlich seine Unsicherheit zu zeigen und sich schließlich einzugestehen, daß wir ihn alle liebten.

Richard Harris (*Wrestling Ernest Hemingway* [Walter und Frank – Ein schräges Paar]) wird seinem Ruf als ein bombastischer Ire gerecht, der zum Erzählen von hochtrabenden, schwülstigen und wortgewandten Geschichten neigt. Sein Schwung und seine Energie sowie seine emotionale Komplexität täuschen darüber hinweg, daß er mit Scharfsinn um das Überleben kämpft. Man kann enormen Spaß mit ihm haben, bis irgend etwas Unsicherheit bei ihm auslöst. Dann beginnt man, die stürmische irische Seele in ihm zu verstehen. Wir hatten eine Liebesszene zu drehen, in der ihm das Eingeständnis abverlangt wurde, er sei impotent. Sensibilität war bei dieser abendlichen Szene gefragt. Ich spielte eine unabhängige ältere Frau, die nichtsdestotrotz einsam und sexuell frustriert war. Mir schossen alle erdenklichen wirren Gedanken durch den Kopf, nun da sich mir endlich die Chance bot, eine Liebesszene zu spielen, in der ältere Menschen mit Saft und Kraft vorkamen. Scharen von jüngeren, gutaussehenden Frauen schossen mir durch den Kopf. Würde das Publikum überhaupt sehen wollen, wie grauhaarige ältere Leute ihre Konflikte austrugen? Ich konnte mich nicht erinnern, in den letzten Jahren auch nur eine einzige Liebesszene zwischen Menschen über Vierzig gesehen zu haben. War das vielleicht sogar geschmacklos?

Richard hatte seine eigenen Bedenken und Zweifel, zu denen ich nur Spekulationen anstellen konnte, wenn ich bedachte, was es für einen Schauspieler heißen mußte, einen impotenten Mann zu spielen.

Er trödelte herum und erschien einfach nicht vor der Kamera.

Ich wurde allmählich müde. Es war drei Uhr morgens, und er hatte bereits einen Zusammenstoß mit dem Regisseur gehabt.

Ich wartete geduldig, solange es mir möglich war, und dann schrie ich ohne jegliche Sensibilität: »Richard, krieg endlich deinen Hintern hoch, damit wir diesen Mist hinter uns bringen und nach Hause gehen können.«

Widerstrebend schlurfte er vor die Kameras und gab sein Bestes. Er war wirklich wunderbar, obwohl er total überdreht war, aber er hatte den Glauben an sich selbst verloren.

Es kostete uns noch etliche Stunden und etwa zehn Aufnahmen dieser Szene, ehe wir den Abend beschließen konnten. Unser Verhältnis zueinander war hinterher nicht mehr dasselbe; keinem von uns beiden behagte, wie wir uns benommen hatten.

Für mich ist Robert Duvall, der auch in *Wrestling Ernest Hemingway* (Walter und Frank – Ein schräges Paar) mitgespielt hat, der beste Schauspieler auf Erden. Eng mit ihm zusammenzuarbeiten und sein künstlerisches Können zu spüren – und trotzdem bis kurz vor Drehbeginn über etwas so Banales zu reden wie zum Beispiel, wie man Maisbrot backt –, das bedeutet, die wahre Muse bei der Arbeit zu erleben. Er belastet andere nicht mit seiner Darstellung. Er ist in einem einzigartigen Maß frei von Selbstverliebtheit. Seine Neugier, seine Wertschätzung und sein Interesse an anderen sind die Dinge, die seine Arbeit beseelen. Er stellt sich selbst in Frage und besitzt die Fähigkeit, mit der Masse zu verschmelzen, die Tendenz, seine eigene Identität aufzugeben, und doch nimmt er weiterhin bewußt und sensibel wahr, welche Wirkung er auf andere hat. Für mich war es sehr wichtig zu erleben, daß er echtes Schuldbewußtsein zeigte, wenn er in einer hitzigen Auseinandersetzung oder in einer Konfliktsituation jemanden verletzt hatte. Er ist der beste Schauspieler, den wir haben, und einer der bescheidensten.

In *Wrestling Ernest Hemingway* spielte Robert einen Kubaner, und als wir probten, nahm er mich zum Abendessen in das Haus eines Kubaners mit, den er in Florida kennengelernt hatte. Robert verschmolz mit der Familie des Mannes und beobachtete jede Kleinigkeit. Ich brachte das nicht wirklich fertig. Ich war immer noch der Filmstar, der etwas abseits stand. Wie gerne hätte ich meine Rolle als Shirley MacLaine abgelegt. Duvall war insofern ein wenig verrückt, als er unbedingt ein Kubaner werden mußte. Und als er vom Tisch aufstand und anfing, Tango zu tanzen (auch darin ist er meisterlich), sah ich einen Valentino in unserer Mitte. Ich beobachtete, wie seine Aufmerksamkeit nur noch seinem Kör-

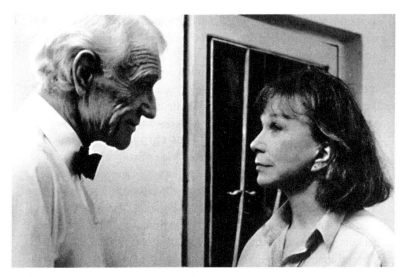

Mit Richard Harris in *Wrestling Ernest Hemingway*:
Ich weiß nicht, ob Liebesszenen in unserem Alter eine gute Idee sind.

Nicolas Cage in *Guarding Tess*: Nick nahm sich meine Vorschläge zu
Herzen und brachte mich dann zum Lachen.

per und seinen Schritten galt. Der Tanz und das damit ausgedrückte sexuelle Verlangen ließen seine Augen lodern. So hatte ich ihn mir niemals vorgestellt.

Das war ein wahrer Künstler – ein Mensch, der fähig ist, sich von sich selbst loszulösen. Das hätte ich auch gern gekonnt. Ich fragte mich, ob man die eigene Identität vollständig abschütteln mußte, um eine solche Verwandlung zu erreichen. Wenn ja, dann wußte ich, daß ich noch nicht den Mut hatte, mir nicht selbst im Weg zu stehen und diese Verwandlung zuzulassen.

Unter Nicolas Cage *(Guarding Tess)* stellte ich mir einen ungepflegten, finsteren, komplizierten, dämonischen jungen Mann vor, der irgendeiner Sekte angehörte, von der ich noch nie etwas gehört hatte. Das war der Eindruck, den ich durch *Moonstruck* (Mondsüchtig) und *Raising Arizona* (Arizona Junior) von ihm gewonnen hatte. Entgegen meinen Erwartungen hatte ich es mit einem gepflegten, zielstrebigen und sehr respektvollen Menschen zu tun, der seine Arbeit und sein Talent ernst nahm und mit dem man sich außerhalb der Drehzeit prächtig amüsieren konnte.

Ich beobachtete, daß er sich fragte, ob er mich wohl aufziehen könnte, ohne daß ich ihm über den Mund fuhr. Schließlich war ich jemand, den er schon auf der Leinwand gesehen hatte, als er noch ein Baby war. Ich empfand mich natürlich immer noch als Dreißigjährige, aber zu meinem Leidwesen sah ich, daß er mich als Musterbeispiel für eine reife Filmschauspielerin ansah. Ich wollte meinen Spaß haben und ihm gleichzeitig klarmachen, daß ich keine übermäßig respektierte, uralte Ikone war.

Das begriff er, und ich war wirklich dankbar, als er endlich begann, auf dieselbe erbarmungslos spielerische Art mit mir umzugehen, die er gegenüber Leuten seines eigenen Alters an den Tag legte. Tatsächlich glaubte ich, daß er mich mit der Zeit verspielter und unreifer als seine achtzehnjährige Freundin fand. Das freute mich sehr, machte mich glücklich und tat mir gut. An dem Tag, an dem er sagte: »Du hast dich wohl wirklich in mich verknallt, stimmt's?«, hätte ich ihn am liebsten geküßt, aber nicht aus den Gründen, die er wahrscheinlich vermutet hatte.

Gene Hackman (*Postcards from the Edge* [Grüße aus Hollywood]) ist ein Schauspieler, den ich schon immer attraktiv fand. Das sagte ich ihm auch. Vor ein paar Jahren betrat er auf einer Party den Raum und kam auf mich zu. So wie er das tat, schwang eine spannungsgeladene faszinierende Sexualität mit. Manchmal sagt der Gang eines Mannes wesentlich mehr über ihn als seine Worte, und die Worte einer Frau besagen mehr als ihre Taten. Dagegen hätte ich etwas unternommen, wenn er auch nur die leiseste Andeutung gemacht hätte.

Paul Newman (*What a Way to Go* [Immer mit einem anderen]) ist ein wirklich angenehmer, wenn auch zurückhaltender Freund. Ich habe immer das Gefühl gehabt, im wahren Leben wünschte er sich, jemand anderes zu sein – wahrscheinlich ein Rennfahrer. Er liebt Geschwindigkeit und begeistert sich dafür, der Schwerkraft zu trotzen. Ich habe beobachtet, wie er täglich eine Unmenge Bier trank, Hunderte von Liegestützen und Sit-ups absolvierte und nach einem Dampfbad schlank und fit wirkte, als hätte er gerade eine Fastenkur hinter sich. Paul war damals ein Schauspieler, der sehr methodisch vorging und Fragen stellte wie: »Ich muß wissen, ob ich in meiner Rolle die Stiefel anlasse, wenn ich mit einer Frau schlafe, oder nicht.« Als ich erwiderte, daß er wahrscheinlich mit seinen Stiefeln schlief und nicht mit einer Frau, kriegten wir die Szene hin.

Paul war einer der ersten Schauspieler, die politische Urteilskraft und Mut an den Tag legten, und zwar 1972 in seiner Kampagne für Gene McCarthy. Er debattierte mit Charlton Heston über das Unheil, das Atomversuche über uns brachten, und gewann. Er wurde zu einem zuverlässigen und gut informierten Vertreter der gemäßigten Linken der Demokratischen Partei. Ich bewundere sein soziales Gewissen, aber noch tieferen Respekt habe ich vor der taktvollen Art, mit der er dem Älterwerden begegnet, vor seiner schon lange andauernden Karriere und der Beständigkeit seiner Ehe. Er ist ein Mann, der sämtliche Fallgruben Hollywoods umgangen hat.

Richard Attenborough, jetzt Lord Attenborough (*The Bliss of Mrs. Blossom* [Hausfreunde sind auch Menschen]), ist ein Mann,

Postcards from the Edge: Ich möchte eine ganze Szene mit Gene Hackman drehen. Er ist einer der Besten. (© 1990 Halley Enterprises. All Rights Reserved. Courtesy of Columbia Pictures)

Paul Newman, Dick Van Dyke und Gene Kelly: Ich kann nicht glauben, daß wir alle noch im Geschäft sind! (Archive Photos)

der wahren Adel und Stil besitzt. Seine Talente reichen weit über das Schauspielern hinaus, und als wir 1966 zusammenarbeiteten, waren sein Herz und sein Verstand bereits von einem Film gefangengenommen, bei dem er schließlich auch Regie führen sollte, nämlich *Gandhi*. Er wollte, daß ich Margaret Bourke-White spielte. Er war von der Idee besessen, Gandhis Leben auf die Leinwand zu bringen, und er redete unaufhörlich darüber. Ich fragte mich, ob ich wohl jemals soviel hingebungsvolle Leidenschaft in ein Projekt hineinstecken würde. Zwanzig Jahre lang bekam er von jedem Studio Ablehnungen zu hören, und als er endlich das Geld bekam, um seinen Traum zu verwirklichen, war ich zu alt, um die Rolle zu spielen. Candice Bergen bekam sie. Attenboroughs (Dickie, wie ihn alle nannten) Arbeit zeigt, daß es möglich ist, den Leuten kunstvolle Unterhaltung zu bieten und ihnen gleichzeitig eine gesellschaftspolitische Perspektive des Lebens zu vermitteln.

Er ist ein Engländer, der sich zu der Schuld und Verantwortung für die Vergangenheit seines Landes bekennt. Er ist eine Bereicherung für andere und fürchtet sich nicht davor, mit seinen unerschrockenen liberalen Auffassungen sentimental zu erscheinen. Er scheint reinen Tisch machen und die Vergangenheit richtigstellen zu wollen.

Als ich *Cry Freedom* (Schrei nach Freiheit) sah, weinte ich über seinen unbeugsamen Mut, und als er mit *A Chorus Line* einen Flop landete, begriff ich, warum: Er mußte die Authentizität einer bestimmten Gruppe von Menschen besser erfassen, damit das Publikum die Vielseitigkeit dieser Menschen auch fühlte.

Wie konnte er sich als Engländer jemals erhoffen, in das Universum einer Tänzerin aus Manhattan eindringen zu können? Das hätte selbst Fosse Schwierigkeiten bereitet – was er übrigens wußte, denn er lehnte den Film ab. Aber Dickie, Gott sei seiner Seele gnädig, sah Tänzer als eine Metapher für die gesamte Menschheit.

Michael Caine (*Gambit* [Das Mädchen aus der Cherry-Bar]) war ein waschechter Cockney; mir hatte er in *The Ipcress File* (Ipcress –

streng geheim) gefallen. Sein trockener, zynischer Humor hatte mir gefallen, und ich fragte ihn, ob er nach Amerika käme, um mit mir in *Gambit* zu spielen.

Er kam, und wie! Er legte die Mädchen in Hollywood flach wie eine Rakete und spürte nie auch nur einen Funken Widerstand.

Er meldete sich nach einer harten Nacht zur Arbeit, wankte in seinen Wohnwagen, drehte seine Beatles-Platten auf, daß einem die Ohren abfielen, und versuchte, ein wenig zu schlafen. Michaels Berichte über seine Hollywood-Eskapaden waren reichlich komisch. Die amerikanische Sitte, Strumpfhosen zu tragen, verwirrte ihn zutiefst. Er fand beim besten Willen keinen Weg hinein, drum herum oder gar durch sie hindurch. Ich schlug ihm vor, sich damit zu erhängen.

Michael ist der Schauspieler, der in unserer Branche am meisten arbeitet. Er nimmt eine Rolle an und findet überall etwas zum Lachen. Ich bin so froh, daß er seine bescheidenen Anfänge niemals vergessen hat, denn die Erinnerung daran ist der Grund dafür, daß das Publikum sich weiterhin mit ihm identifiziert. Ich werde immer Eigentumsrechte auf ihn anmelden, weil ich ihn nach Amerika gebracht habe.

Die Arbeit mit Peter Sellers an *Being There* (Willkommen, Mr. Chance) hat selbst die Grenzen meiner Phantasie überschritten.

Es begann am Valentinstag, als wir zu Außenaufnahmen in Asheville, North Carolina, waren. Ich erhielt fünf Dutzend rote Rosen von einem anonymen Verehrer, doch ich wußte, daß sie von Peter kamen. Wir arbeiteten wahnsinnig gerne zusammen, und wir hatten gemeinsame Interessen wie Metaphysik, Numerologie, frühere Leben und Astrologie. Dennoch konnte Peter besser vom Rande der Realität aus operieren als aus ihrer Mitte heraus. So bedankte ich mich zum Beispiel an dem Tag, als ich die Rosen erhalten hatte, überschwenglich bei ihm dafür, doch er weigerte sich einzugestehen, daß sie von ihm kamen. Bestürzt rief ich jeden erdenklichen Mann in meinem Leben an, um mich bei ihm zu bedanken, aber alle entschuldigten sich dafür, nicht die Auftraggeber zu sein. Peter weigerte sich noch immer, sich zu seiner reizenden Geste zu bekennen. Und er wollte auch nie eine Einladung zum Mittagessen oder zum Abendessen von mir annehmen. Auf der anderen Seite erzählte er mir bis in alle Einzelheiten von seinen Affären mit Sophia Loren und Liza Minnelli. Ich wunderte mich über seinen Mangel an Diskretion, fand seine bühnenreifen Schilderungen jedoch manchmal sehr komisch.

Ein paar Monate später, als wir mit dem Filmen fertig waren, lief ich einem sehr bekannten Produzenten und seiner Frau über den Weg, und sie fragte mich augenzwinkernd, ob ich die Zeit mit Peter genossen hätte. Ich verstand diese Anspielung nicht und sagte schlichtweg, unser Verhältnis zueinander sei auf einer privaten Ebene recht distanziert gewesen, aber wir hätten uns gut verstanden.

»Was soll das heißen, distanziert?« bohrte sie nach. »Komm schon, wir wissen doch, daß ihr etwas miteinander hattet, du und Peter.«

Mir schwirrte der Kopf.

»Daß wir etwas miteinander hatten?« fragte ich. »Er war noch nicht einmal bereit, außerhalb der Arbeitszeiten mit mir zum Essen zu gehen.«

Der Produzent schüttelte ungläubig den Kopf. »Oh«, sagte er. »Peter hat mir viel über die Freuden seiner Affäre mit dir erzählt. Ich bin sogar dabeigewesen, wenn er dir am Telefon kleine Schweinereien ins Ohr geflüstert hat.«

Ich traute meinen Ohren nicht.

»Dann hat er wohl mit dem Freizeichen geflüstert«, sagte ich. Ich berichtete von dem Vorfall mit den Rosen und davon, daß er jede Einladung zum Mittagessen oder zum Abendessen ausgeschlagen hatte, und ich erzählte auch, daß er vollständig in die Rolle des Chauncey Gardiner in dem Film eingetaucht war.

Der Produzent nickte vielsagend.

»Ich verstehe, du etwa nicht?«

»Was sollte ich denn verstehen?« fragte ich.

»Tja, Peter hat sich in seiner Phantasie eine Realität mit dir ausgemalt, die zerstört worden wäre, wenn er in der Wirklichkeit

Ich brachte Michael Caine nach Hollywood – und verkleidete mich dann für *Gambit*. (Archive Photos)

Being There: Ich wünschte, Peter hätte mir gesagt, daß wir eine Affäre hatten. (Archive Photos)

irgendwelche persönlichen Kontakte zu dir aufgenommen hätte. Er mußte die Realität des Lebens und seine Phantasie strikt voneinander trennen.«

Das war einleuchtend. Eine Weile später lief mir Sophia Loren über den Weg. Sie berichtete mir, daß es ihr mit ihm genauso ergangen sei. »Ich weiß, mit welchen Männern ich geschlafen habe. Und Peter, Gott segne seine trügerische Vorstellungskraft, war nicht darunter.«

Das Verhältnis mit Liza schien jedoch der Realität zu entsprechen.

Ich erinnere mich noch an unseren letzten gemeinsamen Drehtag. Wir saßen auf dem nachgebauten Rücksitz einer Limousine. Peter war am Vorabend bei einem Numerologen gewesen. Er sah mir fest in die Augen und erzählte mir, der Numerologe hätte ihn gewarnt, die Zahlen seiner Frau paßten nicht zu seinen eigenen. Es war offensichtlich, daß diese Information Peter tief beunruhigte. Mir war damals nicht klar, was sich wirklich in seinem Kopf abspielte.

Ein paar Wochen später ließ er sich von seiner Frau scheiden. Später, als mir klarwurde, wozu er mich in seiner Phantasie hochstilisiert hatte, fühlte ich mich irgendwie dafür mitverantwortlich.

Peter war ein ganz außergewöhnlicher Schauspieler. Er versenkte sich so sehr in seine diversen Rollen, daß ich heute glaube, sie entsprangen seinen früheren Leben und tauchten in ihn ein, nicht er in sie.

George C. Scott, mit dem ich *The Yellow Rolls-Royce* (Der gelbe Rolls-Royce) gedreht habe, war ein besessener Schachspieler. Vielleicht setzte er diese Sucht als Inspiration für eine Rolle ein (einen Gangster) – ich weiß es nicht. Ich konnte es auch nie herausfinden, weil er nicht redete. Wir drehten ein paar Monate lang gemeinsam und tauschten nie mehr als ein »Guten Morgen« miteinander aus, wenn überhaupt. Er war eine blendende Besetzung für die Rolle, und er brachte seinen Text makellos, aber er redete nur mit dem Mann von der Maske. Nach jeder Aufnahme schlenderte George zu ihm, um den Zug auf dem Schachbrett zu machen, den er während der Aufnahme geplant haben mußte.

George und ich haben uns seit unserem gemeinsamen Film miteinander angefreundet, und er kann sich noch nicht einmal dran erinnern, jemals wirklich mit mir zusammengearbeitet zu haben. Das ist für mich nur ein weiterer Beweis dafür, daß ein Arbeitsverhältnis und ein persönliches Verhältnis sich nicht notwendigerweise überlappen oder sich gar decken. Die Emotionen von Schauspielern gründen sich auf nichts Bestimmtes und entspringen noch nicht einmal dem gesunden Menschenverstand, wenn diese Leute bei der Arbeit sind.

Es ist, als gehörten diese Gefühle viel mehr zu der Rolle als zu dem entsprechenden Schauspieler. Wenn Schauspieler oder Schauspielerinnen an ihr Verhalten während der Dreharbeiten zurückdenken, stellen sie oft in Abrede, daß sie sich so benommen haben. Ihre Erinnerung ist fehlerhaft, weil ihre Wahrnehmung der Realität während der Dreharbeiten tatsächlich verändert war.

Dasselbe trifft auch auf Anthony Hopkins zu. Wir drehten zusammen einen Film mit dem Titel *A Change of Seasons* (Jahreszeiten einer Ehe). Er war unsicher, wie er eine Komödie anpacken sollte. Hopkins fand nicht zu einem zufriedenstellenden Rhythmus, und deshalb kam er hilfesuchend zu mir.

Ich stellte fest, daß ich auf die Lektionen in Sachen Energie zurückgriff, die ich bei Fosse gelernt hatte. Ich bemühte mich, sensibel auf die Bedürfnisse von Tony einzugehen, da mir durchaus bewußt war, was für ein außergewöhnlich guter Schauspieler er war (und immer noch ist).

Wir redeten lange Zeit miteinander, und als er meinen Wohnwagen verließ, glaubte ich, wir hätten eine entscheidende Ebene professioneller Kommunikation erreicht. Aber ich muß etwas fehlerhaft interpretiert haben; mir muß etwas an ihm entgangen sein. Vielleicht war ich für einen brillanten, dramatisch erfahrenen Schauspieler »zu« hilfreich mit meinen Vorschlägen, wie man eine Komödie spielt. Es verwirrte und bedrückte mich, als ich sah, daß Tony sich zurückzog und im Grunde genommen fünf Wochen

Anthony Hopkins in *A Change of Season:* Das war, ehe wir reinen Tisch gemacht hatten, was unsere Gefühle füreinander anging. (Archive Photos)

George C. Scott und Art Carney in *The Yellow Rolls-Royce:* Ich mußte mich den beiden täglich von neuem vorstellen.

lang nicht mehr mit mir redete. Wenn wir unsere gemeinsamen Szenen drehten, mußte der Regisseur dolmetschen, was wir einander sagen wollten. Unser Verhältnis zueinander wurde angespannt und unterschwellig feindselig. Ich konnte Tony nicht leiden, und er konnte mich nicht leiden. Er hielt mich für aggressiv, voreingenommen, unsensibel und, allgemein gesprochen, für widerlich. Mir ging es mit ihm genauso.

Wir spielten ein Ehepaar, das einen stummen Krieg miteinander führte, wobei beide eine außereheliche Beziehung hatten, und daher war unser Benehmen im wahren Leben dem Film keineswegs abträglich. Und doch ist dieses Verschmelzen mit einer Rolle, wie ich bereits gesagt habe, eine Technik, mit der ich ganz schlecht arbeiten und die ich kaum ertragen kann. Mir kommt sie selbstverliebt vor. Das ist natürlich mein Problem und nicht das meiner Partner, die diese Taktik möglicherweise für nötig halten und für die Arbeit als förderlich empfinden. Vielleicht heißt es, daß ich mich nicht vollständig auf ein Projekt einlasse. Im Gegensatz zu einigen Schauspielern, die bereit sind, ihr Leben uneingeschränkt an die Rolle abzutreten, die sie spielen, beharre ich darauf, an meinem innersten Kern und an meinem Ego festzuhalten, damit ich nach sechs Uhr abends weiß, wer ich bin.

Ich redete mit Dickie Attenborough über Hopkins, da ich mich fragte, ob das Problem darin bestehen könnte, daß ich an der englischen Mentalität und Kultur etwas Grundsätzliches mißverstand.

»Nein«, beruhigte er mich, »das ist es nicht. Als ich bei *Magic* (Magic – eine unheimliche Liebesgeschichte) Regie geführt habe, hat er zwar brillant gespielt, aber es ist dasselbe passiert. Wochenlang hat er nicht mit mir geredet. Aber eines Morgens wird er auf den Knien angerutscht kommen und dich um Verzeihung bitten. Er ist wirklich okay, weißt du.«

Dieses Gespräch half mir weiter, und Tony kam auch tatsächlich, wie vorhergesagt, eines Morgens mit Tränen in den Augen zu mir und entschuldigte sich, als wir den Film gerade zur Hälfte abgedreht hatten. Ich nahm seine Entschuldigung an und bat ihn gleichfalls um Verzeihung für mein mangelndes Verständnis, und damit war alles aus dem Weg geräumt. Er sagte, er wüßte selbst nicht, warum er die Kommunikation abgebrochen habe, und ich glaubte ihm. Tonys Persönlichkeit war so vielschichtig, daß er sich manchmal in seinen vielen Stimmungen verirrt haben muß. Ich verstand das nicht hundertprozentig, da ich selbst nicht in der Lage bin, der gesamten Spannweite meiner eigenen Person als Schauspielerin freien Lauf zu lassen. Ich bin nicht so gut wie Hopkins. Vielleicht ist das der Grund dafür, daß ich seinem schauspielerischen Ansatz so kritisch gegenübergestanden habe. Aber für mich hatte die individuelle, im wirklichen Leben verankerte Kommunikation absoluten Vorrang. Ich hatte nicht das Gefühl, daß der Zweck die Mittel heiligt. Der Erfahrungsprozeß sollte sich meines Erachtens da abspielen, wo man etwas lernen kann. Aber ich kam nicht dahinter, was ich aus dem hätte lernen sollen, was sich hier abspielte.

Immer wieder warf ich einen Blick auf Hopkins, der mit geschlossenen Augen und tief in sich selbst versunken auf einem Stuhl saß und sich entweder auf eine Szene vorbereitete oder im buchstäblichen Sinne in einer anderen Welt existierte. Er hatte seit Wochen nicht mehr mit mir gesprochen. Die Techniker rannten um ihn herum und riefen einander Anweisungen zu, der Mann von der Maske schminkte ihn nach, andere machten sich an den Fädchen und Fusseln auf seinen Kleidern zu schaffen, und Tony rührte sich nicht. Seine Aufmerksamkeit war ganz und gar auf etwas in seinem Inneren gerichtet. Das ging über meinen Horizont, und wenn es mich auch noch so sehr ärgerte, so stand ich doch gleichzeitig mit ehrfürchtiger Scheu davor. Ich wollte verstehen, was vorging, aber selbst nachdem er sich entschuldigt hatte, fühlte ich mich immer noch ausgeschlossen. Als die Dreharbeiten endeten und wir auseinandergingen, gab es viele ungelöste Fragen für mich. Ob es ihm wohl genauso ging? Es gab nichts, was ich tun konnte, um ein Verständnis zu erzwingen. Ich würde die Dinge wohl so akzeptieren müssen, wie sie waren.

Dann sah ich Jahre später Tonys beängstigende Darstellung als Hannibal Lecter in *Silence of the Lambs* (Das Schweigen der Lämmer). Ich dachte an unsere gemeinsamen Erfahrungen zurück. Seine Fähigkeit, die gesamte Bandbreite menschlichen Verhaltens zutage zu fördern, war einzigartig. In der darauffolgenden Nacht träumte ich von ihm. Am nächsten Tag saßen wir im selben Flugzeug. Wir nickten einander zur Begrüßung zu, redeten aber nicht miteinander. Zwei Tage später setzte man uns bei einer Preisverleihung in Kalifornien beim abschließenden Essen nebeneinander. Wir setzten uns in Pose, um uns gemeinsam fotografieren zu lassen, und dabei flüsterten wir einander zu, daß die Fotografen keine Ahnung hatten, wie falsch unser Lächeln war.

Wir redeten ganz allgemein über Filme, über Schauspielerei, über unseren gemeinsamen Film und über alte Zeiten, aber wir sprachen mit keinem einzigen Wort die Probleme an, die wir miteinander hatten, und wir sagten eigentlich nichts von Bedeutung. Ich war immer noch unzufrieden, aber war doch froh, daß wir endlich miteinander auskamen. Er gab sich ausweichend, war aber freundlich, und ich benahm mich genauso.

Ein paar Jahre später war ich in Hollywood auf einer Party. Aus dem Augenwinkel sah ich Tony, der sich wohlwollend und fröhlich unter den Gästen bewegte und mit allen redete. Ich konnte meine Augen nicht von ihm lassen. Ich wußte, daß ich mit ihm reden mußte, ihm sagen mußte, wie außerordentlich gut er in *Remains of the Day* (Was vom Tage übrigblieb) und *Shadowlands* gewesen war.

Ohne nachzudenken ging ich auf ihn zu, legte ihm eine Hand auf den Arm und sagte ihm, wie sehr ich nicht nur seine neuesten Arbeiten auf der Leinwand bewunderte, sondern auch seine unerhörte Aufrichtigkeit in den Interviews. Er hatte sehr offen über die Zeit gesprochen, als er getrunken hatte, und er hatte gesagt, daß ihm jetzt klar war, wie sehr er andere damit belastet hatte. Ich gratulierte ihm außerdem zu der seelischen Freiheit, die er anscheinend erlangt hatte. Sie eröffnete ihm die Möglichkeit, seine Rollen auf der Leinwand und auf der Bühne ohne hemmende Einschränkungen oder Blockaden zu spielen. Anerkennung und Dankbarkeit traten in seine Augen. Er nahm meine Hände. »Ja, ich bin jetzt anders als damals in der Zeit mit dir.« Sein Gesichtsausdruck spiegelte Inbrunst wider, und doch schien er von einer Art ehrfurchtsvoller Freude erfüllt zu sein.

»Was ist passiert?« fragte ich. »Du hast etwas gefunden. Darf ich fragen, was das ist?«

Er warf den Kopf zurück und lachte. Sein Lachen war überhaupt nicht affektiert, ganz so, als verberge sich nichts dahinter. Ich erinnerte mich daran, den Dalai Lama so lachen gesehen zu haben. Mir war die totale Freiheit unbegreiflich, die sich in diesem melodischen Klang und in diesem strahlenden Lächeln ausdrückte. Es war dieses »Lachen des Charismatischen«, über das ich gelesen hatte – Lachen, das jeden logischen Verstand übersteigt und aus einer göttlichen Quelle zu entspringen scheint.

»Sieh mal«, sagte Tony und nahm eine meiner Hände in seine. »Du weißt doch, wie sehr ich unter meinen Unsicherheiten und Ängsten gelitten habe, unter meinem Zorn, meiner Wut und so weiter.« Ich nickte.

»Ich habe mit dem Trinken aufgehört, mich den Anonymen Alkoholikern angeschlossen und das Zwölfschritteprogramm begonnen. Es schien, als suchte ich vergeblich nach dem, was sie meine höhere Macht nannten, aber ich konnte sie einfach nicht finden. Mir ging es miserabel, und ich war ständig wütend auf mich selbst und alle anderen, obwohl ich Unterstützung hatte und obwohl ich trocken war.«

Tony zögerte. »Du wirst mich doch nicht für verrückt halten?« fragte er.

»Ich? Du fragst mich, ob ich eine Erfahrung, die du gemacht hast, für verrückt halten werde? Wohl kaum.«

Er entspannte sich wieder und erzählte mir von einem Erlebnis, das er während einer fünftägigen Pause bei Außenaufnahmen in Colorado gehabt hatte. Er hatte sich in sein Auto gesetzt und war nach Norden gefahren. Er sagte, er hätte nicht gewußt, wohin er fuhr, und es sei ihm auch egal gewesen.

Es dauerte nicht lange, da merkte er, daß er am Bear Lake war. Er setzte sich ans Ufer und fragte sich, was dieses ganze Leben eigentlich sollte, als er plötzlich aufblickte.

»Es war unglaublich. Zwei große Falken flogen über meinen

Kopf. Plötzlich rührten sie sich nicht mehr. Sie blieben regungslos mitten in der Luft stehen. Genaugenommen blieb die Zeit stehen. Nichts rührte sich.«

Während er darüber sprach, schien er diese Erfahrung noch einmal so intensiv zu erleben, daß ich den See, die Falken, den Himmel und den Stillstand der Zeit sehen konnte.

»Und dann ist es passiert. Ein Gefühl von Weisheit hat sich auf mich herabgesenkt. Ich war alles um mich herum. Alles um mich herum war ich. Zum ersten Mal in meinem Leben habe ich emotional und spirituell verstanden, was es heißt, sich mit allem eins zu fühlen. Es hat nicht länger als ein paar Sekunden gedauert, aber es hat mich so tief bewegt, daß ich wußte, mein Leben würde sich für alle Zeiten ändern.«

Tony sah mir in die Augen und fragte sich, wie ich wohl reagieren würde. Ich spürte, wie mir die Tränen kamen. »Ich wünschte, mir würde das passieren. Ich kann es intellektuell verstehen, aber emotional habe ich es nie erlebt.«

»Ja«, sagte er. »Ich weiß, daß du danach gesucht hast. Vielleicht suchst du zu aktiv danach.«

Er hatte recht. Vielleicht suchte ich so hartnäckig danach, daß ich unter Umständen an dem, was ich gefunden hatte, achtlos vorüberging.

»Ist dir dieses Gefühl geblieben?« fragte ich.

Tony lachte wieder dieses Lachen. »Anfangs habe ich geglaubt: Nun ja, ich habe eine mystische Erfahrung gemacht, und das ist alles. In ein paar Stunden wird es vorüber sein. Aber nein. Erst bin ich schluchzend zusammengebrochen, dann habe ich eine Stunde lang gelacht, und dann habe ich wieder geweint. Ich *war* alles, und ich fühlte alles. Dann hat eine Stimme in meinem Inneren gesagt: ›Und jetzt mache etwas daraus. Du hast etwas gefunden. Und jetzt führe dein Leben weiter.‹ Ich vermute, ich habe etwas daraus gemacht, und jetzt lache ich die meiste Zeit.«

Tony und ich standen da und sahen einander in die Augen. Inmitten dieses Partygetümmels wollte ich nichts anderes, als bei ihm zu sein. Es machte mich glücklich. Ich wollte, daß diese Augenblicke nie vorübergingen. Ich wollte mich nicht von ihm verabschieden. Ich wollte nicht, daß einer von uns beiden weiterging und sich mit anderen Gästen unterhielt.

Wir waren beide überwältigt von dem Draht, den wir plötzlich zueinander hatten. Wir umarmten uns, lösten uns wieder voneinander und umarmten uns dann wieder. Das war der Mann, den ich so unmöglich gefunden hatte. Welch eine Ironie!

»Ich habe kapituliert«, sagte er. »Ich weiß jetzt, daß mein Leben nicht mehr in meiner Hand liegt. Es liegt in der Hand des Gottes in mir.«

Ich schaute ihn an. Nie hatte ich einen Schauspieler so reden hören, von einem englischen Schauspieler ganz zu schweigen. Sie sind normalerweise ganz und gar intellektuell und nur zu gern bereit, ihren Spott über alles Spirituelle auszuschütten. Doch dieser Mann war anders. Gerade weil er schwierig gewesen war, hatte er zu einem neuen Verständnis gefunden. Gerade weil er die Tiefen der Verzweiflung erlebt hatte, konnte er das Gegenteil davon annehmen.

Eine magische halbe Stunde lang standen wir zusammen. Wir hatten nicht nur unsere Schwierigkeiten, die wir vorher miteinander gehabt hatten, gelöst, sondern wir verstanden nun, daß wir beide, jeder für sich allein, dasselbe gesucht hatten. Ich war vielleicht nicht ganz so kompliziert gewesen, aber ich hatte auch nicht soviel Tiefe. Aus seiner »Kompliziertheit« heraus hatte er die Antwort gefunden.

Ehe sich unsere Wege an jenem Abend trennten, fragte ich ihn, was er von der Zusammenarbeit mit Debra Winger in *Shadowlands* hielt.

Wieder warf er den Kopf zurück und lachte. »O ja, die! Nun, wir Engländer lassen uns natürlich kein Benehmen gefallen, das nichts mit der Arbeit zu tun hat.«

»Und?« fragte ich. »Wie bist du mit ihr umgegangen?«

»Ich habe gelacht«, sagte er. »Jedesmal, wenn sie unmöglich war, habe ich einfach nur gelacht. Und ich glaube, ich mochte sie. Vielleicht weil ich sie verstanden habe. Im Grunde genommen war sie ganz okay. Ja, doch, ich mochte sie.«

So erteilte mir also Tony Hopkins (Hannibal Lecter, der unterdrückte Butler, der behütete wallisische Intellektuelle) meine bedeutendste Lektion in Kreativität. Es kommt alles von Gott, ganz gleich, wie schäbig es erscheinen mag.

Ich war in Paris und drehte unter der Regie von Vittorio de Sica *Woman Times Seven* (Siebenmal lockt das Weib), und meine männlichen Partner waren legendär: Vittorio Gassman, Michael Caine, Philippe Noiret, Lex Barker, Alan Arkin, Rossano Brazzi und Patrick Wymark.

Wir drehten nachts auf der Straße, als Danny Kaye mitten in die Aufnahme hineinlief. Ich hatte nie mit ihm zusammengearbeitet. Aber ich hatte ihn als das überhebliche, komische Genie auf dem Paramount-Gelände in Erinnerung, wo ich ihn gesehen hatte, als ich damals mit Dean und Jerry und mit Shirley Booth dort arbeitete.

Leute im Showgeschäft haben eine ganz typische Art, Anstand und Umgangsformen zu ignorieren, wenn sie einander in der Öffentlichkeit begegnen. So auch Danny. Er lief schnurstracks an den anderen Schauspielern vorbei, kam auf mich zu, zog mich in seine Arme und ließ einen Schwall von französischem Kauderwelsch los, der die gesamte Aufnahme aus dem Lot brachte, de Sica und das Team begeisterte und mir die Angst vor einer Szene nahm, auf die ich ohnehin nicht gerade wild war.

Er trug eine Fliegerjacke, seine berühmten Weltraumschuhe, die er sich speziell anfertigen läßt, und einen komischen Hut. Seine blauen Augen funkelten verschmitzt und schalkhaft, und ich war hingerissen.

Nach den nächtlichen Dreharbeiten nahm er mich in seinen Lieblingsladen für Wein und Käse mit, und ich kehrte erst im Morgengrauen in mein Hotel zurück. Wir hatten vier Stunden lang geredet.

Er zeigte mir Seiten von Paris, von denen ich gar nicht gewußt hatte, daß es sie gab. Und kurz vor seiner Rückkehr nach New York fragte er mich, ob ich als sein Kopilot mit ihm über den Atlantik fliegen würde! Ich sagte, ich müßte am nächsten Abend arbeiten. Er erzählte mir, er wolle mir in seinem Lieblingsrestau-

Das war die Nacht, in der Danny bei den Dreharbeiten erschien und mich
entführte. Vittorio ließ es zu.

rant in Lower Manhattan ein chinesisches Abendessen kochen,
und er würde schon dafür sorgen, daß ich rechtzeitig für meine
Dreharbeiten am nächsten Abend wieder in Paris sei.

Ich tat es, und ich sagte niemandem ein Wort davon. Danny und
ich flogen in seinem Learjet über den Atlantik. Er überließ mir das
Steuer. Ich war buchstäblich im Himmel. Es war so wunderbar,
daß ich verstand, wie man einen Song darüber schreiben konnte:
»Flying so high with some guy in the sky«. Es war romantisch, es
war eigentlich mit meinem Job nicht zu vereinbaren – aus versi-
cherungstechnischen Gründen war uns das Fliegen nicht erlaubt –,
und es entsprach meiner Vorstellung von Befreiung.

Wir landeten in New York, wo wir von einem Wagen erwartet
wurden, der uns nach Chinatown brachte. Als Danny eintraf, war
das wie die Rückkehr von Sun Yat-sen oder etwas Ähnliches.
Sämtliche Köche verließen die Küche, und er übernahm das Re-
gime.

Das Essen war einfach unglaublich, und es endete mit Glücks-
keksen, in denen ich den Spruch fand: Frauen wo fliegen kopfüber,
wenn Filme machen, haben Knall. Wir aßen vier Stunden lang,
besuchten anschließend ein paar Nachtlokale, und ohne eine Minute geschlafen zu haben, flog er mich nach Paris zurück. Wir
hüpften von einem Punkt auf dem Erdball zum anderen, und es
war ein spontaner, romantischer Traum. Alles, was Danny tat,
war legendär, und er verlieh allem einen so meisterlichen Ausdruck, wie ihn sich die meisten einfachen Sterblichen nie auch nur
erhoffen können.

Und doch war er als David Daniel Kaminski in Brooklyn geboren worden. Er zeigte mir das Haus, in dem er aufgewachsen war.
Es war ein prosaischer, gelblichbrauner Kasten, eingekeilt zwischen Blöcken derselben Machart.

Von hier aus hatte er sich selbst erfunden, das Phänomen
Danny Kaye.

Damals begann ich auf einer tieferen Ebene zu verstehen, wie
lebenswichtig die goldenen Fäden des Ruhms und der Identität
sein konnten.

Es wäre lächerlich, andeuten zu wollen, Danny Kaye könnte

jemals etwas tun, womit er das Monument gefährden könnte, das seine Frau Sylvia und er sich in den Hallen der Geschichte der Menschheit gemeißelt haben. Ich begann zu erkennen, wie sehr wir doch Gefangene des Ruhms und unserer eigenen Erfindungen werden konnten. Es war sogar noch mehr als nur das. Wenn man ein Danny Kaye wird, dann ist man mit den Komponenten, die einem bei der Erschaffung der eigenen Identität geholfen haben, zutiefst verbunden. Die Ehefrau, die Texte, die Mitarbeiter und die Menschen, die einen unterstützen, sind notwendig, um weiterhin Erfolg zu haben. Die charismatische Identität ist zu einem solchen Fixstern am Firmament geworden, daß bei jeglicher Form von Veränderung ein schneller Sturz droht.

Ich begriff, warum Danny Kaye an der Unterstützung durch die Menschen um ihn herum festhalten mußte, die ihm den Fortbestand seiner Gaben garantierten. Ich begann zu verstehen, warum diese talentierten Megastars sich im Umgang mit Menschen immer an die erste Stelle stellen, allen anderen voran. Mir wurde zum ersten Mal wirklich klar, warum ein Danny oder ein Frank Sinatra es als selbstverständlich voraussetzen, daß sie die Sonnen sind, um die alle anderen ihre Bahnen zu beschreiben haben. Für sie ist der Augenblick im Universum gekommen, in dem sie heller als alle anderen strahlen, und ich glaube, man muß sie tatsächlich beschützen, damit sie ihre Bestimmung erfüllen können. Sie sind nicht irgend jemand. In diesem Leben ist es ihnen bestimmt, etwas ganz Besonderes zu sein.

Ich begreife sogar, daß es ein Sakrileg wäre, wenn eine dieser Sonnen ihre Leuchtkraft um einer Ehe, um der Kinder oder um einer Beziehung willen verleugnen würde. Offen gesagt, glaube ich ohnehin nicht, daß solche Opfer von Dauer sein können. Sonnen sind dazu gedacht, zu scheinen und anderen Licht zu spenden. Sie sind nicht so wie andere. Etwas in ihrer Seele ist bereit und sogar wild entschlossen, ein solches Schicksal ungeachtet des Preises auszuleben, den man persönlich dafür bezahlt – ein Preis, den wir nicht bereit wären zu zahlen. Ehemänner, Ehefrauen und Kinder müssen sich ihren Bedürfnissen und ihrer Ichbezogenheit anpassen. Vielleicht werden diese Sterne in einer anderen Zeit und an einem anderen Ort ihre Leuchtkraft von denen empfangen, die jetzt nicht leuchten.

Viele Leute hatten das Gefühl, Danny Kaye sei sehr reserviert – kalt, tyrannisch und unsensibel. Diese Erfahrung habe ich nicht gemacht, ganz im Gegenteil. Vielleicht fühlte er sich persönlich unausgefüllt, was auch immer das heißen mag. Aber geht es uns denn nicht allen so? Ich glaube, Danny und ich haben das im anderen gesehen. Die meisten anderen Frauen, die er kannte, hatten Verpflichtungen und Verantwortung auf sich genommen, die ihr Bedürfnis nach Geborgenheit stillten und ihnen einen Vertrag für die Zukunft boten. Ich war frei und ungebunden und bereit, rein zum Vergnügen überall hinzugehen und alles zu tun. Spareribs in Texas oder ein Käsefondue in der Schweiz waren Grund genug, eine Reise dorthin zu machen. Ich hatte das Gefühl, meinen eigenen fliegenden Teppich zu besitzen, und Danny war der Pilot für Reisen ins All.

Aber Danny liebte es mehr als alles andere, ein Sinfonieorchester zu dirigieren. »Es ist ein Gefühl von absoluter und uneingeschränkter Macht. Ich schnippe mit dem Handgelenk oder nicke mit meinem Lockenkopf, und sie tun, was ich will – das ist Macht.« Vielleicht war es das, was er anstrebte: ein Gefühl von Macht, das ihn vor der Hilflosigkeit beschützen würde.

Im Gegensatz zu dem, was die meisten anderen sagen, hatte ich das Gefühl, daß Danny sich seine Unsicherheiten ansehen ließ, oder zumindest gewährte er mir diesen Einblick. Aufgrund dieser Unsicherheiten wußte er um die Empfindlichkeit anderer, und daher benahm er sich manchmal wie ein Autokrat. Immer und ewig beriet er andere, die entweder physisch oder psychisch in Schwierigkeiten steckten, aber er bestand darauf, daß sie sich buchstabengetreu an seine Ratschläge hielten. Aufgrund seiner medizinischen Kenntnisse (es war bekannt, daß er tatsächlich chirurgische Eingriffe vorgenommen hatte, und das nur aufgrund seiner eingehenden Kenntnisse des menschlichen Körpers und der Geschicklichkeit seiner Finger) hielten sich viele Menschen ganz genau an das, was er empfahl, ganz gleich, wie autokratisch er sich auch benahm.

Danny Kaye wußte, daß er ein Perfektionist und Sklaventreiber war, der sich gezwungenermaßen absondern und in den Kokon seines eigenen Genies zurückziehen mußte, wenn er seine Umgebung dazu antrieb, ebenso brillant wie er zu sein. Seine Frau Sylvia, die alle seine Texte schrieb und sein Leben überwachte, war die Herrin über sein Territorium. Sie wußte von unserer Liebesbeziehung, das steht für mich fest, und sie bezog mich liebevoll mit in ihr Leben ein. Ihr war klar, daß Danny ein Meister der Manipulation war und daß ein Teil seiner Brillanz auf seinem herausragenden Talent beruhte, Lügengeschichten zu erzählen. Er erklärte mir, er hätte alles, was er über Sex wußte, in China gelernt – eine Konkubine hätte seine Ausbildung übernommen. Ich muß davon ausgehen, daß sie ihm auch das Kochen beigebracht hat, denn seine Einladungen zum chinesischen Essen, von Danny zu Hause in seiner eigenen chinesischen Küche gehackt, kleingeschnitten, zubereitet und gebraten, standen in Hollywood hoch im Kurs. Früher ging ich liebend gerne zu diesen Abendessen, wenn Betty Comden und Adolph Green, Gene Kelly und Judy Garland sich um das Klavier herum versammelten und neue Songs vortrugen. Wenn es uns gefiel, dann blieb es in der Show oder in dem Film, den sie gerade machten. Wenn nicht, dann eben nicht.

Ja, Danny war umwerfend, aber für mich war er ein mit Fehlern behafteter und oft einsamer Freund, der sich nach Verständnis sehnte, nach Klarheit und nach ständig wachsenden Ausdrucksmöglichkeiten. Er erfand in meinem Haus komplizierte neue Gerichte, bis meine eigene Köchin sich schließlich weigerte, ihn in »ihre« Küche zu lassen. Eines der Gerichte mochte ich ganz besonders gern, Hühnchen, mit Pfirsichen gebraten. Es war saftig und süß. Ich erinnere mich an seine Finger, wenn er etwas Abenteuerliches zusammenbraute. Es waren feinfühlige, anmutige Tentakel, die nach der Perfektion suchten – der Perfektion, die er so gern formen, meißeln oder malen wollte.

Danny bezog mich zu sehr ein, wenn er seine Freunde in sein Haus einlud. Oft fühlte ich mich in Sylvias Gegenwart unbehaglich, doch das war mein Problem, nicht ihres. Es stimmt auch, daß wir auf seinen Wunsch hin viel Zeit mit Laurence Olivier verbrachten, der als einer seiner Liebhaber galt. Davon weiß ich nichts. Ich weiß nur, daß wir viele glückliche Stunden miteinander verbracht haben. Als wir beschlossen, uns zu trennen, weinten wir.

»Es macht mich traurig, mich von Dingen oder Menschen zu verabschieden, die ich geliebt habe«, sagte er.

Damals verstand ich, daß jeder und alles, was ihm dabei geholfen hatte, seinen Strahlenglanz in der Welt zu erlangen, einen festen Platz in seinem Herzen hatte. Möglicherweise hat er seine Anerkennung niemals direkt ausgedrückt. Seine Art, sich bei anderen zu bedanken, bestand darin, ziemlich genau so weiterzumachen, wie er es schon immer getan hatte, bis sein Licht am Himmel sich von oben her verdunkelte und nicht etwa innerlich erlosch.

12

Liebe auf Zelluloid

Es gibt einen Moment, ganz kurz bevor man mit einem Film beginnt, der so elektrisch aufgeladen ist wie kein anderer. Es ist nicht der erste Take am ersten Tag oder der letzte Take am letzten Tag. Es ist der Augenblick, in dem der männliche Star auf den weiblichen Star trifft. Diesen Moment verfolgen alle mit voyeuristischem Interesse. Der Regisseur, der Produzent, die Leute von der Maske, die Kostümbildner und der Drehbuchautor beobachten, als seien sie alle unsichtbar, wie die beiden »miteinander können«: Kommt es zu einem Knall oder nicht?

Im wahren Leben ist der Augenblick, in dem zwei attraktive Menschen einander begegnen, nicht mit einer derart prickelnden Spannung geladen. Sie begegnen einander einfach nur, und dann ist der Moment vorüber – im allgemeinen jedenfalls.

Aber Filmleute tragen eine andere Aura mit sich herum. Ein Film mit einem Budget von fünfunddreißig Millionen Dollar kann darauf angewiesen sein, daß es zwischen zwei Menschen »funkt«, die mindestens drei oder vier Monate lang jede wache Stunde miteinander verbringen werden.

Gewöhnlich findet dieses Zusammentreffen im Büro des Produzenten statt, manchmal auch in einem Probenraum oder, wenn man Glück hat, bei einem Abendessen. Dort hat man dann die Gelegenheit, zu zweit zu sein und über die Überlebenskämpfe und den Preis zu reden, den man dafür gezahlt hat. Man bringt seinem Partner Bewunderung entgegen, weil man einiges von dem kennt, was auch er durchgemacht hat. Im tiefsten Inneren weiß man, daß beide, man selbst und der andere, dafür leben, geliebt zu werden, denn sonst wäre man kein Star geworden. Man ist gleichzeitig ein Erwachsener, der viel überlebt hat, und ein liebesbedürftiges

Kind. Zivilisten leben nicht mit derart starken Widersprüchen. Deshalb sind sie anders als wir.

Wir Schauspieler sind uns extrem bewußt darüber, daß die Profis in Hollywood, denen nichts neu ist, weil sie aus Filmen alles kennen, im Grunde genommen immer noch Zivilisten sind. Sie sitzen hinter der Kamera und mustern uns prüfend. Wir sind die »Beautiful People«, die beauftragt worden sind, ihre romantischen Träume vor der Kamera auszuleben. Aber in unseren eigenen Augen sind wir keine »Beautiful People«. Wir empfinden uns nicht als schön, ganz im Gegenteil. Wir sind unsagbar ängstlich und fürchten uns ganz schrecklich davor, wir könnten der Erwartungshaltung – nicht nur des Produzenten und des Studios, sondern auch des Menschen, mit dem wir zusammen spielen werden – nicht entsprechen. Wir wissen, daß wir etwas besitzen, was andere Menschen als charismatisch empfinden, eine Art undefinierbares chemisches Geheimnis. Aber wir wissen nicht, worin dieses Geheimnis besteht. Wenn der Produzent, der Regisseur und andere uns bei unserer ersten Begegnung beobachten, haben sie das Gefühl, daß sie niemals so sein werden wie wir, niemals so fühlen werden wie wir, niemals in dem Maß Bewunderung finden werden wie wir, und wir wissen das. Aber wir wissen auch, daß sie niemals vor Furcht beben müssen, weil sie riskieren, sich dem Spott der Kritiker und der Öffentlichkeit preiszugeben. Die Abmachung sieht unseres Erachtens also so aus: Sie sind da, um diejenigen unter uns zu beschützen, die sich bloßstellen. Sie sind dazu da, uns zu bewundern und uns manchmal zu beneiden. Aber sie sind auch da, weil wir »es« für sie tun.

Und so begegnen »der Gott und die Göttin« der Leinwand einander.

Augenblicklich stellt sich eine Form von Interaktion ein. Es ist niemals eine neutrale Begegnung, denn Stars wären keine Stars, wenn sie nicht diese intensive und unwiderstehliche Energie verströmen würden. Augenblicklich beginnt ein unausgesprochener Kampf um die Territorialherrschaft, eine subtile Form des Machtabsteckens. Man macht sich ein Bild von der Erfahrung des anderen, auf professionellem wie auf persönlichem Gebiet. Man bewundert seinen Partner, man würdigt ihn, man schätzt ihn, man taxiert ihn, und man mißt ihn an vorgefaßten Urteilen. Man bemüht sich, objektiv zu sein. Man hat die meisten seiner Arbeiten gesehen, und daher vergleicht man verstohlen das, was man vor sich sieht, mit dem, was man bereits gesehen hat. Und während sich das alles abspielt, weiß man, daß man eine Frau ist und er ein Mann. Man ist ein Mensch mit unbewußten und unwillkürlichen Sehnsüchten. Man hat sich noch nicht wirklich auf das Drehbuch eingelassen, aber der eigene Glaube an die Liebesgeschichte lauert bei diesem ersten Zusammentreffen in jedem einzelnen Moment dicht unter der Oberfläche.

Manchmal stellt man fest, daß man mit jemandem zusammen spielen wird, den man nicht ertragen kann, aber das kommt selten vor – äußerst selten. Hollywoods legendäre Konflikte, wie die zwischen Jeanette MacDonald und Nelson Eddy, Tony Curtis und Marilyn Monroe, kommen vor, doch im allgemeinen ist das Gegenteil der Fall. Oft stellen die Hauptdarstellerin und der Hauptdarsteller eines Films fest, daß sie von einem Sog mitgerissen werden, der zu stark ist, um sich ihm zu widersetzen, und zu süß, um ihm zu entsagen. Alles um die beiden herum verbündet sich miteinander, um sie zusammenzubringen.

Zuerst einmal ist da das Drehbuch. Man glaubt an das, was man gelesen hat, sonst würde man ja nicht in dem Film mitspielen. Zweitens ist in einem Film mit hervorragenden schauspielerischen Leistungen alles Wirklichkeit. Sagt man: Ich liebe dich, so muß man wirklich davon überzeugt sein. Man weiß, daß Einfachheit der Schlüssel zu jeder Szene ist, zu jedem Dialog, zu jeder Interaktion.

Damit könnte es tatsächlich beginnen. Ich weiß es nicht. Für mich war es im allgemeinen der Anfang, wenn mein Partner mich in der Liebesszene als Gegenüber anerkannt hatte. Ich habe mich niemals zu Schauspielern hingezogen gefühlt, die der Verführung der Phantasie zum Opfer fielen und mich in dieser Szene für meine Rolle hielten. Für mich war das pubertär und eine Mißachtung meines wahren Ichs. Ich hatte gerne Partner, die die Geschichte des Films als einen Katalysator benutzten, um sich selbst besser kennenzulernen und infolgedessen mich erkennen konnten.

Wir können viel aus den Rollen lernen, die wir spielen. Sie regen uns dazu an, Nischen und Ecken unserer selbst zu erkunden und zu entdecken, wie man dem Unerforschten gegenübertritt. Sie fungieren als Spiegel und lehren uns, warum wir uns eigentlich von ihnen haben anlocken lassen. Ich habe festgestellt, daß es fast immer Aspekte unserer selbst gibt, die danach lechzen, daß man sie wahrnimmt und sich mit ihnen beschäftigt.

Auf der Leinwand eine Liebesbeziehung einzugehen erfordert daher eine abstrakte Form von Mut, der sehr oft im wirklichen Leben konkrete Formen annimmt. Die Beschäftigung mit der Energie und der Unruhe, die bei einer Liebesbeziehung entstehen, kann einen beruflich aus der Bahn werfen. Da ist das Problem mit dem Schlaf. Die Energie, die erforderlich ist, um die dichtgedrängten Termine während der Dreharbeiten durchzustehen, zehrt schon ganz mächtig an den Reserven. Aber wenn man sich »verliebt« und darüber Schlaf verliert, dann kann das extrem schwierig werden. Es sind nicht nur die Stunden friedlicher Ruhe, die man verliert. Man hat nun mehrere Dinge im Blick, und es entsteht so ein Gefühl von psychischer Verwirrung. Es ist von allergrößter Bedeutung, bei der Arbeit in sich selbst zu ruhen. »Verliebt« zu sein ist eine »Seelenverfassung«, bei der man an zwei Orten gleichzeitig sein möchte. Man fühlt sich gezwungen, die Erregung und Verliebtheit so darzustellen, wie man selbst sie empfindet, und nicht mehr so, wie die Rolle sie auffaßt. Das ist weder professionell, noch tut es der Glaubwürdigkeit des Films gut.

Wenn man in seinen Leinwandpartner verliebt ist, dann blinkt und funkelt die innig empfundene menschliche Aufrichtigkeit, das wahre Ich, ganz gleich, wie unpassend dessen Eigenschaften für die Rolle, die man spielt, auch sein mögen. Das ist nicht gut. Wenn man als Schauspielerin seinen ersten Film dreht, dann macht das nichts weiter, aber wenn auf einer erfahrenen Schauspielerin die Pflicht lastet, nicht aus der Rolle zu fallen, dann darf sie nicht für ihren Leinwandpartner schwärmen. Das kann einen ganz schön aus der Fassung bringen! Nicht aus der Rolle zu fallen bedeutet nicht, man selbst zu sein.

Im Gespräch mit anderen Schauspielerinnen habe ich festgestellt, daß es nicht der Mangel an dringend benötigtem Schlaf ist, der sich bei einer Affäre während der Dreharbeiten am unheilvollsten auswirkt, sondern die unvermeidliche Frage nach der Gleichberechtigung. Ein absolut objektives, durch den Beruf geprägtes Arbeitsverhältnis gesteht den persönlichen Ansprüchen gleich viel Zeit und Raum zu – kein Problem.

Aber wenn wir Schauspielerinnen uns mit unseren Partnern dem Liebestaumel ergeben, neigen wir dazu, auf unsere hart erworbenen weiblichen Rechte als Hauptdarstellerinnen zu verzichten. Wir neigen dazu, uns zurückzuhalten und bei prinzipiellen Fragen oder Auseinandersetzungen über künstlerische Aspekte nicht auf unserem Standpunkt zu beharren. Wir sind so vollauf damit beschäftigt, attraktiv und ganz entschieden »nicht wie eine Schauspielerin, nicht arrogant und bestimmend und nicht intelligent« zu wirken, daß wir als Schauspielprofis unzufrieden mit uns sind. Wir kennen den Ruf, den wir Schauspielerinnen haben: Wir sind anmaßend, aggressiv, rivalisierend, unnachgiebig und ganz und gar auf uns selbst bezogen. Daher kehren wir im »Liebestaumel« zu dem zurück, was uns unsere Mütter oder die Männer in unserem Leben zum Thema Anziehungskraft gelehrt haben. Wir werden niedlich, schüchtern, unterwürfig. Wir stellen keine Ansprüche. Das ist, beruflich gesehen, eine große Dummheit.

Schauspieler sind nicht darüber erhaben, diese allzu bekannte Reaktion zu ihrem Vorteil zu nutzen und Schauspielerinnen vorsätzlich zu verführen. Auch der umgekehrte Fall kommt vor. Dahinter steckt der Gedanke: Sorge dafür, daß dein Leinwandpartner sich in dich verliebt, und alles geht nach deinem Kopf.

Für mich war das immer offensichtlich und daher in hohem Maße abschreckend.

Wenn mein Leinwandpartner mich dagegen wahrhaft liebenswert findet und tief in die hintersten Winkel meiner Seele schaut, um mich besser kennenzulernen, dann schmelze ich dahin und ergebe mich dem Liebestaumel.

Wenn wir eine Filmrolle spielen, sind wir auf so vielen Ebenen verletzlich. Wir geben unsere Gefühle dafür auf, unsere Schranken, unseren Selbstschutz. Dasselbe tun unsere Partner. Und genau daher kommt das Potential für seelische Verbindungen. Vielleicht spielen wir bei der Herstellung eines Films in einem weniger hohen Maße Rollen als im wahren Leben. In Filmen ist der emotionale Bereich immer wieder neu für uns, und das Rollenspiel ist etwas Vorübergehendes.

Der Unterschied zwischen unserer Arbeit und anderen Formen von Arbeit ist der, daß wir die Manipulation unserer Gefühle und Empfindungen als ein Mittel zu einem künstlerischen Zweck zulassen. Wir heben die Hände zu einer Geste der bedingungslosen Kapitulation und sagen: »Hier bin ich. Benutze mich, forme mich, passe mich ein, aber lieb mich, bitte.«

Daher sind wir unglaublich verletzlich, wenn wir beobachten, wie unser Partner dasselbe tut. Nichts auf Erden ist reizvoller. Es ist eine schonungslose und schlichte Entkleidung des eigenen Ichs. Es ist ein Akt des Vertrauens. Und außerdem ist es der perfekte Nährboden für die Liebe.

Die Erinnerungen an Liebesbeziehungen, die durch von Drehbüchern vorgeschriebene Romanzen entfacht worden sind, sind mir geblieben und werden durch einen Song, das Wetter oder einen vertrauten Geruch wieder lebendig. Wie unbeständig das Terrain der Romanzen doch war, als ich noch jung war. Wie leichtsinnig und wißbegierig ich doch war, ein Neuling im Reich des Films. Ich glaubte, genau zu wissen, was ich wollte und wer ich war. Ich stand mit den »Füßen auf dem Boden«, mein Kopf jedoch steckte »in den Sternen« – eine Metapher meiner Mutter, die sie aus irgendwelchen Gründen als einen Grundsatz empfand, nach dem man leben sollte.

Erst jetzt wird mir klar, wieviel die Einsamkeit zu meinem bewegten Leben beigetragen hat. Erst jetzt ist mir die Macht romantischer Anziehungskraft bewußt, die aus einem Gefühl der Isolation von mir selbst entsprang.

Warum war diese Einsamkeit bloß so groß? Ich weiß es nicht. Ich habe in meiner Kindheit nicht zu wenig Zuwendung und

Liebe erfahren, und so hätte ich, auf den ersten Blick, auf »die große Liebe« vorbereitet sein müssen. Aber ganz gleich, welche Erziehung man genossen hat, niemand kann auf die Illusionen vorbereitet sein, die den auf Logik begründeten Verstand verführen und verändern.

Im Laufe der Jahre habe ich es wieder und immer wieder gesehen, und nur weil ich es selbst durchgemacht habe, ist mir der Preis bewußt, den man für eine so köstliche Folter zahlt.

Heute beobachte ich, wie junge Schauspieler und Schauspielerinnen – und auch einige in mittleren Jahren – damit ringen, was Wirklichkeit ist und was nicht. Ich vermute, so ist es schon immer gewesen, wenn man im Land der veränderten Realitäten arbeitet und lebt – in Hollywood.

Beim Filmemachen erschafft man ein Leben von einer so realen Intensität, daß die Außenwelt einem wie ein Schwindel erscheint. Man wird umsorgt und gewürdigt und durch ebendieses Gefühl von Geborgenheit dazu herausgefordert, Aspekte seiner selbst zu erkunden, die bis dahin unbeachtet geblieben sind. Durch all dieses Hegen, Pflegen und Verhätscheln empfindet man es nie als eine Bedrohung oder gar als eine Gefahr, sich in Bereiche vorzuwagen, an die selbst Engel nicht rühren würden, weil sie sich auf unsicheren Boden begäben. Man fühlt sich unbezwingbar, und man hat die Freiheit, sich unbesorgt der Phantasie des Augenblicks und der Beziehung hinzugeben, die einem per Drehbuch verordnet worden ist. Man steht plötzlich in einer Beziehung zu den attraktivsten Menschen auf Erden – Menschen, die ihre eigenen Kriege mit der Unwirklichkeit ausgetragen haben und einem jetzt emotional triumphierend gegenüberstehen –, nichts kann sie noch erschüttern. Das ist ein Reiz, dem man nur schwer widerstehen kann.

Und so geht man ein Arbeitsverhältnis miteinander ein, das ausschließlich von der Gegenseitigkeit der Gefühle abhängig ist. Und wenn man Gefühle miteinander teilt, dann entsteht daraus eine Bindung. Und wenn die Bindung da ist, läßt man sich auf etwas ein, und wenn man sich auf etwas einläßt, entsteht Liebe. Und plötzlich werden die klaren Wasser der Realität trübe.

Ich habe diese Gefühle mehr als einmal durchlebt. Ehen und andere langfristige Verbindungen können die betäubenden Phantasien von Filmbeziehungen nur schwer überstehen. Die emotionale Illusion, gepaart mit der Trennung, die Außenaufnahmen den Schauspielern aufzwingen, setzen eine vorhandene Beziehung einer Belastung aus, die schwer zu ertragen ist.

Da ist man nun, auf engem Raum zusammengepfercht, manchmal an einem fremden Ort, und man spielt ein Liebespaar, weil das Drehbuch es verlangt. Dann stößt man auf besondere innere Werte, welche die Beziehung auf der Leinwand beleben können, und weil es so wohltuend ist, verbringt man nach der Arbeitszeit noch lange Stunden miteinander... All diese Elemente führen unausweichlich zu einem Vertrauensverhältnis, das für die kreativen Anforderungen genau richtig ist. Und dann beginnt man, seine kreative Illusion zu leben, und man sieht, wie schmal der Grat zwischen dem wirklichen Leben und dem ist, was man auf der Leinwand erschafft. Die eigene Illusion reißt einen mit sich, bis die Gefühle außer Kontrolle geraten. Die Illusion ist wild entschlossen, ihr eigenes Leben zu führen, und man ist buchstäblich ihr Diener.

All das war am Werk, als ich Robert Mitchum kennenlernte und wir *Two for the Seesaw* (Spiel zu zweit) drehten.

Mitchum war ein Kinoheld aus meiner Kindheit, ein breitschultriger Macho mit einem kräftigen Oberkörper, ein zärtlicher Gigant von einem Mann, der nur dann auf Brutalität zurückgriff, wenn man ihn zu sehr provozierte. Diese Eigenschaften liebte ich an ihm. Ich war jedoch keineswegs darauf vorbereitet, wie sehr er hinter seiner eigenen Leistungsfähigkeit zurückblieb. Es faszinierte mich, einen Mann zu sehen, der anscheinend keinerlei Ehrgeiz besaß, keine unerfüllten Träume hatte und überhaupt keine Neigung besaß, irgend jemandem irgend etwas beweisen zu wollen. Es war ein klarer Fall von Gegensätzen, die sich anziehen, als er das kleine Büro auf dem Goldwyn-Gelände betrat. Ich stand auf und sah ihm ins Gesicht. Er schüttelte mir die Hand.

»Paß auf, daß ich dir nicht zuviel Platz wegnehme«, sagte er. »Ich bin im Grunde genommen ein bulgarischer Ringkämpfer. Für diese Rolle eigne ich mich nicht.«

»Du bist wunderbar«, sagte ich. »Ich bewundere dich schon so lange – ich glaube, du wirst großartig in dieser Rolle sein.«

Er zündete sich eine seiner Gitanes an und sog den Rauch tief ein. Bisher hatte er mir noch nicht wirklich in die Augen gesehen. Ich fragte mich, warum. Er nahm die Zigarette aus dem Mund, als er den Rauch wieder herausblies, und ein kleines Stück weißen Zigarettenpapiers blieb an seinen Lippen kleben. Ich beobachtete ihn fasziniert. Merkte er es? Nein, es war ihm nicht bewußt. Mit der Zeit löste es sich von allein ab. Mir fiel auf, daß er die schwieligen Hände und Finger eines Landarbeiters hatte. Aus dem Gelenk eines Daumens erhob sich ein kleiner Knochen.

Er lief kraftstrotzend durch den Raum und setzte sich. Dann blickte er zu mir auf.

»He«, sagte er, »ich habe eine gebrochene Nase, und ich kann ohne fremde Hilfe einen Reifen wechseln. Ich bin nichts weiter als ein gottverdammter Mechaniker. Wenn ich Filmstar sein kann, dann kann jeder andere König sein . . . Aber daß du mich für diese Rolle haben willst, das ist dein Problem.«

Die Würfel waren gefallen. Ich übernahm bereitwillig die Rolle der Erlöserin, die ihn vor sich selbst errettete. Das gab mir etwas zu tun: den großen Mitchum aus ihm herauszuholen, damit die Welt sehen konnte, daß sich unter dieser Hülle Gold verbarg.

Im Lauf der kommenden drei Jahre, in denen unsere Beziehung blühte und gedieh, stellte ich fest, daß er ein kompliziertes Rätsel war, mit zahlreichen Facetten, ironisch und geistreich, schüchtern bis zu einem Punkt, an dem er teilnahmslos wirken konnte, und völlig außerstande auszudrücken, was er für sich begehrte. Perfekt. Er wurde zu einer Forschungsaufgabe.

Seine Intelligenz setzte er gezielt ein. Nämlich genau dann, wenn er das Gefühl hatte, unfair ausgenutzt zu werden.

Im allgemeinen bestand sein Modus operandi jedoch darin, so zu tun, als geschehe das Leben einfach. Im Grunde genommen fühlte er sich für nichts verantwortlich. Er sagte, er sei ein Glückspilz, nichts weiter als ein Landstreicher, der als Jugendlicher auf Züge aufgesprungen und so durch das Land gereist war, wegen Vagabundierens festgenommen worden war und, wenn er Arbeit

Was gibt es dazu noch zu sagen? (Photofest)

brauchte, Geschirr spülte oder in der Lockheed-Fabrik Metallblech hämmerte. Er sagte, er sei dreimal im Gefängnis gewesen, gewöhnlich wegen Unruhestiftung, nichts wirklich Ernstes, und daher sei er rechtlich gesehen ein Exsträfling, der Schwierigkeiten damit hatte, ohne ausdrückliche Genehmigung zu reisen.

Er sah sich als einen ganz gewöhnlichen Tölpel, der zur Einsamkeit geboren war und der vom Leben nichts anderes zu erwarten hatte, als daß das Dach nicht leckte. Einmal erzählte er mir: »Wenn ich morgens aufwache, pinkeln gehe und es nicht brennt, dann sage ich mir, das wird wohl ein guter Tag werden.«

Schauspieler, die vor Spiegeln posierten, nannte er »Mädchen«, und er gab sich vollkommen desinteressiert, wenn es ein gutes Drehbuch für ihn gab. Eher wäre er mit einem Fremden angeln gegangen, als mit einem großen Produzenten über Geschäfte zu sprechen.

Er reagierte mit Humor und Sarkasmus, wenn Schauspielerinnen die Zeit anderer Leute dafür vergeudeten, vor einer Aufnahme vor einem Spiegel zu posieren. Er akzeptierte, was die Kamera verlangte, fühlte sich jedoch persönlich von dem Puder und der Schminke abgestoßen, die man vor einer Aufnahme auf sein Gesicht auftrug. Leise murrte er vor sich hin, er käme sich wie ein affektiertes Arschloch vor.

Als wir unsere Zusammenarbeit begannen, wurde mir augenblicklich klar, daß dies eine Erfahrung sein würde, die sich mit keiner anderen vergleichen ließ.

Er gab mir das Gefühl, es sei meine Pflicht, seine Sensibilität aus ihm herauszuholen und ihm zu beweisen, daß ihm nichts passieren konnte, wenn er sie offen zeigte. Er hatte eine Art, mich mit genau dem richtigen Maß an poetischer Kunstfertigkeit aufzuziehen, daß ich das Gefühl hatte, ich würde mir das Abenteuer meines Lebens entgehen lassen, wenn ich einfach nur meine Arbeit tat und vor dem davonlief, was ich intuitiv als eine tiefe und ungestüme Zerbrechlichkeit definierte. Alles in allem stellte er eine erlesene Herausforderung dar. Und ich nahm sie an, und zwar im großen Stil. Ich glaube, viele andere Frauen vor mir hatten genau dasselbe getan, obwohl er das vehement bestritt.

Wenn ich ihn nach seinen früheren Beziehungen zu Frauen aus-
fragte, schien er einigermaßen verblüfft zu sein, als sei ihm dieser
Gedanke nie auch nur durch den Kopf gegangen. Er weigerte sich,
auf eine solche Vorstellung einzugehen, fast so, als kämen solche
Dinge nur unter niederen Sterblichen vor. Er war elitär und
gleichzeitig gewöhnlich. »Zum Teufel! Ich habe es nie auch nur
bemerkt, wenn eine Frau auf mich steht. Ich versuche nichts
weiter, als den Tag zu überstehen. Wenn man mir sagt, ich hätte
einen interessanten Gang oder so was, dann sage ich einfach nur:
›Scheiße, ich versuche doch nur, meinen Bauch einzuziehen.‹«
Das war einer seiner Lieblingssprüche, mit denen er sich selbst
herabsetzte.

Aber er schien Frauen zu mögen und zu respektieren, und
manchmal sagte er: »Sie sind bessere Männer als ich, Gunga Din.«
Robert war so dickfellig und undefinierbar, daß ich mich dabei
ertappte, wie ich unablässig nach Klarheit in unserer Beziehung
suchte. Manchmal fragte ich ihn, wie spät es sei, und das nur, um
zur Abwechslung einmal in den Genuß einer präzisen Antwort zu
kommen!

Seine liebste Trinkergeschichte, mit der er sich in eine Aura von
Romantik hüllen wollte (oder zumindest habe ich diesen Verdacht), war die Geschichte seiner Flucht von dem Sträflingstrupp.
Er hat sie viele Male erzählt – den Zeitungen, dem Fernsehen und
auch mir. Im Prinzip geht die Geschichte so:

Er stellte sich als einen Landstreicher hin, der bei jeder sich
bietenden Gelegenheit auf Züge aufsprang und dort schlief. Ich
konnte nie wirklich klären, warum er ein solches Vagabundenda-
sein geführt hatte. Jedenfalls wurde er wegen Vagabundierens
verhaftet und einem Sträflingstrupp in Georgia zugeteilt. Er war
an »irgendeinen armen Nigger« gekettet, mit dem er sich anfreun-
dete. Er sprach beiläufig und doch hochdramatisch über die
Schmerzen, die die Ketten ihm verursachten, den Eiter und die
Entzündungen.

Ich saß da und lauschte gebannt, wenn er en détail schilderte,
wie demütigend es war, nachts an sein Bett gekettet zu sein. Ich
wußte nicht, ob ich Robert glauben sollte oder nicht. Doch als er

fortfuhr und seine blutenden und mit Blasen übersäten Knöchel beschrieb und erzählte, wie er versucht hatte, Lappen und alte Zeitungen zwischen die Haut und die Ketten zu schieben und wie die Wächter ihn dabei ertappt und ihm gesagt hatten, die Schmerzen seien ein Teil der Strafe, hatte er mich weich gekocht – aber wie! Ich wollte ihm versichern, daß ihm all das nie wieder zustoßen würde. Als er bei seiner Flucht vom Sträflingstrupp angelangt war, hatte ich den Eindruck, eine gründlich einstudierte Lesung anzuhören, die dazu gedacht war, sowohl Männern als auch Frauen Mitleid zu entlocken und eine Form von romantischem Grauen in ihnen wachzurufen. Die Männer mußten ihn für einen echten Mann halten, und die Frauen mußten danach lechzen, ihn zu bemuttern. Das funktionierte tatsächlich, und bis zum heutigen Tage habe ich das Gefühl, daß die Geschichte wahr ist, wenn sie vielleicht auch dramatisch übersteigert worden ist.

Anscheinend hatten sich die Wächter seiner erbarmt und ihm erlaubt, seine Arbeit ohne Ketten zu verrichten. Der Anblick von Mitchum in Ketten mußte genügen, um in dem sadistischsten Gefängniswärter Mitleid wachzurufen, und er hatte diese unglaubliche Armesündermiene, die sich in vielen Situationen bewährte.

Mitchum kann sich schwerfällig dahinschleppen und stolpern (ich glaube, das ist seine Lieblingsgangart), bis man fest an seine abgrundtiefe Hilflosigkeit glaubt. Das sind die Momente, in denen er den raffinierten, unverhofften Satz macht. Er kann einem vor der Nase weglaufen, und genau das tat er auch – mitten in die dichten Wälder von Georgia. Er schildert, daß er sich fühlte »wie ein Nigger, der gehetzt wird, ehe sie ihn lynchen«. Er rannte im Zickzack, damit die Kugeln ihn verfehlten. (Ich konnte mir Mitchum nicht rennend vorstellen, noch weniger schnell und schon gar nicht im Zickzack.) Trotzdem saß ich so hypnotisiert da, als sei ich mit ihm in den Wäldern. Als sei dort mein Platz, an seiner Seite. Ich kroch neben ihm her auf dem Bauch voran, und aus meinen eigenen Beinen rann Eiter, während ich mir meinen Weg durch Schlamm und Dreck bahnte. Die Dunkelheit senkte sich herab. Ich hörte Grillen und Eulen. Der Vollmond hing an dem purpurnen Himmel. Ich fragte mich, ob es wohl Wölfe in Georgia gab. Wir deckten uns mit trockenem Laub, mit Zweigen und mit Ästen zu und versuchten zu schlafen, und wir fragten uns, ob die Wächter uns bei Sonnenaufgang gegenüberstehen würden. »Niemand wird uns verfolgen«, sagte Robert und bemühte sich, mit seiner Stentorstimme zu flüstern. »Sie werden einfach hinter einem anderen armen Nigger herlaufen, damit der Sträflingstrupp sein Soll erreicht.«

Als die Sonne aufging, stellten wir fest, daß wir in einem übelriechenden Sumpf festsaßen und daß Dutzende von angriffslustigen Wassermokassinschlangen um uns herumglitten. Ich konnte sie auf meiner Haut spüren. Das ließ mich vor Furcht bis in die Knochen zittern. »Mach dir keine Sorgen«, sagte Robert, »die fürchten sich genausosehr vor uns wie wir vor ihnen.« Wir rappelten uns auf und wateten durch den kniehohen Sumpf. Er sagte, er hätte gern in einer Stadt haltgemacht, um dort Medikamente in einem Drugstore zu kaufen, aber das konnte er sich ohnehin nicht leisten, da er kein Geld hatte. Mir riß es erneut das Herz aus dem Leib. Während er sich weiterschleppte, um sich der Staatsgewalt zu entziehen, marterten ihn seine entzündeten Wunden.

Die Erinnerung an die Ketten und an die Einsamkeit im Gefangenenlager hielten ihn aufrecht. Ich begleitete ihn auf jedem Schritt des schmerzensreichen Weges. Wir fürchteten, gesehen und erkannt zu werden, als wir die Grenze nach South Carolina überquerten. Wir schliefen in Gräben und Scheunen, und wir stahlen Mais von den Feldern und Obst von den Bäumen. Die Einsamkeit der Wildnis ließ uns nur langsam vorankommen und trug dazu bei, daß unser Glaube an uns selbst schwand.

Die psychische Isolation setzte Robert zu, weil er ein junger Mann war, dem seine Familie fehlte. Er war wegen der Wirtschaftskrise von zu Hause fortgelaufen (er war vierzehn) und wollte sich allein in der Welt durchschlagen. »Statt dessen habe ich Bekanntschaft mit dem Tod gemacht«, klagte er.

»Ich habe schon immer gewußt, daß ich in sehr jungen Jahren sterben werde. Ich habe Pellagra« – eine Vitaminmangelerkrankung, wie ich erfuhr –, »und ich spaziere allein über den amerikanischen Kontinent. Meine Zunge ist schwarz, weil ich halb verhungert bin, und ich weiß, daß ich das alles nur mir selbst zuzuschreiben habe. Ich muß der Dümmste der Dummen gewesen sein, um diesen Weg einzuschlagen.«

Fast ein Jahr lang war er zu Fuß unterwegs und sprang gelegentlich auf fahrende Züge auf. Als er schließlich beschloß, daß es ihm reichte, kehrte er nach Hause zurück und mußte dort feststellen, daß seine Familie ausgezogen war. Er ließ nicht locker, bis er sie gefunden hatte, und ich war an seiner Seite, als er vorsichtig das Mittelstandshaus betrat. Die durch die Ketten verursachten Wunden hatten sich infiziert, und sein Bein war so dick wie ein Baumstamm angeschwollen. Seine Mutter war froh, ihn zu sehen, aber die Familie wollte ihm das Bein abschneiden.

»Ich habe versucht, mir zu sagen, ich hätte das Leben wahrhaft gelebt, aber in meiner Einsamkeit weinte ich mich in den Schlaf. Das tue ich heute noch. Und daher trinke ich als Vorbereitung auf den Tod. Wenn der große Tag naht, wird es nichts weiter sein als ein Kater unter vielen.«

Als ich diese Geschichte zum ersten Mal hörte, war mein Schicksal mit ihm besiegelt. Ich stammte aus dem Süden, und dort ist das Geschichtenerzählen eine Kunstform. Mein Vater war mein erster Lehrer im Geschichtenerzählen. Robert übernahm sein Amt.

Mein Mund stand vor Mitgefühl offen. O ja, wie sehr ich doch der Mensch sein wollte, der Robert ein Gefühl von Sicherheit auf Erden gab. In meinen Augen täuschten seine schläfrigen Augen, sein lakonischer Tonfall und sein behäbiger Gang über die Wahrheit hinweg, daß er ein gebildeter und über alle Maßen schüchterner Mann war, den ich aus sich selbst herausholen würde, damit alle Welt ihn so sehen konnte, wie er war.

Er war also von Anfang an ein Mann, der mein Interesse weckte, weil es bei ihm soviel zu entdecken, zu entwirren und zu verstehen gab.

Ich arbeitete auch gerne mit ihm. Er war rücksichtsvoll und freundlich und kam nie zu spät, und er kannte immer nicht nur seinen Text auswendig, sondern auch den der anderen Schauspieler. Er rauchte seine Gitanes, trank alles, was ihm in die Finger kam, und beurteilte Drehbücher danach, wie viele Tage er freihaben würde. Und doch glaube ich, daß er ein wirklich engagierter Schauspieler war, der nur nicht wollte, daß andere es wußten, weil es ihm peinlich war.

Robert Wise, ein reizender Mann und ein sehr guter Regisseur, bemerkte schon früh, daß es zwischen uns gefunkt hatte. Mitchum und ich alberten ständig herum, und es ging so weit, daß Wise uns anflehte, uns vor jeder Aufnahme ein wenig Zeit zu nehmen und wieder ernst zu werden.

Robert und ich erzählten Witze oder lachten, aber immer nur genau bis zu dem Moment, in dem Wise uns zur Arbeit rief. Wir kosteten es aus, abrupt den Sprung in die Gefühlslage zu machen, die die jeweilige Szene erforderte. Wise dagegen konnte sich nicht so schnell umstellen. Infolgedessen fühlte er sich isoliert.

Robert und ich konnten einfach nicht anders. Wir waren in Fahrt gekommen, hatten uns auf den Sinn für das Absurde des anderen eingestellt und waren, offen gesagt, unsensibel für andere in unserer Umgebung. »Zu schnell für das Rudel«, sagte Robert.

Wir waren nie in unserer Freizeit zusammen. Als ich ein paar Tage freihatte, flog ich nach Hawaii, um nachzudenken und allein zu sein. Dort war ich für niemanden zu sprechen. Als ich zurückkam, sagte Robert: »Als ich dich nicht sehen konnte, hat mir etwas gefehlt. Du bist zu sehr Teil von mir.« Von da an änderte sich alles.

Am nächsten Tag drehten wir eine Szene, in der er, in seiner Rolle, zu mir sagte: »Du bist ein wunder-, wunderschönes Mädchen.« Sogar in Schwarzweiß errötete ich derart stark, daß man mir eine zusätzliche Schicht Make-up auftragen mußte.

Schon bald darauf fing er an, mich von der Arbeit nach Hause zu fahren, und dabei sagte er Gedichte auf, die er auswendig gelernt hatte. Er zündete ein beeindruckendes verbales Feuerwerk, das seine umfassenden Kenntnisse auf dem Gebiet der Lyrik enthüllte und eine Bewußtseinsebene offenbarte, die weitaus tiefer und kenntnisreicher war, als seine Selbstdarstellung als Neandertaler vermuten ließ. Wir verbrachten den größten Teil unserer Arbeits-

Two for the Seesaw: Der arme Robert Wise. Er durfte nie mitmachen. (Archive Photos)

zeit zusammen, entweder in den Kulissen oder in unseren Garderoben, und nach der Arbeit standen lange Erzählabende mit vielen bewundernden Zuhörern auf dem Programm.

Manchmal trank er zuviel, wenn er auswendig Shakespeare-Sonette rezitierte.

Manchmal betrachtete er die Sterne und nahm kaum zur Kenntnis, daß ich neben ihm im Wagen saß.

»Ich bin ein eingesperrter Löwe mit der Seele eines Dichters«, sagte er. »Ein Poet mit einer Axt.«

Manchmal kaufte er eine Tüte Granatäpfel und brachte sie mir, als seien es die Kronjuwelen. Er brach sie mit seinen riesigen Händen auf, drückte sie von innen nach außen, löste die Kerne vom Fruchtfleisch und erzählte dabei wieder einmal eine Geschichte über sein Leben.

Die Dreharbeiten machten Fortschritte, und mit jedem Tag wurden wir und die gesamte Crew mehr zu einer Familie. Damals konnten sich Stars noch die Zeit nehmen, um bei einer Tasse Kaffee mit den Kollegen um die Kamera herumzusitzen und Erinnerungen an frühere Jahre nachzuhängen. Das förderte das Zusammengehörigkeitsgefühl der Filmfamilie. Jeder einzelne kam sich wichtig vor, und alle fühlten, daß sie wesentlich zum Entstehen des Films beitrugen. Robert identifizierte sich natürlich mehr mit den »gewöhnlichen Arbeitern« als mit der »gehobenen Ebene«.

Wenn es um kreatives Verhalten geht, sind Filmteams sensibel und zugleich mit allen Wassern gewaschen. Es gibt nichts, was sie nicht schon gesehen hätten, und doch sind sie für alles blind. Wenn es nötig ist, können Techniker sich in Tapeten verwandeln oder mit einer Holztäfelung verschmelzen und doch zugleich alles aufmerksam beobachten. Es kann zwar vorkommen, daß sie tratschen, aber sie tun es auf eine subtile Art.

Das Team bemerkte zwar, daß sich zwischen Robert und mir eine Beziehung anbahnte, aber das wurde respektiert. Man ließ es zu, und niemand äußerte sich dazu. Alle Anwesenden waren mit einbezogen. Es hatte nichts Heimliches oder Verstohlenes an sich, und das kam daher, daß unsere Freundschaft noch im Entstehen war.

Unsere intensive Beziehung begann eigentlich erst richtig, nachdem der Film schon abgedreht war. Ich rief Steve an, um ihm zu erklären, was sich zwischen Robert und mir entwickelte. Ich fürchtete mich ein wenig davor, und ich begann mich zu fragen, wie lange ich noch in der romantischen Landschaft herumspazieren konnte, ohne die Beziehung zu zerstören, die ich zu meinem Mann hatte. Ich wollte auch Roberts Ehe nicht zerstören. Ich war nicht sicher, wohin das alles führen würde, und ich glaube, ich erhoffte mir Hilfe von Steve. Wenn er nach Hause käme, könnten wir uns vielleicht auch über unsere Beziehung klarwerden. Aber Steve sagte, er hätte zuviel zu tun. Das war seine Strafe dafür, daß ich mich pubertär benahm und sein Bedürfnis nicht verstand, sich eine eigene Identität aufzubauen. Robert und ich unternahmen Reisen miteinander und trafen uns an Orten wie New Orleans, Paris, New York, London und sogar in Afrika. Wir liebten es, einfach herumzulungern. Wo wir auch waren, wir verloren uns überall im Augenblick. Robert hatte kein Zeitgefühl und war frei von jeder Zielstrebigkeit. Nur die Gegenwart zählte. Dann gingen wir wieder auseinander und sahen uns über einen langen Zeitraum nicht, hielten aber telefonisch den Kontakt aufrecht, und die Telefongespräche waren wie unsere Reisen, planlos und ziellos. Seine Worte spuken mir immer noch durch den Kopf.

Er sagte, mein Gesicht sei »trügerisch schön« wie das eines »verzauberten Kobolds«.

Er sagte, die Kommunikation zwischen uns sei wahrscheinlich »Selbstbewunderung«, weil wir in einander unsere eigenen Gedanken wiedererkannten. Er sprach von seinen »heftigen Gefühlswallungen« und »hartnäckigen Beteuerungen in der begrenzten Poesie prosaischer Liebe«.

Robert sah sich als einen Dichter an, und ich war ein Bewunderer, der seinen Gebrauch von Sprache zu würdigen wußte, obwohl ich häufig keine Ahnung hatte, wovon er sprach.

Es kam vor, daß wir uns verabredeten und er nie erschien. Mehr als einmal wartete ich in einem Hotelzimmer oder in einem Appartement irgendwo auf Erden auf ihn. Das waren die Momente, in denen ich ihn verfluchte, aber noch mehr verfluchte ich

Ich hätte fester ziehen müssen. (© 1962 United Artists Pictures. Inc. All Rights Reserved)

Aber er brachte mich sehr zum Lachen. (Photofest)

mich selbst für meinen Glauben, wir könnten eine Beziehung leben, die etwas zu bedeuten hatte. In solchen Augenblicken fing ich immer an zu grübeln, warum ich mich überhaupt so sehr auf ihn eingelassen hatte. Er war ganz entschieden kein Mann mit gewöhnlichen Wertvorstellungen, und er war auch kein berechenbarer Mann. Amüsant und gesellig auf der einen Seite, zog er sich gleichzeitig oft in sich zurück.

Dann begann ich zu erkennen, daß Robert mir mehr als jeder andere Mann dabei half, meine ungeklärten Gefühle für meinen Vater zu erforschen. Natürlich hatte auch Dad Geschichten gesponnen, nur drehten sich seine Erzählungen darum, was er hätte tun können, und nicht darum, was er tatsächlich getan hatte. Das war mir nicht klar gewesen, bis ich Robert kennengelernt hatte. Beide hatten sich danach gesehnt, um die Welt zu ziehen, herauszufinden, wie andere Menschen lebten, und Abenteuer zu bestehen, die ihnen bei der Zerstückelung ihrer Vergangenheit helfen würden. Und beide besaßen von Natur aus eine tief romantische Veranlagung.

Mein Dad stammte aus einer Kleinstadt in Virginia. Er wuchs mit beiden Elternteilen auf, wobei die Mutter die Stärkere war.

Robert stammte aus einer Kleinstadt in Connecticut. Seine Familie war vaterlos, bis seine Mutter wieder heiratete.

Ich fühlte, daß mein Vater sich danach sehnte, sich als ein »Mann« über die Grenzen des sicheren Bereichs hinauszuwagen (er erzählte mir einmal, daß er früher immer fortlaufen und sich einem Zirkus anschließen wollte), und in Robert sah ich den Mann, der sich diesen Traum erfüllt hatte.

Und beide Männer hatten emotionale Bereiche, die sie derart gut tarnten, daß ich ihre Sorge beschwichtigen mußte, es könnte zu schmerzhaft sein, dort zu forschen und tiefe Gefühle freizulegen.

Ab und zu brachen Roberts wahrer Kummer und Schmerz durch. Ich erinnere mich, daß ich mich einmal in einer kleinen Ortschaft außerhalb von Paris genüßlich in einem Schaumbad räkelte. Als ich mich umdrehte, saß er auf einem Stuhl, sah mich einfach nur an, und Tränen rannen über seine Wangen. Er sagte,

Es konnte nicht klappen, und das wußten wir beide. (Archive Photos)

es käme daher, daß ich so schön sei. Aber ich konnte spüren, was der wirkliche Grund war: Er konnte sich nicht ausmalen, jemals wirklich glücklich zu sein. Das konnte mein Dad auch nicht, und daher fühlte ich mich schon sehr früh zu schwierigen, intelligenten Männern hingezogen, von denen ich glaubte, ich könnte sie glücklich machen.

Robert lehrte mich, daß das nicht möglich ist. Glück war von Natur aus in einem Menschen beheimatet – oder auch nicht. Was für eine schmerzliche Lektion.

Roberts Ausdrucksweise war derart undurchsichtig und manchmal derart esoterisch, daß sie ständig der Klarheit der Gefühle in die Quere kam, nach der ich mich so sehr sehnte. Er war ein Meister im Umgang mit einer blumigen Sprache, die anscheinend dazu gedacht war zu beeindrucken; und doch schweiften seine Gedanken in viele Richtungen ab, und es interessierte ihn nicht weiter, ob ich oder sonst jemand mit ihm Schritt halten konnte. Wenn ich nachfragte, ignorierte er mich und setzte seinen eigenen Gedankengang fort.

Es hätte mich wahnsinnig gefreut, wenn ich auch nur auf irgend etwas eine präzise Antwort bekommen hätte.

Robert schien allein zu sein, aber in vieler Hinsicht war er abhängig – von Arbeit, von Anerkennung, von Büchern, von Alkohol, von Zigaretten und von einem wohlwollenden Publikum. Dieser Widerspruch machte ihn nur noch interessanter.

Während unserer Beziehung versuchte ich, mir meine eigenen Gedanken zum Thema Hollywood zu machen, als ich las, was er einer Reporterin erzählt hatte – Helen Lawrensen vom *Esquire*, eine der wenigen Zeitungsleute, mit denen zu reden er bereit war. Über Hollywood sagte er: »Es ist eine stumpfsinnige, quälende Euphorie . . . Allein schon all diese dämliche Geldverschwendung. Sie beschließen, daß sie eine Aufnahme von einer Mähmaschine haben wollen. Also ziehen drei Typen durch die Gegend, übernachten in kostspieligen Hotels, bekiffen sich und bringen Tage damit zu, Probeaufnahmen von der Maschine zu machen. Dann beschließen sie, daß es so nicht geht . . . [Hollywood] hat kein Verhältnis zum wahren Leben, zu echten Menschen. O doch, es gibt dort echte Menschen, aber die arbeiten in Ölraffinerien und Fabriken, nicht im Filmland. Hollywood ist Atlantis.«

Ein Mann nach meinem Herzen. Aber wenn Hollywood Atlantis war, dann kam Robert Mitchum von der Venus.

In einem Appartement in New York war unser Gespräch einmal so sehr ins Unverständliche abgedriftet, daß ich fast durchdrehte. In diesen Gesprächen wirkte er emotional derart unbeteiligt, daß ich das Gefühl hatte, Seifenblasen auf eine Wäscheleine zu hängen. Er hatte zu keinem einzigen Thema tiefe persönliche Überzeugungen. Ihm machte es nichts aus, sich auf den Irrwegen seines verworrenen Labyrinths zu verlaufen. Aber ich konnte es einfach nicht mehr ertragen. Ich war so wütend, daß ich die Tür aufmachte, ihn packte und ihn mit Gewalt in den Gang hinauszerrte. Ich wartete auf irgendeine angemessene Reaktion. Er verbeugte sich lediglich und sagte: »Ich werde es ihm sagen, wenn er zurückkommt.« Was sollte das schon wieder heißen? Das waren die Worte, die er immer sagte, wenn er wußte, daß er in eine Sackgasse geraten war.

Er schlich sich davon und beschloß, ich hätte ihn aus meinem Leben vertrieben. Er kam gar nicht erst auf den Gedanken, daß es etwas geholfen hätte, wenn er eine gewisse Verantwortung für seine Unbestimmtheit übernommen hätte. Nein, er »wußte«, daß ich zu gut für ihn war. Lange Zeit später las ich ein Gedicht von Mitchum. Die »Qual meiner Einsamkeit«, schrieb er, war »süß«.

Ich schrieb ihm, weil sein verdrehter Sinn dafür, sich zu sich selbst zu bekennen, mich in die Verzweiflung trieb: »Der Umstand, daß du nichts brauchst, steht in einem direkten Verhältnis zu dem, was du bereits besitzt. Aber der Umstand, daß du nichts willst, stellt eine bedauerliche Mißachtung des Lebens dar, das dir geschenkt worden ist. Etwas zu wollen befähigt andere, dir etwas zu geben. Du mußt wissen, daß ich dir geben möchte, was du willst. Wenn du es dir nicht gestattest, etwas zu wollen, und es damit begründest, das sei egoistisch . . . dann machst du dich damit zu einem Penner. Ein Penner zu sein, und noch dazu ein erfolgreicher, das ist deine Angelegenheit. Aber müssen wir, die anderen, nur deshalb dasselbe Leben ertragen, weil du so selbstlos egoistisch bist?«

Er forderte nichts. Er hatte keine Wünsche, ganz gleich ob es ums Essen ging oder darum, einen Abend zu Hause oder woanders zu verbringen. Seine Einstellung zur Sexualität war entsprechend. Er ergriff niemals die Initiative. Mit Sicherheit genoß er es, und er war sanft und zärtlich, aber ich wußte nie wirklich, was er wollte. Ihm war alles recht. So verhielt er sich auch seiner Arbeit gegenüber. Er verlangte nie etwas – noch nicht einmal gute Rollen. Er nahm Rollen in zweitklassigen Filmen an, weil er sagte: »Besser ich als irgendein anderer armer Narr.« Und so ruinierte er seine Karriere immer wieder, indem er Rollen in minderwertigen Filmen annahm, bis David Lean oder Fred Zinnemann, die beide behaupteten, er sei einer der besten Schauspieler in ganz Amerika, ihn anflehten, in ihren Filmen mitzuspielen. Er sagte, er schämte sich dafür, ein Schauspieler zu sein, weil die Leute ihm mehr Respekt, Ruhm und Geld zubilligten, als er verdiente. Aber wenn er sein hervorragendes Talent wieder einmal unter Beweis gestellt hatte, dann sabotierte er diesen Erfolg irgendwo durch eine Kneipenschlägerei.

Einmal schlug ein Mann Robert in einer Bar eine dicke Zeitschrift auf den Kopf. Robert sah sich um und richtete sich auf, und sein Brustkorb weitete sich zu seinem vollen Umfang, der ganz beträchtlich war.

»Und was kann ich für Sie tun?« fragte Robert in seiner pseudoeleganten Manier des achtzehnten Jahrhunderts. Das hörte sich nach Ärger an.

Der Mann sagte: »Ich wollte nur sehen, ob Sie wirklich ein so zäher Bursche sind wie in Ihren Filmen.« Er kam auf Robert zu, als wollte er ihn provozieren. Ich erinnerte mich daran, daß ein Freund von mir einmal gesagt hatte, Robert könnte seine eigene Kraft nicht einschätzen. Er könnte einen Wecker bei dem Versuch zertrümmern, ihn auszuschalten.

»Sir«, sagte Robert, »ich bin ein Überlebender der Steinzeit. Ich bin kein Held.«

Das genügte noch nicht. Robert konnte ihm nicht einfach die

Hand drücken, freundlich sein und sich verziehen. Nein, er mußte sich verschwommen und esoterisch äußern. Daher beschloß der Mann, über das Kämpfen zu reden. Robert plauderte mit ihm über Preisboxer und über die Gefahren, die es mit sich brachte, groß und kräftig zu sein. Er sprach eindeutig von sich selbst. Der Mann fragte Robert, mit wem er sich am wenigsten gerne schlagen würde. Robert dachte einen Moment lang nach.

»Mit Frank Sinatra«, sagte er dann.

»Warum?« fragte der Mann.

»Weil«, sagte Robert, »er nach jedem meiner Schläge sofort wieder aufstehen würde, und das so lange, bis man einen von uns beiden würde töten müssen.«

Das reichte. Der Mann ließ uns in Ruhe und ging.

Robert wandte sich zu mir und sagte: »Mein Problem besteht darin, daß ich in diesen dreckigen Klamotten echt wirke.«

Ein anderes Mal schlug ein Typ mit einem Barhocker auf Robert ein. Robert drehte sich um und fragte, ohne die Stimme zu erheben, einfach nur: »Warum?«

Der Mann sagte: »Ich hatte einfach nur Lust, Sie zu schlagen.«

Das versetzte Robert wirklich in Wut. Er wollte eine gescheitere Erklärung haben, und die lahme Antwort des Mannes beleidigte ihn. Robert packte den Kerl, hob ihn hoch und warf ihn in die Gasse hinter der Bar. Dann stopfte er ihn in eine Mülltonne – behutsam übrigens, weil er ihm nicht wirklich weh tun wollte.

Männer, die auf Kneipenschlägereien aus waren, waren wahrhaftig nicht mein Typ. Aber von unterdrückter Gewalttätigkeit fühlte ich mich angezogen. Ich begriff langsam, daß Robert sich weigerte, seine Gefühle in Worte zu fassen, um der Gewalttätigkeit, die er in seinem Inneren spürte, zu entrinnen. Natürlich setzte er Alkohol ein, um sie zu ersticken, aber manchmal brach sie eben doch durch.

Einmal fuhren wir nachts durch die Gegend, und jemand schnitt ihn unabsichtlich. Er nahm es persönlich und rammte das Auto über etwa ein oder zwei Meilen ständig von hinten mit unserem Wagen. Der Mann starrte uns ungläubig an, als wir ihn schließlich überholten und er Mitchum und mich sah. Ich war außer mir vor

Entsetzen. Robert grinste einfach nur, so ähnlich wie damals in *Nights of the Hunter* (Die Nacht des Jägers). Mit diesem Grinsen konnte er einem einen Schauer über den Rücken jagen. War er in seiner Rolle als perverser Mörder etwa deshalb so exzellent, weil ihm klar war, wie dicht unter der Oberfläche diese Eigenschaften in ihm selbst schlummerten? Fand ich ihn etwa deshalb so attraktiv? Jimmy Van Heusen sagte früher oft zu mir: »Du magst keine Männer, die nett zu dir sind. Keine von euch Frauen kann solche Männer leiden. Ihr mögt alle nur Kerle, die es euch schwermachen. So habt ihr dann einen Grund dafür, euch elend zu fühlen.«

Heute sehe ich, wie recht er damals hatte. Ich und so viele andere Frauen, die ich gekannt habe, waren psychisch unvorbereitet auf Frieden und Harmonie. Bei jeder sich bietenden Gelegenheit rissen wir der Zufriedenheit das Unglück aus den Armen. Wir waren süchtig danach oder eher daran gewöhnt. Unsere Mütter erschienen uns als grundlegend unglücklich und unsere Väter als vollständig von ihren eigenen Gefühlen abgeschnitten – was also erwarteten wir? Ein Diplomstudiengang im Fach Selbsterkenntnis wäre notwendig gewesen, um uns selbst aus dem Sumpf herausziehen zu können – dem Sumpf, schwierige Männer in einem gefährlichen Maß spannend zu finden. Ich lernte immer noch dazu, und das Studium war noch lange nicht abgeschlossen.

Nachdem wir eine besonders schlimme Phase von verschwommenen und wirren Gesprächen hinter uns hatten, floh ich nach Indien. Ich mußte dringend nachdenken, am besten in einem Land voll alter Weisheit und Langmut. Ich saß im Palast des Maharadschas von Jaipur und schrieb Briefe an Robert. Sie waren voller Ermahnungen und Kritik, obwohl ich selbst doch gerade versuchte, mit mir ins reine zu kommen. Ich haßte ihn so sehr. Und ich haßte mich. Ich ertappte mich dabei, daß ich heimtückische Mittel ersann, wie ich ihm Schmerzen zufügen, ihn verletzen konnte, ohne geschnappt zu werden. Meine eigene Brutalität, die dabei ungeschminkt zum Vorschein kam, versetzte mich in Erstaunen! Ich war bereit, so schien es, alles zu tun, um ihn wachzurütteln, um ihn zu einem echten Menschen zu machen, der an die Stelle des Phantoms trat, das sich hinter literarischer Esoterik verbarg. Ich wollte ihn zwingen zu schreien, um sich zu treten und Forderungen zu stellen. Ich wollte von seinen Träumen hören, hören, was ihn in Wut versetzte und wovor er wirkliche Angst hatte. Ich wollte hören, was er vom Leben wollte, von seiner Arbeit, von mir. Tagelang saß ich da, schrieb und hing meinen Erinnerungen nach; die Szenen standen mir immer noch lebhaft vor Augen.

Unsere Reise nach New Orleans, wo wir drei Tage lang nichts anderes als frische Austern aßen und sie mit Absinth hinunterspülten, bis ich glaubte, ich würde blind werden. Er wurde buchstäblich zum Cajun, und als wir auf einem Boot über den Bayou glitten, lehnte er sich zurück, starrte in den Himmel voller Sterne und wurde zu einem Fischer, der andere einlud, sich uns anzuschließen. Es war eine andere Welt; irgendwie war sie real, aber ich kam mir vor wie in einem Reich zwischen Licht und Schatten.

In Greenwich Village nahm er mich mit zu Dave Brubeck, und er machte mich mit den Musikern und einer Musikrichtung vertraut, von der ich noch nie etwas gehört hatte. Als Sinatra hörte, daß ich mit Robert zusammen die Straßen unsicher machte, erzählte er mir, Robert wisse mehr über die Musikgeschichte als jeder andere Mann, der ihm je begegnet sei. Er sang, schrieb und nahm etliche Songs auf, und die Platten verkauften sich sehr gut.

An dem Tag, an dem Präsident Kennedy ermordet wurde, war ich mit Mitchum zusammen, und wir verbrachten den ganzen Abend damit, uns wieder und immer wieder das Attentat anzuschauen, und wir fragten uns, welchen Sinn dieses ganze Leben überhaupt hatte. Er sprach nur von den »Mistkerlen, die einen zermalmen«, nie von der Kostbarkeit unserer kurzen Zeit auf Erden.

Und als ich ihn in Ostafrika traf, saßen wir draußen in der Steppe, tranken Wodka und Ingwerbier und hatten Mitgefühl mit den Weißen, die Uhuru und den Mau-Mau-Aufstand durchgemacht hatten. Er beobachtete mit wachsender Begeisterung den Umgang der Massai miteinander, insbesondere die Kommunikation unter den Frauen. In einem Akt stolzer Großzügigkeit boten ihm viele Krieger ihre Frauen an. Ich sagte ihm, mir sei das recht, denn der Stammeshäuptling hatte dreihundert Stück Vieh als Kaufpreis für mich angeboten.

Ich war so stolz, daß ich endlich den Mut aufbrachte, ihn zu verlassen, loszuziehen und ganz allein bei einem Massaistamm zu leben. Dort erfuhr ich eine tiefe Harmonie, die Mensch, Tier und Natur miteinander vereinte. Ich begann tatsächlich zu verstehen, was es bedeutet, daß alle Lebewesen eins sind. Roberts tief verwurzeltes Bedürfnis, durch die Gegend zu ziehen, stellte zwar ein Problem für mich dar, doch es war ein Charakterzug, den ich an mir selbst wiedererkannte.

Ich saß also da und schrieb ihm Briefe aus Indien. Schon bald begriff ich, daß er ein Spiegelbild für meinen eigenen Mangel an Engagement war. Ich fühlte mich nicht nur zu ihm hingezogen, weil er fast zwanzig Jahre älter als ich und eine Vaterfigur war, sondern auch, weil ich durch ihn erfahren konnte, wie wichtig es für mich war, anderen mitzuteilen, was ich wollte, was ich brauchte und was mir im Leben etwas bedeutete.

Steve wußte zwar von meiner Beziehung zu Robert, doch er fragte mich nie nach meinen Gefühlen. Er wollte es nicht wissen.

Im Lauf der Jahre verlor meine Beziehung zu Robert an Schwung und Substanz. Das war unvermeidlich. Ich lernte, daß das Leben nicht einfach »passiert«. Die Natur und das Universum verabscheuen jedes Vakuum. Wenn ich mein Schicksal nicht selbst in die Hand nahm, meine Zukunft nicht gestaltete und es nicht wagte, darauf zu beharren, daß es mir zustand, mein eigenes Leben zu formen und zu prägen, dann würden sich andere Mächte einmischen, andere Menschen und andere Ereignisse, und sie würden es an meiner Stelle tun.

Roberts Beispiel lehrte mich, daß Ehrgeiz nicht rücksichtslos sein muß, daß aber auch ein ausgeprägter Mangel an Ehrgeiz nicht allzu attraktiv ist. Aufgrund der Frustration, die er in mir hervorrief, beschloß ich, daß ich niemals anderen Menschen dasselbe antun würde. Meine Wünsche, meine Wertvorstellungen, meine Pläne und meine Vorstellung von der Zukunft nahmen eine klarere Gestalt an. Wenn ich wußte, was ich wollte, konnten sich andere ein Bild davon machen, woran sie waren.

Mein Dad, Gott sei seiner Seele gnädig, wollte nie wirklich an sich selbst glauben. Er war insofern wie Robert, als sie beide Träume hatten, aber eher wie Schlafwandler lebten. Ich wollte nicht so sein. Robert ermöglichte es mir aufzuwachen und meinen Ehrgeiz und meine Träume selbst in die Hand zu nehmen.

In einer unserer letzten gemeinsamen Nächte hatte Robert viel getrunken.

»Ich fürchte«, sagte er, »ich habe dich dafür bestraft, daß du es gewagt hast, mich kennenlernen zu wollen.« Er sagte mir, ich hätte ihm dabei geholfen, »zu spüren, zu sehen, zu fühlen«, und ich hätte ihm »die Freiheit gegeben zu fordern...«.

Tränen traten ihm in die Augen. Er beendete diesen Gedankengang nie. Was war es, was er fordern wollte?

Durch meine Erfahrung mit Robert wußte ich, was ich für mich fordern würde. Ich würde in Zukunft mehr Erklärungen verlangen, wenn es um die Absichten, die Bedeutung und die Sprache ging. Und außerdem würde ich nie mehr drei Tage lang in einem Hotelzimmer auf einen Mann warten.

13

Ein Mann, den ich geliebt habe

... während der Dreharbeiten

Manchmal bringen Menschen, die sich im wahren Leben lieben, dasselbe Gefühl auf der Leinwand nicht rüber. Manchmal ist das Knistern zwischen Antagonisten das, was das Zelluloid entflammt. Es gibt viele Beispiele für die mysteriöse Spannung zwischen Leinwandstars. Taylor und Burton, Tracy und Hepburn, Gable und Lombard fallen mir als Liebende im wahren Leben ein, deren Gefühle füreinander sich auf die Leinwand übertragen ließen. Aber für sie alle gibt es Partnerkonstellationen, die sich überhaupt nicht bewähren. Und um das Ganze noch mysteriöser zu machen, sind viele Stars, die sich in ihren Leinwandpartner verlieben, im wahren Leben glücklich verheiratet und empfinden tiefe Liebe für den Ehepartner. Ganze Leben können dadurch ruiniert werden, daß Leinwandpaare zusammenfinden.

Für mich war eine der faszinierendsten und gefährlichsten »skandalösen Paarungen« die von Yves Montand und Marilyn Monroe. Während sie beide *Let's Make Love* (Machen wir's in Liebe) drehten, lebten sie vor den Augen der ganzen Welt ihre frisch entflammte Leidenschaft aus. Montand und Simone Signoret, seine Frau, waren Linke, im Grunde genommen kommunistische Intellektuelle. Sie bewunderten Arthur Miller (der damals mit Marilyn Monroe verheiratet war), und somit waren alle Zutaten für eine Parodie in der Boulevardpresse gegeben, welche die Attraktivität aller ernsten politischen Ereignisse auf den Nullpunkt sinken ließ.

Die Kulisse war der alte Bungalowkomplex von Beverly Hills. Die Besetzung bestand aus den vier oben Genannten, und das Drehbuch war unglaubwürdig.

Um es kurz zu sagen – Montand und Monroe verlustierten

sich, und ihre beiden Ehegatten wurden aus dem Drehbuch gestrichen.

Simone ging nach Europa zurück und spielte dort voller Würde und Einfühlungsvermögen die betrogene Frau. Miller schrieb *The Misfits* (Nicht gesellschaftsfähig) und hoffte, seine Frau würde dadurch wieder zu Sinnen kommen.

Montand war derart beeindruckt von seiner Frau und von Monroes Mann, daß er schon sehr bald das Gefühl hatte, das »Abenteuer«, wie er es der Presse gegenüber nannte, hätte sich selbst überlebt. Daraufhin kehrte er zu Simone zurück und erwarb sich in Amerika damit einen schlechten Ruf. Die Monroe verfolgte ihn weiterhin mit Limousinen und Champagner. Montand tat ihre »schulmädchenhafte Schwärmerei« mit einem Achselzucken ab, und die Signoret sagte, sie hätte nie erwartet, daß die Arme ihres Mannes in ihrer Abwesenheit leer blieben.

Schon bald darauf traf Montand in Tokio ein, um mit mir *My Geisha* (Meine Geisha) zu drehen. Ich fragte mich, ob er allein anreisen würde. Er tat es. Ich fragte mich, wie lange er wohl allein bleiben würde und ob ich wohl sein nächstes »Abenteuer« werden würde.

Steve produzierte den Film, der ausschließlich in Japan gedreht werden sollte. Ich war sehr froh darüber, daß wir zusammenarbeiten würden. So konnten wir unsere Beziehung aus der Nähe klären.

Als Steve und ich Montand auf dem Flughafen begrüßten, beugte er sich vor und küßte mir die Hand. Hatte er meine Hand einen Sekundenbruchteil länger als nötig festgehalten? Ich war nicht sicher. Ich kannte die Sprache von Handküssen nicht. Er hatte die physische Präsenz eines erfahrenen Bühnenschauspielers, der sich der Macht seines eigenen Charismas sehr wohl bewußt ist. Er flirtete nicht, und er ließ auch nicht en passant seinen europäischen Charme spielen. Das hatte er nicht nötig. Mit seinem Humor und seiner Würde schien er das Gespräch restlos an sich zu reißen, als er von seiner Reise berichtete. Mich beeindruckte der Umstand, daß er die Weltbühne erobert hatte (er war ein enormer Kassenschlager am Broadway), und er schien recht zuversichtlich zu sein, daß er dasselbe auch auf der Leinwand erreichen konnte.

Unsere übrige Besetzung war in die Arbeit vertieft – Robert Cummings, Edward G. Robinson und Jack Cardiff, unser Regisseur. Wie es bei Hauptdarstellern üblich ist, war es wichtig, daß Yves und ich einander kennenlernten. Diese Vorstellung machte mich nervös. Am folgenden Tag aßen wir zusammen zu Mittag. Da ich mit Steve und Sachi in unserem Haus in Shibuya lebte, traf ich Montand in seinem Hotel.

Während wir beim Mittagessen saßen, gab er sich geschäftsmäßig und war sehr besorgt über sein Englisch, insbesondere, da es sich bei unserem Film um eine Komödie mit einer Liebesgeschichte handelte. »Ich weiß, daß der Rhythmus der Worte meisterlich sein muß«, sagte er, »oder wir bekommen keine Lacher.« Er sprach langsam und drückte sich förmlich aus. In dem Moment hätten mich Lacher nicht weniger interessieren können. Er hatte Sushi bestellt, wußte aber nicht, wie man mit Stäbchen umging. Ich nahm seine Stäbchen und legte sie ihm zwischen Daumen und Zeigefinger. Seine Hände waren warm. Ich fragte mich, wie es um sein Herz stand.

»Diese Japaner sind ja so klug«, sagte er. »Ich habe so viele von ihnen diese komplizierte Sprache flüssig sprechen hören. So sauber und so zuvorkommend – eine ganz erstaunliche Kultur. Ich glaube, ich brauche zuviel Platz.«

»Wie meinen Sie das?« erkundigte ich mich bei ihm und fragte mich, woran er wohl in Wirklichkeit dachte.

»Weil ich zu groß bin.«

Mit diesen Worten nahm er mich am Ellbogen, geleitete mich durch den Raum, öffnete die Tür und führte mich auf eine verkehrsreiche Kreuzung. Ich fühlte mich, als läge ich in den Armen eines meisterlichen Choreographen, ohne jedoch die Schritte zu kennen.

Ich bemühte mich, locker und lässig zu sein, aber es kam doch ziemlich nervös heraus: »Um Himmels willen, jetzt erzählen Sie mir schon von Marilyn. Wie ist das eigentlich alles gewesen?«

Weder wurde er blaß, noch gab er mir einen Hinweis darauf,

Steve, Sachi und ich in unserem Haus in Shibuya. Steve war ein
gutaussehender, intelligenter, nachdenklicher und kultivierter Mann. Er
brachte alle Eigenschaften mit, um sich in ihn zu verlieben – und zu
lernen.

daß ich in seine Privatsphäre eingedrungen war. Er fuchtelte mit den Händen.

»Es war ein Abenteuer«, sagte er und wiederholte damit seine übliche Äußerung der Presse gegenüber. »Ein süßes Abenteuer.«

»Simone hat sich in dieser ganzen Angelegenheit so würdevoll gehalten«, sagte ich und versuchte so, meinen Schnitzer wiedergutzumachen. »Wir haben alle mit Spannung beobachtet, was sie wohl tun würde, als Marilyns Limousine Ihr Flugzeug in New York erwartet hat und sie mit Champagner im Wagen saß.«

Montand blieb stehen und sah durch mich hindurch. »Simone ist sehr würdevoll. Und Marilyn war unsicher, was ihre Schönheit, ihr schauspielerisches Talent und ihre ganze Person angeht.«

Dann führte mich Montand zu einer Bank und bedeutete mir, wir sollten uns setzen. »Sie ist morgens nie zu spät gekommen. Sie ist sogar tatsächlich schon Stunden vor allen anderen erschienen. Aber nachdem sie geschminkt und frisiert worden war, fühlte sie sich unwürdig, ein Star zu sein. Sie hatte das Gefühl, nicht viel Talent zu besitzen, und sie schämte sich. Das, was die Leute als Unpünktlichkeit und Launenhaftigkeit bezeichnet haben, war in Wirklichkeit Demütigung. Ich habe versucht, ihr zu helfen.«

Ich kam mir so albern vor. Meine Fragen waren aufdringlich und unsensibel gewesen. Wenn ich nervös war, passierte es mir manchmal, daß ich Berühmtheiten im Showgeschäft nicht so ansah, als seien sie reale, verletzbare menschliche Seelen, die, wie alle anderen Menschen, ihre Bedürfnisse und Widersprüche hatten.

Montand redete weiter so über Marilyn, als sei er nicht nur ihr Geliebter, sondern auch ihr Vertrauter und ihr Berater gewesen.

Jahre später las ich seinen etwas mehr ins Detail gehenden Bericht über diese Affäre. In seinem Buch behauptete er, wenn Simone ihn wegen Marilyn verlassen hätte, hätte er sie geheiratet. Er sagte, ihre Beziehung wäre dafür prädestiniert gewesen, Bestand zu haben, und Marilyn und er hätten sich dauerhaft aneinander binden wollen. An jenem Tag auf dieser Bank bestätigte er mir gegenüber jedoch, es sei eine amüsante und nette Affäre gewesen, aber nichts Ernstes.

Seine Widersprüche waren verwirrend, und ich fand das unattraktiv. Auf der anderen Seite schien es ihm wirklich wichtig zu sein, daß man seinem Mitmenschen Verständnis entgegenbrachte und sie mit Mitgefühl behandelte. Ich wußte nicht, wie ich mit ihm umgehen sollte.

Zum Glück brauchte ich mir darüber eine Zeitlang keine Sorgen zu machen. Die übrige Besetzung traf zu den Außenaufnahmen ein, und unsere kleine Hollywood-Filmfamilie gewöhnte sich allmählich an die Fremdenfeindlichkeit der japanischen Kultur. Man kannte uns hier, weil man unsere Filme liebte, aber wir blieben *Gaijins* – Außenseiter.

Edward G. Robinson und Robert Cummings hatten ihre Ehefrauen mitgebracht, ebenso Jack Cardiff, unser englischer Regisseur.

Da Steve sich in Japan sehr gut auskannte, organisierte er Ausflüge zu Sehenswürdigkeiten und sorgte dafür, daß sich alle so wohl wie möglich fühlten, während wir zu Außenaufnahmen durch ganz Japan reisten, von Tokio nach Yokohama, von Kioto nach Nara, Hiroshima und Nagasaki und wieder zurück nach Tokio. Er ließ sich jedoch nicht oft blicken.

Das Drehbuch von Norman Krasna, der *Let's Make Love* für Montand und die Monroe geschrieben hatte, basierte auf *Der Gardist*, einer französischen Komödie. Ich spielte eine amerikanische Filmschauspielerin, die sich als Geisha verkleidet, um während der Dreharbeiten in Japan an der Seite ihres Ehemannes, eines Regisseurs (Montand), sein zu können.

Das größte Problem bei unseren Probeaufnahmen war eine überzeugende Maske. Wie konnte Frank Westmore mir das Aussehen einer Japanerin verleihen, ohne zu plump vorzugehen? Im Drehbuch stand lediglich: »Sie verkleidet sich als Japanerin«, aber niemand sagte uns, wie wir das bewerkstelligen sollten.

Zuerst benutzten wir komplizierte Augenvorsätze, aber jedesmal, wenn ich blinzelte oder die Augen schloß, sah man den Spalt zwischen meinen Lidern und dem Plastik. Es sah einfach lächerlich aus, und die Probeaufnahmen waren gräßlich. Da wir Außenaufnahmen drehten und uns im Ausland aufhielten, konnten wir nicht die Dienste eines Labors in Anspruch nehmen, das sich auf solche Dinge spezialisiert hatte, und den japanischen Maskenbildnern hatte sich dieses Problem offenbar noch nie gestellt.

Es schien, als könnte der ganze Film nicht zustande kommen. Wenn das Publikum nicht glaubte, daß ich eine Geisha war, wie hätte mein Mann es mir dann glauben sollen? Meine Körpergröße konnten wir durch entsprechende Kamerawinkel vertuschen. Ich konnte braune Kontaktlinsen tragen, um das Blau meiner Augen zu verbergen und mit Reispuder meine Sommersprossen abdecken. Aber wie konnte ich meinen Augen eine japanische Form geben? Westmore war es, der das Problem geschickt löste. Er wühlte in seinen Taschen und zog ein paar Präservative heraus. Da das Material weich und dehnbar war, schnitt er mandelförmige Stücke heraus und klebte sie mir auf die Augenlider. Eine Schicht Make-up auf dem Gummi verbarg die Ränder. Ich stellte fest, daß ich blinzeln und sogar die Augen schließen konnte, ohne daß die Kamera enthüllte, welchen Trick wir angewandt hatten. Westmore brachte das größte aller Opfer: safer sex für die Kunst.

Während wir stundenlang bei der Maske saßen, gingen Montand und ich unseren Dialog durch, probten einzelne Sätze und studierten gemeinsam das Drehbuch. Zwischen den Proben redeten wir über das Leben, gingen gemeinsam zum Essen und lernten einander einfach besser kennen.

Schauspieler und Schauspielerinnen erzählen sich in der Gegenwart von Maskenbildnern und Haarstylisten sehr persönliche Geheimnisse. Wenn wir uns zueinander hingezogen fühlen, ist es manchmal einfacher, in Gegenwart anderer die Wahrheit zu sagen. Wir wissen, daß diese Zuhörer diskret sind und daß sie nie etwas weitererzählen würden. Tatsächlich ist der Wohnwagen der Maskenbildner genau der Ort, wo der *National Enquirer* eine Wanze installieren sollte, wobei dort allerdings so gut wie niemand käuflich ist. Die Leute wissen, daß sie nie mehr Arbeit finden würden.

Bei der Maske erzählte mir Montand viel über sein Leben, und er berichtete mir auch, daß er in Wirklichkeit Italiener war und aus einer bettelarmen kommunistischen Familie stammte. Er erzählte

Mit Yves Montand: Ich hatte Steve gerade zur großen Liebe meines
Lebens erklärt.

mir, daß die Amerikaner sich geweigert hatten, ihm und seiner Frau Visa auszustellen, weil man in ihnen ein Sicherheitsrisiko sah. Ich war betroffen und fragte mich, ob noch mehr hinter der Geschichte steckte.

Er sprach von seiner Liebe zum Theater und von der stummen, schrecklichen Angst, die ihn vor jedem Bühnenauftritt packte, weil er eine unverzügliche öffentliche Demütigung voraussah. Für mich gibt es nichts Attraktiveres als einen Mann, der mir seine Ängste eingesteht. Kleinigkeiten quälten ihn. Ein leichtes Krächzen in der Stimme, die mangelnde farbliche Abstimmung zwischen Hut und Stock, das Hemd eines der Musiker. Er sprach von seinen Ängsten und Freuden, als wären sie untrennbar miteinander verwoben. Er sagte, er verstünde, warum sich Jacques Brel vor jedem Auftritt übergab, und er könnte nicht verstehen, warum Maurice Chevalier es kaum erwarten konnte, endlich die Bühne zu betreten. Er sprach von seiner Identifikation mit den Unterprivilegierten, von seinem politischen Bewußtsein und von seinem festen Glauben daran, daß das kommunistische System den Menschen helfen würde.

Ich erzählte ihm von meinen Wertvorstellungen der amerikanischen Mittelschicht, meinen Jahren beim Ballett, meiner Vorliebe für spontanes Theaterspiel, meinen Beobachtungen beim Filmemachen und meinen stärker werdenden Überzeugungen, was die politische Linke betraf.

Wir probten gemeinsam, während er den tieferen Sinn jeder einzelnen Szene zu ergründen versuchte. Er war gewissenhaft, er arbeitete hart, er war ein Profi, und er behandelte seine Mitarbeiter korrekt. Aber schon bald merkte ich, daß sich hinter seiner persönlichen Art noch etwas anderes verbarg. Er schien das Bedürfnis zu haben, Nähe unter komplizierten Bedingungen zu erfahren. Er sprach davon, daß eine enge Zusammenarbeit an einem Film unweigerlich zu einer persönlichen Nähe führt, insbesondere bei Außenaufnahmen. Ich fragte mich, ob er von uns sprach. Er gab mir den Spitznamen Big Bird, aufgrund meiner »Flügelspannweite«, und ich nannte ihn Montand-san. Er lachte über all meine Witze, und er brachte Geduld und liebevolles

Verständnis für meine Make-up-Probleme auf. Ich fand ihn unwiderstehlich. Und doch war mir nicht klar, was ich in Wirklichkeit empfand. Meine Gefühle eilten mir voraus. Ich liebte die provozierenden Flirts, denen ich mich hingab, aber ich kam einfach nicht dahinter, wie »nah« wir einander inzwischen wirklich waren. Unser Verhältnis zueinander war rätselhaft, schwer faßbar und voller Neckerei. Ich sog jede einzelne Sekunde gierig auf.

Es begeisterte mich, wie Montand mit Sachi umging, meiner Tochter, die damals fünf war. Er zog sie hoch, nahm sie in seine Arme und nannte sie »Prinzessin«. Er diskutierte ausgiebig mit ihr darüber, »mitten in der Nacht aufzustehen, wenn die Eltern schlafen, um eine Scheibe Brot zu essen«. Er bewunderte ihr Sonntagskleid und sagte ihr, wie hübsch sie sei.

Im Umgang mit dem Team war er locker und witzig. Außerdem hatte er nicht die geringsten Schwierigkeiten mit den Schwulen in der Crew, was für mich immer eine Art Test ist, ein entscheidendes Kriterium. Ein heterosexueller Mann, der sich von Schwulen bedroht oder abgestoßen fühlt, leidet an etwas, was ich nicht ausgleichen kann. Montand zog sie nicht auf, und er flirtete auch nicht mit ihnen, ganz im Gegenteil: Er respektierte sie und sah sie in jeder Hinsicht als gleichgestellt an.

Er war ein ernsthafter Schauspieler, der im Drehbuch Elemente und Dimensionen fand, die noch nicht das nötige Leben atmeten. Er suchte immer nach Verbesserungsmöglichkeiten.

Da wir in ganz Japan drehten, stiegen Frank Westmore und ich manchmal um sechs Uhr morgens in einen Zug, und von ihm wurde erwartet, daß er die verzwickte japanische Maske auf mein Gesicht zauberte, während der Zug achtzig Meilen in der Stunde fuhr und schlingerte wie ein Rennboot ohne Fahrer. Montand beobachtete von seinem Platz aus den Vorgang und war sich des Ernstes der Lage bewußt, denn er wußte, was es hieß, wenn in meinem Gesicht in einer Vergrößerung auf achtzehn Meter auf der Leinwand etwas nicht stimmte.

Das Brennen der dunkelbraunen Kontaktlinsen, die man mir stundenlang in die Augen steckte, und das Gewicht der *Katsura* (einer hohen japanischen Perücke) verursachten mir oft den gan-

zen Tag über bohrende Kopfschmerzen. Montand brachte mir
kalte *Shiburi*-Handtücher. In die Unterkleidung unter dem Kimono hatte man mich so steif und eng eingeschnürt, daß ich das
Gefühl hatte, nicht atmen zu können. Nur ab und zu wurden
meine Qualen gelindert, wenn ich in dieser Aufmachung auf die
Toilette ging, war das eine komische Nummer, die den Marx
Brothers Ehre gemacht hätte.

Die japanischen Toiletten waren in den Fußboden eingelassen.
Daher mußte ich die vielen Kimonoschichten bis über die Knie
hochziehen, damit ich mich auf den Boden kauern konnte. Da die
Japaner soviel kleiner sind als die Leute aus dem Westen, ist in den
Toilettenkabinen nur etwa halb soviel Platz, wie wir bräuchten.
Ich kauerte mich also hin, aber wenn ich mich auch nur ein klein
wenig vorbeugte, stieß ich mit meiner *Katsura* gegen die Wand
vor mir, und die Perücke verrutschte. Einmal passierte das mit
einer solchen Wucht, daß eine meiner braunen Kontaktlinsen aus
meinem Auge fiel und in der Toilette verschwand. Ich konnte sie
beim besten Willen nicht wieder herausholen, da ich keinen Platz
hatte, um mich umzudrehen und nach ihr zu suchen. Sie war
endgültig verloren, und wir hatten nur ein Paar als Ersatz – damals
waren Kontaktlinsen schwierig herzustellen und sehr teuer.

Montand neckte mich mit einem Zwinkern, denn er verstand,
wie absurd es war, daß ich überhaupt eine Geisha spielte, und
nannte mich seinen »Großen Vogel«.

Während die Proben und die Dreharbeiten voranschritten, bekam ich fast nichts von Steve zu sehen. Er schien immer sehr viel
zu tun zu haben, was einerseits verständlich war, aber andererseits
auch Schuldgefühle bei mir auslöste – es ließ mir Zeit, Montand
ungehindert besser kennenzulernen, aber ich geriet tiefer und
immer tiefer in diese Geschichte hinein. Wir gingen zusammen
zum Abendessen, unternahmen Ausflüge mit Sachi und genossen
es einfach, zusammenzusein. Zu jenem Zeitpunkt war unsere
Beziehung absolut platonisch. Er verlor fast nie ein Wort über
Simone oder Marilyn, und er schien auch kein Interesse an
Geisha-Häusern oder Teehaus-Aktivitäten zu haben. Seine Aufmerksamkeit galt ausschließlich mir, und doch hatte ich irgendwie

das leise Gefühl, daß er nur den rechten Zeitpunkt abwartete. Das gefiel mir.

Ich wußte, daß es relativ einfach für mich sein würde, eine intime Affäre mit Montand zu haben, ohne viel Aufruhr zu entfachen oder das emotionale Gleichgewicht der Besetzung und des Filmteams zu gefährden. Ich konnte beobachten, daß die Leute vom Filmteam ohnehin ständig in den Hotelzimmern von Kollegen und Kolleginnen ein- und ausgingen. Die Arbeitszeiten waren jenseits von Gut und Böse, und Intimitäten zur bloßen Entspannung wurden als selbstverständlich vorausgesetzt.

In jenen Zeiten vor Aids waren Außenaufnahmen gleichbedeutend mit sexueller Freizügigkeit. Um es mit den Worten der geistreichen Schauspielerin Margaret Leighton zu sagen: »Unterwegs ficken zählt nicht.« Sowie das Filmteam am Drehort eintraf, stürzten alle schlagartig aus ihren eigenen Zimmern und gebärdeten sich wie Jugendliche, die aus einer Besserungsanstalt entsprungen sind. Zu Beginn meiner Karriere schockierte mich das. Mit der Zeit begann es, mich zu amüsieren. Manchmal benahmen sie sich einfach zu komisch. Die meisten dieser Leute waren schon lange und glücklich verheiratet, aber Monogamie gehörte damals nicht zu den anerkannten Spielregeln. (Weiß Gott, was die »anderen Hälften« zu Hause anstellten...) Es war eine Art von experimentellem Partnertausch unter Kollegen für die Dauer der Dreharbeiten. Die erforderlichen Energien entsprangen einem grundlegenden Bedürfnis. Während der ersten sechs Wochen der Dreharbeiten fühlt man sich recht gesund. Schlafmangel, Streß und Arbeitsdruck bewegen sich auf einem erträglichen Niveau. Aber wenn man die siebte und alle darauffolgenden Wochen anschaut, ist es ein Wunder, daß ein Film überhaupt jemals fertiggestellt wird.

Vielleicht liefern Affären eine zusätzliche Inspiration.

In den alten Zeiten, in denen sich die Crew vorwiegend aus Männern zusammensetzte, taten sie sich mit Kostümbildnerinnen, Sekretärinnen und anderen Frauen zusammen, die sie am Drehort »abstaubten«. Heute sind viel mehr Frauen da, mit denen man sich zusammentun kann. Manchmal macht es mir großen

My Geisha mit Edward G. Robinson, Yves Montand und Robert Cummings: Niemand wußte, was sich zwischen Montand und mir abspielte. (Courtesy of Paramount Pictures. My Geisha © 1995 by Paramount Pictures. All Rights Reserved)

Spaß, Spekulationen darüber anzustellen, wer sich mit wem zusammengetan hat, wenn ich im Scheinwerferlicht sitze und den Eindruck erwecke, als ginge ich meinen Text noch einmal durch und nähme nichts von meiner Umgebung wahr. Die Leute von der Crew haben eine Art, ihre eigenen Aufgaben mit extremer Konzentration zu erledigen, wenn sie sich auf eine Affäre eingelassen haben, die sie wirklich ablenkt. Da ich im Grunde genommen ein klatschsüchtiger Teenager bin, gebe ich der Versuchung manchmal nach und habe meinen Spaß an dem, was ich vorgehen »sehe«. Ansonsten tue ich das, was von mir erwartet wird, und das heißt, daß ich mich distanziert und herablassend gebe, mich nicht mit dem befasse, was sich auf ihrer Ebene abspielt, und mich bewußt von dieser »niederen« Schicht absetze. In vieler Hinsicht zieht es die Crew vor, von dem Star nicht zur Kenntnis genommen zu werden. Auf diese Weise kommen wir einander nicht in die Quere. Die Leute wissen es zu schätzen, wenn man sie mit ihrem Namen anspricht, aber doch nicht so oft, daß andere ihnen vorwerfen könnten, sie wollten sich einschmeicheln.

Wenn man sich als Star bei Dreharbeiten wirklich Ärger einhandeln will, dann braucht man sich nur auf eine Affäre mit jemandem vom Filmteam einzulassen. Eine Grenzüberschreitung zwischen den »Klassen« ist im allgemeinen »verboten«, doch einmal mußte ich bei Außenaufnahmen feststellen, daß ich einen der Kulissenschieber äußerst attraktiv fand. Er war ein Lateinamerikaner mit schwarzen Augen und schwarzem Haar und hatte eine Ausstrahlung von Erfahrung, die seinen Minderwertigkeitskomplex ausglich.

Dieser Widerspruch reizte mich, und es dauerte nicht lange, bis wir zusammenzogen.

Ich hätte nicht glücklicher mit ihm sein können. Seine Kollegen zogen ihn jedoch auf, und so lernte ich schließlich eine enttäuschende, wenngleich auch unvermeidliche Lektion: Ein Mann, der das Gefühl hat, dich nicht verdient zu haben, kann sehr grausam sein. Seitdem blieb ich auf meiner Seite der »Grenze«.

Da wir in einem so fremden Land wie Japan drehten, tat sich ein beträchtlicher Abgrund zwischen den Stars aus dem Westen und dem japanischen Filmteam auf. Jeder von uns hatte seine eigene Arbeitsweise und seine eigenen Vorstellungen von zwischenmenschlichen Beziehungen. Die gemeinsame Sprache aber war das Verständnis von Licht. Ausländische Filmteams haben oft Schwierigkeiten, sich vorzustellen, daß die Amerikaner, die doch schon seit einer ganzen Weile im Filmgeschäft sind, auch nur die geringste Ahnung von Beleuchtung haben und wissen, was sich mit Scheinwerfern anstellen läßt.

Technologie ist der gemeinsame Nenner, und die Technologie des Lichts führte uns zusammen. Unser japanisches Filmteam wußte, daß Jack Cardiff, unser Regisseur, früher der beste Kameramann Englands war. Daher brachte unser japanischer Kameramann ihm großen Respekt entgegen und war erpicht auf jede Hilfestellung, die Cardiff geben konnte.

Unsere Tage waren ausgefüllt mit Reisen, mit Sitzungen bei der Maskenbildnerin, mit dem Aufspüren von verborgenen Bedeutungen in den Szenen und mit den diversen Beschwerden von Leuten, die das Gefühl hatten, daß ihnen nicht der Respekt entgegengebracht wurde, der ihnen laut Hackordnung gebührte. Manchmal stellten die Ehefrauen unserer männlichen Stars mit ihren Launen ein größeres Problem dar als die Stars selbst. Ehefrauen sind bei Außenaufnahmen ständig auf der Suche nach spannenden Erlebnissen, damit sie beschäftigt sind. Unbewußt fühlen sie sich von den emotionalen Verflechtungen ausgeschlossen (das sind sie auch), und sie brauchen dringend Selbstbestätigung und Aufmerksamkeit, um sich zu beweisen, daß sie ebenso wichtig sind wie die Menschen, die den Film machen – was ebenfalls der Wahrheit entspricht.

Ehemänner von weiblichen Stars kommen nur selten zu Besuch, und wenn, dann nicht für lange Zeit. Es ist ein zu harter Schlag für das männliche Ego, und außerdem haben die meisten ihre eigenen Jobs und können sich nicht einfach freinehmen. Das Filmemachen bringt das Bedürfnis aller nach Anerkennung ans Licht. Das ständige Rumsitzen und Warten fördert auch das Nachdenken darüber, was und wer man überhaupt ist. Das ist es auch, was Hauptdarsteller dazu bringt, so intensiv miteinander zu kommunizieren. Die *Zeit,* die man miteinander verbringt, stiftet einen zur Inspiration an. Genauso erging es Montand und mir. Wir hatten unseren Spaß miteinander, und doch waren wir einsam und wollten mehr voneinander. Ich zögerte, da Steve schließlich der Produzent des Films war, obwohl ich kaum etwas von ihm zu sehen bekam und mich allmählich fragte, warum er eigentlich immer soviel zu tun hatte. Wir verbrachten so wenig Zeit miteinander wie sonst auch, wenn uns ein Ozean voneinander trennte. Wenn Montand nicht mit mir zusammen war, dann war er allein. Ich sah ihn nie mit einem Freund, der seine Einsamkeit hätte lindern können. Ich hatte mein Haus und meine Tochter. Ich bewunderte Montand dafür, daß er weiterhin diszipliniert in sich ruhte. Er erzählte mir, er schliefe nicht besonders gut, und das nicht nur, weil sich in seinen Träumen die Sprachen miteinander vermischten – er mußte mit dem Englischen und mit dem Japanischen zurechtkommen –, sondern auch deshalb, weil er an mich dachte. Er sagte, er sei ein Mann, der sich gerade in einem Übergangsstadium befände. Ich war nicht sicher, wie er das meinte. Er ging nicht näher darauf ein. Vielleicht handelte es sich um ein berufliches Übergangsstadium. Da er bei seiner eigenen Oneman-Show selbst Regie geführt hatte, beschränkten sich Montands Kenntnisse beim Filmemachen nicht nur auf die Schauspielerei.

Er lief ständig umher, faßte Kabel an und inspizierte die Kameras und die Objektive gründlich. Er wollte mehr über das Mischpult wissen und in Erfahrung bringen, wie sich seine Stimme je nach der Entfernung zwischen ihm und dem Galgen veränderte.

Er wollte die Spielregeln lernen und wissen, wie die Maschinen funktionierten. Er sah sich nicht als einen reinen Schauspieler; das konnte er nicht, weil man ihm während seiner Bühnenausbildung beigebracht hatte, wie wichtig es war, die konkreten Aufgaben und die speziellen Beiträge aller Beteiligten zu begreifen.

Er hatte zwar nie den Hang, sich bei den Aufnahmen in den Mittelpunkt des Geschehens zu rücken, wie er es auf der Bühne getan hätte, doch seine Konzentration richtete sich auch auf Dinge außerhalb seiner Rolle, seiner Szene, und daher nahm er weit mehr als nur sich selbst wahr. Er versuchte nie, Kontrolle über das auszuüben, was andere taten, doch er hatte lebhaftes Interesse an allen künstlerischen Elementen bei der Produktion.

Da er normalerweise in Varietés und Theatern mit seiner eigenen Show auftrat, war er es gewohnt, sich buchstäblich selbst darzustellen. Er betrat die Bühne in seinem selbstgewählten Kostüm, sang seine eigenen Songs, hatte seine Musiker selbst ausgewählt und bestimmte selbst über die Lichtverhältnisse. Um sein Publikum für sich einzunehmen, mußte er ganz und gar er selbst sein, in sich selbst ruhen und dieses Bewußtsein auch ausstrahlen.

Jetzt aber befand er sich in einem ungewohnten Milieu und benutzte vor der Kamera eine Fremdsprache. Er wußte, daß er es seiner Rolle gestatten mußte, sich seines Körpers, seines Herzens und seiner Gedanken zu bemächtigen, und seine Reaktionen mußten jetzt seiner Rolle entsprechen. Er stürzte sich kopfüber in diese neue Aufgabe und überließ sich vollständig seiner Rolle. Während die Dreharbeiten fortschritten und unsere Beziehung sich vertiefte, verstand ich, daß Montand als ein romantischer Südeuropäer sich wahrscheinlich verlieben würde, wenn seine Rolle sich verliebte. War es das, was mit Marilyn geschehen war und was mir jetzt gerade passierte? Und waren meine Reaktionen auch durch meine Rolle motiviert?

Er redete so freimütig über seine Befürchtungen und Ängste, und das begeisterte mich. Er hatte mehr von einem sensiblen Italiener vom Lande als von einem französischen Bühnen- und Leinwandstar. Sein wahres Ich schien ein Mann von der Straße mit einem ausgeprägten Selbsterhaltungstrieb zu sein. Wohin wir auch gingen, zum Abendessen in ein Luxushotel oder ins Theater, er hielt augenblicklich nach dem Notausgang Ausschau. Er sagte, es käme daher, daß es für einen Mann, der in großer Armut aufwächst, zum Reflex wird, wenn nötig, schleunigst zu verschwinden. Das traf nicht nur auf Gebäude, sondern auch auf Menschen zu.

Er sprach von Simone, als sei sie für ihn eine Beschützerin. Sie redete ihm gut zu und kritisierte ihn zu seinem eigenen Besten. In einer Welt voller ungewisser und unvorhersehbarer Härte verließ er sich darauf, daß sie ihn rettete, aber gleichzeitig widerstrebte es ihm, daß er derart abhängig von ihr war und daß sie sich in seinem Leben unentbehrlich gemacht hatte. Es war, als rebellierte er gegen seine Aufseherin und Mutter, indem er andere Frauen in jeder Form erkundete, die ihm beliebte.

Bei den Dreharbeiten war er humorvoll und munter, nie grüblerisch oder bedrückt, wie es die meisten Menschen zwischendurch sind. Ich fragte mich, ob er ein verborgenes Reservoir an geheimer Verachtung und Kälte in sich trug, das er unter seiner Liebenswürdigkeit und seinem gut entwickelten persönlichen Charisma verbarg. Mit Sicherheit besaß er eine Form von Tiefgründigkeit, die er seinen Mitmenschen vorenthielt. Das war ein Bereich, den Simone durchschaut haben mußte. Ich kam jedenfalls nicht dahinter.

Als eine streunende Horde zogen wir durch ganz Japan. Die Landschaft lieferte nicht nur eine Kulisse für den Film, sondern auch den Hintergrund für unsere persönliche Geschichte. Der Zeitplan setzte uns allmählich zu. Wir schliefen jede Nacht nur ein paar Stunden. Dann bekam Frank Westmore einen Herzinfarkt und wurde ins Krankenhaus eingeliefert. Das versetzte mir einen Schlag. Was sollte ich bloß ohne ihn tun? Sein Protegé sprang ein und war stolz darauf, bei einem der ganz großen Meister gelernt zu haben. Ich besuchte Frank ein paarmal, hatte aber das Gefühl, die Produktion nicht aufhalten zu dürfen. Die frühmorgendlichen Maskensitzungen in den schlingernden Zügen gingen weiter, und nun gehörten auch die jungen japanischen Maskenbildner mit zu denjenigen, die beobachteten, wie die Intensität zwischen Montand und mir zunahm. In einem Hotel in Nara klappte der Rest des Teams erschöpft zusammen, während Montand und ich uns nach dem Abendessen in unsere jeweiligen Zimmer begaben. Schon bald darauf klopfte es an meiner Tür.

Als ich sie öffnete, stand er vor mir, die Arme baumelten an seinen Seiten, und er wirkte hilflos und verloren. Ich zog ihn in mein Zimmer und schlang sachte die Arme um ihn. Wir verschmolzen miteinander. Dann fielen wir endlich miteinander ins Bett. Es waren süße Momente – mehr eine Erleichterung als alles andere. Ich fragte mich, was das wohl für mein Leben zu bedeuten hatte.

Am nächsten Morgen drehte ich die Arie aus *Madame Butterfly*, gesungen von der einen Meter siebzig großen Cho-cho-san (ich). Es war ein Tag, der in die Hollywoodlegende einging. Cho-cho-san beklagt das Fortgehen ihres Geliebten, eines Matrosen, der sie mit ihrem Sohn allein gelassen hat. Cardiff fand, es würde sich dramaturgisch gut machen, wenn er mich in Nebel eingehüllt auf einem japanischen Berg singen ließ.

Erschöpft von der Vornacht erschien ich am Fuß des Berges zur Arbeit, in die Untergewänder und den Festtagskimono geschnürt, meine *Geta* (hohe Schuhe mit Riemen zwischen großem und mittlerem Zeh) an den Füßen, die hohe, kunstvoll verzierte *Katsura* auf dem Kopf und mit dem Reispuder geschminkt, der Westmores nunmehr überflüssige Kondome um meine Augen herum verbarg.

Cardiff zeigte mir, wo ich mich aufstellen sollte, um von dort aus den Berg hinabzusteigen, während ich »Un bel dì« sang. Was er mir nicht sagte, war, daß er den Bergnebel künstlich würde herstellen müssen, da das Wetter sich an jenem Tag nicht als kooperativ erwies.

Behutsam setzte ich mir die braunen Kontaktlinsen ein, schleppte mich den Berghang hinauf und wartete auf meinen Einsatz. Mehrere Kameras würden mich gleichzeitig aufnehmen. Ich sah ein paar Mitglieder des Filmteams an strategischen Punkten auf dem Berghang stehen. Ich dachte, man hätte sie aus Sicherheitsgründen dort Posten beziehen lassen. Das Playback kam aus dem Lautsprecher. Ich kannte den Text zu Puccinis Oper auswendig (ich kann ihn heute noch), und daher dachte ich, wir würden die Szene mit einem einzigen Take in den Kasten kriegen, als Cardiff mir von unten zurief, daß es losging.

Langsam schritt ich den Hang hinab. In dieser wunderschönen Kulisse und in meinem farbenfrohen Kimono kam ich mir sehr hübsch vor, und ich dachte an die vergangene Nacht. Ich wußte, daß die Musik großartig war und ich in Wirklichkeit nur die Lippen synchron zum Text bewegen mußte. In dem Moment sah ich, daß jemand von der Crew ein riesiges Streichholz anzündete und auf einen Haufen grünes Holz und Laub warf. Gleich darauf tat ein zweiter das gleiche. Jack Cardiff stellte seinen Dunstschleier her, indem er auf dem ganzen Berghang rauchende Feuer entfachen ließ.

Ich erstickte fast und hatte daher Schwierigkeiten mit der Lippensynchronisation. Meine Augen tränten derart heftig, daß die braunen Kontaktlinsen aus meinen Augenwinkeln schwammen und über meine Wangen glitten. Als die Feuer erst einmal angezündet worden waren, konnte man sie nicht mehr löschen. Ich versuchte mein Bestes. Ich bewegte die Lippen, als sänge ich aus voller Kehle, denn ich hoffte, wenigstens die Nahaufnahmen würden brauchbar sein, doch es war hoffnungslos. Im Film war schließlich nur die Totale zu sehen, was hieß, daß Jimmy Stewart Cho-cho-san hätte spielen können, und niemandem wäre der Unterschied aufgefallen. Wir konnten noch von Glück sagen, daß der Berg nicht niederbrannte.

An jenem Abend, als Steve aus Tokio zurückkam, um sich uns in Nara wieder anzuschließen, brachte ich das Gespräch auf meine Beziehung zu Montand. Wir saßen in unserer Hotelsuite, nachdem sich Montand diskret zum Abendessen zurückgezogen hatte.

»Fällt dir nicht auf, daß wir uns einander enorm angenähert haben?« fragte ich.

Steve zuckte mit keiner Wimper. »Doch«, sagte er. »Es ist mir aufgefallen. Und es ist schrecklich, das mit anzusehen.«

Ich brachte die Worte kaum heraus, aber ich wußte, daß ich ihm gegenüber ehrlich sein mußte.

»Ich finde, du solltest wissen, daß ich nicht sicher bin, wohin das führen wird. Ich wünschte, du wärst öfter da gewesen. Ich weiß, daß wir ein Abkommen miteinander haben, das jedem von uns seine Freiheit zubilligt, aber ich mag ihn wirklich.«

Steve fuhr sich nervös mit der Zunge über die Lippen.

»Du weißt ja, daß Montand sein Verhältnis mit der Monroe in Arthur Millers Anwesenheit stolz zur Schau getragen hat.«

»Nein«, entgegnete ich, »davon weiß ich nichts. Ich glaube, sie haben sich beide zueinander hingezogen gefühlt und wollten niemandem damit weh tun. Du weißt ja, wie es in unserer Branche zugeht.«

Steve zündete sich eine Zigarette an und genehmigte sich einen Drink aus unserer Minibar.

»Nun«, sagte er, »ich finde, es gibt da etwas, was du wissen solltest.«

»Und das wäre?« fragte ich und begriff, daß die allernächsten Minuten sich auf mein Verhältnis sowohl zu Steve als auch zu Montand entscheidend auswirken würden.

»Montand hat zu Beginn dieses Films mit mir gewettet, er würde dich dazu bringen, daß du dich in ihn verliebst.«

Ich brachte kein Wort heraus.

»Er hat was?« fragte ich, um Zeit zu gewinnen.

»Ja. Er hat mir erzählt, bei Marilyn Monroe hätte es geklappt, und mit dir hätte er dasselbe vor. Ich vermute, er hat die Wette gewonnen, stimmt's?«

Mir schoß alles noch einmal durch den Kopf, was ich über Montand und die Monroe während der Dreharbeiten zu Let's Make Love gehört hatte. Ich erinnerte mich wieder daran, wie sehr Steve an Simones Umgang mit der Situation interessiert war, nachdem der Skandal über Europa hereingebrochen war. Mit fiel auch wieder ein, daß er und Norman Krasna, unser Drehbuchautor, der Meinung gewesen waren, Montand sei gut für unseren Film, weil er jetzt das Image eines europäischen Liebhabers hatte.

Aber hätte er Marilyn wirklich zielstrebig und ohne jede Rücksicht auf die Gefühle aller Beteiligten verführt? Ja, Montand hatte mit seiner Einschätzung der »schulmädchenhaften Schwärmerei« Marilyns deutlich Arroganz gezeigt, aber das hieß noch lange nicht, daß er ein manipulierender Gigolo war, dem es nur darum ging, seinen zahlreichen Eroberungen eine weitere hinzuzufügen.

»Das hat er wirklich gesagt? Er hatte es bewußt darauf abgesehen, zu beweisen, daß er mich wie die vielen anderen rumkriegen konnte?«

Steve nickte, als wollte er mich eigentlich nicht wirklich mit solchen Neuigkeiten belasten, fände jedoch, es sei besser für mich, wenn ich es wüßte.

Ich wandte mich ab und ging ins Bett. Wir verloren kein Wort mehr darüber.

Am nächsten Tag nahm ich mir Montand vor. Ich berichtete ihm, was Steve über ihn gesagt hatte, Wort für Wort. Dann beobachtete ich ihn und wartete auf seine Reaktion.

Er wirkte verblüfft, verletzt, verängstigt und ertappt zugleich. In seinem Gesicht waren so viele verschiedene Reaktionen zu lesen, daß ich keine deutliche Botschaft herausfiltern konnte. Ich wartete. Er sagte nichts. Ich erwartete, daß er sich verteidigen würde – daß er sagen würde: »Das ist ja einfach lachhaft« oder »Er lügt« oder »Und diesen ganzen Mist glaubst du wirklich?« Vielleicht empfand er es als zu erniedrigend, sich zu verteidigen. Ich wollte, daß er etwas sagte. Irgend etwas. Aber er sagte kein Wort. Und doch war sein Schweigen kein Eingeständnis. Tatsächlich betrachtete ich es als einen Überlebensmechanismus. Es war, als bekannte er sich zu dem Unglück, das seine Affäre mit der Monroe ausgelöst hatte. Ihm war klar, daß seine öffentliche Reaktion auf ihre unablässige Verehrung unsensibel gewesen war. Ihm war auch klar, daß er Simone Signoret in Frankreich in eine unhaltbare Lage gebracht hatte. Ihr Stolz war verletzt, und dennoch liebte sie ihn weiterhin. Sein Benehmen hatte dafür gesorgt, daß viel über sie geredet worden war, und es waren sogar Spekulationen im Hinblick auf ihre eigenen sexuellen Vorlieben angestellt worden. Da es in Montands Leben ständig von zahllosen Frauen zu wimmeln schien, fragten sich die Leute, warum Simone nie laut genug protestierte und ihn stärker unter Druck setzte.

In dem Augenblick, als ich ihn zur Rede stellte, schien er zu begreifen, was hier gerade geschah. Ihm schien klarzuwerden, daß seine Zukunft beim Film auf dem Spiel stand. Steve Parker war der Produzent, dem man bei Paramount vertraute und der das Geld für den Film bekommen hatte, und das wußte Montand genau. Wenn Montand als ein Gigolo und Verführer von Ehefrauen der Männer aus Hollywood dastand, dann würde sein Name in den Schmutz gezogen werden, ganz gleich, ob etwas Wahres daran war oder nicht. Auch das wußte er. Montand verstand schlagartig, von einer Sekunde auf die nächste, daß er sich auf Gegner eingelassen hatte, die heimtückisch, intrigant und gnadenlos sein konnten. Sie hatten die Möglichkeit, ihn aus Rache für seine Erfolge bei ihren Ehefrauen zu ruinieren. Die Gassenschläue kam ihm bei seiner Verteidigung zu Hilfe: Er zog sich in sein Schneckenhaus zurück. Er wußte, daß er Steve nicht verbal zurechtweisen konnte, ohne damit einen weiteren Skandal auszulösen. Er wußte, daß er sich aus demselben Grund nicht schuldig bekennen und Steves Vorwürfe akzeptieren konnte. Um seines eigenen Überlebens willen entschied er sich, kein Wort zu sagen.

Ein paar Tage später, als wir zusammen den Abschluß unserer Dreharbeiten feierten, erhob ich mich, um auf Steve anzustoßen. Ich bedankte mich bei ihm für alles, was er uns ermöglicht hatte, und in diesem Rahmen verkündete ich auch, daß er die große Liebe meines Lebens sei.

Nach dem Abendessen nahm Montand mich zur Seite und sagte betrübt: »Das wäre jetzt aber wirklich nicht nötig gewesen.« Nein, es bestand keine Notwendigkeit dafür, aber zwischen Montand und mir war es aus.

Eine ganze Weile später erfuhr ich, daß Steve während der Dreharbeiten zu *My Geisha* selbst eine Affäre gehabt hatte. Das war der Hauptgrund dafür, daß ich nicht viel von ihm zu sehen bekommen hatte. Damals war mir nicht klar, was diese Frau ihm bedeutete, und ich verstand auch nicht, warum er alles tat, damit ich ihn nicht verließ. Was Steve anging, war mir sehr vieles noch nicht klar.

Ich sah Montand nach unserer gemeinsamen Zeit in Japan noch ein paarmal. Er nannte mich weiterhin »Bird«, wenn auch nicht mehr »Big Bird«, sondern inzwischen »Little Bird«.

Er sagte, von Hollywood und seinen Wertvorstellungen hätte er genug. Er wollte lieber »echtes« Essen, »echte« Liebe und »echte« Konflikte haben. Außerdem verwirrte es ihn und andere, wenn er beidseits des Ozeans spielte.

Und so bekam ich jedesmal, wenn ich in Frankreich auftrat, Blumen und ein Telegramm von Montand. Er entwickelte sich zu einer Art Institution in der französischen Unterhaltungsindustrie.

Schon bald begannen sein Einfluß und seine Macht sich auch auf das politische System in Frankreich auszuwirken. Seine Unverblümtheit und volksnahe Haltung bewogen die Öffentlichkeit, ihn als ihren Sprecher willkommen zu heißen. Die Leute wußten und verstanden, daß er sich aufgrund der ärmlichen Verhältnisse, in denen er aufgewachsen war, dem Kommunismus verschrieben hatte.

Dann machte Montand eine Wendung um hundertachtzig Grad. Er hielt Reden in den Medien, denunzierte öffentlich das repressive System in der Sowjetunion und kritisierte die Sozialistenführer, die immer noch wohlwollend über Stalin sprachen. Die französische Öffentlichkeit war erstaunt und entrüstet über diese Kehrtwendung, und Montand handelte sich scharfe Verweise der dortigen Presse ein.

Ich dachte intensiv über Montand nach. Warum erwartete ich – wie alle anderen – eigentlich, daß Menschen einen geraden Weg gingen und unbeirrbar an ihren Wertvorstellungen festhielten? Warum sollten sie sich nicht weiterentwickeln und sich ändern?

Ich ertappte mich dabei, daß ich mich in allererster Linie fragte, welche Wirkung Hollywood wohl auf Montand gehabt hatte. Und zwar nicht unter dem Gesichtspunkt von Reichtum, Ruhm oder Kreativität, sondern eher dahingehend, welche Einschätzung von persönlichen Wahrheiten er dort gewonnen hatte. In Hollywood gebieten viele Herrscher über die Wahrheit, und die Lüge wird als kreatives Denken betrachtet. Montand und Steve hatten ein Spiel betrieben, in dem kreatives Denken gefordert war. Beide hatten etwas davon. Ich glaube, es entsprang einem tiefen Bedürfnis, Armut und Einsamkeit zu entgehen – einem tiefen Bedürfnis, Anerkennung zu finden.

Vielleicht war das der große amerikanische Traum – die Bereitschaft, das Blaue vom Himmel herunterzulügen, um andere zu bezaubern, zu stimulieren oder ein Geschäft abzuschließen. So kann man es zu etwas bringen.

14

Die Bereitschaft, das Blaue
vom Himmel herunterzulügen

Vielleicht begann die Manipulation in Hollywood vor vielen Jahren an den Pokertischen von Palm Springs, um die herum Jack Warner (Warner Brothers), Samuel Goldwyn (Samuel Goldwyn Productions), Harry Cohn (Columbia), Barney Balaban (Paramount), Joe Schenck (20th Century Fox), Darryl Zanuck (Fox) und Louis B. Mayer (MGM) saßen.

Diese Männer lebten, atmeten, aßen und erträumten das Filmgeschäft. Sie waren phantasievolle Piraten, die eng miteinander befreundet waren und doch miteinander konkurrierten, als sie die trügerischen Wasser des Kapitalismus in der Filmbranche durchsegelten. Sie tauschten Informationen untereinander aus und belogen sich in Formen, die noch verschnörkelter und farbenprächtiger waren als die Filme, die sie ersannen. Sie herrschten über Hollywood. Ihr Land der Träume war mühelos regierbar, da sie nicht nur bestrebt waren, einander zu manipulieren, sondern auch danach lechzten, die Öffentlichkeit zu manipulieren. Vorwiegend waren sie osteuropäischer Abstammung und von dem Wunsch beseelt, die Realität der Neuen Welt so zu gestalten, wie sie sie haben wollten. Wenn weiße Lattenzäune und zwei Einzelbetten ihrer Vorstellung vom Leben entsprachen, dann würde sich das in ihren Filmen widerspiegeln – und folglich auch in ganz Amerika.

Ich erinnere mich noch, wie altmodisch es bei Liebesszenen zuging, als ich zum Film kam. Ein Doppelzimmer mußte mit zwei Einzelbetten eingerichtet sein, und wenn ein Paar sich berührte, mußte immer mindestens ein Fuß auf dem Fußboden bleiben. Es war erforderlich, daß ein Morgenmantel oder ein Nachthemd deutlich sichtbar auf dem Bett lag, für den Fall, daß einer der Partner sich erheben sollte. Ich erinnere mich an eine Liebesszene in *Ask Any Girl* (Immer die verflixten Frauen), die sich beim besten Willen nicht inszenieren ließ, weil ich sie nicht mit einem Fuß auf dem Fußboden spielen konnte.

Die meisten dieser Vorschriften wurden vom Hayes Office diktiert (der Zensurstelle), aber ich glaube nicht, daß die alten Filmmogule wirklich Einwände dagegen hatten. In diesen Vorschriften spiegelte sich ihre eigene konservative Haltung zu diesen Dingen wider.

Später, mit dem Ableben der alten Mogule, wurden die Ausdrucksmöglichkeiten, was den Sex anbetraf, immer lockerer und freier, bis wir bei dem angelangt waren, was man heute in den Kinos sieht.

Die Piraten früherer Zeiten besaßen Ehrgefühl und hatten ihren eigenen Ehrenkodex. Sie betrieben Schindluder mit der Wahrheit, und das war irgendwie akzeptabel. Dieser Modus operandi existiert bis heute, und ich bin in den Genuß gekommen, im Laufe der Jahre zahlreiche Eskapaden mit ansehen zu dürfen. Zum Beispiel: Ein Produzent, mit dem ich befreundet bin, wollte Marlon Brando und Jack Nicholson für einen Film haben. Sie sollten Gegenspieler darstellen, die einander wohlwollend gesonnen waren. Derjenige, der im dritten Akt umgebracht wurde, würde dem Publikum größere Sympathien entlocken.

Der Produzent gab Marlon ein Drehbuch, in dem er umgebracht wurde. Dann gab er Jack ein Drehbuch, in dem auch er umgebracht wurde. Der Konflikt wurde erst gelöst, als die beiden bei den Dreharbeiten auf diese Unstimmigkeit stießen – und die Aufnahmen bereits weit fortgeschritten waren. Zur Strafe zwang Marlon diesen Produzenten, bei den Außenaufnahmen, die in einer heißen, trockenen und staubigen Gegend stattfanden, in seinem Wohnwagen zu leben, ohne Zimmerservice, ohne Dusche, ohne Fernsehen. Normalerweise war es der Stil dieses Produzenten, einen Film zusammenzuschustern, sich bezahlen zu lassen und dann abzureisen und die Kreativschaffenden ihre Probleme selbst nach bestem Können lösen zu lassen. Diesmal schnitt ihm Marlon den Ausweg ab. Der Produzent mußte am eigenen Leib ertragen, was er anderen zumutete, und das bereitete mir und anderen, die ihn kannten, große Freude.

Ich saß einmal mit Mike Todd in seinem Büro, während er telefonierte. Zwischen seinen verliebten Plaudereien mit Elizabeth Taylor versuchte er, *War and Peace* (Krieg und Frieden) zu organisieren. Er wußte, daß auch Paramount ein Drehbuch vorliegen hatte und denselben Stoff verfilmen wollte. Mike wollte jedoch einige Schauspieler von Paramount dafür gewinnen, und daher rief er einen Star an und behauptete, ein anderer hätte bereits den Vertrag unterschrieben. Dann rief er denjenigen an, der keineswegs einen Vertrag unterschrieben hatte, und zog dort dieselbe Nummer noch mal ab. Der »Ich-habe-Soundso-bereits-unter-Vertrag-genommen-und-möchte,-daß-du-mit-ihm-spielst«-Trick ist die Grundlage für die meisten Variationen über ein Thema in den Kreisen, die »kreatives Denken« betreiben. Es ist gängige Praxis, aber irgendwie scheinen sie nie auf den Gedanken zu kommen, wir Schauspieler könnten miteinander reden.

Ein Produzent rief Dean Martin an und sagte, er drehe eine TV-Show mit Frank, und Frank hätte ausdrücklich darum gebeten, Dean zu engagieren. Dasselbe tat er dann mit Frank. Irgendwo tief in ihrem Inneren wissen Stars, daß man sie ausnutzt, um profitable Produkte zu erschaffen; dennoch glauben sie liebend gern, daß sie begehrt sind. Und für den unwahrscheinlichen Fall, daß der andere Star tatsächlich ausdrücklich um ihre Mitwirkung gebeten haben könnte, wollen sie dabeisein. Stars tun so ziemlich alles füreinander. Da die Produzenten, die Studiobosse und die Presse natürliche Feinde und Ausbeuter sind, ist es eine Art ungeschriebenes Gesetz, daß selbst konkurrierende Schauspieler und Schauspielerinnen zusammenhalten. Die Wahrheit kommt gewöhnlich bei Testvorführungen, Partys und sogar zufälligen Treffen auf der Straße ans Licht.

Stars, insbesondere weibliche Stars, sind im Umgang miteinander ehrlicher als gegenüber allen anderen. Das Gefühl, ausgebeutet zu werden, erzeugt einen Zusammenhalt, der stillschweigend vorausgesetzt wird. Menschen, die uns gegeneinander ausspielen, sind für uns skrupellos und nicht vertrauenswürdig, und wir unterstellen ihnen außerdem, daß sie weder unser Talent noch unsere Zeit zu würdigen wissen. Selbst dann, wenn wir Konkurrenten sind, macht es uns Spaß, Erfahrungen auszutauschen und uns abzusprechen. Wir verwenden das, was wir hören, für uns, obwohl wir uns fragen, ob es überhaupt wahr ist. Wenn ein Produzent oder ein Studioboß Stars in einer Ecke stehen und miteinander tuscheln sieht, dann funkeln seine Augen vor Neugier – zu gerne würde er wissen, worum sich unser Gespräch dreht. Ihnen ist klar, daß es eine »Maginot-Linie« gibt, die wir zu unserem Schutz um uns herum errichten. Wir wissen, daß wir im Grunde genommen diejenigen sind, die das Publikum sehen will, und doch wissen wir auch, daß wir die Produzenten brauchen, damit sie uns Arbeit geben. Daher gilt: Nur wenn wir zusammenhalten, können wir erfolgreich sein.

Mit den Regisseuren ist das wieder eine ganz andere Geschichte. Sie sind kreativ. Sie denken und fühlen so wie wir. Sie spielen im Grunde genommen sämtliche Rollen. Sie leiden emotional so wie wir, und sie fürchten sich so wie wir vor ihrer eigenen künstlerischen Einschätzung. Sie entscheiden, wie wir, mit dem Herzen. Die Produzenten und Studiobosse entscheiden mit dem Verstand und denken natürlich in erster Linie an ihr Portemonnaie. Die Regisseure leben für ihr Projekt, und sie nehmen sich einen Film nach dem anderen vor. Die Produzenten stecken ihre Zeit und ihr Geld in ein Projekt und haben gleichzeitig noch andere laufen. Schauspieler und Schauspielerinnen identifizieren sich mit ihren Pendants, die ihr gesamtes Dasein aufs Spiel setzen und es riskieren, das zu erleben, wovor uns allen am meisten graut – das Gefühl der Demütigung.

Natürlich betreiben auch Schauspieler und Schauspielerinnen ihre Spielchen im Bereich des »kreativen Denkens«. Da wir unsere Stimmen verstellen können, können wir uns am Telefon als jeder x-beliebige ausgeben und so alle notwendigen Informationen an uns bringen. Informationen sind alles. Dabei spielt es keine Rolle, ob diese Informationen der Wahrheit entsprechen oder nicht. Manchmal sind Fehlinformationen sogar noch nützlicher.

Ein Star, mit dem ich befreundet bin, lehnte eine Filmrolle ab.

Der Produzent fand heraus, daß diese Schauspielerin eine Rolle an eine Freundin verloren hatte. Daraufhin rief der Produzent diesen Star noch einmal an und behauptete, ihre bereits einmal siegreiche Freundin hätte Interesse auch an dieser Rolle gezeigt. Die Schauspielerin glaubte ihm und drehte schließlich den Film – nur für den Fall, daß sie mit der Ablehnung eine Fehlentscheidung getroffen hatte.

Schauspieler, die eine Szene umgeschrieben haben wollen, können die ursprüngliche Version mühelos sabotieren, indem sie sie absichtlich falsch spielen.

Ein großer Star war von Jack Warner unter Vertrag genommen worden. Er fühlte sich dort äußerst unwohl und wollte aus dem Vertrag aussteigen. Warner verweigerte es ihm. Dieser Star wußte, daß Warner nichts so sehr haßte, wie in der Presse als ein übler Kerl hingestellt zu werden. Der Star trat einen dreimonatigen Feldzug an und machte Jack Warner bei jeder sich bietenden Gelegenheit schlecht – selbst dann, wenn das bedeutete, daß er lügen mußte. Warner entließ ihn aus dem Vertrag.

Marilyn Monroe war während der Zeit ihrer Beziehung mit Bobby Kennedy unglücklich mit MCA, ihrer Agentur. Sie ging zu Kennedy und beklagte sich. Er leitete ein Verfahren ein, was schließlich zur Auflösung der mächtigsten Talentvermittlungsagentur in der ganzen Stadt führte. Ein berühmter Komiker behauptete immer wieder, er würde wegen seiner bissigen Kommentare über die Kennedys von den Fernsehanstalten boykottiert. Dean Martin lud ihn in seine Show ein und wollte damit beweisen, daß NBC ihn nicht boykottierte. Der Komiker lehnte das Angebot mit der Begründung ab, er hätte kein Material für seine Sketche mehr, wenn Dean den Beweis erbrachte, daß er nicht boykottiert wurde.

Die zwischenmenschlichen Verwicklungen, zu denen es bei Dreharbeiten kommt, geben manchmal weitaus besseres Material ab als das Drehbuch, das gerade verfilmt wird. Ich drehte einen Film, bei dem die Ehefrau des hochangesehenen Produzenten sich so widerlich benahm, daß der Regisseur, der Drehbuchautor und die Besetzung sie baten, sich von den Dreharbeiten fernzuhalten.

Als der Produzent eine zusätzliche Szene forderte, schrieb der Drehbuchautor absichtlich etwas ganz Fürchterliches, und das nur, um die Ehefrau des Produzenten zu ärgern. Aufgrund der persönlichen Animositäten wurde nichts aus dem Film.

Ich arbeitete mit einem Regisseur, der von den Schauspielern derart verachtet wurde, daß wir uns zusammenrotteten und nur noch Regieanweisungen befolgten, die wir uns gegenseitig erteilten. Auf einer Presseveranstaltung versprachen wir einander, unseren wahren Gefühlen Luft zu machen. Der Regisseur kapierte es selbst dann noch nicht. Er hielt uns nur einfach für undankbar.

Bei einem Film war ein sehr einflußreiches Ehepaar mit von der Partie. Ich bemerkte mit der Zeit, daß beide den Regisseur haßten. Die Frau war ein Star mit Sex-Appeal, aber ohne jegliches schauspielerisches Talent. Ihr Mann war ihr Manager, aber hatte nichts mit dem Film zu tun. Es gab Textstellen, die der Mann verabscheute. Im Namen seiner Frau zog er ein Messer, ging auf den Regisseur zu und drohte damit, ihm die Kehle durchzuschneiden, sollte der Regisseur seine Frau zwingen, diese Texte zu sprechen. Da er nicht zum Guerillakämpfer ausgebildet war, schnitt der Regisseur die Textstellen. Er legte aber auch die Regie nieder (oder wurde gefeuert – ich bin nicht sicher, was von beidem wahr ist).

Die Dreharbeiten wurden für ein paar Wochen unterbrochen, bis man einen anderen Regisseur hinzuzog. Es dauerte jedoch nicht lange, bis sich dasselbe wiederholte. Der Ehemann erhob Einwände gegen eine Szene, die seine Frau laut Drehbuch spielen sollte; sie dagegen war mit der Szene einverstanden. Um seine Macht zu demonstrieren, drohte der Ehemann damit, seine Frau so übel zu verprügeln, daß sie nicht mehr vor die Kamera treten konnte. Er suchte den Produzenten in dessen Haus auf und erklärte ihm in allen Einzelheiten, welche schweren Schäden er dem Gesicht und dem Körper seiner Frau zufügen würde. Der Produzent verbannte den Ehemann von den Dreharbeiten, und die Szene blieb im Drehbuch.

Die Frau mußte selbst sehen, wie sie mit diesem Irren zurechtkam, mit dem sie verheiratet war. Wenn sie nur ein Stück Schokolade aß oder einen Bissen vom Nachtisch eines anderen kostete, putzte er sie vor allen erbarmungslos runter. Häufig kam es vor, daß sie den Drehort oder den Eßtisch tränenüberströmt verließ. Und doch war sie abhängig von der Macht und der Herrschaft, die ihr Mann über sie ausübte. In jüngeren Jahren hatte er pornographische Filme gedreht, und als er sie kennengelernt hatte, war sie erst vierzehn Jahre alt gewesen. Ungeachtet ihres Alters verpflichtete er sie für seine Filme, und zwar nicht nur als Schauspielerin, sondern auch als Maskenbildnerin. Sie sollte die Tricks der Branche erlernen, indem sie Make-up auf die Geschlechtsteile auftrug, das im Lauf der sexuellen Aktivitäten immer wieder abgerieben wurde. Sie redete in einem humorvollen und ehrfurchtsvollen Ton über die Vergangenheit mit ihrem Mann. Sie glaubte ihm jedes Wort, das er sagte, und sie war von allem überzeugt, was er tat. Ich fragte mich, auf was für einem Planeten ich eigentlich lebte.

Machiavellistische Züge von Unaufrichtigkeit sind in Hollywood ebenso verbreitet wie die Feld-, Wald- und Wiesenlügen anderswo. Ein Mensch, den ich respektiere und sehr gut kenne, wollte für seinen Film einen Regisseur engagieren. Der Regisseur wollte einen anderen Film mit einem erstklassigen weiblichen Star drehen. Mein Freund holte den weiblichen Star in seinen Vorführraum und spielte ihm einen besonders schlechten Film ebendieses Regisseurs vor. Als das Licht wieder anging, machte er diesen Regisseur so gnadenlos schlecht, daß der weibliche Star sich entschloß, nicht mit diesem Mann zusammenzuarbeiten. Am nächsten Tag engagierte mein Freund dann den Regisseur, da er »frei« war.

Leute in unserer Branche sind mehr als empfindlich, wenn es darum geht, was andere denken. Jede Meinung ist wertvoll. Das kommt daher, daß wir nie im voraus wissen, welche Filme vielleicht hundert Millionen Dollar einspielen. Selbst dann noch nicht, wenn ein Film fertiggestellt worden ist und alle Beteiligten ihn abscheulich finden, kann sich niemand wirklich sicher sein, daß es nicht doch ein Kassenschlager wird. Die Gabe der Überzeugungskraft (ob sie nun ehrlich gemeint ist oder nicht) wird meisterlich beherrscht. Man kann daher nie sicher sein, ob die Leute einem die Wahrheit sagen, aber, und das ist noch wichtiger, falls sie einem tatsächlich die Wahrheit sagen, dann muß man herausfinden, warum.

In der Filmbranche habe ich gelernt, daß die Wahrheit relativ ist, aber das trifft natürlich auch auf das Leben zu.

15

Dreharbeiten damals
...im Vergleich zu heute

Als ich den Film *Sunset Boulevard* (Boulevard der Dämmerung) sah, fragte ich mich, ob ich hier einen Blick in meine eigene Zukunft tat. Gloria Swanson spielt in diesem Film mit neunundvierzig Jahren die Rolle der Norma Desmond, einer ausrangierten Schauspielerin! Als sie zu Paramount und »Mr. DeMille« zurückkehrte und ihre Erinnerungen an ihr Leben im Schoß der Familie von Filmschaffenden noch einmal aufleben ließ, identifizierte ich mich vollständig mit ihr. Ich kann mich noch an Filmteams erinnern, die die Konturen meines Gesichtes besser kannten als ich selbst. Ich kann heute noch ihre liebevollen Blicke spüren, wenn sie beobachteten, wie ihr handwerkliches Können Schlaglichter auf meine Wangenknochen warf. Ich kann noch die Muskelanspannung ihrer Arme spüren, wenn sie von dem Kameramann aufgefordert wurden, einen Linsenschirm genau im richtigen Winkel gegen den Scheinwerfer zu halten, damit ein dramatisch wirkender Schatten über meine Schulter fiel.

Die jungen Leute wissen heute nicht mehr, wie das geht. Es gibt kein Ausbildungsgelände mehr für sie. Das Studiopersonal kommt und geht. Dazwischen gibt es nur noch vereinzelt große Meister.

Daher sehnen wir von der alten Schule uns manchmal nach der Vergangenheit zurück, in der die meisterliche Beherrschung des jeweiligen Handwerks ihren Höhepunkt erreicht hatte. Andererseits waren das aber auch die Zeiten, in denen Drehbuchautoren von den Dreharbeiten verbannt wurden, sobald das Drehbuch fertiggestellt war. Der Studioboß hatte das alleinige Sagen. Regisseure waren für Geld zu haben, abgesehen von den ganz großen. Selbst damals hatte das Studio beim Schnitt das letzte Wort, und sie konnten einem jederzeit den Hahn abdrehen.

Heute herrscht größere Spontaneität. Drehbuchautoren sagen ihre Meinung und schreiben während der Dreharbeiten Szenen um. Schauspieler improvisieren Dialoge, was in früheren Zeiten nicht nur unerhört gewesen wäre, sondern wovor auch jedem gegraut hätte. Damals war alles formeller. Wir erklärten uns mit dem Drehbuch einverstanden, und dann hielten wir uns daran. Schauspieler kannten ihren Text auswendig, und es wurde von ihnen erwartet, daß sie niemals davon abwichen. Der Mann auf dem Stuhl (der Regisseur) war ein Diktator, dem Hochachtung entgegengebracht wurde. Er war der Kapitän unseres kreativen Schiffs und der Gebieter über unsere emotionalen Seelen. Wir stellten uns in den Dienst seiner Idee und ordneten uns ihm unter – ihm und sonst niemandem. Und doch konnte ein Studioboß ab und zu das Werk eines Regisseurs zunichte machen, da ihm der letzte Schnitt zustand.

Regisseure und Studios bekämpften sich und drohten immer wieder mit Mord, aber die Dreharbeiten waren gut organisiert, mit einer etablierten Hackordnung und einem klar umrissenen Verhaltenskodex.

Heute hat jeder ein Mitspracherecht. Die Förmlichkeit ist abhanden gekommen, sogar die Kontrolle ist abhanden gekommen. Stars bekommen zwar hohe Gagen, aber manche erscheinen einfach mit zwei Stunden Verspätung zu den Dreharbeiten. Stars haben mehr Macht denn je. Sie können auf Abänderungen des Drehbuchs bestehen, mit denen niemand sonst einverstanden ist. Sie können den Laden schmeißen.

Problematischer als alle anderen Veränderungen in unserer Kultur ist jedoch der Einfluß, den Drogen heute auf einen großen Bereich unserer Branche ausüben.

Ich war nie besonders neugierig auf Drogen. Ich habe in meinem ganzen Leben zwei Marihuanazigaretten geraucht. Nach der ersten starrte ich etwa fünf Stunden lang das Testbild im Fernsehen an. Von der zweiten wurde ich so hungrig, daß ich in dem Hotelzimmer ein Vermögen verfressen habe. Ich glaube, Koks und LSD und andere Drogen fand ich deshalb immer uninteressant, weil ich mich davor fürchte, die Kontrolle zu verlieren. Es war mir immer ein Anliegen, mir über meine Umgebung und mein eigenes Verhalten bewußt zu sein. Daher bin ich selbst jetzt noch, in diesem Stadium meines Lebens, vollkommen naiv, was die Wirkungen und die Ursachen von Drogenmißbrauch in unserer Branche betrifft.

Nachdem ich einmal längere Zeit keine Filme mehr gemacht hatte, stellte ich bei meiner Rückkehr fest, daß alle anderen jünger waren und daß kaum noch miteinander kommuniziert wurde. Hinter jedem Schritt verbarg sich Hektik und alle schienen ihrer Arbeit in ihrem eigenen Kokon nachzugehen. Die Arbeitszeiten waren wesentlich länger. Das Familiengefühl war verschwunden. Es blieb keine Zeit für das Zwischenmenschliche. Die Dreharbeiten waren von einer fühlbaren Furcht durchdrungen: Alle, ganz gleich, welchen Job sie auch hatten, schienen dadurch, daß Hunderte von Arbeitslosen hinter den Kulissen warteten, entbehrlich zu sein. Es wurden keine Geschichten mehr erzählt, keine Witze, und man hing auch nicht mehr Erinnerungen an die Zeiten nach, zu denen Hollywood die Welt entflammte und manchmal in seinem eigenen Feuer schmolz. Die jungen Leute schien es nicht zu interessieren, wie Duke Wayne wirklich gewesen war oder ob Elizabeth und Richard eine so explosive Kombination waren, wie man ob ihrer Possen hätte annehmen können. Die Leute wollten nichts mehr davon hören, wie George Stevens das Drehbuch zu *Shane* (Mein großer Freund Shane) im Schneideraum abgeändert hatte oder wie James Wong Howe sich geweigert hatte, den Film bei Regen zu drehen. (Dafür, daß er schließlich nachgab, bekam er den Oscar für die beste Kamera!) Und dabei gehörten diese wunderbaren Geschichten der jüngsten Vergangenheit an. Die jungen Filmteams wußten kaum noch, wer Gable und Lombard waren, geschweige denn, daß sie von den damaligen Filmteams angebetet worden waren.

Für die Teams, mit denen ich in den späten siebziger Jahren zusammenarbeitete, waren Bette Davis und Joan Crawford Stars in Schwarzweißfilmen, die um drei Uhr nachts im Fernsehen gezeigt wurden. Ich weiß nicht, wann sich diese Veränderung vollzogen hat, aber ich glaube, es hatte mit Vietnam zu tun. Der

Konflikt und die Zerrissenheit, verursacht durch diesen Krieg, veränderten unsere Vorstellungen von Romantik. Der Glamour Hollywoods vor dem Vietnamkrieg könnte heute obszön wirken. Der Schleier des Geheimnisses, damals durch kühle Reserviertheit geschaffen, durch die Vorstellung, man wäre ein Himmelskörper am Firmament Hollywoods – all das war plötzlich lächerlich geworden und wurde als reine Manipulation und Scharlatanerie verspottet. Die Filmteams, aber auch das Publikum wollten anscheinend, daß wir uns realistischer darstellten, zugänglicher, den gewöhnlichen Menschen ähnlicher. Natürlich wußten die Leute, daß wir genauso wie sie rülpsten, Schmalz in den Ohren hatten und in ein Hosenbein nach dem anderen stiegen. Weshalb also wurde ein solcher Wirbel um unsere glamouröse Vergangenheit veranstaltet?

Und doch führten die zynische Lebensauffassung der Filmteams und die ansatzweise Vernichtung der Hollywoodromantik zu einer Depression, die sich in den Blicken der Mitarbeiter auszudrücken schien. Und was taten sie, um ihren Schmerz zu lindern? Sie rauchten Gras, sie schnupften Koks, und sie rammten sich Nadeln in die Arme. Die finanziell Bessergestellten wandten sich Designerdrogen zu. Ich kam mir vor wie eine Matrone bei Straßenkämpfen zwischen jugendlichen Banden. Ich brachte einfach nicht zusammen, was ich um mich herum wahrnahm. Zu sehen gab es nicht viel. Es war eher etwas, was ich spürte. Was fehlte, war ein Gefühl von Verbundenheit. Die Leute arbeiteten zu schnell, zu intensiv und unter einem zu hohen Druck, um sich die Zeit für freundschaftliche Gefühle nehmen zu können.

In früheren Zeiten spielte sich der größte Teil unserer Arbeit in einer geschützten Umgebung ab. Wir hatten nicht mit Verkehrsproblemen, gaffenden Zuschauern, Störungen durch Flugzeuge oder Hubschrauber zu kämpfen. Das Wetter, die Intensität des Lichts, der Ton, der emotionale Seelenfrieden und die ruhigen Proben, die notwendig waren, um eine Szene richtig hinzukriegen, wurden vom Regisseur und vom Kameramann bestimmt. Die Filmteams hatten Freude daran, den kreativen Prozeß zu beobachten, wenn wir uns in unsere Rollen einlebten, im Komödiantischen und im Dramatischen den richtigen Ton zu treffen versuchten und herausfanden, in welchem Winkel uns die Kamera am liebsten war. Die Leute sahen, daß wir uns und den Film erprobten, wenn wir uns dumm anstellten und unsere eigenen kreativen Risiken eingingen. Daher hatten wir das Gefühl, alle zusammenzuarbeiten. Wir fanden, was wir brauchten, um uns der Leinwand auszusetzen, und die Teams waren dazu da, uns dabei zu unterstützen. Temperament war nie ein Problem. Das wurde erwartet, und die Leute hatten sogar ihren Spaß daran. Dann hatten die Mitglieder des Filmteams ihren Familien wenigstens etwas zu erzählen, wenn sie abends nach Hause kamen.

Heute schickt man die Schauspieler auf die Straße, und jeder, der gerade zufällig vorbeikommt, kann sie ungehindert beobachten. Normalerweise ist es entweder zu heiß oder zu kalt, zu diesig oder zu laut für eine ordentliche Probe. Niemand arbeitet gerne unter diesen Bedingungen, aber leider hat sich die Filmindustrie der wirtschaftlichen Realität gebeugt, und es ist schlichtweg billiger. Die Straßenszenen für Fernsehfilme werden weiterhin auf einem Studiogelände gedreht, aber bei Kinofilmen ist das ganz selten. Wegen der eskalierenden durch die Gewerkschaft festgelegten Tarife ist es heute unrealistisch, eine Kulisse aufzubauen. Daher drückt der Produktionsleiter einem Kerl, der eine Bar besitzt, ein paar tausend Dollar pro Tag in die Hand und erteilt dem Regisseur und den Schauspielern Anweisung, die Szene innerhalb von einem Tag zu drehen, weil das alles ist, was an Geld drin ist. Daraus resultieren der ständige Druck und die Notwendigkeit zu einem präzisen und schnellen Vorgehen. Man muß alles schnell hinter sich bringen, und wahrscheinlich machen Drogen diese Anspannung erträglich.

Das Publikum verlangt heute bessere Fluchtmöglichkeiten aus der Wirklichkeit. Mehr High-Tech-Brutalität ist gefragt, weil die Leute in den Abendnachrichten sehen, wie Leben gerettet und zerstört werden. Da die Versorgung mit Live-Informationen direkter und auf intensive Art realer ist als je zuvor, müssen Spielfilme die Nachrichten überbieten. Wahrscheinlich ist es deshalb unvermeidlich, daß wir draußen auf den Straßen drehen – wo sich alles andere auch abspielt.

Seit den sechziger Jahren habe ich keinen kompletten Film mehr in einem Studio gedreht. Ich habe ein paar Innenaufnahmen in Studios gemacht, aber Filme werden jetzt im allgemeinen dort gedreht, wo sie spielen. Daher ist eine der ersten Fragen, die wir heute stellen, wenn man uns eine Filmrolle anbietet: »Wo wird gedreht?« Wir wissen, daß wir mindestens drei Monate lang »fort« sein werden. Das ist eine enorme Belastung für Ehen, Beziehungen zu Partnern und Kindern.

Andererseits haben wir mehr Kontakt zu den »echten« Menschen als früher. Wir werden nicht mehr durch die »Umsorge-und-beherrsche«-Mechanismen des Studios beschützt. Wir sind nicht mehr »unter Vertrag« und »gehören« dem Studio nicht mehr. Wir gehören jetzt uns selbst. Unsere unabhängigen Firmen produzieren die Filme für die Studios. Wir bestimmen über alles, bis auf den letzten Schnitt. (Es kommt nur äußerst selten vor, daß ein Studio den letzten Schnitt einem Regisseur oder einem unabhängigen Produzenten überläßt.) Daher gibt es keine Fürsorge, keine Verhätschelung, kein Gefühl von Familienfehde mehr. Wir arbeiten unabhängig und schlagen uns selbst durch. Wir sind niemandem zur Loyalität verpflichtet, und niemand ist uns Loyalität schuldig. Wir haben uns aus dem Dilemma befreit, daß man uns zwar umsorgte, aber auch über uns bestimmte. Mit der Weiterentwicklung der Demokratie in unserem Land ist auch Hollywood herangereift. Es steht uns frei, wir selbst zu sein, und wir haben die kindische Ungeduld sowie die pubertären Erwartungshaltungen abgelegt. Diese Veränderung war schmerzhaft, und noch immer haben wir uns nicht ganz an die neuen Gegebenheiten gewöhnt. Dennoch danke ich unseren männlichen und weiblichen Vorfahren dafür, daß sie der filmischen Kreativität den Weg bereitet haben. Sie haben die Frage der eigenen Frustrationen und Entdeckungen in genau dem richtigen Tempo immer wieder diskutiert, so daß diejenigen unter uns, die später kamen, den Kampf um kreative Freiheit gewinnen konnten. Die Stars, die Regisseure und die Produzenten, die in meiner Erinnerung weiterleben, ha-

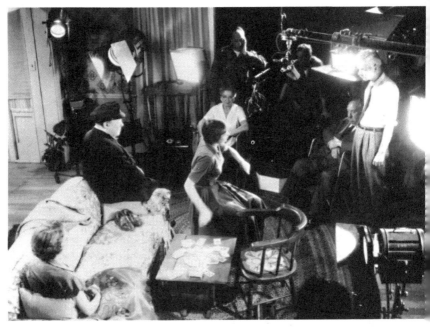

Hitchcock (rechts, sitzend) fand unsere Szene in *The Trouble with Harry* nicht besonders komisch.

All in a Night's Work: Während Regisseur Joe Anthony mit uns redete, hatte Dean seine Hand auf meinem Knie liegen.

ben es uns, den Schauspielern von heute, ermöglicht, unsere Ausdruckskraft weiterzuentwickeln und in den Vordergrund zu stellen.

Unsere Verantwortung besteht jetzt darin, ein Gleichgewicht zwischen der finanziellen und der kreativen Seite herzustellen. Gleichzeitig bemühen wir uns, in unseren Filmen die Kultur widerzuspiegeln, die an uns Gefallen findet. Auf der anderen Seite möchten wir mit unseren Filmen dieser Kultur aber auch Anregungen und Inspirationen geben.

Heute bringt das Filmemachen mehr denn je die Notwendigkeit mit sich, daß wir uns alle ein Bild davon machen, wer wir sind und was wir tun. Diese Entwicklung kann extrem schmerzhaft sein und den Abbruch von Beziehungen sowie die Zerstörung von Kommunikation zur Folge haben. Bei unserer Arbeit geht es um mehr als nur um das, was auf den Drehbuchseiten steht oder auf der Leinwand im Bild festgehalten wird. Es geht um uns, um unser Leben und um unsere Gefühle. Wir *sind* die Menschen, die wir darstellen, und die Regisseure und die Beteiligten an der Produktion sind das, worum sich die Filme drehen.

Heute ist uns klar, daß es nicht um die Filme geht, die wir machen. Es geht vielmehr um den Prozeß des Lernens aus dieser Erfahrung – das ist die wirkliche Botschaft. Wir beginnen innezuhalten und darüber nachzudenken, warum wir uns von einem bestimmten Thema überhaupt angezogen fühlen. Heute geht es nicht mehr nur darum, den Leuten das zu geben, was sie wollen. Es geht ebensosehr darum, was *wir* den Leuten sagen wollen. Wir beginnen zu begreifen, von welcher Weisheit und von welcher emotionalen Reife es zeugt, in einem Film an etwas zu glauben. Wenn wir von ganzem Herzen bei der Sache sind und nicht nur mit dem Portemonnaie, dann ist die Reaktion des Publikums im allgemeinen positiv. Die Menschen, die dort draußen im Dunkeln sitzen, sind gemeinsam auf der Suche nach künstlerischer Führung. Sie wollen wissen, was wir fühlen. Sie wollen fühlen, was wir fühlen. Sie haben sich uns anvertraut, damit wir sie in unsere Träume führen. Sie sind bereit, ihre Zeit und ihr Geld zu investieren, wenn wir wirklich an das glauben, was wir tun. Und sie erkennen immer, ob wir glaubwürdig sind oder nicht. Sie riechen, woran wir glauben und woran nicht, und sie erfassen intuitiv, ob wir es ernst meinen.

Die Auseinandersetzungen über unterschiedliche kreative Ansichten haben sich im Vergleich zu früher verändert. Heute bestehen echte Unterschiede in der künstlerischen Auffassung. Wenn wir uns jedoch an das halten, was wir als richtig empfinden, dann wirkt sich das möglicherweise positiv auf die Einspielergebnisse aus.

Heute werden Previews [Testvorführungen, Anm. d. Übers.] nicht etwa abgehalten, um zu bestimmen, ob ein Film ein Kassenschlager wird (obwohl das immer noch wahnsinnig wichtig ist), sondern eher, weil man sich vergewissern will, daß unsere Absicht auch deutlich rüberkommt. Ist unsere Botschaft verstanden worden? Haben die Leute sich das richtige Bild von den einzelnen Rollen gemacht? Haben sie Vorschläge in bezug auf diese Rollen? So war beispielsweise *Guarding Tess* ursprünglich als ein Film gedacht gewesen, der in Rückblenden über eine frühere First Lady berichtet, die zu Beginn des Films bereits tot ist. Infolgedessen lachte das Publikum bei der Vorauführung nicht. Der Film wurde neu geschnitten, so daß Tess nicht starb. Plötzlich hatten wir die Lacher.

Aufgrund der enormen Wirkung von Talk-Shows und der Gewohnheit der Amerikaner, ihren Gefühlen öffentlich Luft zu machen, versuchen die Studiobosse, mit einem Land Schritt zu halten, das Hollywood längst hinter sich gelassen hat. Die Öffentlichkeit begreift die Widersprüchlichkeit intensiver menschlicher Gefühle viel besser als die Leute, die die Filme in Auftrag geben und nachher verkaufen. Das Publikum ist weitaus mehr mit den Schattenseiten und den dunklen Bereichen der menschlichen Natur vertraut als die Männer und Frauen, die für die Drehbücher zuständig sind.

Die Studiobosse glauben, *Mrs. Doubtfire* (Mrs. Doubtfire – Das stachlige Kindermädchen) sei eine Komödie, die Robin Williams' verrückte und wunderbare Späße zeigt. Das Publikum weiß, daß es in dem Film außerdem um die Qualen einer Scheidung und um den Kampf für das Sorgerecht geht.

Die Studios glauben, *E. T.* und *Star Wars* (Krieg der Sterne) seien phantasievolle Ausbrüche kindlicher Vorstellungskraft. Aber das Publikum glaubt im großen und ganzen wirklich, daß wir nicht allein im Universum sind.

Wenn *Terms of Endearment* (Zeit für Zärtlichkeit) ein Klassiker wurde, dann lag das daran, daß Jim Brooks begriff, in wie vielen amerikanischen Familien der Krebs wütete. Ein weiterer wichtiger Aspekt war, daß sich in der Komik zwischen herrschsüchtigen Müttern und unsicheren Töchtern – die das Gefühl haben, den Ansprüchen ihrer Mütter niemals genügen zu können – eine speziell in Amerika verbreitete Verunsicherung der Frauen ausdrückt. Darauf ist auch der Erfolg von *The Joy Luck Club* (Töchter des Himmels) und anderen Filmen zurückzuführen.

Die Studios glauben, *Terminator 2* sei ein Kassenschlager, weil Arnold Schwarzenegger ein komischer und zynischer Action-Held ist, der sich mit einem technisch noch besser gerüsteten bösen Hexer auf einen High-Tech-Wettstreit einläßt. In meinen Augen kam der Film an, weil die Mutter Zukunftsvisionen hat, die nicht erfreulich sind, um es milde auszudrücken, und ihre Familie und die Familien anderer vor dem Ende der Welt beschützen will.

Meiner Meinung nach konnte sich *Silence of the Lambs* (Das Schweigen der Lämmer) durchsetzen, weil Hannibal Lecter sich daran ergötzt, seine Geistesgestörtheit offen zu zeigen, und damit unsere Neugier in bezug auf kannibalistische Instinkte befriedigt.

In meinen Augen spricht *Jurassic Park* eine genetische Erinnerung an eine Zeit an, von der wir uns alle durch die Evolution entfernt haben, an die wir uns jedoch gern erinnern würden.

Schindler's List (Schindlers Liste) drehte sich um einen Mann, der entgegen aller Wahrscheinlichkeit genug Liebe und Güte in sich findet, um aktiv einzugreifen.

Quiz Shows macht die Tragweite der moralischen Zerrüttung in unserem Land deutlich. *Forrest Gump* half uns dabei, uns mit unserer persönlichen Geschichte und mit dem, was wir in den letzten fünfunddreißig Jahren getan haben, auszusöhnen.

Wenn wir mit dem Gedanken spielen, einen Film zu drehen, stellen wir hinterher oft fest, daß wir seine wahre Bedeutung übersehen haben. Das Publikum findet den Sinn für uns und reflektiert ihn wie ein Spiegelbild.

Unsere Fähigkeit, tief in unser Material hineinzuschauen, steht in einem direkten Verhältnis zu unserer Fähigkeit, tief in uns selbst hineinzuschauen. Das ist einer der Gründe dafür, daß so viele von uns in therapeutischer Behandlung sind, daß wir unsere brachliegenden spirituellen Seiten erforschen oder unseren Ursprüngen auf den Grund gehen, unserer Herkunft, unserer Kindheit, unseren Eltern, unseren Verwandten, unserem Verhältnis zu Gott und zu unseren Mitmenschen.

Filmemacher und die Leute, die Filme finanzieren und für ihren Vertrieb zuständig sind, wissen, daß Selbsterkenntnis der Schlüssel zu einer gesunden Filmindustrie ist, einer Industrie, die es wagt, Kunst und Geschäft miteinander zu verbinden.

Wir wissen, daß die Erforschung der Geheimnisse des Ichs wahnsinnige Energien freisetzt. Tatsächlich drehen sich Auseinandersetzungen im kreativen Bereich heute darum, wer mehr Mut aufgebracht hat, in sich selbst zu gehen und zu analysieren, warum die eigenen emotionalen Reaktionen so sind, wie sie sind. Unsere Leinwandpersonen sind unzulänglich, wenn wir, die wir sie erschaffen, uns nicht über uns im klaren sind.

Heute wird in Sitzungen jeglicher Art immer wieder darüber diskutiert, was Leute gern sagen würden und ob sie selbst fest genug an sich glauben, um es tatsächlich zu sagen. Es geht nicht mehr darum, was man »tun« will – es geht darum, was man »sagen« will.

Studiobosse und Geldgeber erwarten von den Künstlern Hingabe und Leidenschaft und sehen sie als einen Blitzableiter für Erfolg. Selbstgefälligkeit ist out. Besessene Hingabe ist in, selbst dann, wenn diese Besessenheit der reinste Machttrip ist. Es geht um die Arbeit, um die Botschaft, um die spannungsgeladenen Gefühle, die in dem Filmemacher implodieren, wenn er das Geld für die Verwirklichung seines Traums nicht bekommt. Wenn die Geldgeber von den Künstlern Laute der Leidenschaft vernehmen, schreiben sie die Schecks aus. So viele wünschen, sie könnten derart intensiv empfinden.

Trotzdem bekommen es die Studiobosse mit der Angst zu tun, wenn ein wirklich guter Film nicht das einspielt, was man sich erwartet hat, oder wenn die Einnahmen noch nicht einmal die Ausgaben decken. Sie spielen für das breite Publikum, das jedoch nicht alle Filme problemlos annimmt.

In der letzten Zeit haben Filme wie *Quiz Show* oder *The Shaw-shank Redemption* (Die Verurteilten), die von der Kritik hoch gelobt wurden, es nicht geschafft, große Zuschauerzahlen anzulokken, und das hat die Studios eingeschüchtert. Sie geben daher kein grünes Licht für andere Filme nach großartigen Drehbüchern, die dasselbe Los ereilen könnte, beispielsweise *Evening Star*, die Fortsetzung von *Terms of Endearment*. Letztendlich läuft alles darauf hinaus, daß die Studios nur die Einspielergebnisse interessieren und die Kunst im Zweifelsfall hintangestellt wird.

Und so geht der Reigen von Gefühlen, Menschlichkeit, Geld und Herrschaft weiter. Die Jahre vergehen, und wir nähern uns nicht nur einer Jahrhundertwende, sondern einer Jahrtausendwende. Es ist zu spüren, daß viele Menschen versuchen, ein Gleichgewicht zwischen Talent und Verantwortung herzustellen. Es tun auch wirklich alle ihr Bestes. Niemand (mit ganz wenigen Ausnahmen) ist in seinem Streben nach Herrschaft vorsätzlich böswillig. Zu den Lügen, den Manipulationen, den Verführungen, den Tränen und der Unterjochung der Seele kommt es im Namen der Wahrheit und im Namen der Glaubwürdigkeit der eigenen Ziele und der Kunst. Es ist ein enormes Paradox: Wenn man den eigenen Vorstellungen treu bleiben will, dann erfordert das manchmal die niederträchtigsten Täuschungsmanöver, Doppelzüngigkeit, Scheinheiligkeit, Falschheit und salbungsvollen Schwindel.

Deshalb wird Hollywood auch das »Große Messer« genannt. Deshalb fasziniert es Zivilisten, wie wir unsere »Realität« handhaben. In Hollywood werden im Namen der Unterhaltung Dinge getan, die die meisten Regierungen unter Spionage ablegen.

Geld, Macht, Sex und Talent sind die Spielfiguren auf unserem Schachbrett, die von allen geschätzten Zutaten, die notwendig sind, um den schillerndsten aller amerikanischen Träume zu verwirklichen.

Nun sind wir in den neunziger Jahren angelangt, und uns überfällt das Gefühl, daß wir bald an einen Punkt gelangen werden, an dem wir auf unsere Gier und unser Verlangen nach diesen Schachfiguren verzichten müssen. Geben wir soviel zurück, wie wir bekommen? Wie tief werden wir uns erniedrigen, um lediglich um des Geldes willen an die niederen Instinkte unseres Publikums zu appellieren?

Langsam kommen wir an einen Punkt, an dem wir zum Besten unserer Seele und unserer Gesellschaft die im ersten Zusatzartikel zur Verfassung definierte Verantwortung übernehmen müssen. Wir haben uns in diesem Land der unbegrenzten Freiheit und der Demokratie bisher noch nicht zu liebevollen und vollkommen bewußten Menschen weiterentwickelt. Allzuoft sind wir wie grausame und egoistische Kinder, deren Überleben von materiellem Schutz und territorialen Imperativen abhängt. Wenn unsere Ausrede in Hollywood die ist, daß wir mit den von uns erzählten Geschichten lediglich die Kultur um uns herum widerspiegeln, dann ist es jetzt an der Zeit, unsere kreativen Führungsqualitäten unter Beweis zu stellen und Geschichten zu erzählen, die einen Beitrag zu der Form von Kultur leisten, die wir gerne widerspiegeln würden.

Diese Illusionen, die wir weben, diese Träume, die wir spinnen, sind wichtig. Sie können sogar Leben verändern.

Und da wir beim Eintauchen in ein neues Zeitalter außer Kontrolle zu geraten scheinen, bin ich gemeinsam mit vielen anderen zu der Überzeugung gelangt, daß wir dringend die Herrschaft über uns selbst erlangen müssen, statt anderen unsere Vorherrschaft aufzuzwingen. Wir können Einfluß darauf nehmen, wer wir sind. Andere Menschen können wir in Wirklichkeit gar nicht beeinflussen.

Unsere Filme, unsere Kunst und unsere Bücher helfen uns nicht nur dabei zu erkennen, wer wir sind, sondern auch dabei zu definieren, wer wir gerne wären.

Ich hoffe auf eine Zeit, in der man Übungen zur Selbsterkenntnis und Annäherungen an das eigene Ich nicht mehr verspotten wird. Eine Zeit, in der man sich ungehemmt zu menschlichen

Erfahrungen äußern kann, ohne der Sentimentalität bezichtigt zu werden oder sich gar vorwerfen lassen zu müssen, man wasche seine schmutzige Wäsche in der Öffentlichkeit. Ich hoffe auf äußere Umstände, unter denen die Erforschung des Ichs nicht als egozentrisch oder selbstsüchtig angesehen wird, sondern eher als eine Möglichkeit, zur Ruhe in sich selbst zu finden. Wenn wir nicht in uns selbst ruhen, wie können wir dann in unserer Arbeit zu uns finden und dem menschlichen Leben souverän Ausdruck verleihen?

Um einen stimmigen Film zu drehen, müssen alle Beteiligten lange und tief in sich selbst hineingeschaut haben – woher kommen wir, wo sind wir bereits gewesen und wohin wollen wir gern gehen? –, ehe wir auch nur damit anfangen können, die Personen kennen und verstehen zu lernen, die wir auf der großen Leinwand porträtieren wollen. Immer wenn wir mit Aufrichtigkeit in uns selbst hineinblicken, dann erkennen wir deutlich, daß sich unsere Weltsicht verändert. Wir sind nicht etwa die Opfer unserer Welt, wir sind die Opfer unserer Sichtweise der Welt.

Wir in Hollywood formen, gestalten und fabrizieren ungewöhnliche Bilder von der Welt, in der wir leben, und sie stehen in Einklang damit, wie wir uns selbst sehen. Es ist ein leichtes, Millionen von Dollar in gewalttätige Filme zu stecken, wenn wir in unserem Inneren Gewalttätigkeit verspüren. Eine Veränderung unserer Weltsicht läßt sich nur durch Veränderungen in unserem eigenen Inneren bewirken. In meinen Augen ist das angesichts des Jahres 2000 *die* Herausforderung für uns in Hollywood. Sogar die Natur scheint uns zu sagen: »Gleichgewicht kommt von innen. Fangt jetzt gleich damit an, ehe es zu spät ist.«

16

Die Schauspielerei und das Altern, die Ängste, der Zorn und die Errungenschaften

Es macht keinen Spaß, alt zu werden, aber einer Schauspielerin kann es trotzdem Spaß machen, weil es ein schönes Gefühl ist, über die Achtung zu gebieten, die sich mit dem Alter, der Weisheit und der Erfahrung einstellt. Ältere Schauspieler werden zu einer Art Würdenträger. Als wir noch jung waren, lag auf der Hand, was wir nicht wußten. Mit dem Alter werden wir zu einem Geheimnis. Als wir noch jung waren, wollten die Leute von außen her unser Inneres kennenlernen. Im Alter wollen sie uns über unser Inneres erschließen. In unserer Jugend wollten Leute uns im Bett kennenlernen. Im Alter wollen sie uns einfach nur noch kennenlernen. Unsere inneren Werte locken viele »Schürfende« an.

Als ich zwanzig Jahre alt war und meinen ersten Film drehte, verschwendete ich keinen Gedanken darauf, was für eine folgenreiche Entscheidung es war, Langstreckenläuferin zu werden. Ich stand meinem Talent und meinen frühen Erfolgen respektlos gegenüber und nahm an, der Zauber würde immer anhalten. Ich wußte nicht genug über die Gefahren des Erfolgs, um mich zu fürchten, er könnte nicht von Dauer sein. Ich kam nicht auf den Gedanken, mich abzusichern, daß mir nicht geraubt wurde, was mir zustand. Ich machte mir auch keine Sorgen, andere könnten möglicherweise meinen Vorsprung aufholen. Ich führte ein interessantes Leben, ich verdiente haufenweise Geld, und ich war mit einem Mann verheiratet, der mir eine emotionale Stütze zu sein und an mich zu glauben schien. Ich verspürte einfach nur den starken Antrieb, mich selbst auszudrücken. Wenn ich jetzt zurückschaue und bedenke, wie unglaublich naiv ich war, dann weiß ich nicht, wie ich überhaupt durchgehalten habe. Aber andererseits hat mich vielleicht gerade diese Einstellung aufrechterhalten. Ich setzte voraus, daß ich die Wahl hatte, erfolgreich zu sein, und daß ich diese Wahl immer haben würde.

Die Lektionen, was Fehlschläge und das Älterwerden angeht, sollte ich erst später erteilt bekommen, als sich mein Leben und meine Arbeit entwickelten. Diese Lektionen standen in einem direkten Bezug zu dem, was ich von den Rollen lernte, die ich spielte. In meinen Rollen – ich war um die Zwanzig – spielte ich Frauen mit großen Augen, neugierig und aufgeschlossen. Sie waren so ähnlich wie ich selbst. Ich vertraute Menschen von der ersten Begegnung an, ich begab mich mit offenen Augen in Gefahr, weil es ein Abenteuer war; eine gute Liebesszene genügte schon, damit ich mich verliebte, und ich trat nie einen Schritt zurück, um die Konsequenzen meines Tuns zu bedenken. Ich analysierte meine Rollen nicht besonders, ich schrieb niemals Seiten voll mit Notizen und Vorschlägen für den Regisseur, und nur selten lernte ich meinen Text schon am Vorabend. Offen gesagt, ich improvisierte. Ich war so ähnlich wie die Rollen, die ich spielte.

Ja, meine Rollen waren im allgemeinen das, was ich als »verschroben« bezeichnen würde. Ich spielte derart schrullige Rollen, daß die Leute mich viele Jahre lang für versponnen hielten. Vielleicht zog ich Rollen an, die mir dabei halfen, mich selbst auf unterhaltsame Weise zu analysieren. Die Mädchen, die ich in *The Trouble with Harry* (Immer Ärger mit Harry) und *Artists and Models* (Maler und Mädchen) spielte, waren clowneske, drollige und quietschvergnügte Personen, die trotz ihrer Unverschämtheit ungestraft davonkamen. Ich erinnere mich noch daran, in jenen Jahren ein Interview gegeben zu haben, in dem ich behauptete, ich wolle mir ein Image schaffen, das mir Narrenfreiheit beschert.

Meine Rolle als Prinzessin Aouda in *Around the World in Eighty Days* (In 80 Tagen um die Welt) war der Beweis, daß ich jede beliebige Nationalität spielen konnte und in meiner Rolle glaubwürdig war. *Eighty Days* markiert außerdem den Beginn einer enormen Reiselust.

Meine ersten Außenaufnahmen fanden in Japan statt, und von

da an wurde mein Leben zu einem einzigen Reisebericht – was auch noch heute zutrifft. Ich stellte fest, daß ich entweder Rollen spielte, die anhand eines Beispiels demonstrierten, wonach ich mich tatsächlich sehnte, oder daß ich in meinem Leben das fortsetzte, was ich auf der Leinwand begonnen hatte.

Ich war nicht glücklich, wenn ich Western oder Filme drehte, die Außenaufnahmen in der prallen Sonne erforderten, weil ich hypersensible blaue Augen habe. Ich verschlang Unmengen von Vitamin A, nur um sie offenzuhalten. Ich machte mir ohnehin nicht viel aus staubigen Cowboysiedlungen und Pferden, und ich kam mir albern vor, als ich in *The Sheepman* (In Colorado ist der Teufel los) Glenn Fords Freundin spielte, die versucht, Frieden zwischen den Rinderzüchtern und den Farmern zu stiften. Ich wußte weder etwas über Rancher noch über Farmer und interessierte mich noch nicht einmal für deren Probleme.

Und als ich mit Shirley Booth in *The Matchmaker* (Die Heiratsvermittlerin) und *Hot Spell* (Hitzewelle) zusammenarbeitete (sie war damals mein großes Idol), kam ich nie auch nur auf den Gedanken, ich könnte eines Tages ihr Alter erreichen (fünfundvierzig!!). Aber mit Hilfe dieser Drehbücher begriff ich die Unterschiede im emotionalen Tonfall zwischen einer Rolle in einer Komödie und in einem Drama.

Dann kam *Some Came Running* (Verdammt sind sie alle), ein Film, der mein Leben als Schauspielerin veränderte. Dort konnte ich die Komödie mit dem Drama verbinden. Es wurde meine Spezialität, durch einen Tränenschleier zu lächeln.

Der Gestaltungsprozeß, der schließlich zu dem Zauber auf der Leinwand führt, ist eine Erfahrung, die niemand auf Erden nachvollziehen kann, solange er sich nicht selbst daran versucht.

Ich persönlich muß die typischen körperlichen Merkmale, die Bewegungen und die Körpersprache des Menschen kennen, den ich spiele. Von da aus arbeite ich mich nach innen vor.

Als ich zu den Außenaufnahmen für *Some Came Running* erschien, hatte ich keine Ahnung, wie ich die Rolle spielen würde, bis ich in der ersten Szene mit Frank Sinatra aus dem Bus stieg. Ich schaute an mir hinunter und sah, daß meine Zehen nach innen gekehrt waren. In dem Moment wurde mir klar, daß Ginny Moorehead über den großen Onkel gehen wollte. Sie wollte stolpern und leicht tapsig sein, genauso, wie sie sich in ihrem ganzen Leben verhielt. Sie wollte liebevoll durchs Leben taumeln und das Wohlergehen anderer über ihr eigenes Glück stellen.

Als feststand, wie sie sich bewegte, wußte ich auch, wie sie sich anzog. Die Kleider entsprachen ihren fehlgeleiteten Vorstellungen davon, was sexy war; sie waren so eng, daß man den Verschluß ihres BHs immer sehen konnte. Ich wußte, daß sie es nicht genau nahm und nie auch nur bemerkte, wenn die schwarzen Haarwurzeln unter ihrem rot gefärbten Haar hervorkamen. Da sie so wenig auf sich selbst achtete, erregte sie beim Publikum ein warmherziges Mitgefühl. Als Dean und Frank übereinstimmend äußerten: »Himmel, sogar sie selbst weiß, daß sie ein Schwein ist«, war das auf eine brutale Weise einleuchtend.

Ginny war eine meiner liebsten Rollen, weil ich nicht nach ihr suchen mußte. Sie zeigte sich mir augenblicklich in aller Deutlichkeit. Sie war eine klar umrissene Rolle.

Wahrscheinlich bin ich von Anfang an eine Charakterdarstellerin gewesen. Mir gefallen Rollen, die exzentrisch und widersprüchlich sind. Ich liebe Unberechenbarkeit, wenn sie sogar mich überrascht. Ich liebe es, bis an die Grenzen einer Rolle zu gehen und sie doch nie zu überschreiten. Von Anfang an schätzte ich Risiko. Aber andererseits verlangte die Rolle manchmal keine solche Verwegenheit.

Zu diesen Rollen zählte die der Fran Kubelik in *The Apartment* (Das Appartement). Ich konnte keine klare Aussage über sie treffen. Im Grunde genommen war ich nie wirklich sicher, wer sie überhaupt war. Genau das war sie nämlich: unausgegoren, ein Opfer der Umstände, ohne jedes offenkundige Profil, auf das sie zurückgreifen konnte. Sie *reagierte* auf jeden in ihrer Umgebung. Daher mußte ich in diesem Film reagieren und nicht etwa agieren. Das Drehbuch war besser und subtiler als alles, was ich bis dahin gewohnt war.

Billy Wilder und Izzy Diamond legten in ihren Beobachtungen des täglichen Lebens eine solche Brillanz an den Tag, daß Jack

Lemmon und ich uns oft beim Mittagessen in der Kantine unterhielten, ohne uns je darüber bewußt zu sein, daß wir etwas in Szene setzten, was im Drehbuch fehlte. Ein oder zwei Tage später tauchte das, was wir gesagt hatten, auf den Seiten des Drehbuchs auf.

Dean und Frank brachten mir bei, wie man Rommé spielt, während wir *The Apartment* drehten. Zwischen den Aufnahmen spielten wir miteinander. So gelangte das Spiel in den Film. Ich hob immer vier Finger hoch, während meine Lippen die Zahl drei formten, einfach so, nur zum Spaß. Auch das ist in den Film übernommen worden.

In der Szene, in der mir mein Bruder zu Hilfe eilt und es zu einem Handgemenge kommt, fiel es mir schwer, mit Panik und Sorge zu reagieren. Billy nahm deshalb ein großes Stück Holz und brach es direkt vor meinen Augen in zwei Hälften. Ich war angemessen schockiert.

In der Szene, in der Fran am Heiligen Abend allein ist, ging mit dem Ton etwas schief. Nachdem der Film gedreht war, mußte ich die Szene im Studio nachsynchronisieren und dabei weinen. Diese Weinszene brachte ich nur fertig, weil ich aus einer Flasche Menthol inhalierte. Das ließ mich in das Mikrofon plärren. Es fällt mir schwer, die Notwendigkeit für echte Tränen einzusehen, wenn sich dieselbe Wirkung auch mit ein wenig erprobter Hollywood-Technologie erzielen läßt.

Ich will damit nicht meine Geringschätzung für echte, auf die Leinwand übertragene Gefühle ausdrücken. Aber es ist wahr, daß ein Publikum immer stärker auf das reagiert, was man als Schauspieler zurückhält, als auf das, was man offen ausdrückt. Man braucht nur daran zu denken, wie Bette Davis in *Dark Victory* (Opfer einer großen Liebe) stirbt. Das Publikum kann sich damit identifizieren, daß Gefühle zurückgehalten werden.

Dasselbe gilt für die Darstellung von Betrunkenen. Wie Jack Nicholson mir sagte, spielt man so, als bemühte man sich, nicht betrunken zu wirken. Auch damit kann sich das Publikum identifizieren, weil die Leute sich immer bemühen, nicht betrunken zu wirken, wenn sie es sind.

Irma La Douce: Jack wollte als nächster von mir getreten werden.
(Archive Photos)

Ein Regisseur kann einem Schauspieler bei diesen inneren Mechanismen nicht wirklich weiterhelfen. Er kann hilfreich sein, indem er freundlich und geduldig ist, oder er kann sich für hilfreich halten, indem er einem droht.

Als Billy Wilder Jack Lemmon und mich fragte, ob wir *Irma La Douce* (Das Mädchen Irma La Douce) mit ihm drehen wollten, begeisterte mich die Vorstellung, ein Musical zu machen, denn in Europa und am Broadway war das die ursprüngliche Form von *Irma La Douce* gewesen. Aber Billy entschied sich gegen die Musik. Vielleicht lag es daran, daß er nie ein Musical gedreht hatte. Viele gute Regisseure haben das Gefühl, daß ein Musical mit einem guten Drehbuch genau das und nichts weiter ist – eine gute Geschichte mit Musik. Aber ein Musikfilm ist etwas vollkommen anderes. Die Handlungsstruktur unterscheidet sich gezwungenermaßen von der eines Films ohne Musik, da sie ständig von den musikalischen Einlagen unterbrochen wird. In einem Musical darf eine Szene nicht sämtliche Informationen liefern, denn der Text der Songs muß den Informationsfluß vorantreiben. Andernfalls ist der Song überflüssig, und das Publikum fühlt sich von der Wiederholung gelangweilt.

Ich mochte die Handlung von *Irma* nicht besonders. Ich fand, sie war überzeichnet und unglaubwürdig. Die Musik verlagerte die Handlung ins Reich der Phantasie, und dadurch stimmte es für mich. Ohne die französische Musik hatte ich ein Problem mit dem Stoff.

Aber Billy traf für sich persönlich die richtige Entscheidung, als er beschloß, kein Musical zu machen. Er sagte, er wüßte nicht, wie das geht. Daher machte er statt dessen eine Art Feydeau-Farce daraus. Aber ich empfand den Film als etwas geschmacklos und plump. Ich verstand nicht, warum ich für einen Oscar nominiert wurde, und ich wäre wirklich ratlos und verblüfft gewesen, hätte ich ihn tatsächlich dafür bekommen. Ich wußte zwar, daß es nicht dazu kommen würde, aber wäre der Fall eingetreten, dann war ich bereit, ein Plädoyer für die Legalisierung des ältesten Gewerbes der Welt zu halten.

Die größte Enttäuschung in den frühen Jahren meiner Karriere war für mich William Wylers Remake seines eigenen Films *These Three* (Infame Lügen), umbenannt in *The Children's Hour* (Infam). John Michael Hayes war bei der Umsetzung von Lillian Hellmans Theaterstück sehr nah am Original geblieben, nur waren in der ersten Filmversion zwei Frauen in denselben Mann verliebt. Diesmal hatte Willy vor, es richtig zu machen: Ein Mann (Jim Garner) und eine Frau (ich) waren in dieselbe Frau (Audrey Hepburn) verliebt.

Daher definierte ich, vom Drehbuch ausgehend, Marthas Rolle als die eines Mädchens, das liebevoll ihre Bewunderung und ihre emotionale Bindung zu Karen aufbaut. So konnte das Publikum schon früh erkennen, was eigentlich vorging. Tatsächlich war sich Martha keineswegs bewußt, daß ihre Gefühle in irgendeiner Form unangemessen sein könnten, bis ein kleines Mädchen Marthas Benehmen übertrieb und in eine Lüge kleidete. In dieser Lüge war ein wahrer Kern enthalten.

Audrey und ich kamen einander bei der Zusammenarbeit sehr nah. Sie war mir, und das blieb sie bis zu ihrem Tod, einer der liebsten Menschen auf Erden. Audrey vertraute auf Willy, und oft drehte sie sich zu mir, seufzte und äußerte voller Zuversicht, wie wunderbar es doch sei, mit jemandem zusammenzuarbeiten, dem man seine künstlerische Integrität vorbehaltlos anvertrauen konnte.

Aber nachdem die Aufnahmen abgeschlossen waren, bekam Willy kalte Füße, was das Thema Lesbierinnen anging. Er schnitt sämtliche Szenen heraus, die zeigten, wie Martha sich in Karen verliebte. Szenen, in denen ich (Martha) liebevoll Karens Kleider bügelte, ihr das Haar bürstete oder ihr Plätzchen buk, landeten auf dem Fußboden des Schneideraums. Das Publikum sollte die wachsende Liebe wahrnehmen, die Martha für Karen empfand, und genau das verlieh dem Film die Spannung, denn Karen bemerkte nichts. Durch das Streichen dieser Szenen konterkarierte Willy die Absicht des Films.

So blieb er Lillian Hellmans Stück schließlich doch nicht treu, und das Ergebnis waren katastrophale Kritiken. Einer der Kritiker bezeichnete den Film als eine »kulturelle Antiquität«. Ein anderer

Wir hatten nur fünfunddreißig Drehbuchseiten, als wir begannen, *The Apartment* zu drehen. Billy wartete noch ab, weil er erst sehen wollte, ob eine Komödie sich ins Tragische kehren ließ. (Photofest)

Diese Szene im Gerichtssaal wurde aus *The Children's Hour* herausgeschnitten.

begann seine Kritik mit: »Je weniger man zu dieser Lesbenge-
schichte sagt, desto besser.«

Ich war am Boden zerstört. Willy auch. Aber er war nicht bereit
gewesen, das Risiko einzugehen und seine Idee bis zum Ende
durchzuziehen.

Im Laufe der Jahre wurde mir irgendwann bewußt, daß ich Karriere damit gemacht hatte, Opfer zu spielen. Das war mir nicht
bewußt gewesen, bis ich meine Rollen zu analysieren begann.

Ask Any Girl (Immer die verflixten Frauen) mit David Niven
war eine Komödie, in der ein Mädchen aus einer Kleinstadt der
Großstadt zum Opfer fällt. *Career* (Viele sind berufen) war die
tragische Geschichte eines Partymädchens, das zur Leidtragenden
seines eigenen Verhaltens wird. Fran Kubelik in *The Apartment*
fiel den unsensiblen Schuldgefühlen eines verheirateten Mannes
und den männlichen Machtstrukturen der Branche, in der sie
arbeitete, zum Opfer. Als ihr Leben ihr über den Kopf wuchs,
versuchte sie dann schließlich, sich umzubringen.

In *The Children's Hour* fiel Martha der Lüge eines Kindes zum
Opfer.

In *Can-Can* war meine Rolle zwar stark komisch, aber sie fiel
den Launen Frank Sinatras zum Opfer.

In *Two for the Seesaw* (Spiel zu zweit) war Gittel Mosca das
Paradeopfer von Greenwich Village – ausgebeutet im Alltag und
als Tänzerin, von Mitchum, von der Ehe, vom Leben.

In *Irma La Douce* arbeitete die Titelrolle hart, damit ihr Zuhäl-
ter weiterhin in dem großen Stil leben konnte, an den er sich
gewöhnt hatte.

In *The Yellow Rolls-Royce* (Der gelbe Rolls-Royce) war ich eine
Gangsterbraut, die versuchte, aus allem das Beste zu machen. In
Woman Times Seven (Siebenmal lockt das Weib) waren alle sieben
Frauen Opfer ihrer Lebensumstände, die mit den lockenden Bil-
dern Vittorio de Sicas dargesellt wurden.

In *What a Way to Go* (Immer mit einem anderen) starben alle
meine Ehemänner, und sie ließen mich mit Millionen von Dollar
zurück – und ohne Leben.

The Children's Hour: Willy stellte sich taub, doch er war es nicht – es sei denn, die Szene war gräßlich. (Archive Photos)

Ich bewunderte Audrey grenzenlos, und sie fehlt mir.

Das Musicalopfer par excellence war Hope Valentine in *Sweet Charity*. Sie war genauso wie ihr Name – entzückend und voller Hoffnung, und sie hielt sich für ein geborenes Liebchen (Valentine) das jedem eine milde Gabe (charity) zukommen ließ. Natürlich hätte Charity eine abgebrühte kleine Hure sein sollen, die im Grunde genommen nichts anderes ernst nahm als das Geld, das sie in ihrer Kaffeedose aufbewahrte.

Es war an der Zeit, etwas anderes zu tun. Ich hatte alles über die verschiedenen Arten, zum Opfer zu werden, gelernt, was ich je lernen mußte. Jetzt stieg ich zu Rollen auf, in denen es um die Beziehung von Frauen zu ihrer Arbeit und zu ihrer Familie ging. Zunächst mußte ich jedoch die erste Phase durchstehen, in der ich erfuhr, was es hieß, unerwünscht und arbeitslos zu sein.

Es war im Jahr 1976 und ich war zweiundvierzig Jahre alt.

Ich hatte eineinhalb Jahre geopfert, um 1972 für George McGovern zu arbeiten, ich hatte zwei Filme gedreht, die Flops waren, *Desperate Characters* (Verzweifelte Menschen) und *The Possession of Joel Delaney*, und ich hatte mit *Shirley's World* einen Abstecher ins Fernsehen unternommen. Diese Serie war so schlecht, daß ich jeden Mittwochabend um halb zehn, wenn sie ausgestrahlt wurde, unterwegs war, nur um sicherzugehen, daß ich die Sendung nicht sehen mußte.

Plötzlich wurde mir die Bedeutung des Wortes »ausrangiert« klar. Genau das schien bei mir der Fall zu sein. Ich hatte Hollywood wegen meiner politischen Arbeit verlassen, und als ich dann ins Filmgeschäft zurückkehrte, waren meine Aussichten grauenhaft. Es gab keine Rollen für mich. Ich hatte nie das Gefühl, wegen meiner Opposition gegen Nixon auf der schwarzen Liste zu stehen (obwohl er in Hollywood von den meisten unterstützt wurde). Der Grund, warum ich keine Arbeit bekam, war der, daß ich nicht einzuordnen war. Die Zeiten, in denen ich das witzige neue Mädchen war, waren längst vorbei. Ich hatte die Vierzig überschritten, und ich nahm nicht nur an Jahren zu, sondern auch an Pfunden.

Ich bekam Depressionen und fühlte mich unterfordert. Ich war ein Rennpferd mit einem Anteil reinrassigen Vollbluts in den Adern, und ich konnte keine Rennbahn finden.

Ich lebte in New York und genoß das Leben bis zu einem gewissen Grad, aber mir war bewußt, daß ich mich mit jedem Tag, der verging, mehr und mehr von meinem wahren Zuhause entfremdete – Hollywood. Zum ersten Mal erschienen meine Zukunftsaussichten trübe und unsicher. Ich begann, mir Sorgen um mich zu machen. Vorüber waren die mit Arbeit vollgestopften Zeiten meiner Jugend, in denen ich bewundert wurde und sorglos in den Tag hineinlebte. Ich spürte den Zahn der Zeit und merkte, welche Weisheit die Realität verleiht.

Ich faßte den Entschluß, zu meinen Anfängen zurückzukehren. Ich nahm wieder Tanzunterricht, setzte mich auf eine gnadenlose Diät, nahm dreißig Pfund ab und kehrte auf die Bühne zurück. Zumindest konnte ich mich auf das Training aus meiner Kindheit verlassen. Wenn es funktionierte, war mir ein Platz sicher, an dem ich mich ausdrücken konnte, und für mein Auskommen würde gesorgt sein.

Als ich im MGM Grand eröffnete, wußte ich, daß ich ein ausrangierter Filmstar war, der auf Auftritte in Clubs zurückfallen mußte, weil ich nirgends sonst mehr hingehen konnte. Ich habe meinen Körper gnadenlos geschunden, um dünn und straff zu wirken. Mein Leben spielte sich im Fitneßraum ab, und ich aß so gut wie nichts. Und mir graute davor, vor einem Publikum zu stehen.

Einer der Menschen, die mich am meisten ermutigt haben, weiterzumachen, war der Komponist Cy Coleman. Er hatte die Musik für *Sweet Charity* geschrieben, und ich schätzte sein Talent und seine Großzügigkeit sehr. Er willigte ein, mir bei der Zusammenstellung meiner Show zu helfen, in die ich natürlich viele seiner Songs einbaute. Mir war das recht. Die meisten seiner Werke waren ohnehin für Schauspieler und Tänzer geschrieben, die zu allem Übel auch noch sangen.

Da war ich also, ein Filmstar, der keine Arbeit mehr bekam, seine Eröffnungsveranstaltung in Las Vegas gab und hoffte, daß es hinterher in anderen Clubs weitergehen würde. Gott sei Dank war die Show ein Bombenerfolg. Ich war begeistert. Von Las Vegas ging es nach Europa und schließlich nach New York, wo ich im Palace auftrat, und auch dort konnte ich einen riesigen Erfolg landen. Ich hatte eine neue Karriere vor mir, von der ich glaubte, ich könnte mich darauf verlassen, solange ich das Publikum mit meinen Auftritten anlockte. Es stellte sich jedoch schon bald heraus, daß das Publikum verwirrt war und nicht so recht wußte, was es von mir zu erwarten hatte, und so ist es bis heute. Leute, die regelmäßig Live-Konzerte besuchen, fragen sich, ob sie einen Filmstar zu sehen bekommen, eine politische Aktivistin, einen Menschen, der ihnen einen Vortrag über metaphysische Angelegenheiten halten wird oder eine Sängerin und Tänzerin, die manchmal Musicals aufführt. Sie sind sich nicht sicher.

Das trifft vor allem auf das Publikum in den Vereinigten Staaten zu (abgesehen von den beiden Küsten). In den Augen des amerikanischen Publikums gehöre ich auf die Leinwand. Hollywood war meine Ausgangsbasis – mein wirkliches Zuhause. Das war die Stadt, in der ich Anerkennung fand. Deshalb liegt mir viel daran, in irgendeiner Form weiterhin auf der Leinwand zu bleiben, denn der Film ist das Medium, durch das ich mich ganz natürlich ausdrücken kann. Und doch stürzt mich jeder erfolgreiche Film, für den ich glücklicherweise eine Rolle bekomme, in tiefe Verwirrung in bezug auf meine Bühnenarbeit. Bin ich eine Charakterdarstellerin oder eine Unterhalterin? Und je älter die Rolle ist, die ich in einem Film spiele, desto mehr verwirre ich das Publikum hinterher auf der Bühne. Wie kann eine grauhaarige (selbst wenn es nur Perücken sind), exzentrische Charakterdarstellerin in ihrem Flitterkostüm auf der Bühne singen und tanzen?

Meine ursprüngliche Rolle war die eines Filmstars, und ich denke, als solchen wird man mich für den Rest meines Lebens sehen, ganz gleich, ob ich weiterhin in Filmen mitspiele oder nicht.

Jedenfalls haben mir meine Shows in der Mitte der siebziger Jahre das Leben gerettet, und als ich endlich wieder ein gutes Angebot für einen Film bekam, war es *The Turning Point* (Am Wendepunkt) mit Herb Ross als Regisseur.

The Turning Point war mein erstes Comeback im Film! Ich

Nach vierzig Jahren und vierzig Filmen immer noch auf der Bühne.
(Martha Swope, © Time Inc.)

spielte eine Frau in mittleren Jahren. Diese Rolle war mein erster behutsamer Versuch als Charakterdarstellerin, und ich begriff, daß für mich eine neue Phase begann, in der ich durch meine Rollen etwas über Mutter-Tochter-Beziehungen lernte. Dieses Thema schien auf der Leinwand populär zu sein, weil so viele Mütter und Töchter Probleme miteinander hatten. Ich fühlte mich wieder zu etwas nutze. Ich konnte etwas über die Komplexität von Frauen aussagen, ob jung oder alt, über die sich wandelnden Wertvorstellungen innerhalb der Familie und darüber, wie das Alter Weisheit mit sich brachte – wenn man es zuließ.

Somit war *The Turning Point* ein Wendepunkt in bezug auf die Rollen, die ich spielte. Dee Dee hat in ihrer Jugend unablässig trainiert, um eine gute Ballettänzerin zu werden. Sie steht kurz davor, berühmt zu werden, als sie die Entscheidung trifft, all das für die Ehe und für eine Familie aufzugeben. Durch die Rolle der Dee Dee prüfte ich, wie ich an eine solche Entscheidung herangegangen wäre. Die Antwort? Ich hätte meine Arbeit niemals für eine Ehe, eine Familie oder irgend jemanden aufgegeben – für mich wäre das gewesen, als sagte man einer B-47, sie sollte nicht fliegen, sondern es sich statt dessen im sicheren Hangar gemütlich machen und dort ein befriedigendes Dasein führen.

Für mich war Arbeit eine Notwendigkeit, und diese Tatsache machte mir klar, daß ich Anerkennung brauchte, ganz gleich, was sich auch sonst in meinem Leben abspielte. Daher mußte ich in einer Branche überleben, die dafür berüchtigt war, Leute, insbesondere Schauspielerinnen, zu Gebrauchsgegenständen zu machen, die man achtlos wegwarf, wenn sie entbehrlich geworden waren.

Ich hatte als Tänzerin begonnen, und jetzt schloß sich der Kreis, denn ich spielte in einem Film mit, den ich dringend nötig hatte und für den ich dankbar war, umgeben von der Welt meiner Anfänge – dem Ballett!

Herbert Ross, der Regisseur, war mit Arthur Laurents' Drehbuch in seinem Element. Herbert hatte selbst als Tänzer und Choreograph beim Ballett gearbeitet, was wirklich ungewöhnlich ist, da er weit über einen Meter achtzig groß ist. Er sorgte dafür, daß Nora Kaye, seine Ehefrau und eine der größten Ballerinen aller Zeiten, als Koproduzentin fungierte und ein Auge auf alles hatte. Die beiden waren ein brillantes kreatives Team, und das zeigte sich in dem gesamten Filmmaterial. *The Turning Point* wurde elffach für den Academy Award nominiert, darunter auch einmal für mich. Daß der Film ein Kassenschlager wurde, hatte er den tiefen Einsichten der beiden in die Welt des Balletts zu verdanken und dem Tribut, den sie dieser Welt zollten.

Für Michail Barischnikow war es sein erster Spielfim. Er arbeitete hart und war äußerst gewissenhaft. Ich mochte ihn sehr gern und genoß seine Gegenwart. Oft redeten wir zwischen den verschiedenen Kameraeinstellungen miteinander. Wir sprachen darüber, was das Ballett dem Geist, dem Körper und der Seele antut und was es *für* Geist, Körper und Seele tut. Er empfand die Schauspielerei als anstrengend, weil man dort das emotionale Niveau den ganzen Tag lang halten mußte. Oft kam er nach Beendigung der Dreharbeiten am Abend zu mir und sagte, es sei einfacher, ein vollständiges Ballett zu tanzen, als während der langen Wartezeiten die Gefühlsmäßigkeit aufrechtzuerhalten.

Es begeisterte mich, wieder unter vollendeten Balletttänzern zu sein. Ich war nie gut genug gewesen, um Solistin zu werden. Beim Pas de quatre gelangte ich an meine Grenzen. Ich war zu groß (einen Meter siebzig), und ich hatte keine schön geformten Füße (hoher Spann). Die Dehnung meines linken Beines war ziemlich gut, aber mein Fuß wollte nicht die Kurve beschreiben, die als Gipfel der Schönheit gilt. Meine Stärke waren Sprünge, insbesondere Grand jetés, und Spitzentanz.

Ich beobachtete gerne, wie Ballerinen bei den Dreharbeiten versuchten, gleichzeitig ihre Rolle zu spielen und zu tanzen. Viele von ihnen konnten es nicht. Sie waren derart auf ihre Bewegungen konzentriert, daß ihre Lippen keine Worte bilden konnten. Im richtigen Leben konnten sie spontan drauflosreden und gleichzeitig tanzen, doch es bereitete ihnen Schwierigkeiten, sich an ihren Text zu erinnern, während sie ihre Schritte ausführten.

Die letzte Szene des Film drehten wir zuallererst, in einem Theaterfoyer in einem der oberen Stockwerke, gegenüber vom

Palace Theater. Ich hatte meine One-woman-Show im Palace gerade beendet, und mein Name prangte noch immer auf der Anzeigetafel.

Ich schaute darauf hinunter und erinnerte mich wieder an all die Jahre der Ballettschikanen. Jetzt spielte ich die Rolle einer Frau, die sich sagt: Was genug ist, ist genug. Ich fragte mich, wann ich wohl zu dieser Schlußfolgerung gelangen würde. Ich fragte mich aber auch, wie mein Leben wohl verlaufen wäre, wenn ich nie Ballettunterricht genommen hätte. Das Tanzen bedeutete die Würdigung von Form, Kunst und Schönheit – Disziplin war Voraussetzung. Es bedeutete Pünktlichkeit, miserables Essen, mangelnden Schlaf, laute Züge und den Triumph über Widrigkeiten. Es bedeutete aber auch Kampf und den Sieg des Spirituellen über das Physische. Wenn alle diese Dinge zusammenkamen, machte das Gefühl, sich mit dem Körper in Formen exquisiter Geometrie aufzuschwingen, die Erfahrung, am Leben zu sein, zu einem himmlischen Zustand.

Obwohl *The Turning Point* ein großer Erfolg für mich und alle anderen Beteiligten war, wurde der Film von manchen Leuten abfällig als ein »Frauenfilm« abgetan. Dennoch hatte ich neuen Mut geschöpft, da ich einen Weg zurück nach Hollywood gefunden hatte.

Der grelle Schein der weißen Kulissen um die Mittagszeit, die Termine am frühen Morgen und die um diese Tageszeit verstopften Freeways, aber auch der bange Wunsch, dem Studio zu gefallen, hielten wieder Einzug in mein Leben. Aber auch die kameradschaftlichen Gefühle bei den Dreharbeiten, der Ausdruck menschlicher Emotion und das Gefühl, wieder einmal anerkannt zu werden, waren wieder da.

Was täte ich wohl, überlegte ich mir, wenn all das für immer vorüber sein sollte? Ich führte eine Ehe über eine große Entfernung hinweg, die inzwischen platonisch und unbefriedigend geworden war. Ich hatte eine Tochter, die ihr eigenes Leben führte, ich hatte einen Paß mit Stempeln von fast jedem Land auf der Welt, ich steckte in einer Beziehung, die ihrem Ende entgegenging, und meine Zukunftsaussichten waren ungewiß.

Misha liebte es, im Oval Office zu sitzen – ein solches Gefühl von Freiheit!

Ich begann ernsthaft, den Sinn meines Lebens zu hinterfragen, meinen Daseinszweck und meine Bestimmung, den Grund dafür, daß ich am Leben war, wohin ich ging und woher ich möglicherweise gekommen sein könnte.

Das war der Zeitpunkt, zu dem die Spiritualität und die Metaphysik wichtig für mich wurden. Ich begann, sehr viele spirituelle Fragen zu stellen. Ich las alles, was ich finden konnte, darunter auch die Bibel, den Koran und so ziemlich jedes Buch, das jemals über Reinkarnation geschrieben worden ist, über die Gesetze des Karma und Außerirdische. Meine Nachforschungen führten mich an entlegene Winkel der Erde, und schon bald fand ich einen vollständig neuen Freundeskreis.

Ich erlernte die metaphysischen Axiome für die Realität, aus denen sich folgern ließ, daß die Realität unseres Lebens im Grunde genommen unsere eigene persönliche Schöpfung zum Zwecke des Lernens ist und daß das Leben selbst tatsächlich eine Illusion oder ein Traum ist, der uns aufgrund seiner Botschaften zutiefst beeinflußt. Vor diesem Hintergrund nahm ich die Realität Hollywoods völlig anders wahr. Die Parallelen waren enorm. Wir in der Filmbranche erschufen Illusionen für andere Menschen und wollten, daß sie daran glaubten und sie für wahr hielten, während wir in unserem Leben dasselbe für uns selbst taten. Mit anderen Worten: Jeder von uns war für die Erzeugung all dessen verantwortlich, was uns zustieß. Daher stand es auch in unserer Macht, das wieder rückgängig zu machen, was wir selbst erschaffen hatten, sollten wir das wünschen.

Ich wollte das rückgängig machen, was in Hollywood in bezug auf Frauenrollen geschah.

Die Rollen, die in Hollywood für Frauen geschrieben wurden, spiegelten Verwirrung wider. Es war fast so, als versuchten die Männer, die die Rollen schrieben, dahinterzukommen, wer sie selbst eigentlich waren, und nicht etwa, wer die Frauen waren. Ich erhielt zwei Drehbücher zu dem Thema offene Ehe, die im Grunde genommen identisch waren, *Loving Couples* (Ein Walzer vor dem Frühstück) und *A Change of Seasons* (Jahreszeiten einer Ehe). Ich konnte mich nicht für eines entscheiden, und daher nahm ich beide an. Aus einem der beiden Filme würde schon etwas werden. *Beide* waren grauenhaft. Weder die weiblichen noch die männlichen Hauptrollen wirkten echt in ihren Versuchen, mit Monogamie, Untreue und schließlich dann der Kommunikation in der Ehe umzugehen. Wieder einmal schaute ich mir das ganze Geschehen als Außenstehende an.

Die Drehbuchautoren diskutierten ausgiebig über das Problem, ebenso die Regisseure und die Produzenten. Inzwischen waren Frauen im Grunde genommen vom Filmemachen ausgeschlossen. Sie wurden zu Statisten, die pflichtbewußt die Erwartungen des männlichen Hauptdarstellers erfüllten oder lautstark gegen den männlichen Hauptdarsteller protestierten. Noch wahrscheinlicher war es, daß man als Frau überhaupt keine Filmrollen mehr bekam, weil die männlichen Hauptdarsteller gemeinsam mit anderen männlichen Hauptdarstellern auftraten. Filme, die Männerfreundschaften zum Thema hatten, waren der neueste Schrei. Ich wandte mich wieder der Metaphysik zu, in der ich meine eigene Realität erschaffen konnte – ohnehin die menschliche Kunstform, die sich gerade neu zu entwickeln schien.

Wieder einmal fragte ich mich wie so viele andere auch, ob es jemals wieder gute Filmrollen für Frauen geben würde.

Dann traten Jim Brooks und *Terms of Endearment* (Zeit der Zärtlichkeit) in Erscheinung, und es kam zu meinem zweiten Comeback im Film. Jim war sich klar über die Widersprüche, die Haken und Ösen und die tolle »Großmütigkeit« von Frauen.

Dieser Film veränderte, was Frauen betraf, die Hollywoodlandschaft. Aber niemand konnte daran anschließen. Jim stand ganz allein da mit seinem vollendeten Verständnis für Widersprüche im Menschen, in Männern und in Frauen. Auch was das Älterwerden anging, war er brillant.

Während der Dreharbeiten zu *Terms* war ich sehr froh darüber, daß mir Auroras Älterwerden keine Probleme bereitete.

Ich erinnere mich noch daran, wie sensibel und bemüht Jim war, meine Eitelkeit nicht zu verletzen, als er vorschlug, meine eigenen grauen Haarwurzeln als Zeichen für Auroras nachlassenden Stolz auf ihren Körper und ihre verfallende äußere Erscheinung einzu-

Loving Couples: Ich mußte eine Diät machen, um in dieses Kleid zu passen, das ich in einer Szene mit James Coburn trug. (Courtesy Time Life Films)

setzen. Ich hatte nicht nur nichts dagegen, sondern ich schöpfte sogar wohltuenden Trost aus der Vorstellung, daß meine Zukunft darin liegen könnte, erfolgreich ältere Rollen zu spielen. So würde ich wenigstens weiterarbeiten können, und vielleicht konnte ich durch meine Darstellung sogar wichtige Dinge übermitteln. Ich erinnere mich jedoch auch noch an den Tag, an dem wir Probeaufnahmen zu Auroras physischem Zerfall drehten. Der Kameramann mußte früher gehen. Er vergaß, einen Filter vor das Objektiv zu schrauben.

Am nächsten Tag sah die gesamte Besetzung die Probeaufnahmen. Die Falten, die sich in mein Gesicht eingegraben hatten, waren auf dem Zelluloid wesentlich auffälliger als im wirklichen Leben. Ich war entsetzt. In dem Moment wußte ich, daß ich alt war, und ich war noch nicht einmal fünfzig. Hollywood hat eine Art, einen dazu zu zwingen, in die Zukunft zu schauen, und was ich sah, stimmte mich nicht gerade fröhlich.

Nach *Terms of Endearment* war nichts in Sicht. Ich entschloß mich, *Cannonball Run II* (Auf dem Highway ist wieder die Hölle los) zu drehen. Der Kritiker von *USA Today* schrieb, Dean Martin und ich sollten unseren Agenten feuern.

Die nächsten Jahre verbrachte ich damit, zu schreiben und eine fünfstündige Miniserie auf der Basis meines Buchs *Zwischenleben* zu drehen. Gemeinsam mit meinem Koautor und Freund Colin Higgins, der ebenfalls seine spirituelle Suche angetreten hatte, entschied ich, was für ein breites Publikum genießbar war und was nicht.

Die Einschaltquoten der Sendung waren niedriger, als wir erwartet hatten, obwohl sie am zweiten Abend in Führung vor den Filmen auf allen anderen Sendern lag.

Eines faszinierte mich, was unsere Konkurrenz betraf. Am ersten Abend wurden wir von *Mafia Wife* geschlagen. Zwei Frauen kämpften in der Arena des Publikumsgeschmacks miteinander. Die eine auf einer spirituellen Suche, die andere auf einem Machttrip. Die Mafia siegte. Mehr habe ich dazu nicht zu sagen.

Meine Rolle in *Steel Magnolias* (Magnolien aus Stahl – Die Stärke der Frauen) wurde bahnbrechend für meine eigene, zunehmend jähzornige Art, mich auszudrücken. Die Texte von Robert Harling (»Ich bin jetzt schon seit vierzig Jahren schlecht gelaunt«) spornten mich dazu an, in meinem eigenen Leben einen sarkastisch geistreichen Kurs einzuschlagen, als ich feststellte, daß ich mit zunehmendem Alter Dummköpfe nicht mehr gelassen ertragen konnte.

Ich liebte es, ohne Make-up zu spielen, mit einer grauen, zerzausten Perücke und einer Garderobe, deren sich eine Stadtstreicherin geschämt hätte. Das gab mir das Gefühl, älter und komischer sein zu dürfen und die gesellschaftlichen Normen ignorieren zu können. Tatsächlich konnte ich mir vorstellen, in ein paar Jahren Ähnlichkeit mit Ouiser Boudreaux aufzuweisen. Reich, zügellos sarkastisch und mehr als froh darüber, allein zu sein.

Von meinen Rollen habe ich die Dinge übernommen, die mir am besten an ihnen gefielen und die mir Vergnügen bereitet haben.

Zu dem Zeitpunkt, als ich bei *Madame Sousatzka* (Madame Sousatzka) angelangte, war ich durch das Feuer gegangen: Ich wußte, daß ich in die letzte Phase meines Lebens eingetreten war. Die Rolle der Sousatzka war meine Huldigung an alle Lehrer, die ich jemals hatte, einschließlich meiner Eltern. Ich wollte sie sogar noch älter spielen, als man es mir abgenommen hätte. Ich schien mich in die bittersüße Einsamkeit einzufühlen, die es mit sich brachte, andere zu unterrichten, da meine eigene Zeit jetzt knapp bemessen war. Ich weiß, daß meine Darstellung schockierend war, aber das Älterwerden ist schockierend, und ich wollte meine Eindrücke mit dicken Pinselstrichen wiedergeben.

Mit *Madame Sousatzka* kam ich dem Leben in einer Rolle näher denn je. Ich experimentierte und beschloß, eine metaphysische Technik anzuwenden. John Schlesinger, der Regisseur, und ich überlegten gemeinsam, wie die Sousatzka sich kleidete, sich bewegte, redete und zu sich selbst und ihren Klavierschülern stand. Dann warf ich sie in das Universum hinaus, sorgte dafür, daß ich mir selbst nicht im Weg stand, und erlaubte der Sousatzka, sich selbst durch mich zu spielen! Die Schauspielerei ist insofern ohnehin eine metaphysische Erfahrung, als wir Schauspieler eine Realität erschaffen, von der wir dann selbst glauben, sie sei Wirklichkeit. Daher erschien es mir unvermeidlich, mit der Sousatzka einen Schritt weiter zu gehen, weil ich mich auf Schlesingers Urteil verlassen konnte.

Die Sousatzka »kam herein«, direkt bevor am Morgen die Kameras anrollten, und jeden Abend nach der letzten Szene ging sie wieder. Als wir die letzte Szene des Films drehten, verabschiedete sie sich für immer, und innerhalb von fünf Minuten hatte ich Halsschmerzen und Fieber, und ich bekam eine Grippe. Ich weiß nicht, warum das passiert ist. Metaphysiker würden sagen, es war auf die Energieveränderung zurückzuführen. Ich war stolz auf diese Darstellung, obwohl nur etwa zwölf Menschen auf der Welt den Film sahen. Außerdem hatte ich mich damit ein für allemal als Charakterdarstellerin etabliert. Hatten manche Produzenten vorher befürchtet, ich könnte Rollenangebote für ältere Frauen als eine Beleidigung auffassen, so hatten sie nun keine Scheu mehr. Tatsächlich machten sie sich sogar derart frei von ihrer Furcht, daß ich einige ganz erstaunliche Vorschläge bekam, darunter *Driving Miss Daisy* (Miss Daisy und ihr Chauffeur). Ich schätzte Dick und Lili Zanuck sehr, aber ich hatte das Gefühl, noch nicht reif für Jessica Tandys Rollen zu sein.

Als Mike Nichols und Carrie Fisher mich aufforderten, bei *Postcards from the Edge* (Grüße aus Hollywood) mitzuspielen, kam ich mir wieder wie in alten Zeiten vor. Ein Film mit einem großen Budget und mit Stars (Meryl Streep, Dennis Quaid und Gene Hackman); den ganzen Tag über ein aufwendiges Büfett (das Essen wurde mir von Jahr zu Jahr wichtiger); eine Gesangsnummer, die Stephen Sondheim umgeschrieben hatte; ein großartiger Regisseur, ein ausgezeichneter Leinwandpartner, ein geistreiches Drehbuch voller Dramatik und außerdem die beste Rolle, die ich seit langer Zeit bekommen hatte.

Aber das Publikum hatte sich verändert. Es interessierte sich nicht mehr für noch eine Analyse von Mutter-Tochter-Konflikten. *Postcards* war ein weiterer bescheidener Erfolg, und wieder einmal murmelten die Studiobosse, »Frauenfilme« seien eben doch riskant.

Dasselbe passierte mit *Used People* (Die Herbstzeitlosen). Die Leute machten sich nicht besonders viel aus familiären Problemen auf der Leinwand. Unsere Zivilisation wollte keinen Spiegel vorgehalten bekommen. Ich denke, die Zeiten waren ohnehin schon hart genug. Die Leute wollten entkommen. Dennoch hielt ich weiterhin Ausschau nach Geschichten, die eine intelligente Botschaft vermittelten. *Wrestling Ernest Hemingway* (Walter & Frank – Ein schräges Paar) war ein Fehlschlag, weil der Film sich selbst zu ernst nahm. Er vermittelte ein Zuviel an Botschaften und vergaß darüber alles andere. Aber inzwischen wollte ich nur noch mit Menschen zusammenarbeiten, die ich schätzte, und mich interessierte nicht mehr allzusehr, wieviel ein Film letztlich einspielte.

Ich war in Hollywood in vieler Hinsicht zu einer respektierten älteren Frau geworden.

Ich bekam zahllose Drehbücher, die für mich Rollen von Frauen um die Fünfundsiebzig und sogar noch älter vorsahen.

Als ich *Guarding Tess* erhielt, las ich die Beschreibung der Rolle: Tess Carlisle, fünfundsiebzig Jahre, Witwe des früheren Präsidenten. Ich beschloß, mich nicht beleidigt zu fühlen, las das Drehbuch, war davon begeistert, entschied mich dafür, diesen Film zu drehen, und nahm im Grunde genommen nur eine einzige Veränderung an dem Drehbuch vor. Dort, wo es hieß, Tess Carlisle, fünfundsiebzig, vertauschte ich die Ziffern einfach, und schon hieß es: Tess Carlisle, siebenundfünfzig. Niemand hatte etwas dagegen einzuwenden, und niemand nahm den Unterschied wahr.

Als *Guarding Tess* ein bescheidener Erfolg wurde – der Kassenschlager, bis *Naked Gun* 33⅓ (Die nackte Kanone 33⅓) Premiere hatte –, verspürte ich die aus früheren Zeiten wohlbekannte Erregung, wieder einmal erfolgreich zu sein. Die Leute freuten sich, mich auf Partys und Veranstaltungen zu treffen. Sie verhielten sich äußerst ehrerbietig, was mein Leben und mein Gesamtwerk anbetraf. Aber innerlich mußte ich doch darüber lachen. Ich erinnerte mich nur zu gut daran, wie es war, als niemand sich etwas aus mir machte. Meine Anwesenheit wurde höflich zur Kenntnis

Postcards from the Edge: Meryl Streep ist in meinen Augen die Welt-
beste. Aber Dennis Quaid ist auch nicht schlecht. (Archive Photos)

genommen, aber niemand verbrachte viel von seiner kostbaren Zeit damit, mit mir in einer Ecke zu sitzen und sich in ein ernstes Gespräch zu vertiefen. O ja, wie vergänglich Ruhm und Erfolg in Wirklichkeit doch waren, und wie bedeutungslos, wenn man es längerfristig betrachtete. Erfolge bei den Kritikern und an den Kinokassen bedeuten mir dann etwas, wenn sie zu meiner Kenntnis meiner selbst beitragen, und diese Kenntnis entspringt nicht nur Erfolgserlebnissen, sondern auch der Erfahrung mit Mißerfolgen.

Früher habe ich mir Sorgen darüber gemacht, was andere Leute über mich denken könnten. Heute interessiert mich, wie ich über andere Leute denke. Das gilt auch für das Publikum. Ich habe jetzt meine eigene Meinung über mein Publikum, genauso wie sich das Publikum eine Meinung über mich bildet. Und manchmal ist meine Meinung über das Publikum nicht übermäßig respektvoll. Mich interessiert nicht mehr allzusehr, was die Leute denken, weil ich nicht mehr sicher bin, ob sie überhaupt denken.

Was mich jetzt interessiert, ist die Schauspielerei, das Schauspielern und das Auftreten auf der Bühne. Ich tue es für mich selbst. Ich habe mit der Zeit tiefen Respekt vor meinem Beruf und vor dem gewonnen, was erforderlich ist, um sich in diesem Beruf zu halten. Ich bin nicht sicher, ob die Meinung eines Publikums etwas damit zu tun hat.

Wahrscheinlich wird meine größte schauspielerische Herausforderung jetzt darin bestehen, Aurora Greenway in *Evening Star* wieder auferstehen zu lassen. Sie ist um zwanzig Jahre gealtert und schlägt sich jetzt nicht nur mit dem Älterwerden und ihren Enkeln herum, sondern zudem noch mit ihrer heftigen und unbezähmbaren Sexualität. Sie geht zu einem Psychiater, weil sie sich ihren Enkelkindern nicht gewachsen fühlt. Er ist fünfundzwanzig Jahre jünger als sie. Sie verführt ihn prompt. Er erliegt ihr nur allzu gerne, und endlich einmal sehen wir auf der Leinwand eine Frau von sechzig Jahren, die noch den Saft und die Leidenschaft besitzt, die ich und viele andere ältere Frauen im wirklichen Leben noch haben. Wir sind nicht gewillt, uns behutsam in die Arme der Nacht zurückzuziehen, still abzutreten. Wir haben viel in eine

Guarding Tess: Charakterrollen können tief gehen! (Photofest)

Beziehung einzubringen – Weisheit und Erfahrung und ein tieferes Verständnis der menschlichen Natur. Wir wollen weiterhin Anerkennung finden. Und wie Jim Brooks bewiesen hat, ist das Leben nur lebenswert, wenn wir versuchen, die Widersprüche aufzulösen. Das Leben ist besser, wenn man es eine Zeitlang gelebt hat.

Ich bin jeder Rolle dankbar, die ich darzustellen versucht habe. Durch diese Rollen habe ich gelernt, mehr zu empfinden. Sie haben mir dabei geholfen, mich selbst besser kennenzulernen und mehr über mich selbst zu erfahren. Sie haben mir dabei geholfen, weniger voreingenommen zu sein, wenn es um falsch und richtig im menschlichen Verhalten geht. Sie haben mir dabei geholfen, die Unvollkommenheiten des Lebens mit größerem Genuß zu zelebrieren.

Ich sehe mich selbst nach wie vor als eine begeisterungsfähige Abenteurerin, die bereit ist, alles Neue auszuprobieren. Wenn mich Leute auf der Straße mit: »Meine Güte, du bist immer noch hier?« begrüßen, dann stimmt mich das nachdenklich. Wie viele von ihnen waren drei Monate alt, als ihre Eltern mich zum ersten Mal gesehen haben? Irgendwie ist es für mich unbegreiflich, daß ich keine dreißig mehr bin. Was ist passiert, und warum ist es so schnell gegangen?

Und doch flüstert in der rauhen Nacht, in der man allein und manchmal unerwünscht ist, eine kleine Stimme, die immer noch weise und behaglich in meinem Herzen wohnt: »Was weißt du denn schon? Du hast doch noch gar nichts erlebt.«

17

Die Antwort

Nachdem ich in meinen Erinnerungen und Gedanken durch die Zeit gewandert bin, frage ich mich, warum die Menschen und Ereignisse in dieser ganz bestimmten Reihenfolge wieder in meinem Gedächtnis aufgetaucht waren. Was verbindet sie miteinander und wie?

Mein ganzes Leben ist von jener unsichtbaren Harmonie durchzogen, von der ich glaube, daß sie jedes Leben bestimmt. Unsere Aufgabe ist es, sie zu erspüren und ihr treu zu bleiben. ». . . und das lehr uns, daß eine Gottheit unsre Zwecke formt, wie wir sie auch entwerfen«, sagt Hamlet.

Ich glaube, es ist jenseits menschlicher Erkenntnis und doch sicher, daß wir gezwungen sind, unseren ganz persönlichen Platz im Universum einzunehmen. Diese Tatsache manifestiert sich sehr oft gerade an den unwahrscheinlichsten Orten und in den trügerischsten Menschen.

So war es mit dem wichtigsten Menschen in meinem Leben . . . mit meinem Mann.

Es gibt wesentliche persönliche und fundamentale Gründe dafür, daß ich an einige der Methoden und Erkenntnisse glaube, die mir durch die Metaphysik vermittelt wurden.

Ich stand eines Tages an einem Scheideweg, und mein Glaube an das Spirituelle hat mich damals gerettet.

Denen, die meinen Glauben nicht teilen, kann ich nur sagen, daß das, was ich zu beschreiben versuche, selbst für mich nicht zu erklären ist. Deshalb werde ich auch keine Erklärung liefern. Es ist die Wahrheit, und es hat sich so zugetragen.

Da ich mich für Metaphysik interessierte, nahm ich an vielen Channeling-Sitzungen teil. Channeling ist ein Prozeß, bei dem

Meine besten Lehrer.

ein körperloser geistiger Lehrer oder Führer (manche würden es auch einen Engel nennen) Körper und Geist eines Mediums benutzt, um Hinweise und Weisheiten mitzuteilen. Manchmal sind diese Aussagen richtig, zuweilen stimmen sie nur teilweise, und wieder andere sind ganz falsch.

Bei einer bestimmten Sitzung sprachen wir über mein Privatleben, insbesondere über meinen wachsenden Zweifel, was Steve und unsere Ehe anging. Das Medium hörte plötzlich auf zu sprechen. Ich fragte mich, was los war. Dann begann es, in einem Tonfall zu reden, als hätte es mir etwas Problematisches zu verkünden, das aber gesagt werden mußte.

»Dein Mann«, sagte es, »ist nicht das, was er vorgibt zu sein. Er hat nie mit seinem Vater in Japan gelebt. In Wahrheit war er nach dem Zweiten Weltkrieg als Mitglied einer USO-Unterhaltungstruppe zum ersten Mal in Japan. Sein Vater war auch nicht Diplomat. Er war ein armer Schuster, der weder schreiben noch lesen konnte. Seine Mutter starb nicht, als Steve klein war, sondern verließ die Familie, weil sie es mit ihr nicht mehr aushalten konnte.

Steve hat nicht bei den Streitkräften gedient, wie er vorgibt. Er war Gefreiter und hat den Stützpunkt nie verlassen. Er hat offensichtlich nicht zu der Truppe gehört, die als erste in Hiroshima war, und er hat auch nie ein japanisches Kind mit dem Namen Sachiko adoptiert. Er lebt heute in Japan mit einer Frau zusammen, von der du schon weißt. Was du nicht weißt, ist, daß er den größten Teil deines Geldes von eurem gemeinsamen Konto auf das Konto dieser Frau überwiesen hat. Sämtliche Investitionen, die er über Jahre hinweg getätigt hat, sind auf den Namen dieser Frau abgeschlossen. Er hat es geschafft, sich rechtlich so abzusichern, daß dich jeder Richter an jedem Gericht im Falle einer Scheidung zu saftigen Unterhaltszahlungen verdonnern würde, damit er im selben Stil weiterleben kann wie bisher. Deshalb wollte er ja auch, daß deine Tochter nach Japan kommt. Seine Frau ist dort, sein Büro ist dort, sein Leben spielt sich dort ab, und all das nur, damit er dich leichter um dein Geld bringen kann.

Er hat deine Verhältnisse mit anderen Männern mehr als

toleriert. Tatsächlich waren ihm diese Affären willkommen, solange du ihn nur nicht verlassen würdest.

Deine Eltern haben dich bei jeder Gelegenheit zu warnen versucht, genauso wie es deine Tochter auf ihre Art probiert hat. Ich glaube, du hast einen Brief bekommen, der dich warnen sollte, aber du hast ihn ignoriert, weil du wußtest, daß deine Eltern von Anfang an Vorurteile gegen Steve hegten.

Aber als du deinen Eltern eine Weltreise geschenkt hast, die sie auch nach Japan führte, erkundigten sie sich bei den Menschen, die mit deinem Mann verbunden waren. Zusammenfassend schrieben sie dir, es gäbe zu viele Feste, zuviel Alkohol, zu viele Geishas und zuviel Zügellosigkeit. Du hast es vorgezogen, diesen Informationen keine Bedeutung beizumessen, weil du wußtest, daß sie ihn nicht mochten.

Sie ahnten jedoch nicht, daß es noch viel schlimmer war, als sie glaubten. Dein Ehemann hat dich hintergangen, um sich zu bereichern, und wenn du deine Finanzen überprüfst, wirst du feststellen, daß du bankrott bist.«

Ich konnte nicht fassen, was ich da hörte. Ich war zu schockiert, aber am nächsten Tag engagierte ich einen Detektiv und einen Rechtsanwalt. Ich sperrte die Konten und wartete.

Von Steve hörte ich nichts.

Ein paar Wochen später teilte mir der Detektiv mit, was er herausgefunden hatte, und es entsprach in allen Einzelheiten genau dem, was das Medium gesagt hatte.

Ich rief Steve in Japan an. Ich erzählte ihm, was ich herausgefunden hatte. Eine lange Pause folgte. Dann sagte er: »Und du glaubst das alles?«

Ich war überrascht, wie direkt ich ihm antwortete: »Ja, das tue ich. Ich bin schockiert und tief verletzt, aber, ja, ich glaube, daß du nicht das bist, was du vorgegeben hast, und zwar auf der ganzen Linie.«

Noch eine lange Pause. »Tja, das finde ich sehr traurig.«

Ich wartete auf eine Erklärung. Er sagte: »Ich komme sofort nach L. A. Ich habe zwar viel zu tun, aber wir müssen offensichtlich miteinander reden.«

Einen Moment lang glaubte ich, alles würde sich wieder einrenken. Vielleicht gab es bei dieser Geschichte eine Seite, die ich nicht kannte. Dann fragte er: »Würdest du mir etwas Geld schicken?« »Nein«, antwortete ich so entschlossen, daß ich selbst erschrokken war.

Wieder eine Pause.

»Na ja, ich nehme an, dann werde ich wohl mein gewohntes Leben umstellen müssen.«

»Das nehme ich auch an«, antwortete ich.

Er sagte, er würde mir die Ankunftszeit seines Fluges telegrafieren.

Ich wartete. Nichts geschah. Ich rief sein Büro in Tokio an. Er war nicht im Lande. Wieder und immer wieder rief ich seine Sekretärin an. Schließlich schickte sie mir ein Telegramm mit der Ankunftszeit des Flugzeugs. Ich war erleichtert.

Ich wollte ihn am Flughafen abholen, aber er war nicht da.

Er telegrafierte mir, es täte ihm leid und er würde bald wieder Kontakt mit mir aufnehmen. Er tat es nicht.

Wir sahen uns erst bei Gericht wieder, als unsere Scheidung verhandelt wurde.

Einfältig schaute er über den Tisch hinweg zu mir herüber. Dann zuckte er die Achseln. Steves und meine Anwälte fragten ihn Punkt für Punkt über seine Täuschungsmanöver und die Verwaltung des Geldes aus, das ich in all den Jahren unserer Ehe verdient hatte. Er gestand alles. Als ich ihn fragte, ob die Mob-Entführungsgeschichte von Las Vegas wahr sei, antwortete er ausweichend: »Es war besser für Sachi, in Japan zu leben.«

Als ich ihn nach der Wette mit Yves Montand fragte, behauptete er, er könnte sich nicht daran erinnern.

Ich saß da und sah ihn an, diesen Fremden, der fünfundzwanzig Jahre lang mein bester Freund gewesen war, diese Person, der ich geglaubt, vertraut und die ich geliebt hatte. Ich hatte in einer Lüge gelebt, die mich in eine erschreckende Realität stürzen ließ. Und ich war bankrott. Er hatte Millionen vergeudet und den Rest auf andere Konten transferiert. Ich mußte noch einmal ganz von vorn beginnen, und ich war Mitte Vierzig.

Ich reihte mich nun ein in die Masse der erfolgreichen weiblichen Stars, die betrogen und um ihr Vermögen gebracht worden waren – von ihren Ehemännern, die immer vorgegeben hatten, die Rolle des verständnisvollen besten Freundes und Beschützers zu spielen.

Steve war der beste Schauspieler, mit dem ich jemals »gearbeitet« hatte, und Hollywood hatte mir beigebracht, daß es lebensnotwendig war, an Illusionen zu glauben.

Aber Hollywood hatte mich auch noch etwas anderes gelehrt: Immer wenn ich eine schreckliche Erfahrung machte, konnte ich damit umgehen, indem ich mich fragte: Was habe ich zu dieser Wirklichkeit beigetragen?

Wenn ich die Kraft hatte, Unglück und Leid hervorzurufen oder zuzulassen, dann hatte ich auch die Kraft, es wieder aufzuheben.

Was Steve getan hatte, war offensichtlich; was ich getan hatte, war subtiler, und es dauerte ein wenig, bis ich es herausgefunden hatte. Ich beschloß, eine Reihe von Rückführungen durch meine früheren Leben zu unternehmen, da ich nicht verstehen konnte, warum ich dieses Unglück angezogen hatte. Ich wollte feststellen, was Steve und ich uns möglicherweise in einer anderen Zeit und an einem anderen Ort bedeutet hatten. Ich kann mir vorstellen, wie das für Menschen klingt, die selbst eine schmerzliche Scheidung hinter sich haben, aber da alle Realität im Leben so ist, wie man sie wahrnimmt, war und ist das meine Realität.

Als ich auf dem Tisch lag und mit einem erfahrenen Meister eine chinesische Akupunkturmethode zur Rückführung der Seele unternahm, erschien die Wahrheit, die ich verstehen wollte, wie Bilder in meinem Geist. Ich sah, daß Steve und ich uns seit Tausenden von Jahren liebten. Deshalb hatte ich ihm auch dieses Mal so sehr vertraut. Ich sah, daß er seine eigene Reise ins Licht unterbrochen hatte, um meine Wahrnehmung zu schulen. Ja, er war ein falscher Kerl; ja, er war unehrlich, ja, er war ein Schwindler; aber das waren die Eigenschaften, die er für dieses Leben gewählt hatte, um anderen zu nützen, namentlich mir. Unsere Begegnung und unsere Liebe waren vorherbestimmt, und selbst heute noch fühle ich, daß er der wichtigste Mensch und Lehrer in meinem Leben war. Ich glaube, ich habe ihn in mein Leben hineingezogen, damit er genau das tun konnte, was er tat, und damit ich daraus lernen konnte. Ich bin im selben Maß wie er verantwortlich für das, was geschehen ist. Ich habe nicht aufgepaßt; ich zog es vor, nicht hinzusehen, und ich habe tatsächlich Beihilfe zu seinem Verhalten geleistet, indem ich bereit war, die blanke Wahrheit zu leugnen.

In der Tat sprach der Scheidungsrichter Steve nicht nur das Geld zu, das er mir genommen hatte, sondern er berief sich auch auf das Gesetz, als er festlegte, daß Steve die Hälfte von allem zustünde, was ich in Zukunft verdienen würde, weil ich ihm seinen Lebenswandel gestattet und ihn noch dazu ermutigt hatte. Zunächst war ich wütend und schwor, die Scheidung nötigenfalls bis vor den Obersten Gerichtshof zu bringen.

Dann geschah jedoch etwas, was sich meiner Kontrolle fast gänzlich entzog. Wir saßen gerade im Zimmer des Richters zusammen. Ich schluchzte plötzlich derart aus der Tiefe meines Inneren auf, daß der Richter und Steves Anwälte genauso sehr erschraken wie meine Anwälte. Ich konnte kaum noch denken. Ich hörte mich sagen: »Geben Sie Steve alles, was er haben will, jetzt und in Zukunft.«

Mein Anwalt nahm mich am Arm und versuchte, mich zurückzuhalten.

»Was tun Sie da?« sagte er flehentlich zu mir. »Kämpfen Sie gegen ihn. Sie wissen doch, daß er es nicht verdient, noch mehr von Ihnen zu bekommen. Er hat Sie genug bluten lassen.«

»Er ist es wert«, schluchzte ich. Ich drehte mich zu Steves Anwälten um und sagte: »Richten Sie ihm aus, er kann haben, was er will.«

Sie verließen das Zimmer, vermutlich um Steve zu rufen.

»Warum machen Sie das?« wollte mein Anwalt wissen.

»Ich weiß es nicht«, antwortete ich. »Aber ich weiß, daß es richtig ist.«

Steves Anwälte kamen zurück.

»Steve will nur 150 000 Dollar, in Raten über die kommenden zehn Jahre verteilt«, erklärte einer der Anwälte.

Mein Anwalt wurde fast ohnmächtig. »Kann man denn so eine Scheidung durchführen?« fragte er verwirrt.

»Ich denke schon«, antwortete ich. »Vielleicht sind hier andere Gesetze am Werk.«

Er blinzelte. Ich verließ das Zimmer des Richters.

Steve und ich haben uns seitdem nicht mehr gesprochen. Er und ich wissen beide auf unsere Art, was wir dem anderen bedeuteten. Wir werden uns in einer anderen Zeit und an einem anderen Ort wiedersehen, dessen bin ich mir sicher. Ich frage mich, an was wir uns dann wohl erinnern werden. Und von einer anderen Sache bin ich überzeugt: Wir werden einander erkennen und lieben.

Ich glaube, daß jeder Mensch sich selbst und anderen dient, indem er versucht, die Reise seiner Seele durch die Zeit zu verstehen.

Ich glaube auch, daß die Menschen, die uns in unserem Leben am meisten verletzt haben, unsere wahren Lehrer sind. Ich glaube, es ist Zeit, den Kreislauf von Opfer und Bestrafung zu durchbrechen und denen, die uns die Augen geöffnet haben, Tribut zu zollen, egal, wie grob ihre Methoden auch gewesen sein mögen. Auf ihre Art sind sie Meister. Sie spornen uns an, uns selbst zu erkennen.

Steve war aus dem Grund mein Meister, weil er mir beibrachte, mich aus der blindmachenden Abhängigkeit von einem Mann zu lösen.

Nachwort

Nur »Desserts«

Wenn man erst einmal das scharfe, süß-saure Festmahl Hollywoods und seine Lektionen gekostet hat, kann man nicht einfach vom Tisch aufstehen. Man kann diese Erinnerung nicht mehr abschütteln. Sie rumort in einem wie ein unverdautes Festessen und ruft einem immer wieder ins Gedächtnis zurück, daß man zu schnell zuviel in sich hineingeschlungen hat, mit allzu großem Appetit herangegangen ist, von einem Drang zur Ausschweifung besessen, weil einem alles wieder genommen werden könnte.

Viele von uns sagen gerne, wir führten unser wirkliches Leben anderswo, fern von den klebrigen und verführerischen Ruhm- und Machtintrigen, die uns zu einer Auseinandersetzung damit zwingen, wie habgierig, lästerlich und korrupt wir alle unter Umständen sein können. Wir haben das Gefühl, daß wir uns in der wirklichen Welt besser leiden können. Aber das liegt daran, daß die wirkliche Welt uns nicht in dem Maß herausfordert, wie Hollywood es tut.

Nirgends sonst auf Erden bietet sich uns eine derartige Gelegenheit, ganz genau zu sehen, wie weit wir zu gehen bereit sind, um unsere Phantasien auszuleben. Da Hollywood die Möglichkeit zur Umsetzung von Visionen und zur Erfüllung von Träumen und Begierden bietet, entfaltet sich dort auch in ungeahntem Maß unsere geniale Begabung, die eigene emotionale Erfüllung zu sabotieren, während wir das Angestrebte erreichen.

Ich kenne nicht viele wirklich glückliche Menschen in Hollywood. Hinter den Augen derer, die ihr Ziel erreicht haben, lauert immer dieser Blick. Es ist ein Blick von »Verlorenheit«. Es steht wenig »Gefundenheit« in die Gesichter der Reichen und Berühmten geschrieben, die sich ihre Champagnerwünsche und ihre Kaviarträume erfüllt haben. Jeder einzelne von ihnen sehnt sich nostalgisch nach den Zeiten des Kampfes um den Erfolg zurück, in denen Beziehungen bedeutungsvoller zu sein schienen. Wir sehnen uns nach den Tagen, die von größerer Leidenschaft und unerhörteren Ideen erfüllt waren, nach einer Umgebung, die mehr gewürdigt wurde, weil ein tieferes Bewußtsein in bezug auf Arbeit und auf Werte vorhanden war. Über unseren Kampf um Erfolg haben wir uns identifiziert, damals wie auch heute, und ohne diesen Kampf fühlen wir uns manchmal durchaus so, man hätte uns etwas genommen.

Hollywood ist ein Land, in dem die Begabten, die Erfolgreichen und die Wohlhabenden in zwei verschiedenen emotionalen Territorien zugleich leben. Wir sind nicht sicher, ob uns das zusteht, was wir in einer Welt haben, die leidet und vorwiegend von Armut dominiert wird; und doch täten wir fast alles, um uns dagegen abzusichern, jemals wieder ein Teil dieser anderen Welt zu sein. Wir sehnen uns nach dem Sinn, den frühere Zeiten hatten, nach ihrer Bedeutungsschwere, und doch wollen wir nie mehr dorthin zurück.

Wo also stehen wir? Wir haben den Ort in uns selbst nicht *gefunden*, der bereit ist, die im Überfluß vorhandene Kreativität, die wir gegen Bezahlung abliefern, mit offenen Armen willkommen zu heißen. Irgendwie ist es nicht in Ordnung, daß wir das lieben, was wir tun, und doch unverschämt gut dafür bezahlt werden. Es fällt uns schwer, das zu akzeptieren. Wir stellten fest, daß wir immer mehr dafür tun müssen, uns ein solches Dasein zu verdienen. Unsere Identifikation mit dem Kampf um den Erfolg sitzt derart tief, daß wir uns nicht davon lösen können. Wir sind nicht bereit, unsere Träume genügend zu würdigen und uns ans Werk zu machen, sie zu verwirklichen. Irgendwie haben wir das Gefühl, wir müßten uns mehr anstrengen, uns dem Wettbewerb aussetzen, intrigieren, manipulieren und Strategien ersinnen, um im Rennen zu bleiben. Wir gehen von der festen Annahme aus, daß ein unablässiges Rennen stattfindet. Und doch haben wir gleichzeitig das Gefühl, daß das Rennen niemals endet. Daß es in diesem Rennen weder Sieger noch Verlierer gibt. Das Tempo verlangsamt sich und beschleunigt sich dann wieder. Es gibt immer jemanden, der uns auf den Fersen ist und unseren Vorsprung aufholt, und daher schauen wir ärgerlich über die Schulter, denn wir wollen die Geschwindigkeit einschätzen, mit der wir eingeholt werden – und dabei stolpern wir über eine Unebenheit auf dem Weg. Und doch stellen wir fest, daß die Stadt uns oft wiederfindet, wenn wir unsere Niederlage eingestehen und kapitulieren. Trotzdem können wir keinen Modus operandi festlegen, da sich die Regeln ständig ändern. Vorhersagen sind unmöglich. Die einzige Konstante ist der Wandel.

Und daher stürzen wir uns mit großen Augen und voller unbändiger Gefräßigkeit auf das üppige Hollywood-Festmahl. Wir reißen an uns, soviel wir können, denn wenn wir es nicht tun, so glauben wir, wird es ein anderer tun. Manchmal beobachten wir, daß unsere Künstlerkollegen sich so benehmen, als seien sie ausgehungerte Monster von einem fremden Planeten. Wir wissen, daß auch in uns selbst die Impulse dieser Monster schlummern, und wenn wir beobachten, daß sich ein reizender und kultivierter Freund wie eine tobende und wütende Bestie benimmt, weil irgendwo unter dem Tisch, auf dem das süß-saure Festmahl aufgetischt ist, jemand die verborgenen Knöpfe dieses Menschen gedrückt hat, dann erkennen wir uns selbst darin wieder, und das macht uns angst.

Wenn wir sehen, wie einigen unserer Freunde der Zutritt zu diesem Büfett verwehrt wird, und wenn wir nicht begreifen, warum es so ist oder wie wir ihnen helfen können, dann fragen wir uns, wann und ob auch uns dasselbe zustoßen wird. Wir haben immer das Gefühl, daß diktatorische Gastgeber den Vorsitz bei diesem Festmahl übernommen haben. Sie fällen ein Urteil über unser Talent, und entweder gestehen sie uns zur Belohnung üppige und durchaus verdiente »Nachtische« zu, oder sie verweigern sie uns.

Wir sehen, wie Verwandte und Kinder unserer festlich bewirteten Favoriten verhöhnt und gleichzeitig angestachelt werden, Posten einzunehmen, die ihnen die Vetternwirtschaft zugesteht, der sicherste Weg in den Hungertod, und wir fragen uns, ob wir dasselbe täten.

Wir wissen, daß unsere tiefste Angst die vor der Zurückweisung ist, und doch bringen wir uns täglich in Situationen, in denen man uns garantiert ablehnt. Dann finden wir uns tapfer damit ab und ziehen unbeirrt weiter. Ist das eine Dummheit? Wenn man uns lobt und applaudiert, uns würdigt und uns belohnt, dann weinen wir. Warum? Etwa aus der Erleichterung heraus, endlich geliebt und anerkannt zu werden?

Würde auch nur einer von uns diesem opulenten Festmahl beiwohnen, wenn uns als Kindern genug Liebe entgegengebracht worden wäre? Sind wir hier, an diesem seelenzerrüttenden Ort, weil man nie genug Notiz von uns genommen hat? Haben wir von Natur aus angenommen, Hollywood sei unser goldener Schein-werferkegel, mit Hilfe dessen wir Beachtung finden?

Wenn wir alle unsere Wege in dieses Land der Illusion zurück-verfolgen würden, fänden wir dann ähnliches Gepäck am Weges-rand verstreut?

Und wir wissen, daß wir nie mehr dorthin zurückgehen können, wo wir hergekommen sind. Wenn man erst einmal zu Hollywood gehört, dann ist man dort zu Hause. Es ist die Heimat der geheim-sten Träume und der selbsterschaffenen Realität, in der keine andere Empfindung höher entwickelt ist als das Gespür dafür, seine Gefühle verletzen zu lassen, ohne Vergeltung zu üben. Man will kein erfolgreiches, reibungslos funktionierendes, gefühlloses Ding werden. Man will hinter den eigenen Augen ein Leben leben, ohne sich verloren zu fühlen, wobei man sich eingesteht, daß es noch soviel zu finden gibt, und man will sich ständig wieder selbst daran erinnern, daß es ein Beweis für die eigene Lernfähigkeit ist, wenn man sich die Fähigkeit erhält, seine Gefühle verletzen zu lassen.

Diese komische Schule Hollywoods wirkt sich äußerlich und innerlich aus, spielt sich außen und innen ab. Diese Welt ist so weit und so tief oder so begrenzt und so oberflächlich, wie man sie zu gestalten wünscht. Sie holt aus uns heraus, was in uns steckt. Sie ist unsere Version ohne Ende. Sie ist unser Alpha und unser Omega. Als wir hier eintrafen, hatten wir Sterne in den Augen, und wenn wir Glückspilze als Stars von der Bühne abtreten, dann wird es deshalb dazu kommen, weil eine höhere Instanz es im Drehbuch so verfügt hat. Niemand verläßt Hollywood jemals wirklich. Niemand geht wirklich von hier fort, es sei denn, man ist von Gott dazu berufen worden. Selbst dann verspürt man immer noch den Impuls, zurückzukehren und einen Film über diese Erfahrung zu drehen.

Die Filme von Shirley MacLaine

The Trouble with Harry (1955)
  (dt.: Immer Ärger mit Harry)
Artists and Models (1955)
  (dt.: Maler und Mädchen)
Around the World in Eighty Days (1956)
  (dt.: In 80 Tagen um die Welt)
The Sheepman (1958)
  (dt.: Colorado City)
The Matchmaker (1958)
  (dt.: Die Heiratsvermittlerin)
Hot Spell (1959)
  (dt.: Hitzewelle)
Some Came Running (1959)
  (dt.: Verdammt sind sie alle)
Ask Any Girl (1959)
  (dt.: Immer die verflixten Frauen)
Career (1959)
  (dt.: Viele sind berufen)
Ocean's Eleven (1960)
  (dt.: Frankie und seine Spießgesellen)
Can-Can (1960)
  (dt.: Can-Can)
The Apartment (1960)
  (dt.: Das Appartement)
All in a Night's Work (1961)
  (dt.: Alles in einer Nacht)
Two Loves (1961)
  (dt.: Der Fehltritt)

The Children's Hour (1962)
   (dt.: Infam)
My Geisha (1962)
   (dt.: Meine Geisha)
Two for the Seesaw (1962)
   (dt.: Spiel zu zweit)
Irma La Douce (1963)
   (dt.: Das Mädchen Irma La Douce)
What a Way to Go! (1963)
   (dt.: Immer mit einem anderen)
The Yellow Rolls-Royce (GB) (1964)
   (dt.: Der gelbe Rolls-Royce)
John Goldfarb Please Come Home (1965)
   (dt.: Eine zuviel im Harem)
Gambit (1966)
   (dt.: Das Mädchen aus der Cherry-Bar)
Woman Times Seven (1967)
   (dt.: Siebenmal lockt das Weib)
The Bliss of Mrs. Blossom (GB) (1968)
   (dt.: Hausfreunde sind auch nur Menschen)
Sweet Charity (1969)
   (dt.: Sweet Charity)
Two Mules for Sister Sara (1970)
   (dt.: Ein Fressen für die Geier)
Desperate Characters (1971)
   (dt.: Verzweifelte Menschen)
The Possession of Joel Delaney (1972)
The Year of the Woman (Dokumentarfilm, 1973)
The Other Half of the Sky (Dokumentarfilm, 1975)
The Turning Point (1977)
   (dt.: Am Wendepunkt)
Being There (1979)
   (dt.: Willkommen, Mr. Chance)
A Change od Seasons (1980)
   (dt.: Jahreszeiten einer Ehe)

Loving Couples (1980)
(dt.: Ein Walzer vor dem Frühstück)
Terms of Endearment (1983)
(dt.: Zeit der Zärtlichkeit)
Cannonball Run II (1984)
(dt.: Auf dem Highway ist wieder die Hölle los)
Madame Sousatzka (1988)
(dt.: Madame Sousatzka)
Steel Magnolias (1989)
(dt.: Magnolien aus Stahl)
Waiting for the Light (1990)
(dt.: Zeichen und Wunder)
Postcards from the Edge (1990)
(dt.: Grüße aus Hollywood)
Defending Your Life (1991)
(dt.: Rendezvous im Jenseits)
Used People (1992)
(dt.: Die Herbstzeitlosen)
Wrestling Ernest Hemingway (1993)
(dt.: Walter und Frank – Ein schräges Paar)
Guarding Tess (1994)

Personen- und Filmregister